THE FOREFRONT OF JUSTICE

THE LATEST CASES AND MATERIALS
OF BEIJING COURTS

审判前沿

新类型案件审判实务

总第65辑

北京市高级人民法院研究室／编

———— 北京 ————

图书在版编目（CIP）数据

审判前沿：新类型案件审判实务. 总第65辑／北京市高级人民法院研究室编. -- 北京：法律出版社，2025. -- ISBN 978-7-5197-9920-5

Ⅰ. D925.04-55

中国国家版本馆CIP数据核字第2025K878X7号

审判前沿——新类型案件审判实务·总第65辑
SHENPAN QIANYAN—XINLEIXING ANJIAN SHENPAN SHIWU·ZONG DI-65 JI

北京市高级人民法院研究室　编

责任编辑　朱轶佳
装帧设计　李　瞻

出版发行　法律出版社	开本　710毫米×1000毫米　1/16
编辑统筹　司法实务出版分社	印张　20　　　字数　362千
责任校对　李慧艳	版本　2025年1月第1版
责任印制　胡晓雅	印次　2025年1月第1次印刷
经　　销　新华书店	印刷　永清县金鑫印刷有限公司

地址：北京市丰台区莲花池西里7号（100073）

网址：www.lawpress.com.cn　　　　　　　销售电话：010-83938349

投稿邮箱：info@lawpress.com.cn　　　　　客服电话：010-83938350

举报盗版邮箱：jbwq@lawpress.com.cn　　　咨询电话：010-63939796

版权所有·侵权必究

书号：ISBN 978-7-5197-9920-5　　　　　　定价：68.00元

凡购买本社图书，如有印装错误，我社负责退换。电话：010-83938349

编 辑 部

主 编：任雪峰
副主编：胡嘉荣　王　晨
编　辑：王　凯　刘晓虹　项利军　胡浩立　阚道祥
　　　　张濂元　何　琴　原　静　郭艳茹　李　鲲
　　　　杨　琳

目 录

案例研究

◆帮助信息网络犯罪活动罪与掩饰、隐瞒犯罪所得罪的界分
——刘某某掩饰、隐瞒犯罪所得案相关法律问题研究
………………………………… 石 魏 江珞伊 袁晓北（1）

◆居住合同的履行与居住权的认定
——王某、娄某诉熊乙、赵某居住权纠纷案相关法律问题
研究 …………………………………………… 罗兆英（10）

◆以私域流量推广替代公域流量推广构成违约
——新经济、新业态下对新型交易模式的司法评价问题研究
………………………………………… 程立武 高世华（17）

◆"好意同乘"的认定与减责规则
——庞某、王某某诉李某某机动车交通事故责任纠纷案
相关法律问题研究 …………………… 姚 媛 马 玥（25）

◆防卫过当情形下防卫人侵权责任的认定
——张某诉杨某防卫过当损害责任纠纷案相关法律问题
研究 ………………………………… 陈晓东 雷 悦（35）

◆平等就业权保护的合理边界
——某甲诉北京某科技有限公司平等就业权纠纷案相关
法律问题研究 ………………………… 巴晶焱 石艳明（43）

◆利用私家车进行网约车营运导致"危险程度显著增加"
的认定
——中国人寿财产保险股份有限公司北京分公司与李某
某等保险人代位求偿权案相关法律问题研究 ………… 张 冰（52）

◆除权判决作出后票据持有人合法权利的救济途径
　　——洛阳某科技公司等诉通达某技术公司票据损害责任纠纷案相关法律问题研究 ………… 邵　普（60）

◆电子政务时代下社会保险执法活动的司法审查
　　——王某某诉某区社保中心履行法定职责及某区政府行政复议案相关法律问题研究 ………… 孙　雯（68）

◆未届期股权转让后，原股东对外担责的审查认定
　　——刘某诉元泰公司等执行异议之诉案相关法律问题研究
　　　………………………………………………… 王思思（76）

疑案探讨

◆名为保理实为借贷的认定标准
　　——某保理公司诉某机械装备有限公司、王某等合同纠纷案相关法律问题探讨 ………… 马　娇（85）

◆父母为未婚成年子女购置房屋出资法律定性研究
　　——刘某甲、朱某与刘某乙民间借贷纠纷案相关法律问题探讨 ……………………………… 李秀文（92）

◆劳动者疏忽大意与用人单位行使即时解除权的考量与审思
　　——某某汽车服务中心诉赵某劳动争议案相关法律问题探讨 ………………………… 李　曦　刘　莉（100）

案例分析

◆集资诈骗罪中以非法占有为目的的认定标准
　　——王某某集资诈骗案相关法律问题分析 ……… 方　玉　李若柳（108）

◆缺席审判视域下《民法典》违约金调减权之行使
　　——北京白羽滕文化传媒有限公司诉张某服务合同纠纷案相关法律问题分析 ………… 李　慧　张　博（113）

◆旧物回收义务及其责任认定
　　——金属处理厂诉太阳能公司承揽合同案相关法律问题分析 ……………………… 孙洪旺　刘紫微（123）

◆自然人的人格权保护及于其虚拟形象
　　——何某诉上海自古红蓝人工智能科技有限公司网络侵权责任案相关法律问题分析 …… 孙铭溪　毛春联（128）

◆亲属互助行为构成无因管理之债的认定
　　——韩某诉王某无因管理案相关法律问题分析 ………… 陈　欢(137)
◆事后追认型夫妻共同债务的司法认定
　　——刘某诉王某、张某民间借贷纠纷案相关法律问题分析
　　　……………………………………………………… 王世洋(144)
◆继承人作为遗产管理人在被继承人债务清偿纠纷中的责任
　承担
　　——耿某诉张某、何某被继承人债务清偿纠纷案相关法
　　　律问题分析 …………………………………………… 马德天(152)
◆多数人侵权中因果关系中断的"合理预见+损害关联"判断
　标准
　　——杨某诉某公司等侵权责任纠纷案相关法律问题分析
　　　…………………………………………… 张　军　葛媛媛(160)
◆多数人侵权责任形态的认定规则与裁判路径
　　——齐某某等诉邵某某等生命权、健康权、身体权案相关
　　　法律问题分析 ………………………… 张钢成　韩　筱(169)
◆经营者对消费者正当评价负有适度容忍义务
　　——北京某家居有限公司诉陈某侵权责任纠纷案相关法
　　　律问题分析 …………………………… 陈　曦　王　楠(183)
◆网络消费仲裁协议效力的"二维三阶"审查路径
　　——李某某诉北京 H 公司网络服务合同纠纷案相关法
　　　律问题分析 …………………………… 张勤缘　杨宗腾(191)
◆向未成年人提供内容不健康网络服务的合同无效
　　——唐某诉广州某网络科技有限公司网络服务合同纠纷
　　　案相关法律问题分析 ………………………………… 经雯洁(200)
◆用人单位怠于管理时劳动者违纪严重程度的认定
　　——北京某科技股份有限公司诉张某某劳动合同纠纷案
　　　相关法律问题分析 …………………………………… 张建清(207)
◆个人信息受侵害的责任认定
　　——刘某诉北京某速运有限公司、严某个人信息保护纠
　　　纷案相关法律问题分析 ……………………………… 何星星(213)
◆强制执行程序中基金财产独立性的审查标准
　　——王某某与某管理公司案外人执行异议案相关法律问
　　　题分析 ………………………………… 徐　欣　戴梦依(220)

观点争鸣

- ◆ 房产受贿未遂的认定 ………………………………………… 凌 巍(225)
- ◆ 劳动者履职过程中被诈骗致用人单位财产受损时适用的
  法律规则 ……………………………………… 孙 青 陈珊珊(230)
- ◆ 医疗损害鉴定不能时医疗损害赔偿责任的认定 …… 马维洪 肖彦青(234)

参阅案例

- ◆ 北京某通信公司诉甲物业公司、乙物业公司房屋租赁合同
  纠纷案 ……………………………………………………………… (243)
- ◆ 北京某旅游公司诉北京某村民委员会等合同纠纷案 …………… (247)
- ◆ 刘某起与刘某海、刘某霞、刘某华遗嘱继承纠纷案 ……………… (253)
- ◆ 王某诉西某隐私权、个人信息保护纠纷案 ……………………… (257)

热点焦点

- ◆ 关于改进和加强司法建议工作促进社会治理的调研报告
  ……………………………………… 北京市高级人民法院研究室课题组(261)
- ◆ 数字经济视阈下个人信息权益民事司法保护的调研报告
  ……………………………………………… 北京互联网法院课题组(274)

裁判文书

- ◆ 北京市丰台区人民法院民事判决书
  ——(2021)京0106民初20280号 ……………………………… (289)
- ◆ 北京市第一中级人民法院民事判决书
  ——(2021)京01民初730号 …………………………………… (302)

【案例研究】

帮助信息网络犯罪活动罪与掩饰、隐瞒犯罪所得罪的界分
——刘某某掩饰、隐瞒犯罪所得案相关法律问题研究

石　魏[*]　江珞伊[**]　袁晓北[***]

裁判要旨

当犯罪所得来自网络犯罪时，帮助信息网络犯罪活动罪与掩饰、隐瞒犯罪所得罪在客观行为、主观故意上有部分重合，实践中易发生混淆。界分两罪时应从以下四个方面入手。

1. 客观层面，两罪的行为方式不同、保护的法益不同、对"犯罪所得"是否查实的依赖程度不同。

2. 主观层面，帮助信息网络犯罪活动罪要求明知他人行为为犯罪行为，并利用信息网络实施；而掩饰、隐瞒犯罪所得罪不需认识到上游犯罪的性质，认识到其经手的钱款为犯罪所得即可。

3. 与网络犯罪关系层面，网络犯罪共犯可分为共谋型、心照不宣型和明知型。帮助信息网络犯罪活动罪要求帮助行为发生在行为前或行为中；而掩饰、隐瞒犯罪所得罪要求帮助行为发生在犯罪终结后。此外，帮助信息网络犯罪活动罪以帮助行为构成犯罪为原则，以无法查证为例外；掩饰、隐瞒犯罪所得罪以上游犯罪事实成立为前提，以尚未依法裁判但查证属实为例外。

4. 量刑层面，掩饰、隐瞒犯罪所得罪在入罪数额上标准更低、刑罚更重，竞合

---

[*] 石魏，北京市东城区人民法院刑事审判庭法官，北京师范大学刑事法律科学研究院刑法学硕士。
[**] 江珞伊，北京市第四中级人民法院刑事审判庭法官助理，北京师范大学刑法学博士。
[***] 袁晓北，北京市第三中级人民法院刑事审判第二庭法官助理，北京工商大学法律（法学）硕士。

时应以重罪即掩饰、隐瞒犯罪所得罪定性。

一、据以研究的案例

2019年7月,被告人刘某某伙同卢某(另案处理)组织高某某、顾某(均已判刑)等人使用个人身份信息注册多个银行账户,用于接收网络诈骗犯罪所得。2019年8月至10月,事主张某某等人分别被网络诈骗,并将被骗的134.59万元转入刘某某、高某某、顾某三人的银行账户。刘某某伙同高某某将上述134.59万元兑换为数字货币并予以转移。

法院经审理认为:被告人刘某某伙同他人,明知涉案资金系犯罪所得仍将其转化为数字货币予以转移,情节严重,已构成掩饰、隐瞒犯罪所得罪(以下简称掩隐罪),依法应予刑事处罚。被告人刘某某等人系通过将所收款项转换为数字货币并予以转移的方式,帮助上游犯罪转移诈骗所得,该行为已经超出了帮助信息网络犯罪活动罪(以下简称帮信罪)中提供资金支付结算便利的范畴,符合掩隐罪的客观要件。鉴于被告人刘某某自愿退赔违法所得,可酌情予以从轻处罚。据此,法院判决:(1)被告人刘某某犯掩隐罪,判处有期徒刑4年,并处罚金2万元;(2)在案扣押的被告人刘某某违法所得20万元及苹果手机1部,依法予以没收。

二、相关法律问题研究

当犯罪所得来自网络犯罪时,帮信罪与掩隐罪在客观行为上存在部分重合,加上主观明知判断的模糊性,致使二者界限不清,司法中易发生混淆。下文笔者将从客观不法、主观有责、与网络犯罪关系、刑罚四个层面对两罪进行界分。

(一)两罪在客观不法要素层面上的界分

在客观不法要素层面,两罪在行为方式、保护法益及对"犯罪所得"查实的依赖程度上均有所区别。

1. 从行为方式看,帮信行为与掩饰、隐瞒行为存在交叉并各有侧重

帮信罪的客观行为为"为其犯罪提供互联网接入、服务器托管、网络存储、通讯传输等技术支持,或者提供广告推广、支付结算等帮助,情节严重的";掩隐罪的客观行为为"予以窝藏、转移、收购、代为销售或者以其他方法掩饰、隐瞒"。从两罪行为的对比可见:其一,两罪规制的均为事实层面上的"帮助行为",帮信罪本身即属于规制帮助行为的专有罪名,而掩饰、隐瞒非法所得行为实质上是为上游犯罪行为人隐藏犯罪所得提供帮助。其二,在提供帮助的方式上,帮信罪中"等帮助"的泛化表述使其所涵盖的行为方式比较广泛,与通过网络手段实施的转移及其他方法行为存在交叉竞合之处。前者侧重网络犯罪的帮助行为,后者

既可以通过网络空间实施掩饰、隐瞒行为,也可以通过现实空间、物质意义的窝藏、转移等行为实施掩饰、隐瞒行为。其三,实践中,两罪多在"提供支付结算帮助"与"转移、其他方法"上存在竞合。《支付结算办法》第3条规定,支付结算是指单位、个人在社会经济活动中使用票据、信用卡和汇兑、托收承付、委托收款等结算方式进行货币给付及其资金清算的行为。据此,仅提供银行卡的行为不属于支付结算行为,仅属于"等帮助"行为;提供银行卡后,继续配合他人进行转账、套现、刷脸等行为,则属于"支付结算"。而掩隐罪中的转移,意即将款物从此处挪至他处,自然涵盖将货币转移的转账行为,同时根据《最高人民法院关于审理掩饰、隐瞒犯罪所得、犯罪所得收益刑事案件适用法律若干问题的解释》(以下简称《掩隐解释》)第10条第2款的规定,采取窝藏、转移、收购、代为销售以外的"其他方法",如居间介绍买卖,收受,持有,使用,加工,提供资金账户,协助将财物转换为现金、金融票据、有价证券,协助将资金转移、汇往境外等,应当认定为掩饰、隐瞒行为。所以,提供资金账户、协助转账的行为也是掩隐罪的行为方式。

2. 两罪保护的法益不同

两罪均属于妨害社会管理秩序罪,前者位于《刑法》扰乱公共秩序罪一节,后者位于《刑法》妨害司法罪一节。从立法目的来看,增设帮信罪的原因如下:其一,随着网络技术的发展,相较传统帮助犯,网络帮助行为多表现为"一对多",产业化、链条化趋势明显,帮助行为的危害由附属性演变为独立性;其二,网络犯罪中部分帮助行为打破了网络犯罪的技术壁垒,助推网络犯罪滋生蔓延,帮助行为的作用由从属演变为主导;其三,网络犯罪隐蔽性强,侦破难度大,因而上游犯罪难以查清,并且双方缺少犯意联络、行为目的不同,难以查证双方共同故意,因而增设以"明知"为主观要件的帮信罪"摆脱对下游犯罪成罪与否(如罪量)及刑罚轻重的依赖"[①],作为网络犯罪的"折翼罪名",以此斩断网络犯罪链条,弥补在预防与惩治"外围"、中间性网络犯罪上的"短板",帮助犯的处罚由补充性演变为兜底性。而关于掩隐罪的性质,理论界存在追求权说(认为法益是侵犯了被害人对财产的追求权)、收益说(认为本罪行为人取得不法利益)、事后共犯说(认为本罪属于事后共犯)、违法状态维持说(本罪使犯罪形成的违法状态得以维持、存续,法益是合法的财产状态)、物的包庇说(通过禁止对上游犯罪的事后援助而预防犯罪)及综合说(本罪同时具有财产犯罪和包庇犯罪的性质)等争论。在我国,现阶段通说以违法状态维持说为基础,同时考虑追求权说的综

---

① 陈洪兵:《帮助信息网络犯罪活动罪的"口袋化"纠偏》,载《湖南大学学报(社会科学版)》2022年第2期。

合说,①即该罪的危害行为使犯罪所形成的财产得到维持和存续,妨害了公安、司法机关的追查和追赃,属于妨害司法的行为。综上所述,帮信罪所保护的法益趋同于网络犯罪所侵害的法益;而掩隐罪的法益为司法机关对赃物的追缴权和上游犯罪被害人对财产损失的追求权。

3.两罪对"犯罪所得"是否查实的依赖程度不同

掩隐罪的客观行为表现为掩饰、隐瞒犯罪所得,而帮信罪中"支付结算等帮助"中涉及的资金、物品均无性质要求。基于此,认定为掩隐罪,需以查清所掩饰、隐瞒的款物为犯罪所得或犯罪所得收益为前提;而认定为帮信罪只要证明涉案款物与网络犯罪相关,行为人的行为对网络犯罪有所帮助、具有"正向"作用力即可。在司法实践中,因钱款为种类物,犯罪所得极易与合法财产发生混同,同时基于网络犯罪的特点,犯罪所得往往难以查实,在客观上无法证实款物系犯罪所得的前提下,不能认定为掩隐罪,可根据案件具体情况判断是否构成帮信罪。

(二)两罪在主观有责要素层面上的界分

帮信罪与掩隐罪均为故意犯罪,主观罪状均表述为"明知",但两罪故意的具体内涵、明知的具体内容明显不同。

1.两罪"明知"的内容不同

帮信罪中的"明知"表述为"明知他人利用信息网络实施犯罪",具体而言,要求明知他人行为为犯罪行为并利用信息网络实施。其中需要关注的是:其一,如何理解"犯罪",是否要求行为人认识到他人行为达到犯罪标准?对此,理论上存在共犯独立说(不要求正犯着手实行犯罪)、共犯从属说(至少要求正犯着手实行犯罪)的争论,其中共犯从属说又分为极端从属说(共犯需构成犯罪)和限制从属说(要求正犯行为具有构成要件符合性和违法性),针对帮信罪等正犯化的狭义共犯,亦存在最小从属说(仅要求正犯行为具有构成要件符合性)。②笔者认为,"犯罪"不同于"违法",基于罪刑法定原则,原则上行为人应认识到他人行为构成犯罪。而对于实行行为,帮信行为人并不参与,对相关行为也仅是模糊的性质认识,并且实行行为程度在一段时间内是动态变化的,因而不能要求帮信行为人对实行行为程度有准确认识,仅认识到存在构成犯罪的可能性即可。一般而言,除行为人确有合理理由相信实行行为程度极轻微外,能够认识到行为

---

① 参见张明楷:《刑法学》(下册)(第6版),法律出版社2021年版,第1443页。
② 参见王昭武:《共犯最小从属性说之再提倡——兼论帮助网络犯罪活动罪的性质》,载《政法论坛》2021年第2期。

性质属《刑法》分则规定的网络犯罪的,可推定能认识到构成犯罪的可能性。①同时应区分"一对一"和"一对多":"一对一"帮信行为的违法性依附于实行行为,仅认为他人实施一般违法行为而提供帮助的不足以适用刑罚,需认识到他人可能构成犯罪;而"一对多"帮信行为,具有"低量的损害性结合规模性,最终造成法益侵害的累积到严重程度,社会危害性愈发提升"②的特点,基于其累积的法益危险,情节严重的,可推定(不是直接否定)行为人认识到至少有一名被帮助对象的行为达到犯罪程度。对此,《最高人民法院、最高人民检察院关于办理非法利用信息网络、帮助信息网络犯罪活动等刑事案件适用法律若干问题的解释》(以下简称《帮信解释》)第12条第2款也予以认可。③ 其二,行为人需认识到他人利用信息网络实施。《帮信解释》第11条规定了推定行为人明知的几种情形,有观点认为其中的情形均为推定认识到他人实施违法/犯罪的要素,未涉及是否认识到他人利用信息网络实施。但第11条中明确规定该条的适用前提为"为他人实施犯罪提供技术支持或者帮助",其中"技术"一词限定了"支持或者帮助"的类型,即帮助行为应与网络技术相关,可推定行为人应认识到他人是利用信息网络实施犯罪。

掩隐罪表述为"明知是犯罪所得及其产生的收益",据此,行为人不需要认识到上游犯罪的性质及程度,只要认识到其经手的钱款为犯罪所得或犯罪所得收益即可。对于行为人帮助他人实施转账等行为,2022年3月发布的《最高人民法院刑事审判第三庭、最高人民检察院第四检察厅、公安部刑事侦查局联合关于"断卡"行动中有关法律适用问题的会议纪要》第5条进一步规定,应当根据行为人的主观明知内容和实施的具体犯罪行为,确定其行为的性质;明知是犯罪所得及其收益的情况下,配合他人转账、套现、取现而提供刷脸等验证服务的,可以掩隐罪论处。

在对所帮助结算、转移的资金来源的认识上,帮信罪的范围更广泛,只需要认识到与实施信息网络犯罪相关即可,属于概括的认识;而掩隐罪限于利用信息网络实施犯罪的所得及其产生的收益,认识上更具有针对性。同时,对于被帮助对象行为性质的认识,帮信罪要求认识到属于网络犯罪且可能达到犯罪程度,而掩隐罪不需要认识到犯罪性质,只要认识到款物为犯罪所得即可。

---

① 参见江珞伊:《违法性认识错误的司法困境与判断方法——以936份裁判文书为样本》,载《中外法学》2023年第1期。
② 皮勇:《论新型网络犯罪立法及其适用》,载《中国社会科学》2018年第10期。
③ 该条规定:确因客观条件限制无法查证被帮助对象是否达到犯罪的程度,但相关数额总计达到前款第2项至第4项规定标准5倍以上,或者造成特别严重后果的,应当认定为帮信罪。

2. 两罪"明知"的认定

两罪明知的内容虽然不同,但实践中裁判文书缺乏对主观明知的分析论证,多采用刑事推定的方式对明知加以认定。关于帮信罪,《最高人民法院、最高人民检察院、公安部关于办理电信网络诈骗等刑事案件适用法律若干问题的意见(二)》(以下简称《电信诈骗解释(二)》)第8条规定,明知他人利用信息网络实施犯罪,应当根据行为人收购、出售、出租支付结算账户等的次数、张数、个数,并结合行为人的认知能力、既往经历、交易对象、与实施信息网络犯罪的行为人的关系、提供帮助的时间和方式、获利情况以及行为人的供述等主客观因素,予以综合认定。《帮信解释》第11条亦规定了认定明知的6种具体情形;关于掩隐罪,《最高人民法院关于审理洗钱等刑事案件具体应用法律若干问题的解释》第1条第1款规定,掩隐罪中的"明知",应当结合被告人的认知能力,接触他人犯罪所得及其收益的情况,犯罪所得及其收益的种类、数额,犯罪所得及其收益的转换、转移方式以及被告人的供述等主、客观因素进行认定。可见,在无证明行为人主观方面的直接证据时,两罪均需综合在案证据,基于客观行为对明知的内容进行推定。

从上述规定表述来看,帮信罪对明知被帮助对象实施网络犯罪的推定,一般注意到交易方式明显异常或者提供了不应提供的工具即可,注意义务相对较低;而掩隐罪要有进一步的思考,即认识到对方让其实施的行为是否具有"正当理由",显然后者更为谨慎,注意义务更高。

(三)两罪在与网络犯罪关系层面的界分

实践中,两罪在客观上虽均表现为帮助行为,但行为人参与犯罪的阶段及对正犯的确认程度要求存在不同,并且与网络犯罪帮助犯存在明显界限。

1. 两罪与网络犯罪帮助犯的区分

《刑法》第25条第1款规定"共同犯罪是指二人以上共同故意犯罪",构成网络犯罪帮助犯,主观上需与正犯具有"共同故意"。对于如何理解共同故意,司法中一般要求与被帮助对象存在共谋(事前或事中)。对此,笔者认为,从共犯的归责原理来看,"共犯论的核心,在于能否认定共犯行为引起了法益侵害的可归结于共犯的因果性问题"[1]。通过认定为共犯,将行为叠加的损害结果归于共犯中的每个主体。从语义角度来看,"共同"是指"彼此都具有的"[2],因而单方

---

[1] [日]佐伯仁志:《刑法总论的思之道·乐之道》,于佳佳译,中国政法大学出版社2017年版,第370页。

[2] 中国社会科学院语言研究所词典编辑室编:《现代汉语词典》(第5版),商务印书馆2005年版,第479页。

面故意不属于"共同故意"。基于此,结合语义范围及规制范畴的合理性,各个主体在故意内容上存在"共同"部分(包括完全共同和部分共同)①即可。双方进行"共谋"的可直接认定存在"共同故意"(可称为共谋型),在双方无"共谋"或无证据证明存在"共谋"的情况下,各主体均可认识到自己的行为、对方的行为内容、行为的叠加及可能的损害结果,希望或放任损害结果发生的,各主体的故意也存在"共同"之处(可称为心照不宣型)。同时,需关注到部分特别规范将片面帮助犯按共犯论处(可称为明知型),如《最高人民法院、最高人民检察院关于办理赌博刑事案件具体应用法律若干问题的解释》第4条规定,"明知他人实施赌博犯罪活动,而为其提供资金、计算机网络、通讯、费用结算等直接帮助的,以赌博罪的共犯论处"。

综上所述,如有证据证明行为人与上游犯罪正犯存在事前、事中的共同故意,或属于特别规范规定的"以共犯论处"的,属于网络犯罪帮助犯。否则均不属于共犯范畴,根据明知内容可能构成帮信罪或掩隐罪。

2. 两罪行为人参与犯罪的阶段不同

帮信罪的增设是出于打击网络犯罪的初衷,将帮助犯单独定罪量刑,设置较低的入罪门槛,实现对网络犯罪的"打早打小",因帮信罪本质上属于网络犯罪的帮助行为,故其提供银行卡、人脸识别等帮助行为要求发生在行为前、行为中。而犯罪所得只能是通过犯罪行为直接获得的财物,因而掩隐罪的行为人是在上游犯罪既遂或者虽系犯罪未遂但上游犯罪行为已经终结后才参与进来。可见,前者的帮助行为不仅可以作用于他人实施犯罪行为的过程中,亦可作用于他人实施犯罪终结后;而后者的帮助行为仅作用于他人犯罪终结后。

3. 两罪对正犯或本犯的确认程度要求不同

帮信罪以被帮助对象实施的行为可以确认为犯罪为原则,以无法查证为例外。《帮信解释》第12条、第13条规定,被帮助对象实施的犯罪行为可以确认,但尚未到案、尚未依法裁判或者因未达到刑事责任年龄等原因依法未予追究刑事责任的,不影响此罪的认定;因客观条件限制无法查证被帮助对象是否达到犯罪的程度,但相关数额总计达到相应标准5倍以上,或者造成特别严重后果的,应当以此罪追究行为人的刑事责任。需要注意,适用该例外时,通常是"一对多"帮信行为,此种情形下虽无法查证被帮助对象构成犯罪,但帮助行为本身具有十分严重的社会危害性,达到独立刑事惩处的程度。

掩隐罪以上游犯罪依法裁判为前提,以查证属实为例外。《电信诈骗解释

---

① 共犯理论中一直存在犯罪共同说、部分犯罪共同说和行为共同说的争论,笔者的观点为在行为共同说的基础上加入各主体在主观故意内容上存在"共同"部分的条件限定。

(二)》中规定,明知是电信网络诈骗犯罪所得及其产生的收益,实施帮助在不同账户间频繁划转,以及多次使用或者使用多个他人账户提供转账等行为的,电信网络诈骗犯罪嫌疑人尚未到案或案件尚未依法裁判,但现有证据足以证明该犯罪行为确实存在的,不影响掩隐罪的认定。可见,一般而言,认定掩隐罪以上游犯罪依法裁判、确认犯罪所得为前提,即便未依法裁判,但对相关事实查证属实的,不影响认定。

(四)两罪在刑罚层面上的界分

《刑法》第287条之二规定,帮信罪的法定刑为3年以下有期徒刑或者拘役,并处或者单处罚金;入罪标准上,要求支付结算金额在20万元以上或者违法所得1万元以上等。《刑法》第312条规定,掩隐罪的刑期分为两档,情节严重的,处3年以上7年以下有期徒刑,并处罚金;根据《掩隐解释》第3条的规定,该罪没有数额上的入罪门槛,当掩饰、隐瞒犯罪所得及其产生的收益价值总额达到10万元以上或者次数在10次以上,或者3次以上且价值总额达到5万元以上的,属情节严重。可见,掩隐罪在入罪标准方面比帮信罪更低,但刑罚更为严重。根据《刑法》第287条之二第3款的规定,在两罪竞合时,应按照重罪即掩隐罪定罪处罚。对其原因分述如下:

1.掩隐罪比帮信罪的社会危害性更大

如前所述,帮信罪的行为表述为"为其犯罪提供互联网接入、服务器托管、网络存储、通讯传输等技术支持,或者提供广告推广、支付结算等帮助";掩隐罪的行为表述为"予以窝藏、转移、收购、代为销售或者以其他方法掩饰、隐瞒"。司法解释规定构成掩隐罪的"其他方法",包括居间介绍买卖,收受,持有,使用,加工,提供资金账户,协助将财物转换为现金、金融票据、有价证券,协助将资金转移、汇往境外等。掩隐罪对犯罪所得的隐匿破坏了侦查机关的追查、追赃链条,并且中断了监管部门对资金的监管。而帮信罪中提供银行卡给他人用于接收资金,或者帮助转账等行为,仍然具备追溯资金去向的可能。因此,掩隐罪的社会危害性一般更大。

2.掩隐罪比帮信罪的行为人主观恶性更深

掩隐罪中行为人的目的是帮助他人隐藏犯罪所得,总体上更具积极性、能动性。反观帮信罪,实践中常见的是行为人收购、出售、出租银行卡从而获得一定收益,其意志要素往往不是帮助他人,而是追求因帮助行为而获得的收益,更突出"工具性"特点,主观恶性相对较小。

具体到本案,被告人刘某某组织他人使用个人身份信息注册多个银行账户,用于接收网络诈骗犯罪所得,兑换为数字货币并予以转移。首先,在案证据并不能证明被告人刘某某与上游诈骗犯罪行为人存在事前、事中的共同故意,因而不能认定为上游诈骗犯罪的帮助犯。其次,被告人转移犯罪所得的行为发生在上游犯罪终结后,满足掩隐罪的客观行为要件,并且被告人积极通过转换数字货币的方式帮助转移犯罪所得,更加符合掩隐罪的"积极性"。最后,结合刘某某的认知能力,与涉案相关人员的关系,此前曾参与"跑分"的经历,转移钱款及数字货币的具体次数、频率及方式等因素,可以认定刘某某主观上对上游犯罪系电信诈骗及转移钱款系电信诈骗犯罪所得具有"明知"的主观故意。同时,依据《刑法》第287条之二第3款的规定,在两罪竞合时,应按照重罪即掩隐罪定罪处罚,故将被告人刘某某的行为认定为掩隐罪是恰当的。

(责任编辑:原 静)

居住合同的履行与居住权的认定
——王某、娄某诉熊乙、赵某居住权纠纷案相关法律问题研究

罗兆英[*]

裁判要旨

司法实践中,当事人在《民法典》实施前设立居住权的,由于不动产登记机构尚未开展居住权登记业务,如居住权未登记,不宜认为居住权未设立,但如果所有权人转让房屋所有权,居住权合同相对人能否对抗房屋受让人取决于房屋受让人是否为善意,如果房屋受让人为善意,则居住权合同相对人不能对抗第三人。

一、据以研究的案例

2015 年,王某因民间借贷纠纷起诉案外人熊甲、刘某,2016 年,法院作出如下判决:(1)熊甲、刘某于判决生效后 15 日内偿还王某借款 1 892 750 元;(2)熊甲、刘某以该借款 1 892 750 元为基数,自 2015 年 6 月 9 日起按年利率 6%计算,向王某支付借款利息至付清止,于判决生效后 15 日内履行;(3)驳回王某其他诉讼请求。判决生效后,王某申请强制执行。2016 年 5 月,王某、娄某(甲方)与案外人刘某、熊甲、赵某、熊乙(乙方)就上述民间借贷纠纷的执行签订《执行和解协议》,协议约定:"王某与熊甲、刘某民间借贷纠纷案件已经北京市××区人民法院审理,现已到法院执行阶段,为解决纠纷,现甲乙各方达成如下和解协议:1.乙方同意将刘某名下 A 房屋与赵某、熊乙名下诉争房屋,在 2016 年 6 月 1 日之前腾空,让甲方及家人入住。2.在上述刘某名下 A 房屋与赵某、熊乙名下诉

---

[*] 罗兆英,北京市高级人民法院审判监督庭法官,北京师范大学法学博士。

争房屋房产证下发之日起一年内,熊甲、刘某为甲方在北京市××区B小区及C地范围之内购买一套不低于89平方米的两居室,购房款及购房过程中产生的一切费用由熊甲、刘某承担,该房屋登记在甲方或甲方指定的人名下。熊甲、刘某为甲方购买的两居室房屋交房并过户之后,甲方及家人搬出上述乙方名下房屋。3. 若熊甲、刘某在约定的一年期限内未能购买一套两居室,熊甲、刘某同意将刘某名下的A房屋过户到甲方或甲方指定的人名下,过户产生的一切费用由熊甲、刘某承担。刘某名下房屋过户到甲方名下之后,熊甲、刘某仍需为甲方在本协议约定地点购买一套两居室房屋,两居室房屋登记在甲方或甲方指定的人名下之后,甲方同意将刘某名下房屋返还并配合过户,房屋过户登记期间产生的一切费用由熊甲、刘某承担。4. 熊甲、刘某未能为甲方在约定的地点购买两居室之前,甲方及家人有权无限期居住上述刘某及赵某、熊乙名下两套房屋。5. 赵某为熊甲母亲,熊乙为熊甲、刘某的儿子,赵某、熊乙同意上述约定,并积极配合。6. 熊甲、刘某在上述约定的时间及地点为甲方购买一套两居室房屋,并登记在甲方或甲方指定的人名下之后,执行案件完毕,若乙方反悔未按照和解协议条款履行,乙方将承担全部法律责任。7. 本协议中约定的甲方家人包括但不限于甲方的子女、父母等亲属。"2016年8月,因双方达成和解协议,上述民间借贷纠纷作出终结执行程序。

后因熊乙、赵某将诉争房屋出卖给案外第三人,诉争房屋不在熊乙、赵某名下,王某、娄某向一审法院提起居住权纠纷案,请求法院依法确认其基于《执行和解协议》对诉争房屋有权居住使用。熊乙、赵某表示,居住权是《民法典》新规定的,《民法典》颁布实施前没有居住权的规定,其在《民法典》颁布实施前出卖房子是合法的。

一审法院结合当事人的诉辩主张,归纳本案的争议焦点有三个:(1)本案能否适用《民法典》关于居住权的规定;(2)本案中是否设立了居住权;(3)本案能否实际履行。

首先,关于本案能否适用《民法典》关于居住权的规定的问题。《民法典》第366条对居住权进行了规定,居住权人有权按照合同约定,对他人的住宅享有占有、使用的用益物权,以满足生活居住的需要。在此之前,居住权不属于我国法律限定的物权权利的类型。《物权法》(已失效)第5条规定,物权的种类和内容,由法律规定。此条确立了物权法定原则,不允许当事人依自己的意志创设物权,当事人通过合同设立一项物权,只能设立法律有明确规定的某种类型的物权。本案中,双方的《执行和解协议》于2016年5月6日签订,而《民法典》于2021年1月1日开始实施,根据《最高人民法院关于适用〈中华人民共和国民法典〉时间效力的若干规定》第1条第2款之规定,《民法典》施行前的法律事实引起的民事纠纷案件,适用当时的法律、司法解释的规定,但是法律、司法解释另有规定的除外。因此本案并不适用《民法典》关于居住权的规定。

其次,关于本案中是否设立了居住权的问题。《民法典》第367条第1款规定,设立居住权,当事人应当采用书面形式订立居住权合同。第368条规定,设立居住权的,应当向登记机构申请居住权登记。居住权自登记时设立。本案中,王某、娄某并未向登记机构申请居住登记,因此,居住权并未设立。

最后,关于本案能否实际履行的问题。本案中,诉争房屋现已不登记在熊乙、赵某名下,故现实履行不能。

综上,王某、娄某以《民法典》为依据,要求确认其对诉争房屋享有物权意义上的居住权,法律依据不足,故一审法院不予支持。

一审法院判决:驳回原告王某、娄某的诉讼请求。

王某、娄某不服原审判决,提起上诉。二审法院判决驳回上诉,维持原判。

二、相关法律问题研究

居住权入《民法典》,不仅适应了时代的发展和社会的需求,还保障了弱势群体的居住权益,丰富了社会财产形式的多样化。在居住权入典前,对于社会中存在的房屋居住使用权纠纷,不同的法院作出了不同的裁判;居住权入典后,居住合同的履行以及与居住权的衔接成为法院亟须解决的问题。此案的焦点在于所有权人与居住权人签订居住合同但并未办理登记程序的,在居住权人和房屋买受人权利发生冲突的情况下,法官需在探究居住权的适用要件并对居住合同予以保护的前提下寻找适用的规范和理由。法院对此类案件进行司法裁判时,要在法学方法论的指导下,平衡各方利益并坚持价值判断标准,保证居住权人的居住权和房屋买受人的所有权之间的利益平衡,弥补规则衔接与社会需求的矛盾,实现裁判规则与价值的有效统一。

(一)权利基础:物权与债权的差异探寻权利保护的范围

物权和债权是民法中最基本的两种财产形式,财产权的静止状态体现为物权,运行状态体现为债权。债权要成为物权必须要完成一定的公示手续。物权的设立采取法定主义,物权的种类和基本内容由法律规定,而债权的设立采取的是自由主义,当事人只要不违反法律的禁止性规定均可。

1. 居住权的要件和性质

所谓居住权,是指居住权人对他人所有的住房以及其他附着物所享有的占有、使用的用益物权。① 居住权的设立有两种方式,即合同和遗嘱。《民法典》第209条第1款规定,不动产物权的设立、变更、转让和消灭,经依法登记,发生效力;未经登记,不发生效力,但是法律另有规定的除外。我国采取的是物权形式主义变动模式,居住权是设立于不动产之上的用益物权,必须办理登记。

《民法典》第368条规定,设立居住权的,当事人应当向登记机构申请居住权登记,居住权自登记时设立。也就是说,《民法典》采纳的是登记生效主义,没有经过登记的居住权,不发生物权的法律效力,仅能产生合同债权的法律效力。居住权的设立应当满足两个要件:第一,应当采用书面形式订立居住权合同;第二,应当向登记机构申请居住权登记。

居住权是用益物权,根据物权法理论,物权的变动需要以登记为要件,要求居住权登记是为了实现居住权的公示效果,作为物权的居住权是居住权人对房屋支配性效力的公信力,具有对世性和对抗力。

2. 居住合同的性质

居住合同是所有权人对其所有的房屋所享有的占有和使用的权利以合同的形式给使用权人占有使用的约定。根据合同法理论,居住合同自签订时成立并生效,不以登记为合同生效的要件。

从本质上讲,居住合同是私法上双方当事人对各自权利义务的约定,是合同之债,合同之债具有相对性,只能对合同签订的主体发生法律效力,因此,以合同形式设立居住权具有相对性和不稳定性。在《民法典》实施之前,大部分居住权的设立是以合同的形式予以确立的。

3. 居住权中登记生效主义的采用

一般而言,物权登记有两种形式,一种是登记生效主义,另一种是登记对抗主义。《民法典》在居住权上采用了登记生效主义,主要是考虑了以下因素:首先,保护居住人的用益物权,使其居住具有稳定性。登记才生效的居住权能起到敦促各方当事人履行登记行为的作用,因为登记的居住权具有很强的公示效果,对外有更强的对抗力和证明力,在居住人的居住权受到侵害时,能够更好地保护居住权人的权利。其次,居住权登记生效主义能有效处理善意受让人的所有权和未办理登记居住权的居住权人之间的冲突,在衡量双方利益时避免不同情况下的不同裁判标准。再次,对于买受人而言,在买卖的情况下,买受人能根据登记的公示情况,知晓房屋的真实情况,充分地考虑房屋的综合情况,避免诉讼的发生。最后,就整个市场交易而言,登记生效主义,即通过登记将房屋的情

---

① 参见申卫星:《从"居住有其屋"到"住有所居"——我国民法典分则创设居住权制度的立法构想》,载《现代法学》2018年第2期。

况提前公示,各方主体可以提前得知,减少交易风险和诉讼的发生,维护市场的稳定。

(二)价值追求:所有权人和居住权人的冲突探究规则的衡量

当所有权人对房屋的所有权和居住权人对房屋的使用权发生冲突时,法官要根据价值衡量的方法对两种权利予以分析,并作出判断。

1. 冲突下的价值判断

法律遵循的是逻辑推理,但法律不仅有逻辑推理,还存在价值利益判断,如果两者发生冲突,价值利益判断优先于逻辑推理。利益判断衡量,是指法官在裁判案件中,若法律所确认的利益之间发生冲突,并不拘泥于法律规则,而是综合衡量案件情况,并结合社会环境、经济状况、价值观念等要素,对双方当事人的利害关系进行衡量,并作出保护哪一方当事人的判断,实质上是在价值判断的基础上寻找法律依据。①

居住权可以分为社会性居住权和投资性居住权。② 社会性居住权是为了保障社会的弱势群体而设立的,当所有权和居住权存在冲突时,现有的制度无法实现对居住权人有力的保护,③居住权在符合法定公示要件的前提下,应当予以优先保护,维护社会公共利益的平衡。投资性居住权是为了人们利用财产形式的多样化而设立的,在商业社会中,所有权人将居住权作为一种财产,通过让渡该权利获得对价。既然将居住权作为商业社会的财产,则应当遵循登记生效主义原则,预先设立价值判断的规则,以维护社会交易的安全。

2. 居住合同与居住权的适用衔接

由于《民法典》采纳的是居住权登记生效主义,不动产物权当事人仅签订居住合同并不能导致居住权的设立,仅能产生合同债权的法律效力。在《民法典》实施之前,社会上存在大量关于房屋居住权案件的诉讼,从曾大鹏老师的《居住权的司法困境、功能嬗变与立法重构》④一文中对我国司法实践自 2005 年至 2019 年居住权案件处理的分析可以得知,居住权案件呈逐年快速上升的趋势,但是由于原《物权法》中并未规定居住权制度,关于居住权的判决五花八门,既

---

① 参见梁慧星:《裁判的方法》,法律出版社 2003 年版,第 186 页。
② 参见申卫星:《视野拓展与功能转换:我国设立居住权必要性的多重视角》,载《中国法学》2005 年第 5 期。
③ 参见辜明安、蒋昇洋:《我国〈民法典〉设立居住权的必要性及其制度构造》,载《西南民族大学学报(人文社科版)》2020 年第 2 期。
④ 参见曾大鹏:《居住权的司法困境、功能嬗变与立法重构》,载《法学》2019 年第 12 期。

有基于物权的居住权①,也有基于债权的居住权②。两种性质不同的居住权在权能上有很大的差异,实务中未有明确的裁判尺度。

当事人订立合同设立居住权,但并未向不动产登记机构申请居住权登记的,居住权不发生物权效力。但是,当事人在《民法典》实施前以合同形式设立居住权的,由于不动产登记机构尚未开展居住权登记业务,如居住权未登记,不宜一律认为居住权未设立,否则不利于维护《民法典》实施之前法律行为的合法性和稳定性。笔者认为,可以分三种情况处理之前依据合同订立的居住权:其一,居住合同签订后,双方当事人负有申请办理居住权登记的义务,一方当事人不配合的,另一方当事人可以诉至法院,法院应当依据居住合同认定居住权。既然双方订立了居住合同,在《民法典》实施前,并没有居住权登记业务的开展,《民法典》实施后,双方均负有履行登记的义务,以规范居住权的形式要件,维护居住权人的权利。其二,居住合同签订后,未办理居住权登记,如果所有权人转让房屋所有权,而房屋受让人为善意,则居住合同相对人不能对抗受让人,以保护市场的交易安全。居住合同订立后,所有权人和居住权人之间是债权关系,具有合同相对性,房屋受让人作为善意第三人,享有受让房屋的物权,可以对抗居住权人的债权。其三,居住合同签订后,未办理居住权登记,如果所有权人转让房屋所有权,而房屋受让人并非善意,则居住合同相对人可以对抗受让人,以保护居住合同相对人的居住权。尽管房屋受让人享有的是物权,但是由于其并非善意,居住权人的债权可以对抗房屋受让人的物权,主要原因是无论房屋受让人是没有支付合理对价还是在房屋受让前知道居住合同的存在,均说明房屋受让人在知晓房屋所有权瑕疵的基础上同意接受该不利权利,视为其选择容忍该居住权,居住合同相对人可以请求登记。

3. 居住权适用的溯及既往

根据法不溯及既往原则,③《民法典》实施之前签订居住合同订立的居住权不能适用《民法典》的法律规范。但是由于《民法典》实施之前法律对居住权没有规定,法官在个案中根据法理、习惯法和民法基本原则作出裁判,就法律漏洞而言,有必要在有利溯及原则外遵循有序溯及原则,统一司法裁判,维护社会秩序。④《最高人民法院关于适用〈中华人民共和国民法典〉时间效力的若干规定》

---

① 例如,在分家析产案件中,由于房屋未能办理产权,当事人对房屋的使用权存在争议,法院对居住权的认定是有排他性的使用权,即该居住权是基于物权设立的,对日后不动产产权登记有预裁判作用。
② 例如,在合同案件中,所有权人与居住权人订立居住使用合同,该居住权是基于债权设立的。
③ 参见房绍坤、洪波:《民事法律的正当溯及既往问题》,载《中国社会科学》2015 年第 5 期。
④ 参见熊丙万:《论〈民法典〉的溯及力》,载《中国法学》2021 年第 2 期。

第 3 条也明确了有序溯及原则,本案中,适用有序溯及原则背离了房屋买受人的合理预期,故本案无法适用溯及既往原则和居住权。

(三)争议回归:规则判断在本案的应用探查居住权的适用

本案中,虽然原告王某、娄某与案外人熊甲、刘某及被告赵某、熊乙在《执行和解协议》中签订了居住合同,但是由于并未办理居住权登记,不能对抗善意第三人,原因如下。

第一,居住权合同成立生效不以居住权设立为条件。根据合同法理论,合同自成立时生效;未办理物权登记的,不影响合同效力。根据该规定,原告王某、娄某与案外人熊甲、刘某及被告赵某、熊乙签订的《执行和解协议》具有居住合同的性质,该合同自签订时成立、生效,并不因为未办理登记而不成立或者无效。

第二,因居住权自登记时设立,故王某、娄某没有设立居住权。《民法典》规定,设立居住权的,应当向登记机构申请居住权登记。抽象的物权要在现实中实现其绝对性和排他性,就必须有可被识别的外观形式。而且这些形式必须是刚性的,当事人不能擅自修改。① 居住权自登记时设立,因此要限制当事人对其未经登记的居住权之处分权能,② 由于王某、娄某并未将该居住权予以登记,该居住权没有设立且违背了房屋买受人的合理预期,故亦不能依据《最高人民法院关于适用〈中华人民共和国民法典〉时间效力的若干规定》第 3 条适用有序溯及原则。

第三,物权是绝对权,必须经一定形式予以公示才能产生对抗第三人的效力。房屋受让人能对抗居住权合同相对人必须要援引不动产善意取得的三个要件:一是受让人为善意;二是支付合理对价;三是已经办理产权变更登记手续。房屋受让人具有善意,并通过产权变更登记的方式予以公示,当然可以对抗没有进行过登记的居住权人。

本案中,王某、娄某并未向登记机构申请居住登记,因此,居住权并未设立。但需要明确的是,王某、娄某基于合同约定对房屋有居住使用的权利,该权利为王某、娄某与所有权人熊甲、刘某之间的合同权利,并非具有物权属性的居住权,不能对抗合同以外的主体。本案的关键为诉争房屋现已不登记在赵某、熊乙名下,故现实履行不能,不能实现其居住的权利。

(责任编辑:刘晓虹)

---

① 参见常鹏翱:《体系化视角中的物权法定》,载《法学研究》2006 年第 5 期。
② 参见曾大鹏:《居住权的司法困境、功能嬗变与立法重构》,载《法学》2019 年第 12 期。

以私域流量推广替代公域流量推广构成违约
——新经济、新业态下对新型交易模式的司法评价问题研究

程立武*　高世华**

裁判要旨

涉新经济、新业态合同案件审理中,应注意协调司法谦抑性与保障行业发展、合同自由与合同公平、虚拟经济与实体经济等的关系,将尊重契约自由、保护弱势权益、维护交易秩序作为认定合同效力、履约标准和违约责任的考量因素,结合个案情况,明确责任划分和法律后果,对涉及的新型交易模式作出适当司法评价。

一、据以研究的案例

2020年7月16日,原告与被告签署《直播合作协议》,约定:原告委托被告为"作业帮直播课"在抖音平台提供直播推广服务,于2020年7月16日至同年8月31日,由主播在指定平台直播过程中植入商品链接;被告累计销售额以最终确认《执行单》为准,订单成交量以原告电商后台具体统计数据为准;原告先支付60%合同款共679 800元,若被告在合同有效期内完成23 000单销售额,则在核算完成有效数据后7个工作日内支付被告剩余直播带货费;若被告在约定排期内未完成《执行单》所述销售目标,经双方同意可选择按已完成销售目标的

---

* 程立武,北京市高级人民法院民事审判二庭法官,中国政法大学法学硕士。
** 高世华,北京市朝阳区人民法院民事审判二庭法官,中国政法大学法律硕士。

比例进行结算或追加直播场次直至完成销售目标;被告履行本协议过程中不得自行或授权、允许第三方进行恶意刷量/刷单等不正当行为,否则原告有权拒绝支付对应服务费,已付的费用应退还并按照该费用的三倍进行赔偿;不得未经原告书面同意,在抖音平台以外的其他渠道推广。《直播合作协议》后附《执行单》载明:直播平台为抖音,抖音号为某某脱口秀、于某某以及被告旗下达人抖音号;服务费总额1 133 000元;被告保证不通过人工或技术手段违规人工干预直播相关数据,不包括被告为达到销售效果引进私域流量。

《直播合作协议》签订后,原告分别于2020年7月16日、17日支付被告400 000元、279 800元。被告旗下主播分别于2020年8月14日~17日进行了4场直播,并在直播中插入商品链接,但双方在每场直播后均未通过签署《执行单》确认和结算。之后双方因刷单等问题发生争议并于2020年8月21日~27日通过微信沟通,原告认为被告存在刷单、引入私域流量、推广订单量不达标等问题。

2020年8月28日,被告向原告发函,认为:其不存在刷单行为;引入私域流量已取得被告同意;订单量不达标可通过加播解决。次日,原告回函,表示:从未同意将推广范围扩大至抖音以外,主合同有关未经书面同意不得推广至其他渠道的约定不因附件约定而失效,其从未同意被告引入私域流量;等等。

原告随后提起诉讼,要求被告基于刷单、引入私域流量、推广订单量不达标等违约行为,退还已付款679 800元并支付三倍赔偿违约金2 039 400元。

被告抗辩称,未完成推广订单数量系因原告单方要求停止直播导致,其购买的订单也是真实订单不构成恶意刷单,引入私域流量的行为不构成违约,并且原告主张的违约金畸高。

诉讼中,双方认可的后台销售数据显示:被告共完成15 684单(含刷单数和使用私域流量的订单数),包括478单退单。双方均认可:《直播合作协议》《执行单》的文本均由原告草拟提供;通过抖音直播、短视频引入的客户不属于《执行单》中约定的"私域流量";在信任关系基础上引入的客户是私域流量,如使用微信朋友圈、微信群、QQ群引入的客户;无法明确使用私域流量完成的订单数。

法院判决:(1)被告于判决生效之日起10日内向原告返还合同款134 186.39元;(2)被告于判决生效之日起10日内向原告支付违约金150 000元;(3)驳回原告其他诉讼请求。

双方均未提起上诉,判决已发生法律效力。被告主动履行了生效判决确定的给付义务。

审理法院作出如下认定。

(一)被告存在刷单但不构成批量刷单

根据合同约定,能够确认双方所禁止的刷单限于虚构交易虚增订单数量,并禁止批量刷单。在案证据能够证实被告存在刷单行为,但仅能证实存在8单刷单。考虑到互联网经济赖以生存的基础是高质量的产品和服务以及真实活跃的海量用户,放任刷单必然导致"劣币驱逐良币"的逆淘汰现象,腐蚀、破坏互联网经济生态。不管刷单的数量多少,均应得到否定性评价。故8单刷单对应的推广费用,不应支付。

(二)被告使用私域流量推广构成违约

对于"私域流量"的概念目前不存在权威解释,因本案中各方均认可抖音直播间和抖音短视频的客户属于公域流量,微信朋友圈和微信群的客户属于私域流量,故在此基础上认定相应事实和法律后果。

第一,私域流量和公域流量在推广方式、推广价格、推广方向和特征、推广效果上均不同。推广方式方面,被告通过私域流量推广是在微信群和微信朋友圈以发布图片插入产品链接的方式做推广,通过公域流量推广是在抖音平台直播以直播中插入产品链接的方式做推广;推广价格方面,因微信群和微信朋友圈面向特定数量的好友,直播平台面向不特定客户,在客户群体和数量上存在差异,根据行业惯例和日常经验法则,推广的价格也会存在差异;推广方向和特征方面,私域流量以信任关系为基础,主播与客户之间往往是亲属、朋友、偶像与粉丝的关系,使用私域流量做推广在完成订单的同时有利于增强主播老客户的黏性,而公域流量面向的是不特定的平台客户,在完成订单的同时有利于开发产品的新客户;推广效果方面,在完成相同销售数量的情况下,私域流量的客户更多是出于对主播的信任和支持,公域流量的客户则更多是基于自身对产品和服务的需求,故公域流量的客户更可能转化为产品所有人的私域流量,主播的私域流量客户对其忠诚度较高,不易转化为产品所有人的私域流量。

第二,从目的解释角度看,被告使用私域流量推广构成违约。《直播合作协议》和《执行单》有关使用私域流量的不同约定应依当事人在合同中通过一致的意思表示而确定的目的进行解读。原告签订合同的目的是推广产品,完成一定数量的订单销售量只是衡量产品推广效果的标准之一。如前所述,公域流量和私域流量广告推广的效果并不相同。

第三,从体系解释角度看,被告使用私域流量推广构成违约。因《直播合作协议》《执行单》是同一合同主体起草、同时签署,不存在事后协商变更、起草人有不同意思表示的问题,故应从前后合同、不同合同条款的关联上作整体的、体系性的解释。综合合同文本,应解释为在原告同意的情况下可以使用私域流量,这样两个条款之间的关系可得以协调,也不存在冲突。此外,原告与上游公司明确约定了不可使用私域流量,原告与被告签订《直播合作协议》及《执行单》是为了履行其与上游公司的合同,原告在与上家的合同中不被允许使用私域流量推广而在下家的合同中允许被告使用私域流量推广亦不符合常理。

第四,被告使用私域流量推广有违诚实信用原则。被告在使用私域流量推广前向原告发送的《声明》表明,其清楚产品推广宣传和完成产品销量是两码事,其在未得到原告同意的情况下使用私域流量,有违诚实信用原则。此外,使用私域流量完成的订单客户更难转化为原告的私域流量,反而增加了被告旗下主播的客户黏性,属于借助原告支付的公域流量的价格来维护己方的私域流量,亦有违诚信原则。

(三)被告应承担相应违约责任

根据原告提供的四场直播的成交量,法院参照第一场的成交量酌情确定了后三场通过抖音直播完成的销售量及私域流量完成的销售单数。通过私域流量完成的订单,法院酌定按照正常订单价款的70%计价为545 613.61元,故被告应返还134 186.39元。对于原告主张的违约金,法院参照本案合同价款及原告与其上家合同差价计算可得利益损失,综合原告取得利润原应支出的成本等因素,酌情确定违约金为15万元。

二、相关法律问题研究

随着信息技术的迅猛发展,直播带货、网络互助、在线演艺等新业态、新模式蓬勃发展。高效、便捷、创新的交易方式层出不穷,给人们带来了不断升级的消费体验,给经济社会发展带来了深远影响,也给司法维护市场秩序带来了新的挑战。结合本案,在涉新经济新业态纠纷案件中,应注意协调处理好以下几对关系。

一是正确处理司法谦抑性与规范保障行业发展的关系。一方面,新业态、新模式本质上是创新经济,法院保障新业态、新模式发展首先就体现在充分尊重和支持创新的基本立场上,司法应保持适度的谦抑性,给当事人业态创新、模式创新留足司法空间,对于监管政策不明朗的领域审慎表态;另一方面,司法要保持相对的稳定性和独立性,对于新类型案件,特别是"首例"案件,在贯彻法律基本原则和精神理念的前提下,作出有利于行业发展、有利于维护各方合法权益的裁判。本案中,法官始终秉持谦抑性,紧密结合个案具体情况,判断私域流量和公域流量两种履行方式的区别和后果,避免对流量经济的探索创新发展带来负面影响,但对于违背诚实信用原则的做法也坚决亮明司法的态度。

二是正确处理合同自由和合同公平的关系。在涉新业态、新模式合同中,法院在充分保护合同自由的同时,对于合同中的排除或限制竞争条款、格式条款等,不应拘泥于契约自由,需要兼顾契约正义,妥善处理合同自由和合同公平的关系。本案中,在当事人对能否使用私域流量进行推广存在不一致约定的情况下,法院以平衡保护双方权益为出发点,通过体系性、目的性解释,实现了合同自由和契约正义的平衡。

三是正确处理虚拟经济与实体经济的关系。与虚拟经济深度融合是新业态、新模式的重要特征之一,产业数字化和数字产业化是双向互动的过程,不能脱离实体经济片面强调发展线上经济。线上经济应当有助于实体经济减少交易环节、便捷交易方式、节约交易成本,并最终要服务于实体经济的发展,而不是在实体经济上"叠床架屋"、延长交易链条、增加交易环节和成本,以致侵夺、压榨实体经济的利润空间。本案中,被告提供推广服务的根本目的在于宣传产品、促进交易,但擅自使用私域流量带来的销量骤升往往是"昙花一现"和"虚假繁华",与公域流量推广相比,并不能真正提升产品口碑和推广范围,反而有驱使商家提高营销成本而非产品品质的导向,故法院对于使用私域流量变相进行的"刷单",依法进行了折价处理。

法律的稳定性决定了新经济、新业态中的新事物、新概念往往难以准确无误地对应已有规范制度,需要裁判者以相对一贯的审判原则和理念为指导,方能做到以不变之法评价多变之法律事实,认定特定之法律关系,确定适当之法律责任。本案的审理,为涉新经济、新业态合同纠纷中如何准确认定违约行为及其后果,提出了以下三点参考标准。

(一)坚持意思自治,充分尊重契约自由

法律具有滞后性,经济社会迅速发展过程中产生的新概念往往还未待法律作出评价,便已呈现至裁判者面前。司法既不能做无为者拒绝裁判,也不能做逾矩者任性解读。因此最佳的处理方式便是从当事人意思自治出发,运用法的解释方法探寻当事人缔约时的真意。意思自治是近代民法的基石之一,充分彰显了民法的人文精神。随着社会的发展和法律的变迁,意思自治历久弥新,作为私法的基本原则在当下仍焕发着时代的光芒。

本案中出现的"私域流量"即为仍在发展中的新兴概念,并不存在词典中的权威解释。法院结合双方当事人自述、合同文本,利用目的解释等方法,综合分析私域流量与公域流量在客户群体类别、客户黏性、获客成本、推广效果等多方面的差异,对两种履约方式进行了详尽的对比,从而为解释双方真实意思奠定基石,最终确认双方约定的履约方式以抖音平台直播这一指定公域流量推广为限,被告使用私域流量推广构成违约。对于涉新业态、新模式合同纠纷,除应遵循传统合同纠纷下意思自治原则的贯彻,还应注意从以下几个方面贯彻契约自由原则。

一是保护当事人的缔约自由,鼓励和促成交易。依法认定合同的成立生效要件,准确界定各方在合同订立过程中的权利义务关系,在无合同不成立、可撤销、无效等法定事由的情况下,尽可能使得合同有效,以鼓励和促进交易的达成和履行。本案中,推广产品虽然为学科类网课,但在合同签订时"双减"政策尚未出台,不存在进行否定性评价的规定,应当依法认可其效力。

二是不拘泥于合同定性,注重探求当事人的真实意思。新业态、新模式难以被传统产业和行业的划分所涵盖,当事人通过合同安排的多为复合的权利义务关系,不属于典型合同的范畴。这类合同的审理既不应只看合同名称,也不应机械追求合同定性,在难以定性为某一有名合同的情况下,应充分尊重当事人关于权利义务的安排。

三是注重维护契约正义,促进实现真正的契约自由。当契约自由已经不能真正体现当事人的意思自治时,就需要通过契约正义来矫正失范的契约自由。对于新业态、新模式合同中的格式条款,以及本案中畸高的违约金条款等,应当依法通过否定效力、适当调低等方式进行干预,以实现实质性的契约自由和契约正义。

(二)促进合同正义,关注弱势权益保护

契约自由是古典合同法的核心和精髓,随着社会的发展,特别是垄断的出现,当事人双方的经济地位、缔约能力差距越发悬殊,固守契约自由难以实现实质的公平正义,契约正义应运而生。[①] 法院在充分保护合同自由的同时,需要兼顾契约正义,特别应当关注以下几方面易被忽视的"弱势权益"。

一是消费者权益保护。消费是拉动经济发展的"三驾马车"之一,也是构建"国内大循环为主体,国内国际双循环相互促进的新发展格局"的重要一环。消费者享有安全保障权、知情权、选择权、公平交易权等一系列权利,作为经营者一方的新业态、新模式相关企业,以漠视消费者权益或者损害消费者权益为代价进行的经济业态和交易模式创新难以长远健康发展。以本案为例,未经许可擅自使用私域流量的行为有"变相刷单"之嫌,此类业态最终可能以侵害消费者知情权、选择权的形态出现,故司法上以作出否定性评价为宜。

二是中小微企业保护。《关于支持新业态新模式健康发展 激活消费市场带动扩大就业的意见》《国务院办公厅关于加快发展外贸新业态新模式的意见》等文件均明确提出,支持中小微企业创业创新,鼓励各类平台、机构对中小微企业实行一定的服务费用减免。当前,一些中小微企业受到平台、大型企业的挤

[①] 参见包哲钰:《对契约正义的一种解读——现代法律对契约自由的限制》,载《西部法学评论》2019年第3期。

压,在数字化转型中面临困境,需要进一步加强对中小微企业的保护,以推动大中小企业协同联动、上下游全链条一体发展,更好地形成规模效应和产业链协同。

三是个人信息保护。数字产业化和产业数字化是新业态、新模式发展的重要方向和特征之一,在数字经济背景下,个人信息保护是不可回避的时代命题。[1] 根据《民法典》的规定,个人信息是自然人人格权的重要组成部分,在新业态、新模式中,企业对个人信息的收集、存储、使用、加工、传输、提供、公开等必须严格依法进行,在合理利用个人信息的同时注重个人信息的保护。批量刷单交易往往涉及个人信息非法交易,本案的审理中,法院也对此予以了特别关注。

(三)追求公益福祉,维护公平交易秩序

在保护和支持创新的同时,法院也肩负着规范新业态、新模式发展的职责使命,对于违法和严重违规、损害公共利益等的业态模式应依法"亮剑",保障行业的长远健康发展。

一是秉持积极审慎的司法理念,防范化解创新风险。新业态、新模式突出的是"新"字,这些领域往往面临法律滞后、法律模糊、法律空白等状况,相关的行业监管机制、监管政策也存在不健全的情况,对于在这些新类型案件的审理中发现的苗头性、趋势性风险,法院应当适时以明确的裁判规则亮明司法态度,引导和规范行业的发展,推动防范和化解行业风险。

二是严格限制无效合同范围,不轻易否定合同效力。对涉新业态、新模式合同而言,影响合同效力的因素主要包括是否违反法律、行政法规的强制性规定,是否损害社会公共利益。在涉新业态、新模式合同效力的认定上,只有在合同交易标的是禁止买卖的、违反特许经营规定的,交易方式严重违法,交易场所违法等违反效力性、强制性规定或者损害公共利益的情况下,才能认定合同无效;违反经营范围、交易时间、交易数量等行政管理性质的强制性规定的,一般不影响合同效力。

三是稳妥适用违背公序良俗,切实保障交易创新。一方面,对尚处于探索发展阶段的新业态、新模式,司法应保持必要的谦抑和克制,依法从严认定公序良俗的范畴,防止公序良俗成为否定合同效力的"口袋"。[2] 另一方面,对违背法律基本原则、损害公共利益等的业态模式,坚决依法给予否定性司法评价,适当使用穿透式审判思维,首先,要穿透认定纠纷背后的实质法律关系,准确认定争议

---

[1] 参见王利明:《数据共享与个人信息保护》,载《现代法学》2019年第1期。
[2] 参见贺小荣:《意思自治与公共秩序——公共秩序对合同效力的影响及其限度》,载《法律适用》2021年第2期。

的性质;①其次,不能人为割裂交易之间的关联关系,以避免对复杂交易链条中一环的处理对已经形成的整体交易秩序造成不必要的冲击。这也是本案结合上下游合同认定可得利益的依据之一。

  本案的裁判对于妥善处理涉新业态、新模式合同纠纷具有重要参考意义,对法院探索应对新经济、新业态纠纷带来的挑战进行了有益的探索。最后需要说明的是,本案的裁判并不意味着公域流量优于私域流量。私域流量和公域流量本没有优劣之分,二者甚至在一定条件下可以相互转化,但是二者宣传推广的目标方向和侧重点不同,具体使用何种方式推广应尊重当事人的意思自治。诚实信用原则是民法的"帝王条款",无论是在传统行业还是在新业态、新模式中,也无论是在线上经济还是线下经济交往中,民事主体均应当秉持诚实、恪守承诺,当事人约定使用特定公域流量,未经许可擅自使用私域流量并以使用公域流量推广与私域流量推广并不存在实质差异为由进行抗辩,有违诚实信用原则。

(责任编辑:王 晨)

---

① 参见张桦:《"穿透式审判思维"的功能与边界刍议》,载《人民法院报》2021年3月18日,第8版。

"好意同乘"的认定与减责规则
——庞某、王某某诉李某某机动车交通事故责任纠纷案相关法律问题研究

姚 媛* 马 玥**

裁判要旨

认定"好意同乘"的核心要件是具有"利他目的"的好意性,应当围绕具有"利他目的"的好意性理解"非营运机动车""无偿""搭乘",并在具体案件中进行事实对应,可从不具有受法律拘束意思性、无偿性、非营运性、合意性等表象构成要件综合判定。在构成"好意同乘"的基础上,应当按照施惠人一般过失、受惠人自甘冒险、受惠人过失相抵、受惠人故意的体系减责规则确定施惠人损害赔偿责任承担。在确定施惠人重大过失时,应当将交通事故责任认定书确定的无责任、次要责任作为认定一般过失予以减责的必要条件,并结合"合理人"判定标准综合判定全部责任、主要责任是否构成重大过失。

一、据以研究的案例

王某某与庞某系夫妻关系,婚后育有一女庞某某(未婚)、一子庞某1。李某某与闫某某系夫妻,庞某某与闫某某系同学。2017年12月22日,李某某驾驶小型轿车,载闫某某、庞某某、任某某从北京市到河北省保定市安国市参加周某某的婚礼。2017年12月23日中午参加完周某某的婚礼后,李某某驾车载闫某某(副驾驶座位)、庞某某(后排左侧)、任某某(后排右侧)返回北京市。14时许,

---

* 姚媛,北京市石景山区人民法院五里坨法庭法官,北方工业大学法律硕士。
** 马玥,北京市石景山区人民法院审判管理办公室(研究室)法官助理,中国政法大学国际法学硕士。

在沿保定市清苑区保衡公路由南向北行驶到 22 公里处时,因李某某未按照操作规范安全驾驶、文明驾驶,未保持安全车速,车辆撞在公路东侧的大树上,造成任某某颅脑损伤死亡、庞某某重伤、闫某某受伤的交通事故。保定市清苑区公安交通警察大队出具的道路交通事故认定书载明:李某某负事故的全部责任,闫某某、庞某某、任某某无责任,同时载明闫某某、庞某某、任某某无违法行为。2018 年 7 月 27 日,李某某因交通肇事罪被审查起诉。

2018 年 12 月 29 日,李某某被判决犯交通肇事罪,判处有期徒刑 2 年 6 个月。

后因庞某某去世,王某某与庞某1诉至法院,请求判令被告赔偿医疗费、住院伙食补助费、营养费、护理费、误工费、鉴定费、死亡赔偿金、被抚养人生活费、丧葬费、精神损害抚慰金、残疾辅助器具费、住宿费、交通费、财产损失(苹果牌手机丢失)、复印费共计 2 957 004.46 元。

法院认为:侵害他人造成人身损害的,应当赔偿医疗费、护理费、交通费、营养费、住院伙食补助费等为治疗和康复支出的合理费用,以及因误工减少的收入;造成残疾的,还应当赔偿辅助器具费和残疾赔偿金;造成死亡的,还应当赔偿丧葬费和死亡赔偿金。本案中,综合当事人的诉辩意见及查明的事实,本案争议焦点问题有四,一是本案是否属于"好意同乘";二是本案法律适用依据为何;三是应否减轻被告的赔偿责任;四是如何确定二原告主张的损失。

首先,所谓"好意同乘",通常是指非运营机动车驾驶人基于友情帮助或善意而允许他人无偿搭乘的行为,通常是非运营车辆驾驶人基于亲情、友情或者善意搭载他人,如顺路捎带朋友、同事,应陌生人请求搭载陌生人,等等。根据已查明的事实,李某某驾驶的车辆为非运营车辆,符合"好意同乘"中对搭乘工具的限定。李某某开车载闫某某、庞某某、任某某从北京至河北保定的目的是参加周某某的婚礼,闫某某与庞某某系同学,闫某某与李某某系夫妻,闫某某在刑事案件中自述庞某某请求搭车去参加周某某的婚礼。在二原告未提供证据证明此次搭乘具有营利性的情况下,结合庞某某、闫某某之间的关系及闫某某在刑事案件中的自述,此次搭乘为无偿搭乘具有高度盖然性。应当认定本次搭乘符合"好意同乘"的构成要件。

其次,按照《最高人民法院关于适用〈中华人民共和国民法典〉时间效力的若干规定》,本案属于空白溯及,符合第 18 条的规定,并且"好意同乘"对于维持人际关系和谐、倡导助人为乐的社会风尚具有积极意义,适用《民法典》的相关规定更有利于弘扬社会主义核心价值观,《民法典》第 1217 条的规定并未超出当事人在事故发生时对于"好意同乘"归责原则的合理预期,不存在"明显减损当事人合法权益"的情形。

再次,《民法典》第 1217 条规定,非营运机动车发生交通事故造成无偿搭乘人损害,属于该机动车一方责任的,应当减轻其赔偿责任,但是机动车使用人有故意或者重大过失的除外。李某某自述,发生交通事故时其在黄线东侧正常行驶,没有和其他车辆发生碰撞,没有其他车辆对其进行追赶或碰撞,即本次事故的发生并不存在外在因素的干扰。李某某主张其发生癫痫导致发生交通事故,但其未能提交证据证明,并且刑事案件审理法院作出的刑事判决书认定"不能认定事故系被告人李某某癫痫发作导致",故法院对其主张不予采信。结合李某某超速行驶、负本次事故全部责任的事实,应当认定李某某对本次交通事故的发生具有重大过失。此外,李某某未主张庞某某在此次事故中有过错且公安交通管理部门认定庞某某无违法行为,本案不能减轻李某某的赔偿责任。

最后,法院结合二原告提供的相关证据,确认了被告应赔偿的各项费用的数额。

法院判决如下:(1)李某某于判决生效之日起 15 日内给付庞某 1、王某某医疗费 189 974.46 元、住院伙食补助费 18 100 元、营养费 23 850 元、护理费 65 080 元、误工费 75 653.85 元、辅助器具费 15 616 元、死亡赔偿金(含被抚养人生活费)2 346 560 元、丧葬费 56 443 元、交通费 3000 元、复印费 128.2 元、鉴定费 6550 元、住宿费 10 000 元、财产损失 1000 元,合计 2 811 955.51 元;(2)驳回庞某 1、王某某的其他诉讼请求。

宣判后,当事人均未提出上诉,案件已发生法律效力。

二、相关法律问题研究

"好意同乘"并非法律专业用语,其最早源于德国。德国学者迪特尔·梅迪库斯在其著作《德国民法总论》中把"好意同乘"作为情谊行为的一种类型加以概括,这也是最早提出这一特殊现象的论述。① 在我国,随着社会的不断发展,机动车保有量不断增加,自驾造成的交通拥堵日益严重,越来越多的人选择搭乘出行,其中不乏"好意同乘"者,但关于"好意同乘"的归责原则,理论观点争议不断,司法实践中也缺乏统一性。《民法典》将"好意同乘"条款纳入,对倡导和鼓励人们助人为乐,引领形成向上向善的良好社会风气,弘扬社会主义核心价值观,起到了积极的作用,一定程度上厘清了"好意同乘"的归责原则,但在对该条款进行适用时,关于"无偿搭乘""重大过失"的界定标准、减免责任比例确定等问题,在司法实践中仍有争论,裁判思路并不明晰。

---

① 参见[德]迪特尔·梅迪库斯:《德国民法总论》,邵建东译,法律出版社 2000 年版,第 148 页。

(一)"好意同乘"的认定与减责现状

1. 理论观点

关于"好意同乘"的代表性理论观点有情谊行为说、无偿客运合同说、事实行为说、无因管理说等,当前通说认为"好意同乘"是一种典型的好意施惠情谊行为,[1]是指乘人经非营运性机动车的保有人或驾驶人同意后无偿搭乘的行为。[2]"好意同乘"中施惠者基于情谊的建立、维持或者增进等考虑给受惠者提供搭乘的便利,具有好意性、无偿性、不受法律拘束意思性、双方合意性的特点。[3]常态下的"好意同乘"行为不被法律规范,构成"法外空间",当"好意同乘"对搭乘人造成损失,在符合侵权责任的构成要件时就会受到法律调整。而在施惠人致损时对于受惠人应当承担的责任,有自甘冒险说、情谊侵权责任说、无过错责任说、过错责任说(又分为一般过失说与重大过失说)等观点。

2. 规则解释

《民法典》第1217条被称为"好意同乘"条款,从立法解释而言,该条款的立法动机是激励互助,实现利益平衡,维护公平观念。因为"好意同乘"对于维持人际关系的和谐、倡导助人为乐的社会风尚、减少交通拥堵、倡导绿色出行具有积极意义,不宜对施惠人苛以较重义务及责任,否则将挫伤"好意同乘"的积极性,不利于人们日常的互助互惠;但施惠人基于其对机动车的控制和机动车本身的危险性,不仅负有谨慎驾驶的注意义务,也应负有对他人生命健康的注意义务,不能因好意施惠而减轻;同时,一般情况下,"好意同乘"者搭乘他人车辆并不意味着同乘者自己甘愿承担风险,然而,对于受惠人明知车辆存在固有缺陷或施惠人存在违法违规驾驶的情形,以及施惠人在受惠人主动及迫切要求下进行的违法违规驾驶等,受惠人存在自甘冒险的主观因素,自身也有过错。因而,立法机关在将施惠者、受惠者双方过错纳入考量因素后从利益平衡及鼓励同乘角度,作出"好意同乘"减责规定。从目的解释来说,"好意同乘"减责规则的适用前提在于"好意同乘",应当从鼓励助人为乐这一目的来考量"非营运机动车""无偿"的释义,综合判断具体实践是否构成"好意同乘"。

3. 司法实践

在《民法典》实施前的一段时期内,司法实践的倾向性意见为,"好意同乘"

---

[1] 参见王泽鉴:《债法原理》(第1册),中国政法大学出版社2001年版,第199页。

[2] 参见王利明等撰稿:《中国民法典学者建议稿及立法理由:条文 立法理由 参考立法例——侵权行为编》,法律出版社2005年版,第261页。

[3] 王雷:《情谊侵权行为论——以好意同乘中的侵权行为为例》,载陈小君主编、张红副主编:《私法研究》第14卷,法律出版社2013年版,第35页。

者无偿搭乘的行为并不意味着其甘愿冒一切风险,驾驶者对于"好意同乘"者的注意义务并不因为有偿和无偿加以区别,对于驾驶者同样适用无过错责任,搭乘者有过错的,应减轻驾驶者的民事责任;搭乘者无过错的,可以适当酌情减轻驾驶者的民事责任。因而,对于驾驶者过错并无进一步的具体划分认定,往往根据交通事故责任书中的责任认定及审理中对事故发生、损失扩大原因的探查,考虑搭乘者过错、"好意同乘"因素予以责任酌减。审理难点在于"好意同乘"的认定,例如,有的判决因驾驶人与搭乘人之间系雇主和雇员关系、男女朋友关系等而不予认定为"无偿搭乘",有的判决则仅考察是否收取费用,对驾驶人与搭乘人之间的关系在所不问。

笔者以"好意同乘""刑事"为关键词,在中国裁判文书网上对《民法典》施行后的机动车交通事故责任纠纷相关文书进行检索,以期考察因施惠人引发交通事故致害构成刑事责任对于认定"重大过失"的影响,有的判决认为:施惠人在事故中负主要责任并因该事故被处以刑事责任,故其对该次事故发生具有重大过失;有的判决认为:醉酒驾驶属于违反道路交通安全法的严重行为,应认定为构成重大过失;有的判决认为:虽然交警部门认定施惠者负事故全部责任,但该认定依据系施惠人操作不当,不存在醉驾、无证、超速等违章行为,对事故发生无故意或重大过失;此外,在不构成刑事责任的情形下,有的判决认为:尽管施惠人驾驶车辆超速是引发事故的原因,应承担事故主要责任,但在认定"好意同乘"的前提下,认为施惠人不存在重大过失而减轻赔偿责任。由此可见,司法实践中有三种倾向性意见,一是被处以刑事责任本身即可认定为重大过失;二是即便构成刑事责任,仅在具有醉驾、无证、超速等严重违反法律规定的行为的情形下认定存在重大过失;三是醉驾毫无疑问能够认定为重大过失,但受惠人应当明知施惠人系醉驾,因而受惠人因自甘冒险亦有过错,可减轻施惠人责任,而对于无证、超速等情况,无论是否构成刑事责任,仍需结合事故发生原因及施惠人承担责任程度来综合判断是否为重大过失。正因"过失"与"重大过失"的界定从来都是法学界的难题,《民法典》将重大过失作为排除减责情形,审理难点大多在于重大过失的认定。

(二)"好意同乘"的构成要件

虽然我国学者对"好意同乘"概念的理解与《民法典》中关于"好意同乘"的规定在表述上稍显不同,但本质上是一样的。结合"好意同乘"的概念及《民法典》中关于"好意同乘"的规定,从目的解释来看,笔者认为,认定是否构成"好意同乘"可以从以下几个方面考虑。

1. 好意性

好意性是"好意同乘"最根本的特征,是指驾驶人在搭载同乘者的时候是出于帮助他人的目的或想法,驾驶人的意图是帮助搭乘人顺利到达目的地,并且既不直接也不间接追求经济利益,仅单方面为受惠人提供便利,它强调施惠人的利他目的,但"利他"与"利己"并非截然对立,片面强调"利他"会导致"好意同乘"的限缩适用,忽视潜在的"利己"又会造成"好意同乘"的错认,因而,在认定"好意同乘"时需重点把握利他目的在搭乘行为中的主导地位。

一方面,仅具有"利他目的"、不具有"利己目的"不宜认定为"好意同乘",对于"好意同乘"的目的性有三种观点,第一种观点认为,须得目的地不同方才符合"好意性"。第二种观点认为,"好意同乘"的前提是施惠人的行程中包含着受惠人的行程,亦即存在"搭便车""顺风车"等情形,专程接送应当属于无偿帮工。第三种观点认为,目的地不同构成"好意同乘",绕道送行及专程接送也属于"好意同乘"。笔者认为,"好意同乘"在强调"好意性"的同时也需关注"同乘性",如果兼具自身出行目的及同乘者行驶目的,即便因为目的地不同而绕道远行,也应认定为"好意同乘",否则将限制"好意同乘"制度功能的作用空间,如果仅具有搭乘他人目的,自身并没有出行的主观愿望,施惠人的主观善意将远远大于"好意同乘"所承载的道德善意,应当超出"好意同乘"制度框架,对施惠人给予更周全的利益保护。

另一方面,如果搭乘行为的"利己目的"重于"利他目的",则不能认定搭乘行为为"好意同乘"。例如,酒店为客户提供免费的接送机服务,客户在乘车的过程中虽然并未支付任何费用,但酒店为客户提供此项服务的最终目的是吸引客户,从而营利,故不能认定为"好意同乘";又如,中介机构免费开车接送客户看房,因中介机构的最终目的是促进房屋的销售,实则为"利己目的",故亦不能认定为"好意同乘"。此外,尽管不存在经济上的利己目的,但具有陪同、劳务等其他方面的利己目的,也不宜认定为"好意同乘",例如,搭乘人并无出行需要仅为陪同驾驶人而搭乘、病人或其家属为了诊病而迎送医生等。

2. 不具有受法律拘束意思性

从目的解释来看,"好意同乘"要求驾驶人与搭乘人之间不存在法律上的权利义务关系,例如,不是客运合同关系、劳动关系、雇佣关系等,也不存在监护人与被监护人的关系、婚姻家庭关系等,否则,搭乘行为往往有其他法律权利义务的缘由,并不是基于好意。但同时需要注意,亲属关系的亲疏远近会影响法律权利义务的构成,而劳动关系、雇佣关系中,如若搭乘并非劳务所需,则也可能被认定为"好意同乘"。

3. 无偿性

无偿性是"好意同乘"最为典型的特征,也是好意性的直观表现。一般情况下,对于无偿的理解为免费,即不需要支付任何费用,但在"好意同乘"中,对于无偿性的理解至今未能达成一致意见。有的学者认为"无偿性"是指没有支付任何费用;有的学者认为"无偿性"是指没有支付合理的对价。笔者认为,"好意同乘"中的无偿性并非车辆驾驶者与同乘者没有任何经济上的补偿,受惠人赠送礼物、分担油费或高速费用等情形,一则完全出于内心自愿,而非对方收取,其目的是感谢施惠人的善意及帮助行为,即便具有给付外观,却不产生任何法律效果,符合人情交往及礼尚往来的一般观念;二则款物价值一般不构成对价给付,除燃料费、过路费等,施惠人驾驶所花费的时间、劳动及车辆损耗等均系成本,只有在分摊全部运行成本外加给付施惠人劳务费用的情形下才能构成对价给付。因而,当受惠人给付财物与市场上同类有偿行为支出价格相近或高于成本价格时,应当谨慎认定"好意同乘",否则,受惠人可能会在已经支付对价给付的情况下反而损失巨大的损害赔偿金,容易造成利益失衡。此外,现实生活中还存在一种长期同乘现象,例如,邻居数人约定轮流开车上班、共同分担油费等,实质上构成有偿契约关系,并非"好意同乘"。因而,无偿性应当建立在"好意同乘"最本质的利他性基础上来考虑,同时兼顾"好意同乘"所蕴含的价值判断,综合考虑是否有营利目的、是否为对价给付,以及是否在对价给付情形下有受拘束意思性来认定。

4. 非营运性

《民法典》将"好意同乘"中的车辆限定为非营运机动车,也就是说,只有非营运机动车才能构成"好意同乘"。机动车按使用性质可以分为营运机动车、非营运机动车及运送学生机动车。所谓非营运机动车,是指不以营利为目的的机动车。如何判断"好意同乘"中车辆是否属于非营运机动车,理论界及司法实践中主要分为两种意见:第一种意见认为,应以登记为准,即机动车登记为非营运即为符合,不需考虑其他。第二种意见认为,应当结合案件当时的具体情况来看,不能以登记为准。例如,货车在行驶过程中,发现有人求助,免费搭乘该人至医院,那么其行为应当属于"好意同乘"。笔者同意第二种意见,区分营运机动车与非营运机动车的主要目的在于区分"好意同乘"与无偿客运合同,实践中可能出现营运车辆在非营运时段以营运为目的的搭乘,及在营运时段不以营运为目的的搭乘,因此,判断非营运性的关键在于"营运状态"及"营运目的",应结合同乘的情况来分析,不应以车辆登记的性质来判断是否系非营运机动车。

5. 合意性

"好意同乘"中的搭乘行为必须是合意,达成一致,否则不能构成"好意同乘"。在现实生活中,合意性的表现形式有两种:一种是同乘人请求对方给予便利同乘一车,驾驶者同意;另一种是好意人主动邀请同乘者乘车,同乘者同意。对于两种类型的"好意同乘",不应以发起者不同而有不同的法律评价,只要施惠人最终以明示或默示形式表示同意，均应当负担起对受惠人人身财产安全的保护义务。但如果驾驶者不同意，同乘者强制上车或偷摸上车，虽然其并未支付对价，但依然不能构成"好意同乘"，否则可能会使施惠人承担一些不可预见、不可控制的风险。

具体到本案，李某某驾驶的车辆为非运营车辆，符合"好意同乘"中对搭乘工具的限定。李某某开车载闫某某、庞某某、任某某从北京至河北保定的目的是参加周某某的婚礼，闫某某与庞某某系同学，闫某某与李某某系夫妻，闫某某在刑事案件中自述庞某某请求搭车去参加周某某的婚礼。在二原告未提供证据证明此次搭乘具有营利性的情况下，结合庞某某、闫某某之间的关系及闫某某在刑事案件中的自述，此次搭乘为无偿搭乘具有高度盖然性。同时，根据二原告及被告所述，依据现有证据，被告搭乘庞某某并不具有其他目的，故本次搭乘属于"好意同乘"。

(三)"好意同乘"减轻赔偿责任的适用规则

1."好意同乘"侵权应采用过错原则

关于"好意同乘"的归责原则，在《民法典》出台前，无论是理论界还是司法实践中都争议不断，即使《民法典》出台后，亦有学者认为应当删除《民法典》中关于"好意同乘"的条款。① 现阶段关于"好意同乘"的归责原则主要有以下三种观点：第一种观点认为，免费搭乘者没有支付任何成本，享受了利益，属于自甘冒险，驾驶者不应对同乘者承担任何赔偿责任——只要是"好意同乘"，就免除驾驶者的责任。第二种观点认为，"好意同乘"者无偿搭乘的行为并不意味着其甘愿冒一切风险，因此驾驶者应当对同乘者承担责任，而且应当适用无过错原则。第三种观点认为，驾驶者对于免费搭乘者的注意义务(也有学者称之为安全保障义务)不因有偿与无偿而有所不同，只要构成侵权，都需要承担侵权责任——应适用过错原则。即便是在过错责任项下，也有重大过失说与一般过失说两种主要观点，其中，重大过失说认为，施惠者对交通事故的发生原则上仅在具有重大过失时才应当负责，具有一般过失时免责；而一般过失说则认为，对于他人生命身体健康的注意义务，不能因其为好意施惠而减轻，故不能将侵权责任的过错仅限定于故意或重大过失。从"无过错说"到"重大过失说"再到"一般过失说"，对施惠人的注意义务及责任承担要求越来越高。《民法典》第1217条确立了过错责任原则，但一般过失可予以减责。

---

① 参见张素华、孙畅：《民法典侵权责任编中好意同乘条款的存废》，载《江汉论坛》2020年第1期。作者认为，"好意同乘"条款不仅不能够实现立法目的，而且存在好意(无偿)、重大过失等构成要件认定困难，难以兼顾受害人救济的弊端。

2. 施惠人减责规则的体系适用

在对施惠人进行损害赔偿责任确定时,除依据《民法典》第1217条在认定"好意同乘"情形下对施惠人予以减责外,还需要考察施惠人的重大过失与故意①、受惠人自甘冒险②、受惠人过失相抵③、受惠人故意④这四个要素,综合评定责任分担。

(1)施惠人重大过失与故意的认定。交通事故责任书中对施惠人的责任认定是确定施惠人构成重大过失或故意的必要但不充分条件。交通事故责任书是交通管理部门依照交通法规对交通事故的当事人有无违章行为,以及对违章行为与交通事故损害后果之间的因果关系进行定性、定量评判时所形成的文书材料。如果交通管理部门认定施惠人为无责方,即施惠人在此次事故中并不存在违反交通法规的行为,可以认定施惠人不存在重大过失或故意,可以减责;如果交通管理部门认定施惠人存在次要责任,即施惠人对于事故发生仅具有轻微过失,亦可以减责;如果交通管理部门认定施惠人为主要责任方或全部责任方,说明施惠人的行为主要导致了此次交通事故,但是不能以此断定施惠人存在重大过失或故意,还需要结合"合理人"认定标准来进行判定,亦即以一个具有驾驶经验的人来看,施惠人在驾驶过程中的行为明显违反道路交通法规且其能够预见这种行为有可能造成事故的发生,但其没有预见或者是已经预见但是轻信可以避免事故的发生,则存在主观过错。对于施惠人"故意"自不待言,而区分"一般过失"与"重大过失"的标准则在于主观过错状态的严重性,也就是说,应当预见而未预见的事故风险对于"合理人"是显而易见的,或是在"合理人"看来客观情况已经确定事故发生具有高度可能性。例如,施惠人醉酒驾驶或明知车辆存在爆胎、刹车失灵等固有故障而放任,均构成重大过失;无证驾驶、超速行驶尽管也属于过失,但司法实践中对于无证驾驶、超速行驶的重大过错认定并不如醉酒驾驶一般毫无争议,只因从概率上来看,无证驾驶、超速行驶导致事故的风险不及醉酒驾驶,因此,需借助具体案件中施惠人过错对导致事故发生的原因力来确定过失程度;对于虽然施惠人承担全部责任或主要责任,但其未严重违反交通法规而仅因操作不当导致事故,或施惠人已经尽到了勤勉检查义务但车辆突发故障导致事故,或道路出现闯入者因躲避而导致事故等,均不宜认定为重大过失。

(2)受惠人自甘冒险及过错的认定。首先,若受惠人存在教唆施惠人违法

---

① 《民法典》第1217条"但书"条款。
② 《民法典》第1176条。
③ 《民法典》第1173条。
④ 《民法典》第1174条。

超速、超车等行为,以及受惠人明知施惠人醉酒驾驶或车辆具有固有缺陷情形,即便施惠人因重大过失无法减责,亦存在与自甘冒险条款衔接适用的问题。但是,此种情况下,对于受惠人的"明知"应建立在有相应民事行为能力的基础上,对于不能辨识自己行为的无民事行为能力人或者限制行为能力人不宜适用自甘冒险规则。例如,6岁的儿童知道施惠人没有驾照,但是其并不能理解驾照为何物,所以不能以其明知施惠人无证驾驶而认定其自甘冒险。此外,醉酒驾驶亦有特殊性,因醉酒驾驶能够在外观上予以识别,因而受惠人对于不知驾驶人醉酒驾驶的抗辩不符合常理,往往能够推定受惠人明知施惠人系醉酒驾驶。其次,对于受惠人争夺方向盘等明显具有主观过错的行为可适用过失相抵规则,能够在较大范围内减轻施惠人责任;但是,对于受惠人未佩戴安全帽、未系安全带等过错,一般不足以直接导致事故发生,更多是会造成损失扩大,只能在较小范围内减轻施惠人责任。

具体到本案,李某某的驾驶行为被交通管理部门认定为全部责任,根据李某某的自述,事故发生时,并无其他车辆且无其他外力的干扰,其以超出限速70公里/小时、大于81公里/小时的车速超速行驶,并且李某某自身对于车辆撞上隔离带几乎无自主意识,但无证据证实其当时系癫痫发病,而具有疲劳驾驶的高度盖然性,以"合理人"标准来看,一般具有驾驶经验的人均应明知严禁疲劳行驶及超速行驶,尽管李某某虽超出限速,实际行驶速度并未超出合理限度,具有驾驶经验的人仅保持81公里/小时的车速行驶导致事故发生的风险性并不显著,但综合考量其疲劳状态下仍保持高速行驶并导致同乘人死伤的严重后果、无外力介入其自身违法违规驾驶行为系事故发生唯一原因力,应当认定其具有重大过失,并且同乘人庞某某在乘车过程中无过错,故无法因"好意同乘"对李某某予以减责。

(责任编辑:王 晨)

防卫过当情形下防卫人侵权责任的认定
——张某诉杨某防卫过当损害责任纠纷案相关法律问题研究

陈晓东* 雷 悦**

裁判要旨

正当防卫超过必要的限度,造成不应有的损害的,正当防卫人应当承担适当的民事责任。对于正当防卫是否超过必要的限度,法院应当综合不法侵害的性质、手段、强度、危害程度和防卫的时机、手段、强度、损害后果等因素判断。正当防卫超过必要限度造成防卫过当的,防卫人应当在造成的不应有的损害范围内承担部分责任,对此应综合考虑防卫过当所造成的不必要的损害后果在最终损害后果中所占的比例,以及防卫人与不法侵害人的过错程度,确定防卫人所承担的部分责任的比例。

一、据以研究的案例

2020年4月12日0时30分许,因张某闯入位于某村杨某种植地旁的马圈里,杨某将其打伤。当晚,当地派出所民警到场处理,张某被送往医院住院治疗。后经鉴定,张某身体所受损伤程度属轻伤一级。张某将杨某诉至法院,请求判决杨某承担住院医疗费55 429.67元、交通费2500元、住院伙食补助费2100元、二次手术费用5 447.33元、鉴定费2 387.7元、误工费104 386元、护理费52 193元、营养费9000元,以上合计233 443.7元。

根据派出所对张某、杨某的讯问笔录及事发当晚马圈的监控录像,事件具体

---

* 陈晓东,北京市第三中级人民法院民事审判第一庭庭长。
** 雷悦,北京市第三中级人民法院民事审判第一庭法官助理,中央财经大学法学硕士。

经过如下:事发当天,张某在朋友家喝了一天酒,直到深夜才骑着电动车离开。回家途中张某想要小便,就将电动车停在路边,步行十几米进入杨某的种植地里小便。小便过后,张某听到附近有狗叫声,就循着狗叫声进入种植地边上的马圈中,看到马圈中有马,便伸手摸马。当时杨某已经入睡,被狗叫声吵醒后,杨某怀疑有人偷马,就拿起放在床边用来防身的钢条来到马圈,在一片漆黑中看到有人在摸自己的马。杨某喊道:"站住!逮你好长时间了!"上前想要制止张某。张某将手伸向怀中,杨某认为张某要掏东西伤害他,就用手中的钢条胡乱开始击打张某,连续抽打了十几下。张某冲杨某喊道:"我在醒酒,你打我干啥?"杨某认为从张某当时的举止来看,其根本没有酒醉,就继续用钢条击打张某。张某转身往马圈外头跑,杨某紧追其后,一边追一边继续用钢条朝张某的后背砍去,张某被砍倒在地,两人撕扯在一起。之后张某起身朝路边跑去,最终因失血过多休克。在整个过程中,杨某对张某共进行了三轮砍击行为:第一轮为杨某在马圈中抓住张某后用钢条向张某乱打;第二轮为张某对杨某说话之后杨某继续用钢条砍击张某;第三轮为张某逃出马圈后杨某用钢条砍击张某的后背,张某倒地后两人撕扯在一起。

杨某的邻居董某听到两人厮打的声音来到现场,杨某让董某赶快报警。派出所于2020年4月12日1时许接到董某报警,称张某盗窃未遂被杨某发现,后二人发生互殴。随后派出所的民警和救护车赶到现场,张某被救护车带走救治,杨某被民警带回派出所进行讯问。2020年4月12日,公安机关决定对杨某故意伤害案立案侦查。检察院经审查认为,现有证据无法认定杨某主观上是出于伤害的故意对张某实施殴打行为,于2021年3月23日出具《不批准逮捕理由说明书》,对杨某作出不批准逮捕决定。

一审法院经审理判决:杨某赔偿张某因此事造成的医疗费、交通费、住院伙食补助费、鉴定费、护理费、营养费、误工费各项共计89 971.76元。该判决作出后,杨某不服,提起上诉。

二审法院认为,本案的争议焦点有三个:(1)杨某的行为是否构成正当防卫;(2)若杨某的行为构成正当防卫,其是否存在防卫过当的情形;(3)若杨某存在防卫过当的情形,对于张某的损害后果,其应当如何承担赔偿责任。

关于争议焦点一,正当防卫是行为人为了保护社会公共利益、自身或者他人的合法权益免受正在进行的紧迫侵害,针对这一非法侵害在必要限度内采取的防卫措施。自然人的私人生活空间与生活安宁受到法律保护,张某于深夜闯入杨某居住的种植地并进入杨某的马圈,对杨某的私生活安宁甚至人身财产安全可能构成一定侵害,并且根据杨某一审中提交的事发当晚的监控录像,可以看到张某进入马圈后有将手伸向马匹的动作。杨某将深夜突然出现在自家马圈中的张某当成小偷,并未超出正常人的理性认识,之后杨某让董某报警时亦称张某系盗窃未遂被杨某发现。结合事发的时间及环境,杨某为防止马匹被盗、保护自己的人身安全及财产安全而与张某发生肢体冲突,具有合法的防卫目的与一定的现实紧迫性。因此,杨某的行为构成正当防卫。

关于争议焦点二,《最高人民法院关于适用〈中华人民共和国民法典〉总则编若干问题的解释》(以下简称《民法典总则编解释》)第31条第1款、第2款规定:"对于正当防卫是否超过必要的限度,人民法院应当综合不法侵害的性质、手段、强度、危害程度和防卫的时机、手段、强度、损害后果等因素判断。经审理,正当防卫没有超过必要限度的,人民法院应当认定正当防卫人不承担责任。正当防卫超过必要限度的,人民法院应当认定正当防卫人在造成不应有的损害范围内承担部分责任;实施侵害行为的人请求正当防卫人承担全部责任的,人民法院不予支持。"具体到本案,从双方行为的性质来看,张某深夜闯入杨某的马圈,杨某为保护自己及马匹进行防卫。从行为的手段来看,张某在进入马圈时未持任何工具,杨某使用约一米长的钢条砍击张某。从行为的强度来看,杨某共对张某进行了三轮砍击,而据杨某所述张某打了杨某左脸一巴掌,又用土扔在杨某头上。从行为的后果来看,张某的伤情经鉴定属于轻伤一级,而杨某及其马匹没有受到明显伤害。综合考虑上述因素,手无寸铁的张某面对手持钢条的杨某,在肢体冲突中显然处于较为弱势的一方,杨某在初步制止张某后没有及时报警处理,在张某跑出马圈后仍然使用钢条砍击张某,故杨某防卫的手段、强度及对张某造成的损害后果显然超出了其为保护自己及马匹的必要限度,存在防卫过当的情形。

关于争议焦点三,行为人因过错侵害他人民事权益造成损害的,应当承担侵权责任。因正当防卫造成损害的,不承担民事责任。正当防卫超过必要的限度,造成不应有的损害的,正当防卫人应当承担适当的民事责任。被侵权人对同一损害的发生或者扩大有过错的,可以减轻侵权人的责任。基于前述分析,杨某超出必要限度实施防卫行为,对于张某的损害后果具有过错,应当承担适当的民事责任。而张某作为完全民事行为能力人,对于自己的行为及其后果应当具有充分的认知。张某在骑车回家途中,将电动车停放在路边,步行十几米进入杨某的种植地小便,小便后未及时离开,反而钻入杨某的马圈并在其中逗留。张某虽称自己是在马圈中醒酒,但其在派出所的讯问笔录中自述离开朋友家时意识清醒。在张某未对自己的行为提供充分合理解释的情况下,应当认定张某对于损害的发生亦有一定过错,可以减轻杨某的责任。

至于具体的责任比例,根据《民法典总则编解释》第31条的规定,杨某防卫过当的责任范围应为造成不应有的损害范围内的部分责任。首先,关于不应有的损害责任范围,基于前述分析,张某深夜闯入杨某种植地的行为系杨某进行第一轮砍击的起因,杨某的第一轮砍击行为应属于正当防卫行为,故第一轮砍击所造成的损害系张某自身过错所致,杨某对此无须承担侵权责任。而杨某对张某进行的第二轮与第三轮砍击,则属于超出必要限度的防卫过当行为,对于这两轮砍击所造成的不应有的损害,杨某应承担侵权责任。因张某在本次事件中受到的人身损害后果系三轮砍击行为共同造成,但根据张某的伤情诊断无法分别确定每轮砍击过程所造成的损害,亦难以明确区分杨某正当防卫行为所造成的伤害与杨某防卫过当行为所造成的伤害。因此,二审法院结合双方的过错程度以及杨某对张某进行三轮砍击的情况,酌定第一轮砍击所对应的损害责任范围为30%,该部分损害责任由张某自行承担;第二轮及第三轮砍击所造成的不应有的损害责任范围为70%,由杨某承担部分责任。其次,关于杨某所应承担的部分责任的认定,基于前述分析,杨某超出必要限度实施防卫行为且造成了不应有的损害后果,该不应有的损害责任范围为70%,按照《民法典总则编解释》第31条关于正当防卫人在造成不应有的损害范围内承担部分责任的规定精神,确定杨某承担这70%中的部分责任,具体比例二审法院根据杨某的过错程度等因素酌定为70%中的70%左右。

综上分析,二审法院最终确定由杨某对张某的损害后果承担50%的赔偿责任,剩余50%的责任由张某自行承担。判决:(1)撤销一审民事判决;(2)杨某赔偿张某医疗费30 439元、交通费250元、住院伙食补助费1050元、鉴定费1194元、护理费5400元、营养费1400元、误工费16 500元。

二、相关法律问题研究

正当防卫,是指行为人为了保护社会公共利益、自身或者他人的合法权益免受正在进行的紧迫侵害,针对这一非法侵害在必要限度内采取的防卫措施。在刑法和民法上,正当防卫均属于法律规定的免责事由,构成正当防卫的要件之一为防卫不能超过必要的限度,如果超出该必要限度,则构成防卫过当,应当承担相应的法律责任。① 1987年1月1日起施行的《民法通则》(已失效)第128条规定:"因正当防卫造成损害的,不承担民事责任。正当防卫超过必要的限度,造成不应有的损害的,应当承担适当的民事责任。"2010年7月1日起施行的《侵权责任法》(已失效)第30条②、2017年10月1日起施行的《民法总则》(已失

---

① 《刑法》第20条第2款规定:"正当防卫明显超过必要限度造成重大损害的,应当负刑事责任,但是应当减轻或者免除处罚。"

② 《侵权责任法》(已失效)第30条规定:"因正当防卫造成损害的,不承担责任。正当防卫超过必要的限度,造成不应有的损害的,正当防卫人应当承担适当的责任。"

效)第181条①亦作出了基本相同的规定。2021年施行的《民法典》第181条则沿用了原《民法总则》的相应规定。相应地,《民事案件案由规定》亦于第九部分"侵权责任纠纷"项下规定了"防卫过当损害责任纠纷"这一具体案由,防卫过当损害责任纠纷已成为民事诉讼中的一种具体诉讼类型。然而,目前的司法实践中,大多数防卫过当案件主要集中于刑事诉讼领域,多数通过刑事附带民事诉讼程序完成,单纯的防卫过当民事诉讼较少,并且不少案件系以生命权、身体权、健康权纠纷为案由。因此,民法领域对于防卫过当制度进行的探讨研究以及防卫过当损害责任纠纷诉讼的典型判例较少,审判实践中对于防卫过当情形下的防卫人侵权责任的认定尚未形成较为统一且具有参照意义的裁判标准与思路。本案以2022年3月1日实施的《民法典总则编解释》第31条之规定为依据,对于防卫过当造成损害的情形下防卫人应如何承担责任进行了准确认定。

(一)防卫过当行为的事实认定

无论是民事领域还是刑事领域,防卫过当都是违反了正当防卫的限度条件,超过了正当防卫的程度的情形。② 但现行法律对于判断防卫行为是否超过必要限度则无具体规定。有学者指出,必要限度一般指防卫行为人合理地相信为避免侵害行为所需的界限。③ 司法实践中,判断必要限度通常考虑两个方面:其一,不法侵害的手段和强度;其二,所防卫权益的性质,使用严重损害侵害者的反击方法来保卫较小的财产利益,为超过必要限度。对此,《民法典总则编解释》第31条第1款规定:"对于正当防卫是否超过必要的限度,人民法院应当综合不法侵害的性质、手段、强度、危害程度和防卫的时机、手段、强度、损害后果等因素判断。"这一规定为判断防卫人是否构成防卫过当提供了更加具体的参考因素。在认定构成防卫过当时,首先应审查防卫人是否满足正当防卫的主观目的、客观环境等条件,其次应当比较不法侵害行为与防卫行为的手段、强度等因素,进而判定防卫人的行为是否超出必要限度。也有学者指出,在确定防卫行为是否过当时,可以考虑防卫人当时所处的境遇、意志状态、行为的合理性、保护的利益与侵害的利益的比例性、损害的严重程度等。④

具体到本案,二审法院结合事发的时间和环境,认为杨某为防止马匹被盗、保护自己的人身及财产安全而与张某发生肢体冲突,具有合法的防卫目的与一

---

① 《民法总则》(已失效)第181条规定:"因正当防卫造成损害的,不承担民事责任。正当防卫超过必要的限度,造成不应有的损害的,正当防卫人应当承担适当的民事责任。"
② 参见陈兴良:《正当防卫论》(第2版),中国人民大学出版社2006年版,第96页。
③ 参见彭卫东:《正当防卫论》,武汉大学出版社2001年版,第100页。
④ 参见王利明:《民法总则研究》(第3版),中国人民大学出版社2018年版,第733页。

定的现实紧迫性,进而认定杨某的行为构成正当防卫。而通过审查本案相关证据材料,杨某共对张某实施了三轮攻击行为:第一轮砍击行为系张某深夜闯入马圈引起,应属于正当防卫;在杨某已初步制止张某后,其又对张某进行的第二轮与第三轮砍击行为则属于超出必要限度的防卫行为。同时,综合不法侵害的手段、强度、危害程度和防卫的时机、手段、强度、损害后果等因素来看,张某当时手无寸铁,而杨某手持一米长的钢条进行防卫;杨某在第一轮砍击过后未及时报警,而是持续使用钢条砍击张某;杨某的防卫行为造成张某轻伤一级的损害后果,而杨某在此过程中没有受伤。因此,二审法院认定杨某的行为超过了必要限度,属防卫过当,符合《民法典总则编解释》第31条的相关规定。

(二)防卫过当的责任认定

1. 基本原则:防卫过当应承担"适当"责任

正当防卫可阻却防卫行为的违法性,从而成为防卫人的免责事由;而正当防卫超过必要限度,造成不应有的损害的,则应当承担适当的民事责任。前已述及,无论是已失效的《民法通则》《侵权责任法》《民法总则》,还是现行的《民法典》及《民法典总则编解释》,对于过当防卫造成的损害,均规定防卫人应承担"适当"责任而非"全部"责任。首先,防卫过当不能免除民事责任。其次,对防卫过当造成的损害,应当减轻责任。此中原因有二,一是出现防卫的前提是侵害人的不法侵害,没有不法侵害就不会引起防卫行为进而造成防卫过当的后果;二是考虑防卫人在防卫过程中,特别是在情况较危急的情况下,对反击行为的节制及后果的预见是受到限制的,不应对防卫行为要求过高、过苛。[①] 因此,根据过失相抵原则,可以减轻防卫人的责任。最后,防卫过当的赔偿范围应当是超出防卫限度的那部分损害,即"不应有"的那部分损害。质言之,过当防卫的情形下,防卫人所承担的"适当"的责任具有两层含义:第一,基于过失相抵的责任之减轻;第二,超出必要限度的赔偿范围之限定。

2. 责任比例:对不应有的损害承担部分责任

对于超出防卫限度造成的不应有的损害,防卫人系承担全部赔偿责任还是承担部分赔偿责任,在《民法典总则编解释》出台前,相关法律规定并未予以明确。有学者认为,防卫人在防卫过程中故意对不法侵害者采取加害行为的,对其超出必要限度的损害应当全部赔偿。因为防卫人在这种情况下已经明知会超出必要限度而故意为之,是故意的违法行为,应当承担全部责任。[②] 这一观点亦为

[①] 参见最高人民法院民法典贯彻实施工作领导小组主编:《中华人民共和国民法典总则编理解与适用》(下),人民法院出版社2020年版,第912页。

[②] 参见杨立新:《侵权法论》(第4版),人民法院出版社2011年版,第282页。

最高人民法院民法典贯彻实施工作领导小组主编的《中华人民共和国民法典总则编理解与适用》所采纳。① 据此观点,防卫过当造成损害的,防卫人所承担的"适当的责任"为超出防卫限度造成的全部损害所对应的责任。

而2022年3月1日实施的《民法典总则编解释》第31条则作出了不同规定。该条第2款规定,正当防卫超过必要限度的,法院应当认定正当防卫人在造成不应有的损害范围内承担部分责任;实施侵害行为的人请求正当防卫人承担全部责任的,法院不予支持。据此规定,防卫过当的赔偿范围应为防卫人造成不应有的损害范围内的部分责任,而非对其超出必要限度造成的损害承担全部赔偿责任。相较于前一种观点,《民法典总则编解释》的这一规定进一步减轻了正当防卫人对其造成的损害所负有的责任比例,更有利于鼓励民事主体在面对急迫的不法侵害时,通过采取防卫行为维护社会公共利益、自身或者他人的合法权益。

正当防卫作为民事主体实施"自力救济"的形式之一,赋予个人凭借自己的力量采取积极行动的权利,系原始状态下的一种纠纷解决机制,在现代社会仍具有存在的必要性。盖因现代国家中仍然存在权利被侵害而公力救济缓不应急的情形,若不允许自力救济,则可能对民事权利疏于保护;并且一定范围内赋予民事主体自力救济权,有利于增强其权利意识。② 除正当防卫外,《民法典》第182条规定的紧急避险、第1177条规定的自助行为同样属于自力救济的方式;其中,自助行为系首次于民事法律中予以明确规定。至此,《民法典》关于自力救济的规范已经齐备,这进一步表明《民法典》对于公民实施自力救济所采取的一定程度的肯定性态度。而从司法实践来看,正当防卫造成的有关损害与防卫过当造成的不应有的损害有时难以区分,若对于正当防卫的免责范围限制过苛而对防卫过当的责任范围予以加重,则有损民事主体通过防卫行为依法保护自己和他人的合法权益的积极性,可能造成正当防卫的相关条款形同虚设,难以实现立法本意。因此,《民法典总则编解释》第31条相较于既有法律规定,实际上进一步肯定了防卫人的主观正当性,减轻了其造成的客观后果的可责性,一定程度上为公民维护自身合法权益提供了更为有力的法律保障,对于弘扬社会主义核心价值观、实现惩恶扬善的目的具有积极意义,也更加符合《民法典》关于自力救济行为的立法精神。

在《民法典总则编解释》实施的背景下,认定防卫过当之损害责任所面临的

---

① 参见最高人民法院民法典贯彻实施工作领导小组主编:《中华人民共和国民法典总则编理解与适用》(下),人民法院出版社2020年版,第912页。

② 参见李开国:《民法总则研究》,法律出版社2003年版,第99页。

难点主要有二：一是防卫行为系一个较为连贯的持续性行为，其最终造成的损害后果系一个整体性后果，因此区隔正当防卫行为与防卫过当行为、必要限度内的损害后果与不必要的损害后果具有一定难度；二是对于"不应有的损害范围内的部分责任"之"部分"应如何界定，《民法典总则编解释》尚未进一步予以明确。对此，审判实践中可结合具体案情作如下分析与认定：首先，对防卫行为进行阶段性划分，综合双方当事人的角度考虑防卫行为的进程及其必要性，从而确定防卫行为超出必要限度的节点，并以此划分正当防卫行为与防卫过当行为所造成的损害后果之间的比例，进而确定不必要的损害后果在最终损害后果中所占的比例。其次，以防卫过当所造成的损害后果在最终损害后果中所占的比重为参照，结合防卫人与不法侵害人的过错程度，最终确定防卫人的责任比例。具体到本案，二审法院结合杨某的三轮砍击行为，认定第二轮及第三轮砍击属于超出必要限度的防卫行为，从而酌定该部分行为所对应的不应有的责任范围为70%；同时考虑张某自身过错等因素，酌定杨某的责任比例为70%中的70%左右，最终确定由杨某对张某的损害后果承担50%的赔偿责任。

本案系北京法院适用《民法典总则编解释》作出的首例防卫过当损害责任纠纷终审判决，对于正当防卫超过必要限度造成损害的情况下行为人应如何承担责任，进行了深入分析与较为准确的认定。民法属于私法，以确认私权并保证其实现为目的，维护的是私人生产经营活动的利益。从立法目的来看，民法关于正当防卫的规定是对合理的防卫行为进行法律上的肯定评价，从而更好地维护公民的合法权利，维护社会秩序稳定。《民法典总则编解释》第31条明确了防卫过当情形下防卫人对其造成的不必要的损害后果应承担部分责任，正是《民法典》关于正当防卫行为立法精神的体现，即对于正当防卫范围内造成的损害，行为人无须承担侵权责任；对于超出必要限度而造成的损害，行为人应承担部分责任而非全部责任。

（责任编辑：刘晓虹）

平等就业权保护的合理边界

——某甲诉北京某科技有限公司平等就业权
纠纷案相关法律问题研究

巴晶焱[*]　石艳明[**]

裁判要旨

1. 劳动者在劳动合同履行过程中享有平等就业权，该权利在民法上属于一般人格权范畴。用人单位实施就业歧视行为，侵害劳动者的人格尊严，符合一般侵权责任构成要件的，应当承担侵权责任。

2. 用人单位针对劳动者的自获因素，采取的符合比例原则的差别对待行为，属于用工自主权对平等就业权的合理限制，不构成就业歧视行为，用人单位不应承担侵害平等就业权的侵权责任。

一、据以研究的案例

某甲曾系北京某科技有限公司（以下简称某公司）员工，2018 年 6 月 8 日，某甲向某公司提交辞职信，某公司同意某甲辞职，双方解除劳动关系。某甲认为，在劳动关系存续期间某公司对其实施了排挤女性职工的行为，侵害了其平等就业权，故提起诉讼。具体情况如下。

某公司安排某甲于 2017 年 5 月 23 日出差，当时某甲对孕期出差未提出异议，某甲于 2017 年 5 月 27 日在微信工作群中称其出差期间患上了鼻炎。某公司员工就某甲出差中患上鼻炎、发生住宿问题等进行关怀慰问。

某甲主张其曾在某公司担任"创新事业部"总监。某甲提供 2017 年 7 月 20

---

[*] 巴晶焱，北京市第三中级人民法院民事审判第六庭副庭长，中央民族大学法学硕士。
[**] 石艳明，北京市朝阳区人民法院民事审判二庭法官，中国政法大学法律硕士。

日、24日某公司员工与某甲的微信聊天记录及《会议通知》，以证明某公司新成立品牌营销中心等5个部门，某甲的此前部门及工位被调整，某公司以改换部门名称的方式架空了某甲的职位。

2017年6月，某公司未审核医院诊断证明等材料，通过邮件同意某甲申请的病假。之后某甲通过邮件提出2017年7月12日~30日因病在家办公的申请、2017年7月31日~8月31日的病假申请，均未获得某公司同意。2017年8月3日、8日，某公司员工向某甲发送邮件，主要内容为请某甲方便时到公司办理请病假手续，请病假需提供：北京市三甲医院证明（诊断证明书及休假建议条、门诊病历、医药费收据、挂号证明、住院记录等证明原件）。病假结束销假时请提供：医院病历册、各种检查单据、医院收费证明等证明资料。请于2017年8月10日前就2017年6月27日后的请假申请，按照公司管理要求提交相关医院证明材料，作为确定2017年7月工资构成的依据，如不能按要求办理请假手续，7月的工资会暂停发放。

对于某甲的请假及工资发放情况，根据双方邮件往来、仲裁裁决书及法院判决书查明内容如下：(1)某甲2017年7月1日~8月10日的病假未经某公司同意，亦未提供医院病假证明，某甲主张病假工资不予支持；(2)某甲提交2017年8月31日、9月15日、10月8日的首都医科大学附属北京妇产医院诊断证明书显示：先兆流产，休假14天等，法院判决支持某甲2017年8月31日~10月10日的病假工资1544.82元；(3)裁决支持某甲2017年10月11日~12月19日及2018年1月3日~11日的病假工资5664.36元；(4)2018年7月4日，某甲就生育津贴、开具离职证明等内容提请劳动仲裁，2018年11月12日该仲裁案件中止审理。

某公司于2017年7月14日向某甲补发6月工资1万元，于2018年9月向某甲支付病假工资5664.36元。某公司于2018年7月13日向某甲邮寄《离职证明》。

某甲提交2018年5月27日购买抗抑郁药的截图，以证明其因排挤、报复导致精神损害严重。

某甲申请的专家证人刘某出庭作证称，其是中国政法大学教授，就业歧视有三个构成要件：(1)基于法律禁止歧视的事由，作出限制、差别、歧视等差别待遇，造成不利影响；(2)差别对待行为；(3)对劳动者造成影响。排挤行为具体表现为给怀孕女职工增加不必要的工作任务、安排不必要的出差、提高考核标准、为了排挤改变以往的用人制度等。

某甲提交了出具于2020年6月28日的《关于怀孕排挤与"平等就业权纠纷"的专家意见》，上有来自四川大学、中国政法大学、中国人民大学等的13名大学教授签名,主要内容有:(1)怀孕排挤及报复行为的本质是迫使孕妇申请辞职。(2)我国签署并批准的国际公约将针对孕妇的区别对待行为定性为对女性直接的就业性别歧视,国际通行的性别歧视的判断标准为若非因性别就不会受到如此区别对待。怀孕排挤及报复行为符合构成性别歧视的四要件:有排挤及报复的故意,有区别对待、排斥或限制的行为,有危及职业稳定、减少经济收入、影响职业发展和身心健康等的损害结果,行为与结果存在因果关系。(3)《就业促进法》旨在保护劳动者求职及整个职业生涯的平等就业权,司法宜采取广义"就业"概念。

某甲诉称,2015 年 11 月 1 日,某甲与某公司签订劳动合同,合同期至 2018 年 10 月 31 日。合同履行中,某公司实施排挤和报复女职工的行为,违反法律对"三期"女职工的保护规定,构成对女性就业性别歧视的侵权行为,侵害了某甲的平等就业权,导致其产生精神压力和极度心理不平衡。具体表现为:(1)2017 年 5 月 20 日某公司得知某甲怀孕后,派遣其出差导致其出差中有流产症状,并且在其出差期间招聘同样职务的人;(2)2017 年 8 月针对某甲提高请假标准;(3)2017 年 7 月~2018 年 6 月未给某甲发工资,2018 年 1 月~6 月未发生育津贴,未给其开具离职证明,致使其无法找新工作。某甲起诉请求:(1)某公司停止侵害、公开赔礼道歉;(2)某公司赔偿其精神损害抚慰金 5 万元。

某公司辩称:(1)出差时某甲自称患上鼻炎,公司对某甲进行了关心;(2)微信聊天显示某甲并不焦虑,其当时心理状态良好;(3)不存在拖欠工资,劳动争议已解决,生育津贴因诉讼确有延迟;(4)不存在提高请假标准,公司向某甲要请假所需的单据是正常的;(5)未调整某甲工作岗位、未降低工资,某甲长期不来上班,某公司招聘人员是正常的,并无意取代某甲,亦未取消其岗位,此系企业自主经营权事项。

一审法院审理认为,平等就业权是求职者在招聘及劳动者在劳动合同履行中依法享有的基本权利,属于一般人格权范畴,侵害该权利的主要表现方式为就业歧视,其包含存在差别对待的行为和这种差别对待缺乏合理性基础,为法律所禁止两个要素。某甲以平等就业权纠纷为由起诉某公司,主张某公司对其实施了就业性别歧视行为,要求某公司承担侵权责任。对此,结合某甲主张的各项就业歧视行为,法院从某公司是否存在就业歧视行为、某甲的人格尊严是否受到侵害、某公司的行为与某甲主张的损害结果是否存在因果关系及某公司主观是否有过错等方面进行了分析。

1. 关于某甲提出的孕期被安排出差的情况。某甲出差虽在其怀孕后,但其当时对孕期出差未提出异议且未举证证明某公司安排其出差违反了法律规定或劳动合同约定、对某甲存在差别对待行为。某甲对其主张的出差导致其发烧及先兆流产未提交证据证明，且某甲当时自称患上鼻炎而并未提及先兆流产等，故某甲该项主张法院难以采信。

2.关于某甲提出的架空岗位的情况。某公司虽于2017年7月新成立了"品牌营销部"等部门，但现有证据不足以证明某公司撤销"创新事业部"或该部门被新成立的"品牌营销部"取代，并且某公司未发布通知调整或撤销某甲原有工作岗位。某公司此次内部调整所涉部门及人员并不限于某甲，某甲提供的证据不足以证明某公司成立新部门或调整工位系针对某甲的缺乏合理性基础的差别对待行为。

3.关于某甲提出的提高请假审批标准的情况。对于某甲连续休病假及此后提出的较长时间的病假申请，某公司要求某甲提供请病假所需的相关医院证明材料符合一般公司的人事管理要求，并且某甲不能证明某公司的该要求存在差别对待行为，故法院对某甲的该项主张不予采信。

4.关于某甲提出的拖欠工资及生育津贴的情况。双方对请假、病假工资、生育津贴等问题存在较大争议且已通过法律途径解决，某公司提出按照生效裁判支付工资及生育津贴并无不当，并且某甲的部分诉讼请求最终并未得到支持。某甲提出的工资及生育津贴问题并非针对某甲的缺乏合理性基础的差别对待，并且某甲未举证证明某公司存在故意克扣或无故拖欠工资的行为，故某甲以此为由主张存在就业歧视，法院不予采信。

5.关于某甲提出的未及时开具离职证明的情况。双方当时存在劳动争议，对于开具离职证明的前提条件亦存在争议，故因开具离职证明产生的问题亦非缺乏合理性基础的差别对待，并且某公司已向某甲开具离职证明。

综上所述，根据平等就业权的法律规定及证据规则，结合侵权构成要件和查明的事实等，现有证据不足以证明某公司侵害了某甲的平等就业权。一审法院判决驳回某甲的全部诉讼请求。

宣判后，某甲提起上诉。二审法院判决驳回上诉，维持原判。

二、相关法律问题研究

《劳动法》《就业促进法》均规定劳动者依法享有平等就业的权利，平等就业权是法律赋予劳动者的一项基本权利，是我国《宪法》规定的"公民在法律面前一律平等"原则在劳动就业领域的具体体现。2018年12月12日，《最高人民法院关于增加民事案件案由的通知》发布，将"平等就业权纠纷"作为一项独立案由，增设于"一般人格权纠纷"项下，正式开启了真正意义上的平等就业权诉讼的时代。

(一)属性探析:平等就业权的双重权利属性

平等就业权,是指公民平等获得就业权利的机会,包括劳动者的就业资格平等、衡量劳动者就业能力的标准平等以及劳动者有权排除就业歧视,不因与工作无关的因素受到区别对待。① 平等就业权的权利内容,包括形式上的平等就业权,如就业资格平等、就业机会平等,也包括反就业歧视这一实质层面的平等就业权。从权利内容的角度考虑,平等就业权的保护范围涵盖就业机会和就业保障两个层面:其一,劳动者在招录过程中应被平等录用;其二,劳动者在劳动合同履行过程中应被平等对待。

平等就业权的法益结构包括两种利益:一是作为非财产性的人格尊严,所有人的人格尊严都是平等的;二是均等的就业机会,歧视的本质在于它不平等地分配个人的选择机会。② 平等就业权是劳动者依法享有的一项基本权利,承载着保障自然人的人格尊严和生存权利的基本功能,兼具社会权利属性和民法上的私权利属性。就其私权利属性而言,平等就业权符合人格权以人格利益为客体,以维护和实现人格平等、人格尊严、人身自由为目标的权利特征,法律尚未将其明确为一项具体人格权,当属一般人格权的范畴。

本案中,某甲与某公司曾存在劳动合同关系,某甲在劳动履行过程中享有被平等对待的权利,其主张某公司对其实施了性别歧视行为,其作为平等就业权的权利主体,有权提起本案诉讼。

(二)责任探析:侵害平等就业权的侵权责任构成

一般人格权,是以人格尊严、人格平等、人身自由为内容的,具有高度概括性和权利集合性特点的权利。③ 劳动者享有的平等就业权是其人格平等和人格尊严的表现,就民事侵权责任而言,侵害平等就业权的行为侵害的是一般人格权的核心内容,即人格尊严。因此,侵害劳动者平等就业权的行为应以是否侵害自然人人格尊严作为主要考量和评判依据,其主要表现方式为就业歧视。平等对待是个人尊严的重要内容之一,就业歧视是对劳动领域平等对待要求的违反,不仅会使劳动者在就业环境中处于劣势,不能公平参与社会资源分配,限制甚至剥夺劳动者通过提供劳动获取生活来源的生存权利,更会阻碍劳动者的人格发展,使劳动者在就业活动中受到排斥,人格尊严遭受贬损,进而产生严重的受侮辱感,使其遭受精神损害。

---

① 参见人民法院出版社编著:《最高人民法院民事案件案由适用要点与请求权规范指引》(上册)(第2版),人民法院出版社2020年版,第34页。
② 参见王显勇:《论平等就业权的司法救济》,载《妇女研究论丛》2020年第2期。
③ 参见王利明:《人格权法研究》(第3版),中国人民大学出版社2018年版,第298页。

侵害一般人格权的侵权责任是基于过错责任原则的一般侵权责任。因此，侵害平等就业权的责任构成要件应当符合一般侵权责任的构成，具体而言，包括用人单位是否存在就业歧视行为、劳动者的人格尊严是否受到侵害、用人单位的行为与劳动者主张的损害结果之间是否存在因果关系，以及用人单位主观上是否存在过错。其核心为对用人单位是否存在就业歧视行为进行判断。

就业歧视的本质特征是没有正当理由的差别对待，其包含两个方面的基本要素：一是存在差别对待的行为；二是这种差别对待缺乏合理性基础，为法律所禁止。司法实践中，用人单位即使认可存在差别对待行为，也通常主张该种行为属于企业自主用工权的范围，具备合理性基础。对于用人单位是否存在就业歧视，其准确认定的核心在于对用人单位的差别对待是否具备合理性基础的判断，通过用工自主权对平等就业权限制的分析路径探求平等就业权的合理边界是破解上述问题的可取之道。

本案中，某甲主张某公司存在多项就业歧视行为，某公司抗辩主张其行为系其用工自主权的范围，不属于缺乏合理性基础的差别对待。围绕双方争议的用人单位是否存在就业歧视行为的问题，判断的关键在于某公司行使用工自主权的行为是否构成对某甲平等就业权的合法或合理限制。

(三)边界探析：用工自主权对平等就业权的限制

用工自主权是企业作为私法自治的主体所享有的，依据法律和章程或投资者间的协议，平衡投资者、管理人、就业者及其他利益关系人的权益，并处理与其经营活动有关的企业事务的自我管理权利，其实质是一种经济自治权。① 用工自主权对于增强企业活力，发挥市场在配置劳动力资源中的决定性作用，促进市场经济的发展具有重要作用，用人单位合法、合理的用工自主权应当受到尊重。

平等就业权具有民法上的私权属性，其权利范围存在边界，应受到其他正当行使权利，如用工自主权的限制。同样，用工自主权的过度行使亦会导致平等就业权的萎缩，应寻求解决权利冲突，实现利益平衡的有效路径。下面通过用工自主权对平等就业权的限制是否具有合法性、合理性两个层面进行考察判断：用人单位所主张的属于其自主用工范围的差别对待行为如不具备合法性、合理性，则构成就业歧视行为。

1.用工自主权对平等就业权的合法限制

用人单位行使用工自主权应当在法律规定的限度内，除《劳动法》《劳动合同法》《就业促进法》《民法典》等实体法律规范外，还应遵循公序良俗等法律原

---

① 参见郝红梅：《平等就业权研究》，山东大学2009年博士学位论文，第97页。

则。从实体法层面，用工自主权对平等就业权的合法限制主要体现为对劳动者职业资格的正当要求和对劳动者竞业的限制或禁止。

(1)职业资格

2005年，第十届全国人大常委会第十七次会议批准于1958年6月25日经国际劳工组织大会第42届会议通过的《1958年消除就业和职业歧视公约》，其第1条第2款规定，对一项特定职业基于其内在需要的任何区别、排斥或优惠不应视为歧视。用人单位可以基于特定职业的内在要求，对平等就业权进行限制，体现为用人单位对劳动者职业资格的要求。对此，我国劳动立法中也存在关于劳动者职业资格的规定。① 但该种职业资格的要求应当是真实的、善意的且必要的。职业资格是实现用人单位正当利益的客观需求，企业的良好运转依赖的是其内设职业岗位上各个理性人按照企业运营目标的要求所为的职业行为，用人单位基于职业资格对平等就业权进行限制有其正当性。②

(2)竞业避让

竞业避让，是存在利益冲突或为保护商业秘密、知识产权等，特定主体基于法律规定或协议约定，在职或离职后一段时间内不得从事与特定商事主体具有竞争关系的活动。我国《公司法》第183条、第184条规定了公司董事、高级管理人员的竞业禁止义务，该义务是一项法定义务，当事人不能约定排除。《劳动合同法》第24条规定了对负有保密义务的劳动者，用人单位和劳动者可以对竞业限制作出约定。竞业禁止和竞业限制是对劳动者平等就业权的合法限制，其目的在于避免不正当竞争，是在维持市场良性竞争和保护劳动者平等就业权之间进行的利益平衡。

2. 用工自主权对平等就业权的合理限制

(1)用工自主权应当针对劳动者的自获因素

考察用人单位用工自主权的合理性，首先应当甄别用人单位的差别对待行为是针对劳动者的学历、专业、工作经验、职业资格等与"工作内在要求"密切相关的"自获因素"，还是基于劳动者的民族、种族、性别、宗教信仰等与"工作内在

---

① 如《劳动法》第55条规定："从事特种作业的劳动者必须经过专门培训并取得特种作业资格。"《就业促进法》第51条规定："国家对从事涉及公共安全、人身健康、生命财产安全等特殊工种的劳动者，实行职业资格证书制度，具体办法由国务院规定。"

② 参见刘娜：《论平等就业权与用工自主权的合理边界》，西南政法大学2012年硕士学位论文，第14页。

要求"没有必然联系的"先赋因素"。① 除基于法律规定的特定保护性就业外,用人单位如将劳动者自身难以选择和控制、与"工作内在要求"无必然联系的"先赋因素"作为区别对待的依据,则从根本上违背了公平正义的一般原则,该种用工自主权不具有正当性,属于缺乏合理性基础的差别对待。

(2)用工自主权的行使应当符合比例原则

虽然一般情况下,用人单位根据劳动者的自获因素所采取的差别对待是正当的,但其还应当符合比例原则的要求,在此二者基础上,用工自主权对平等就业权的限制才具备合理性。

比例原则本属行政法上的一项重要原则,其要求行政机关实施行政行为应兼顾行政目标的实现和保护相对人的权益,如实现行政目标可能对相对人权益造成某种不利影响时,应将这种不利影响限制在尽可能小的范围和限度内,保持二者处于适度的比例。② 对平等就业权进行限制需遵循比例原则,也就是要求对平等就业权的限制遵循合理性原则,具体而言,这种限制的目的、限制时所采取的手段以及所达到的效果都必须具有合理性,任何过度和不当都会使这种限制失去其合理性基础,从而造成对平等就业权的非法侵害。③ 首先,用人单位的行为应当系基于生产经营管理的客观需要,系为实现用人单位的利益;其次,用人单位的行为应当符合一般企业的人事管理要求,不存在滥用管理权的情况;最后,用人单位的行为不会导致劳动者实质性利益的减损,或该种减损属于一般社会观念的接受范围,不违反法律及公序良俗。

本案中,某公司抗辩某甲主张的差别对待行为属于其用工自主权的范围,不构成就业歧视。某公司的行为是否属于用工自主权对平等就业权的合法限制事由,应当从其合理性层面予以评价。

首先,某甲主张某公司存在安排已怀孕的某甲出差的就业歧视行为。对此,仅就某公司安排已怀孕的某甲出差的行为,不足以说明某公司对于某甲的性别先赋因素采取了差别对待行为。某公司安排其员工出差属于经营管理的需要,某甲当时对孕期出差事宜并未提出异议,某公司的该项行为符合一般企业的人事管理要求。现有证据亦不足以证明某公司存在安排某甲进行不必要的出差等

---

① 参见李雄:《论平等就业权的界定》,载《河北法学》2008年第6期;浙江省杭州互联网法院民事判决书,(2019)浙0192民初6405号。《劳动法》第12条规定:"劳动者就业,不因民族、种族、性别、宗教信仰不同而受歧视。"《就业促进法》第3条第2款规定:"劳动者就业,不因民族、种族、性别、宗教信仰等不同而受歧视。"

② 参见姜明安主编:《行政法与行政诉讼法》(第5版),北京大学出版社、高等教育出版社2011年版,第297~298页。

③ 参见郝红梅:《论平等就业权的限制》,载《北京行政学院学报》2012年第1期。

滥用管理权的行为。虽然某甲在出差过程中患上鼻炎、发生住宿问题,但此应属于一般社会观念的接受范围,亦不违背法律及公序良俗。

其次,某甲主张某公司对其的就业歧视行为还包括以改换部门名称的方式架空其职位、针对其个人提高请假审批标准等。对此,某公司对于内设部门的增设、调整,请假标准的设置均未针对某甲的性别等先赋因素,系为实现公司利益,基于经营管理的需要所采取,非针对某甲个人;某甲原任职部门未被撤销亦未被新设部门所取代,某甲所任职务未被调整或撤销,某公司不存在滥用管理权的行为;对于某甲连续休病假及提出较长时间的病假申请,某公司要求其提供请病假所需的相关医院证明材料符合一般企业的人事管理要求;某公司的上述行为亦不足以导致某甲实质性利益的减损。

综上所述,某公司的上述行为属于其用工自主权的范围,系对某甲平等就业权的合理限制,并不属于缺乏合理性基础的差别对待行为,不构成就业歧视,不足以造成对某甲平等就业权的侵害。

(责任编辑:郭艳茹)

利用私家车进行网约车营运导致"危险程度显著增加"的认定
——中国人寿财产保险股份有限公司北京分公司与李某某等保险人代位求偿权案相关法律问题研究

张 冰[*]

裁判要旨

驾驶保险车辆擅自进行网约车营运行为应当属于《最高人民法院关于适用〈中华人民共和国保险法〉若干问题的解释(四)》(以下简称《保险法司法解释(四)》)第4条规定的"危险程度显著增加"中的"保险标的用途的改变",保险公司可以拒绝承担保险责任。

一、据以研究的案例

李某某经电话投保方式为车牌号为京××××××的车辆(以下简称京××××车)在中国大地财产保险股份有限公司北京市房山支公司(以下简称大地保险公司)投保了交强险与第三者责任保险(保险金额1 000 000元),保险期间自2017年12月29日至2018年12月28日,被保险人为李某某。

2018年7月18日10时27分,李某某驾驶京××××车在北京市海淀区林大北路与学清路交叉口西100米处与华某驾驶的车牌号为鲁××××××的车辆(以下简称鲁××××车)发生交通事故,导致双方车辆损坏。事故经交通管理部门认定,李某某负全部责任。

---

[*] 张冰,北京市房山区人民法院行政审判庭(环境保护审判庭)法官,中国社会科学院国际法学博士。

华某为鲁××××车在中国人寿财产保险股份有限公司北京市分公司(以下简称人寿保险公司)投保了机动车损失险,保险金额286 000元,保险期间自2017年11月7日至2018年11月6日。事故发生后,人寿保险公司对鲁××××车损失进行了定损,金额为52 400元。鲁××××车经北京博得宝汽车销售服务有限公司维修,华某支付了维修费52 400元。华某向人寿保险公司申请理赔,该公司于2018年9月17日支付了华某52 400元。

京××××车的所有人为张某某,其与李某某为夫妻关系。张某某在2015年年底购买了该车,并在2016年1月6日取得机动车行驶证,载明的使用性质为"非营运"。2018年7月31日,大地保险公司委托北京克罗格保险公估有限公司(以下简称公估公司)对涉案事故进行核查,该公司工作人员在对李某某进行询问的过程中,形成了录像。李某某在询问过程中,认可京××××车一直由其驾驶,购买车辆后就在网约车平台"滴滴"进行了注册,用了一年半左右,被"滴滴"封单了。当问及其生活来源时,李某某称其偶尔跑长途,一个月能挣几千元到一万元。公估公司工作人员登录李某某的手机,发现李某某的"滴滴"业务有7000多单,并且购买车辆以来行驶的公里数已有19余万公里。在公估公司工作人员明确告知李某某开"滴滴"属于改变车辆使用性质,保险公司不予赔付,但"滴滴"公司会给予赔付的情况下,经公估公司工作人员反复询问,李某某称涉案事故发生当天,其用其老家侄子的"滴滴"账号接的单,在接人途中发生的事故。最终,李某某签署了《被保险人自愿放弃索赔、注销案件申请书》,载明涉案事故商业险拒赔。2018年9月28日,李某某与张某某向大地保险公司索要上述《被保险人自愿放弃索赔、注销案件申请书》原件,大地保险公司将原件给予了李某某。

大地保险公司提交《机动车综合商业保险条款》,其中第二章责任免除部分第25条规定,下列原因导致的人身伤亡、财产损失和费用,保险人不负责赔偿:……被保险机动车被转让、改装、加装或改变使用性质等,被保险人、受让人未及时通知保险人且因转让、改装、加装或改变使用性质等导致被保险机动车危险程度显著增加。

一审法院经审理认为,《保险法》第60条第1款规定,因第三者对保险标的的损害而造成保险事故的,保险人自向被保险人赔偿保险金之日起,在赔偿金额范围内代位行使被保险人对第三者请求赔偿的权利。李某某对涉案事故承担全部责任,人寿保险公司依据其与华某之间订立的保险合同赔付了华某的损失52 400元后,依据上述法律规定,其有权向李某某请求赔偿。因京××××车在大地保险公司投保有交强险,对于人寿保险公司主张的赔偿金额,大地保险公司应当在交强险范围内赔付2000元。扣除2000元后,余下金额50 400元应当由李某某赔付。本案的焦点在于张某某是否应当承担赔偿责任以及大地保险公司是否应当在第三者责任保险责任限额范围内承担赔偿责任。

《最高人民法院关于审理道路交通事故损害赔偿案件适用法律若干问题的解释》(2012年)第1条①规定:"机动车发生交通事故造成损害,机动车所有人或者管理人有下列情形之一,人民法院应当认定其对损害的发生有过错,并适用侵权责任法第四十九条的规定确定其相应的赔偿责任:(一)知道或者应当知道机动车存在缺陷,且该缺陷是交通事故发生原因之一的;(二)知道或者应当知道驾驶人无驾驶资格或者未取得相应驾驶资格的;(三)知道或者应当知道驾驶人因饮酒、服用国家管制的精神药品或者麻醉药品,或者患有妨碍安全驾驶机动车的疾病等依法不能驾驶机动车的;(四)其它应当认定机动车所有人或者管理人有过错的。"本案中,李某某为京××××车的驾驶人亦即使用人,张某某为车辆的所有人,根据现有证据,不能证明张某某对涉案损害的发生有过错,故张某某不应当承担赔偿责任。

《保险法》第52条规定:"在合同有效期内,保险标的的危险程度显著增加的,被保险人应当按照合同约定及时通知保险人,保险人可以按照合同约定增加保险费或者解除合同……被保险人未履行前款规定的通知义务的,因保险标的的危险程度显著增加而发生的保险事故,保险人不承担赔偿保险金的责任。"《保险法司法解释(四)》(2018年)第4条②规定:"人民法院认定保险标的是否构成保险法第四十九条、第五十二条规定的'危险程度显著增加'时,应当综合考虑以下因素:(一)保险标的的用途的改变……"本案中,大地保险公司主张李某某驾驶保险车辆从事"滴滴"营运业务,改变了保险标的的使用性质,故依据法律规定拒绝在第三者责任保险责任限额范围内赔付,并提供录像以证明其主张。李某某主张公估公司工作人员在询问过程中诱导并欺诈他,让他承认自己是从事"滴滴"营运业务的,将从事"滴滴"营运业务的行为强加给了他,但一审法院通过查阅大地保险公司提供的录像,未发现公估公司工作人员有欺诈或诱导行为。李某某在公估公司工作人员询问过程中,认可自己驾驶保险车辆长期跑长途以牟利且在事故当日用其侄子的"滴滴"账户接单,结合保险车辆的购买时间、行驶公里数以及李某某的"滴滴"接单数量,一审法院认为李某某显然存在驾驶保险车辆长期从事营运以牟利的行为,其改变了保险车辆的用途,增加了车辆使用频率,符合"危险程度显著增加"的情形,并且其未及时通知大地保险公司。大地保险公司在第三者责任保险责任限额范围内拒赔符合法律规定,一审

---

① 相关规定参见2020年修正的此解释第1条。
② 相关规定参见2020年修正的此解释第4条。

法院对其答辩意见予以采纳。

一审法院依照《保险法》第 52 条、第 60 条,《保险法司法解释(四)》(2018年)第 4 条,《最高人民法院关于审理道路交通事故损害赔偿案件适用法律若干问题的解释》(2012 年)第 1 条之规定,判决如下:(1)大地保险公司于判决生效之日起 10 日内赔付人寿保险公司 2000 元;(2)李某某于判决生效之日起 10 日内赔付人寿保险公司 50 400 元;(3)驳回人寿保险公司的其他诉讼请求。

李某某不服原审判决,提起上诉。二审法院判决驳回上诉,维持原判。

二、相关法律问题研究

本案涉及的是车辆使用人擅自改变车辆用途进行网约车营运是否属于保险拒绝赔付情形的问题,需要判断此种情况是否属于《保险法司法解释(四)》第 4 条规定的"危险程度显著增加",从而构成保险公司拒绝赔付的理由。这个案件最显著的特点是利用私家车从事网约车营运业务,这就需要对私家车能否从事网约车营运,如果能够营运,需要具备哪些条件,在什么情况下构成"危险程度显著增加"等问题进行考量。

(一)"危险程度显著增加"的构成要件

对于私家车从事网约车营运业务是否属于"危险程度显著增加"从而构成保险公司拒绝赔付的理由,首先需要对"危险程度显著增加"的构成要件进行梳理。《保险法》第 52 条规定了保险标的危险程度显著增加的情形下,被保险人应当及时通知保险人。《保险法司法解释(四)》第 4 条规定了认定构成"危险程度显著增加"的综合考量因素,并概括了影响危险程度评价的主要方面。下面将对这些考量因素所反映的构成要件进行逐一分析。

1. 危险程度增加的显著性

无论是《保险法》第 52 条还是《保险法司法解释(四)》第 4 条,均强调危险程度增加的"显著性",这说明不构成显著性的危险程度增加的情况并不适用该条所指情形。因为保险本身具有不确定性,而对不确定的"危险"进行赔付正是订立保险合同的目的,因此,通常情况下被保险人并不需要将保险标的物在任何时候所面临的风险变化情况全部向保险公司通知,这样也不符合生活实际。保险标的的正常使用必然会导致其老化和磨损,这种风险也是保险公司所应当承担的。但是,如果危险程度增加具有"显著性",并超出了保险标的的正常使用范围,就应当及时通知被保险人,这也是法律对保险合同的限制性条款。危险增加从量变达到质变时,就可以构成法律或合同基础所不能容忍的质变状态。①

在车辆进行投保时,需要针对车辆的使用目的投保相应的险种,对于营运车和非营运车,因其车辆的风险程度不同,配备了不同的保险费率,因此被保险车辆使用性质的不同是影响危险程度评估的重要因素。《保险法司法解释(四)》第4条第1款就规定了保险标的用途的改变属于"危险程度显著增加"的考量因素,私家车私自改变车辆的使用性质而从事网约车营运行为,发生交通事故后,因为对于危险程度的评估不同,导致事故的处理结果也不同。

2. 危险程度增加的持续性

《保险法司法解释(四)》第4条第6款规定,"危险程度增加持续的时间"也是影响"危险程度显著增加"的考量因素。因为风险的增加是长期的过程,对于偶尔或暂时增加的风险,短暂时间后及时恢复的,保险公司不应以此为由擅自终止保险合同。如果要求投保人无论风险增加是短暂还是持续,都要随时随地告知保险公司,对于投保人来说是不现实和不公平的。只有持续性的危险程度增加才具有确定性。此外,单纯发生保险事故的情形也不应作为此处危险程度显著增加的构成要件。不过,对于私家车擅自从事网约车营运的情形,其营运频率并不构成危险程度增加持续性的判断标准。有学者认为,应当根据营运的频率区分为全营运、半营运和偶尔营运三种状态,危险程度根据频率来计算,偶尔营运的不属于危险程度显著增加。② 此观点的问题在于,对从事营运行为的私家车而言,因其营运行为已经增加了风险,其营运本身所带来的风险已经改变了车辆的使用性质,即只要有一次营运,其危险就已经达到了显著增加的效果,保险车辆的风险并不因其营运次数少而有所减少。

3. 危险程度增加的不可预见性

在保险期间内的危险程度增加必须是保险人在订立合同时无法预见的情形。③ 这种不可预见性又可以被称为"未被估价性",因为此种危险在订立保险合同时不能预见,所以在计算量定保费时没有将之考虑在内。如果是能够预见的危险,那么在订立保险合同时会以提高保费等方式平衡双方之间的对价。④ 司法实践中,如果在订立保险合同时已经能够通过投保人的行驶证、驾驶证、投保人信息等知晓投保车辆的使用性质为"租赁",保险公司却按照非营运车辆核保通过,则利用私家车从事网约车营运并不超出保险公司的预见范围,因此不属

---

① 参见樊启荣:《保险契约告知义务制度论》,中国政法大学出版社2004年版,第339页。
② 参见梁鹏:《网约车商业三者险拒赔质疑》,载《保险研究》2019年第2期。
③ 参见樊启荣:《保险法》,北京大学出版社2011年版,第90页。
④ 参见樊启荣:《保险法》,北京大学出版社2011年版,第91页。

于危险程度显著增加的情形。①

(二)利用私家车从事网约车营运是否构成"危险程度显著增加"

保险公司以投保人或被保险人私自利用私家车从事网约车营运导致"危险程度显著增加"为由拒绝进行理赔,在我国《保险法》以及《保险法司法解释(四)》中均有规定。前述已经探讨了"危险程度显著增加"的构成要件,下面对私家车从事网约车营运是否导致"危险程度显著增加"进行探讨。

1. "使用性质改变"是判断"危险程度显著增加"的核心标准

保险标的"使用性质改变"是我国司法实践中私家车从事网约车营运导致危险程度显著增加的主要类型。根据《保险法司法解释(四)》第4条第1款第1项的规定,"保险标的用途的改变"属于法院在认定保险标的是否构成《保险法》规定的"危险程度显著增加"时应当考虑的因素。在为车辆进行投保时,保险公司通常会针对营运车辆和非营运车辆设置不同的保险收费标准。如果车主或车辆使用人在为车辆进行投保时机动车行驶证载明车辆的使用性质为"非营运",若无特殊说明,保险公司会默认车辆为非营运车辆。与普通私家车相比,利用私家车从事网约车营运的行为在实质上已经改变了车辆的用途,势必会增加保险车辆的行驶时间、行驶里程,同时增加保险车辆出现事故的概率,应当属于《保险法》规定的"危险程度显著增加"。

此外,顺风车是否属于营运车从而导致"危险程度显著增加"? 2016年7月,交通运输部等七部委联合发布了《网络预约出租汽车经营服务管理暂行办法》,其中第28条和第38条明确规定顺风车并非提供网约车经营服务的主体。《北京市私人小客车合乘出行指导意见》第1条规定:"私人小客车合乘,也称为拼车、顺风车,是由合乘服务提供者事先发布出行信息,出行路线相同的人选择乘坐驾驶员的小客车、分摊合乘部分的出行成本(燃料费和通行费)或免费互助的共享出行方式。"从上述规定可以看出,顺风车并不具有营利性质,其行车路线的起点和终点均限于车主家庭的自用范围,也没有改变车辆的使用性质,因此不会导致危险程度显著增加。

2. 是否履行了"通知"义务

根据《保险法》第52条的规定,被保险人在改变车辆用途从而导致车辆"危险程度显著增加"时,应当及时通知保险公司,保险公司可以根据双方的合同约定增加保险费或者解除合同。因此,危险程度显著增加的义务并不属于合同的

---

① 参见北京市密云区人民法院民事判决书,(2017)京0118民初2636号;四川省成都市武侯区人民法院民事判决书,(2017)川0107民初7550号;内蒙古自治区奈曼旗人民法院民事判决书,(2018)内0525民初3911号。

约定义务,而属于法定义务,其法理基础是最大诚信原则和对价平衡原则。"最大诚信原则"要求保险双方主动、充分且准确地告知与保险有关的所有重要信息。① "对价平衡原则"是《保险法》第 11 条②所规定的基本原则之一,其与民法上的"等价原则"的不同点在于,"对价平衡原则"要求保险人收取的保险费与其要承担的风险对等。③

根据前述分析可知,利用私家车进行网约车营运已经属于改变车辆用途从而导致车辆"危险程度显著增加"的情形,此种情形属于被保险人违约。但是此条款赋予了被保险人减少损失的方法,那就是及时将从事网约车营运的情况通知保险公司。此时保险公司可以选择增加保险费,也可以选择解除合同。如果保险公司选择增加保险费,双方的合同还可以继续履行,若发生保险事故,被保险人依然可以获得保险赔偿。如果保险公司选择解除合同,则被保险人可以选择另行投保其他保险公司。

3. 未履行通知义务的法律后果

《保险法》第 52 条第 2 款规定,被保险人未履行前款规定的通知义务的,因保险标的的危险程度显著增加而发生的保险事故,保险人不承担赔偿保险金的责任。当危险程度显著增加时却未履行通知义务,打破了保险合同双方的对价平衡状态,同时破坏了最大诚信原则。④ 投保人私自改变私家车用途,发生因进行网约车营运而造成的保险事故的,保险公司可以拒绝赔偿。

本案中,大地保险公司提交的《机动车综合商业保险条款》第二章责任免除部分第 25 条规定,下列原因导致的人身伤亡、财产损失和费用,保险人不负责赔偿:……被保险机动车被转让、改装、加装或改变使用性质等,被保险人、受让人未及时通知保险人且因转让、改装、加装或改变使用性质等导致被保险机动车危险程度显著增加。李某擅自改变车辆用途的行为已经违反了保险公司《机动车综合商业保险条款》的规定。同时在保险事故发生后,李某在其签署的《被保险人自愿放弃索赔、注销案件申请书》中也载明涉案事故商业险拒赔。因此,对于擅自进行网约车营运而未履行通知义务的,保险公司可以拒绝赔偿因网约车营运而发生的保险事故。

---

① 参见田真:《由最大诚信到合理陈述》,载《中国船检》2016 年第 7 期。
② 《保险法》第 11 条规定:"订立保险合同,应当协商一致,遵循公平原则确定各方的权利和义务。除法律、行政法规规定必须保险的外,保险合同自愿订立。"
③ 参见唐世银:《保险法上对价平衡原则的司法运用》,载《法律适用》2015 年第 12 期。
④ 参见徐卫东、高宇:《论我国保险法上危险增加的类型化与危险增加的通知义务》,载《吉林大学社会科学学报》2002 年第 2 期。

(三)结论:利用私家车进行网约车营运属于"危险程度显著增加",投保人怠于通知的,保险公司可以拒绝理赔

实际生活中,利用私家车从事网约车营运的现象时有发生,发生事故时,保险公司拒绝理赔从而导致双方进行诉讼的情况也大量存在。司法实践中,通常需要对利用私家车从事网约车营运是否构成"危险程度显著增加"进行判断,而车辆的使用性质是否发生改变是进行讨论的核心,即是否构成《保险法司法解释(四)》第4条第1款第1项规定的"保险标的用途的改变"以及第2项规定的"保险标的使用范围的改变"。在进行判断时,首先需要明确"危险程度显著增加"的构成要件,即显著性、持续性和不可预见性。其中较为容易判断的是不可预见性,可通过查看进行投保时车辆所登记的使用性质进行判断,若登记为"租赁",则可以判断保险公司对车辆的营运性质可以预见,从而不构成"危险程度显著增加"。在对车辆登记的使用性质进行明确后,需要判断车辆的改变是否属于根本性改变,即是否属于"营运"。此处的"营运"并不以营运的频率为判断标准,而要以车辆的使用性质是否发生实质性改变为判断依据,即严格区分营运车和顺风车,排除顺风车的营运性质。

在司法实践中,事故发生的时间和地点并不影响车辆危险程度是否显著增加的判断因素,而更多的是以车辆本身的营运行为作为判断的主要标准,将事故发生的时间和地点涵盖于营运行为之中。这样的判断方式能够达到类案裁判以及法律适用统一的效果,同时与《保险法司法解释(四)》第4条所规定的考量因素保持了一致。

此外,容易忽视的是,保险公司依据"危险程度显著增加"拒绝理赔还有一个前提条件,那就是投保人未履行通知义务。如果投保人在发生"危险程度显著增加"情形后及时通知保险公司,而保险公司未采取诸如增加保费或者解除合同等措施,保险公司不能再依据"危险程度显著增加"拒绝履行保险合同。

本案明确了判断私家车从事网约车营运从而导致"危险程度显著增加"的依据和标准,同时指出了投保人履行通知义务的重要性,对于网约车营运所带来的交通事故理赔纠纷具有示范意义和指导意义。

(责任编辑:李　鲲)

除权判决作出后票据持有人合法权利的救济途径
——洛阳某科技公司等诉通达某技术公司票据损害责任纠纷案相关法律问题研究

邵　普[*]

裁判要旨

除权判决作出后，付款人已经付款的，最后合法持票人基于基础法律关系向其直接前手退票并请求其直接前手另行给付基础法律关系项下的对价，其直接前手支付对价后，在确认为合法持票人、撤销除权判决之前，该直接前手无权请求恶意申请人承担侵权损害赔偿责任。

一、据以研究的案例

原告洛阳某科技分公司、洛阳某科技公司诉称：洛阳某科技分公司和北京某科技公司签订购销合同，获得了票面金额为 120 000 元的汇票。该汇票出票人为唐山某钢铁公司，收款人为唐山某炉料公司，付款人为沧州银行某分行。唐山某炉料公司将该汇票背书转让给通达某技术公司，通达某技术公司将该汇票背书转让给北京某科技公司，北京某科技公司将该汇票背书转让给洛阳某科技分公司，洛阳某科技分公司将该汇票背书转让给厦门某能源公司。通达某技术公司于 2017 年 7 月 17 日向法院申请宣告该票据无效，法院作出除权判决，宣告该票据无效，通达某技术公司将该汇票款项支取。厦门某能源公司到期后无法取得票据权利，向法院提起诉讼，要求洛阳某科技分公司、洛阳某科技公司支付票

---

[*] 邵普，北京市第一中级人民法院民事审判第四庭副庭长，中国人民大学民商法学硕士。

据金额120 000元。生效判决书判决洛阳某科技分公司、洛阳某科技公司支付厦门某能源公司120 000元，厦门某能源公司将票据退还给洛阳某科技分公司。洛阳某科技分公司、洛阳某科技公司于2018年12月20日将该款支付给厦门某能源公司，厦门某能源公司将该票据退还给洛阳某科技分公司。洛阳某科技分公司于2017年5月9日取得该汇票时，通达某技术公司并未挂失，洛阳某科技分公司是该汇票的合法持有人，通达某技术公司以该汇票遗失为由向法院申请公示催告，据此凭借法院除权判决获得票据金额，损害了票据持有人的合法权益，请求法院判决通达某技术公司赔偿汇票损失112 500元及相应利息等。

被告通达某技术公司辩称：除权判决撤销前，洛阳某科技分公司不享有票据权利。洛阳某科技分公司、洛阳某科技公司诉求的实际是票据追索权，但本案超过票据权利时效，应当驳回。洛阳某科技分公司并非最后合法持票人，其第二次获得票据是2018年12月20日，但本案票据公示催告期限截止于2017年。

法院经审理查明：2017年4月26日，唐山某钢铁公司签发银行承兑汇票一张，该汇票载明出票人为唐山某钢铁公司，收款人为唐山某炉料公司，付款人为沧州银行某分行，出票金额为120 000元，到期日为2017年10月26日。此后，唐山某炉料公司将该汇票背书转让给唐山某钢铁公司，唐山某钢铁公司将该汇票背书转让给通达某技术公司，通达某技术公司将该汇票背书转让给北京某科技公司，北京某科技公司将该汇票背书转让给洛阳某科技分公司。2017年5月19日，洛阳某科技分公司将该汇票背书转让给厦门某能源公司。2017年10月26日，厦门某能源公司提示付款。同年12月12日，汇票因已挂失而被拒付。

2017年7月，通达某技术公司向河北省唐山市路南区人民法院就该汇票申请公示催告，该院于2017年9月19日判决该汇票无效，通达某技术公司有权向支付人请求支付。2018年3月19日，厦门某能源公司以买卖合同为由，向河南省洛阳市洛龙区人民法院对洛阳某科技分公司、洛阳某科技公司提起诉讼，要求支付货款、违约金、不当得利等。该院于2018年9月5日判决驳回了厦门某能源公司的诉讼请求。厦门某能源公司上诉后，河南省洛阳市中级人民法院于同年11月22日作出判决，撤销一审判决，改判洛阳某科技分公司、洛阳某科技公司支付厦门某能源公司120 000元，厦门某能源公司将涉案汇票交还洛阳某科技分公司。

本案一审法院判决：驳回洛阳某科技分公司、洛阳某科技公司的诉讼请求。宣判后，洛阳某科技分公司、洛阳某科技公司不服一审判决，提起上诉。二审法院判决驳回上诉，维持原判。

之后洛阳某科技分公司、洛阳某科技公司不服二审判决，申请再审。再审法院作出裁定:驳回洛阳某科技分公司、洛阳某科技公司的再审申请。

二审法院生效判决认为:根据《民事诉讼法》(2017年修正)第223条[①]的规定,利害关系人因正当理由不能在判决前向法院申报的,自知道或者应当知道判决公告之日起一年内,可以向作出判决的法院起诉,申请撤销除权判决,或确认自己为合法持票人。此后,方可行使票据上的付款请求权、追索权等票据权利。同时,《票据法》第60条规定,"付款人依法足额付款后,全体汇票债务人的责任解除",也就是说,在付款人已经付款的前提下,即便除权判决被撤销,票据权利人也无法行使票据权利。故在恶意申请公示催告的情形下,合法持票人丧失了本应享有的票据权利,票据损害责任纠纷为此时的合法持票人提供了法律救济途径,合法持票人除可以依据基础法律关系向前手主张权利外,还可以向恶意公示催告申请人提起票据损害责任纠纷之诉。

该案中,通达某技术公司向法院申请公示催告并获得除权判决,付款人据此向通达某技术公司付款。2018年3月19日,合法持票人厦门某能源公司以买卖合同纠纷为由提起诉讼,并经生效判决将涉案汇票交还洛阳某科技分公司。此时该汇票已经生效判决确认为无效,洛阳某科技分公司也未在法定期限内提起撤销除权判决的诉讼或者诉请确认其为合法持票人,故洛阳某科技分公司虽在形式上得到该汇票,但经不能认定其系最后合法持票人。在此情形下,洛阳某科技分公司并不满足主张票据损害责任的前提条件。至于洛阳某科技分公司向厦门某能源公司支付的费用,在具备相关证据和符合相关条件的情况下,可以通过基础法律关系另行主张权利。

二、相关法律问题研究

本案是一起因申请人恶意向法院申请公示催告,法院作出除权判决后,最后合法持票人选择基于基础法律关系请求其直接前手给付对价,其直接前手给付对价后,以最后合法持票人的名义请求恶意申请人承担侵权损害赔偿责任而产生的纠纷。

(一)纠纷根源:申请人恶意向法院申请公示催告

票据是完全有价证券,根据"权票不分"原则,行使票据权利应以占有票据为前提,持票人丧失了票据,则无法行使票据权利。实务中,持票人丧失票据的情形时有发生。票据的丧失是持票人并非出于自己的本意而丧失对票据的占有,包括票据的绝对丧失(如票据被毁损而灭失)和票据的相对丧失(如票据被

[①] 相关规定参见2023年修正的《民事诉讼法》第234条。

盗、遗失而为他人占有）。持票人基于对票据权利的处分而丧失票据占有则不属于票据丧失。

票据绝对丧失时，失票人虽暂时不能行使票据权利，但并不存在他人行使票据权利的可能；而在票据相对丧失的情况下，因票据被他人占有，则存在票据金额被他人冒领或票据因背书连续而被善意取得的情形，对失票人影响甚巨。为了保护持票人的合法权利，需要法律对票据丧失后如何补救进行规定。关于票据丧失后的补救方法，各国规定不尽相同，主要有以下四种：(1)失票人可提供担保，向出票人请求交付副本或者新票据，英国票据法即采取此种方法；(2)失票人可提供担保，请求法院裁判命令支付，法国商法即采取此种方法；(3)失票人可请求法院公示催告，并申请除权判决，德国票据法即采取此种方法；(4)失票人可以止付，美国统一商法典即采取此种方法。① 我国《票据法》第15条规定了挂失止付、公示催告和提起诉讼三种补救方法。因挂失止付仅是失票人丧失票据后采取的一种临时性措施，提起诉讼成本较高，而公示催告既可以防止善意受让，又可以获得除权判决，便成为失票人所采用的最常见的补救方式。

依据《民事诉讼法》的规定，按照规定可以背书转让的票据持有人，票据被盗、遗失或者灭失的，可以向票据支付地的基层法院申请公示催告。利害关系人应于一定期间内申报权利；没有人申报的，法院应当根据申请人的申请作出判决，宣告票据无效。据此，失票人依据法定程序申请公示催告并获得除权判决后，其有权要求支付人支付票据金额，从而维护自己的合法权利，这也成为失票人保护其合法权利的一条行之有效的救济途径。

但实务中，存在申请人并非票据持有人，或虽为票据持有人，但不存在其持有的票据被盗、遗失或者灭失等情形，申请人基于非法占有票据金额的目的恶意申请公示催告，从而获得除权判决，损害了最后合法持票人的票据权利。最后合法持票人在票据到期后提示付款被拒，为维护自身合法权利提起诉讼，并因此产生一系列诉讼。

具体到本案，通达某技术公司通过背书取得票据权利后，再次进行了背书转让，并不存在票据遗失、被盗或灭失等情形，其向法院申请公示催告，导致票据被判决确认为无效，明显具有主观恶意，系恶意申请人。最后合法持票人厦门某能源公司为维护自身合法权利，基于基础法律关系向其直接前手主张权利，从而引起一系列诉讼。

---

① 参见梁宇贤：《票据法新论》（修订新版），中国人民大学出版社2004年版，第92页。

（二）请求权竞合：除权判决作出后，最后合法持票人享有基于不同法律关系维权的选择权

票据被宣告无效后，最后合法持票人如何保护自己的合法权利？笔者认为，最后合法持票人可以选择撤销除权判决，待票据恢复效力后再依法行使票据权利的救济途径；也可以基于基础法律关系向其直接前手退票并请求其直接前手另行给付基础法律关系项下的对价，付款人已经付款的，最后合法持票人还可以请求申请人承担侵权损害赔偿责任。此时，构成请求权竞合，最后合法持票人可以选择保护其合法权利的途径。

1.撤销除权判决，行使票据权利

除权判决作出后，利害关系人因正当理由不能在判决前向法院申报的，自知道或者应当知道判决公告之日起一年内，可以向作出判决的法院起诉，撤销除权判决。我国法律通过列举加兜底条款的方式，规定了利害关系人有权在法定期限内撤销除权判决的正当理由，限于篇幅，本文仅探讨在不属于法定申请公示催告情形的情况下，申请人恶意申请公示催告，最后合法持票人撤销除权判决的情形。

不属于法定申请公示催告的情形主要为申请人并非失票人情形，即申请人伪报票据丧失。具备此种情形的，最后合法持票人自知道或者应当知道判决公告之日起一年内，可以起诉撤销除权判决。

实务中，存在最后合法持票人虽提起诉讼，但诉讼请求仅为确认其为合法持票人，而非撤销除权的情形。此时如何处理？若仅确认利害关系人为合法持票人，而不撤销除权判决，则两个生效判决同时存在，相互排斥。除权判决已将票据认定为无效，即便确认利害关系人为合法持票人，因其所持票据为无效票据，其亦无法行使票据权利。在票据经公示催告程序被确认无效后，利害关系人因此提起诉讼，无论其诉讼请求是否仅为确认其为合法持票人，或仅为撤销除权判决，该诉讼的本质为审理利害关系人是否为票据权利人和除权判决是否应予撤销。基于此，笔者认为，利害关系人的诉讼请求无论是否仅为确认其为合法持票人、撤销除权判决中的一项，法院均应就此一并审理。在利害关系人仅诉请确认其为合法持票人的情况下，法院在判决主文确认其为合法持票人的同时，在论理部分应一并写明"确认利害关系人为票据权利人的判决作出后，除权判决即被撤销"。同理，在利害关系人仅诉请撤销除权判决的情况下，因撤销除权判决的前提系利害关系人为合法持票人，也应在论理中一并确认利害关系人为合法持票人。当然，在利害关系人同时诉请该两项诉求时，应在判项中一并列明。

除权判决作出后，利害关系人为合法持票人，其所持票据为有效票据，其当然可以依法行使票据追索权等票据权利。

2. 基于基础法律关系向其直接前手主张权利

票据虽为无因证券,一旦作出即与原因关系相分离,但并非任何情形均不受基础法律关系约束。依据商法原理和《票据法》的规定,票据被拒绝承兑、被拒绝付款、被确认无效等,合法持票人可以基于基础法律关系向其直接前手主张权利。

笔者认为,合法持票人基于基础法律关系向其直接前手主张权利,与其是否已经撤销除权判决并无直接关联,除权判决是否被撤销,不影响合法持票人选择基于基础法律关系向其直接前手主张权利。在合法持票人举证证明其系基于法律规定方式从其直接前手取得票据的情况下,其直接前手不得以票据被除权判决确认为无效,其尚未被确认为合法持票人或尚未撤销除权判决为由予以抗辩,因合法持票人并不是要行使票据权利,而是因基础法律关系的债务人没有清偿债务,合法持票人可以向其退回票据,并要求另行给付对价。

具体到本案,在票据被确认无效的情况下,最后合法持票人厦门某能源公司放弃选择撤销除权判决来主张票据权利,而是选择基于基础法律关系向其直接前手洛阳某科技分公司主张权利。

3. 直接请求恶意申请人承担侵权损害赔偿责任

最后合法持票人除有权选择撤销除权判决来行使票据权利,或者基于基础法律关系向其直接前手主张权利外,在付款人已经付款的情况下,其还有权选择基于侵权关系请求恶意申请人承担侵权损害赔偿责任。需要特别注意的是,付款人尚未付款的,最后合法持票人无权基于侵权关系向恶意申请人主张权利。

依据《票据法》第 60 条的规定,付款人依法足额付款后,全体汇票债务人的责任解除。该责任解除是票据债务的终局性解除,即便除权判决被撤销,最后合法持票人也无权行使票据权利。因申请人系恶意,其获得票据金额系不当得利,为保护最后合法持票人的权利,应赋予最后合法持票人直接基于侵权关系向恶意申请人主张权利的权利,避免最后合法持票人只能基于基础法律关系向其直接前手主张权利而引起的因其直接前手支付能力欠缺导致权利不能实现的风险,以及因此引起连环诉讼而带来的诉累。

具体到本案,除权判决作出后,恶意申请人向支付人请求支付,并获得票据金额,厦门某能源公司作为最后合法持票人有权选择基于侵权关系向恶意申请人通达某技术公司主张侵权责任。因厦门某能源公司没有选择直接向侵权人主张权利,而是选择基于基础法律关系向其直接前手主张权利,才导致本案纠纷的产生。

(三)维权困境:最后合法持票人退票后,其直接前手如何维权

在除权判决作出后,最后合法持票人选择基于基础法律关系向其直接前手

退票并请求其直接前手另行给付基础法律关系项下的对价,其直接前手另行给付对价后,如何维护自己的合法权利?

第一种情况,付款人尚未付款,最后合法持票人退票后,其直接前手可以行使《全国法院民商事审判工作会议纪要》(以下简称《九民纪要》)第106条第1项规定的选择权。

除权判决作出后,最后合法持票人选择基于基础法律关系向其直接前手主张权利,其直接前手支付对价后,成为持票人,该直接前手再依据基础法律关系向自己的直接前手退票并主张权利当无异议,不再赘述。

实务中,争议较大的是,除权判决作出后,付款人尚未付款的情况下,最后合法持票人未选择撤销除权判决来行使票据权利,而是基于基础法律关系向其直接前手主张权利,其直接前手支付对价后是否仅能再依据基础法律关系向自己的直接前手主张权利?是否有权以自己的名义撤销除权判决,行使票据权利?一种观点认为,除权判决作出后,最后合法持票人未撤销除权判决,最后合法持票人基于基础法律关系主张权利并退票后,其直接前手无权撤销除权判决。另一种观点认为,只要符合法律规定的撤销除权判决的条件,最后合法持票人退票后,其直接前手也有权撤销除权判决。

笔者赞同第二种观点。在除权判决作出后,付款人尚未付款的情况下,最后合法持票人既享有依据基础法律关系要求其直接前手履行付款义务的权利,又享有依法撤销除权判决而行使票据权利的权利,并且其享有选择权。最后合法持票人选择依据基础法律关系主张权利未违反相关法律规定,亦未损害他人合法权利。最后合法持票人的直接前手支付对价后,成为票据持有人,该直接前手虽非因最后合法持票人向其行使票据追索权而成为持票人,但最后合法持票人通过何种途径行使权利不影响其前手在清偿债务后成为持票人,如仅因该直接前手系通过基础法律关系偿付成为持票人,便限制其行使撤销除权判决并行使票据权利的权利,则与票据法立法目的不相符,也不利于票据功能的实现。

此时,最后合法持票人的直接前手在支付对价后,符合法律规定的撤销除权判决情形的,有权撤销除权判决,并主张票据权利。

第二种情况,付款人已经付款的,最后合法持票人退票后,除权判决撤销前,其直接前手不得直接请求恶意申请人承担侵权损害赔偿责任。

在论证这个问题之前,需要明确何为《九民纪要》第106条所规定的最后合法持票人,以及基于基础法律关系被退票的直接前手是否属于该条规定的最后合法持票人。

笔者认为,最后合法持票人应符合以下三个方面的条件:一是"最后"时间的界定,即其应为申请人申请公示催告至除权判决作出期间持有票据的人;二是所持票据系通过法律规定的方式合法取得;三是取得票据时,票据为有效票据。

基于上述解释,除权判决作出后被退票的直接前手,因其持有票据的时间为除权判决作出后、最后合法持票人退票时,并且取得票据时该票据已被生效判决确认为无效,故不属于《九民纪要》第 106 条规定的最后合法持票人,无权依据《九民纪要》第 106 条第 2 项的规定直接请求恶意申请人承担侵权损害赔偿责任。

在付款人已经付款的情况下,被退票的直接前手虽非《九民纪要》所规定的最后合法持票人,但该直接前手是否仅能基于基础法律关系向自己的直接前手主张权利?若因该直接前手的直接前手没有偿付能力,该不利后果是否应由并不存在过错的该直接前手承担?笔者认为,有必要对《九民纪要》第 106 条规定的最后合法持票人作扩大解释,但考虑到该直接前手因被退票而持有票据时该票据为无效票据,与除权判决作出前即通过合法方式持有票据的最后合法持票人不同,不宜直接认定该直接前手为合法持票人,而应赋予该直接前手在符合法律规定的情况下撤销除权判决并确认为合法持票人的权利。在除权判决被撤销后,该直接前手虽非最后合法持票人,但为合法持票人。票据虽因付款人付款而使票据责任终局性解除,该直接前手不能行使票据权利,但为更好地保护其权利,实现票据功能,应赋予其与《九民纪要》第 106 条所规定的最后合法持票人同等的地位,从而使其享有直接请求恶意申请人承担侵权损害赔偿责任的权利。需要特别注意的是,《九民纪要》第 106 条所规定的最后合法持票人取得票据时该票据为有效票据,其无须经诉讼确认为合法持票人或撤销除权判决,便可以基于侵权关系向恶意申请人主张权利;而被退票票据的持票人,因取得票据时该票据即为无效票据,须经诉讼确认其为合法持票人或撤销除权判决后,方可基于侵权关系向恶意申请人主张权利。

具体到本案,洛阳某科技分公司因被厦门某能源公司退票而取得票据,其取得票据时,票据为无效票据,在未确认其为合法持票人、未撤销除权判决的情况下,其以侵权为由要求通达某技术公司承担损害赔偿责任,依据不足。

(责任编辑:李　鲲)

电子政务时代下社会保险执法活动的司法审查
——王某某诉某区社保中心履行法定职责及某区政府行政复议案相关法律问题研究

孙 雯*

裁判要旨

1. 电子政务时代，判断行政职权的归属仍应以法律规定的赋予而不应以电子操作系统权限的设置为标准。

2. 在对社会保险执法活动进行司法审查时，法院应保持必要的司法谦抑，在不违背法律法规相关规定的基础上，充分尊重行政机关的首次判断。

一、据以研究的案例

原告王某某出生于1968年6月，户籍地为辽宁省沈阳市。因原告与中国诗歌学会发生劳动争议，双方历经仲裁委员会裁决及两审诉讼，终审法院于2017年9月25日判决确认原告与中国诗歌学会自1997年9月1日至2014年5月29日存在劳动关系。终审判决同时确认以下事实：2013年起，原告在鲁迅文学院工作，鲁迅文学院为原告缴纳了2013年1月至2014年12月的社会保险；2015年1月至2016年5月，中国诗歌学会为原告缴纳社会保险。

2013年3月，鲁迅文学院为原告在该院社会保险登记地某区社保中心建立社会保险账户，办理首次参保手续。依据《关于印发城镇企业职工基本养老保险关系转移接续若干具体问题意见的通知》（人社部发〔2010〕70号，以下简称人社部70号文）第4条关于临时基本养老保险缴费账户部分第2款"男性年满50周岁和女性年满40周岁的人员，首次参保地为非户籍所在地的，参保地应为其

---

* 孙雯，北京市朝阳区人民法院行政审判庭法官助理，中国政法大学法学硕士。

建立临时基本养老保险账户"的规定,由于原告于2013年已超过40周岁,某区社保中心为其建立社会保险账户的类别为"临时缴费账户"。前述生效民事判决作出后,中国诗歌学会在该单位所在地社保中心为原告补缴了1998年7月至2013年2月的社会保险。

2018年2月9日,原告向某区社保中心提出申请,要求将其社会保险账户由"临时账户"变更为"一般账户"。2018年3月5日,某区社保中心作出《复函》,内容为依据《人力资源和社会保障部关于城镇企业职工基本养老保险关系转移接续若干问题的通知》(人社部规〔2016〕5号,以下简称人社部5号文)第3条关于临时基本养老保险缴费账户管理的规定,参保人员在建立临时基本养老保险缴费账户地按照《社会保险法》的规定,缴纳建立临时基本养老保险缴费账户前应缴未缴的养老保险费的,其临时基本养老保险缴费账户性质不予改变。虽然原告已于2018年补缴了1998年7月至2012年12月的养老保险,但是临时基本养老保险缴费账户性质无法改变。

原告不服,向某区政府申请行政复议,并对人社部5号文第3条提出规范性文件审查。某区政府受理后,向人力资源和社会保障部(以下简称人社部)发出规范性文件移送函。人社部函复表示,《国务院办公厅关于转发人力资源社会保障部财政部城镇企业职工基本养老保险关系转移接续暂行办法的通知》(国办发〔2009〕66号文,以下简称国办发66号文)第5条规定针对的是跨省流动就业人员的基本养老保险关系转移接续问题。若不存在基本养老保险关系转移接续,应不适用该条规定。人社部5号文是其配套规范性文件,其中第3条的规定也应在此前提下理解和落实,即该条"关于临时基本养老保险缴费账户的管理",是指跨省流动就业人员在原参保地之外为了转移接续基本养老保险关系而建立的缴费账户。之后某区人社局向原告提交了《情况说明》及社会保险网上服务平台的操作系统截屏,指出该市社会保险网上服务平台是市社会保险经办机构依据相关法律开发研制投入使用的,该平台的社会保险基本信息由某区社保中心进行登记,登记内容不包括账户性质。此项由系统自动识别生成,即该项职权属于市社会保险经办机构,某区社保中心无权作出变更。之后,某区政府作出行政复议决定,认定原告的基本养老保险缴费账户系某区社保中心通过市社会保险网上服务平台录入,由系统自动识别生成的账户,该系统是由市社会保险经办机构依据相关法律开发研制的,某区社保中心无权作出变更,其不具有变更账户性质的法定职责,并且人社部亦认可上述规范性文件的合法性。故依据《行政复议法实施条例》第48条第1款第1项之规定,决定驳回原告的行政复议申请。原告仍不服,遂将某区社保中心、某区政府诉至法院,请求撤销某区社保中心将原告社会保险账户认定为临时账户的回复并将其由临时账户变更为一般账户及撤销某区政府作出的行政复议决定书。

一审法院经审理认为：判断行政主体是否具有相应行政职权，应以法律、法规、规章规定为据。根据《社会保险法》第8条的规定，某区社保中心作为本行政区域内的社保经办机构，具有提供社会保险服务的法定职责。原告要求某区社保中心履行的职责属于参保人员社会保险服务的具体事项范畴，并且该账户性质直接影响参保人员的个人权益，因此，该职权依法应属于该中心。尽管进入信息化时代，许多行政机关采取电子政务，但信息操作系统权限的设置、分配不能取代法律、法规层面对行政职权的赋予，更不能以无系统操作权限为由放弃法律、法规规定的职责，司法审查中亦不能以此作为判断行政职权归属的标准。因此，二被告的主张不能成立，某区社保中心具有变更基本养老保险缴费账户性质的法定职责。

关于原告要求变更养老保险缴费账户性质的请求能否成立的问题，一审法院认为，养老保险系政策性较强的行政执法活动，在对此类行为进行司法审查时，法院应保持谦抑，在不违背法律法规规定的前提下，尊重行政机关对政策的理解适用和首次判断。本案中，原告的户籍地不在北京，尽管其早在1997年即在北京工作，但仍属跨省流动就业人员，其于2013年首次建立养老保险账户时已经超过40周岁，根据国办发66号文的规定，社会保险经办部门为其建立临时账户并无不当。原告超过40周岁在北京建立社会保险临时账户会涉及养老保险关系的转移接续问题，因此根据人社部5号文第3条的规定，其临时基本养老保险账户的性质不能再改变。综上所述，原告诉请要求某区社保中心变更养老保险缴费账户性质的理由不符合政策规定，但某区政府以某区社保中心不具有相应职责为由驳回原告复议申请的决定缺乏事实及法律依据，应予撤销。一审法院最终判决撤销某区政府作出的行政复议决定并驳回原告要求将其社会保险账户由临时账户变更为一般账户的诉讼请求。

宣判后，原告不服，提出上诉。二审法院经审理作出判决：驳回上诉，维持一审判决。

二、相关法律问题研究

社会保险领域的执法，不仅与每个个体的权益息息相关，更关系我国国民经济发展和社会整体稳定，信息化时代的到来又对此领域执法活动的法治化水平提出了更高的要求。因此，对此类执法活动的司法审查，行政法官应始终保持高度审慎，以实现个体权益与社会公益的平衡。本案非常典型地展示了此类案件司法审查中的难点所在，即如何判断行政职权的归属，以及如何把握司法审查的强度。

(一)电子政务时代社会保险执法司法审查的现状审视

本案所体现的行政争议并非个案。实践中电子政务的兴起与勃发,在大大提升执法效率的同时,也给传统执法模式带来了诸多挑战。

1. 行政机关判断行政职权标准异化

根据职权法定原则,任何一个组织的行政职权都是法定的,而不是自我设定的。① 除了通过立法②直接赋予行政机关职权,实践中,行政职权的授予、委托和协助也是常见的行政职权配置方式,但"万变不离其宗",上述方式均是严格在法律框架内运行的,并未脱离职权法定原则。然而,电子政务却正在悄然"消解"这一标准。

(1)以社保操作系统权限的配置否认职权的存在。本案原告诉请被告某区社保中心变更其社会保险缴费账户性质,二被告则明确以该账户系北京市社会保险网上服务平台录入,由系统自动识别生成账户,该系统是由北京市社会保险经办机构依据相关法律开发研制为由,主张某区社保中心不具有变更的职权。此种主张的内在逻辑是在设置操作系统的权限时,未将特定的操作权限赋予相关行政机关,则该行政机关就不具有相应职权。

(2)以社会保险操作系统模块的缺失拒绝职责的履行。本案并非个例,笔者还审理过另一类似案件。二原告诉请被告某地社保中心支付其非因工死亡的女儿的丧葬补助金和抚恤金。被告某地社保中心在答辩中认可根据《社会保险法》第17条的规定,支付丧葬补助金及抚恤金确系该中心职权,但因当地尚未出台具体的配套实施细则和支付办法,在社会保险操作系统中暂无此部分业务的操作模块,因此无法办理相关支付工作。

以上两案中,行政机关所持因操作系统原因其不具有相应职权或无法开展相关工作的诉讼意见,均未被法院所采纳。此种执法逻辑的实质是用操作系统权限的配置取代了规范层面对于职权的赋予。事实上,此种认识已呈现扩张趋势:笔者在中国裁判文书网、法信平台键入"社会保险""丧葬补助金"等关键词进行了检索,通过人工剔除无关案件后,共查找到裁判时间为2020~2022年、诉请社会保险经办机构支付丧葬补助金的案件45件,其中判决结果为责令被告履行该义务的就有13件,败诉原因多指向行政机关将不履责归因于操作系统的主张不成立。笔者认为,这种趋势的危险性在于,职权法定原则一旦被突破,法治政府建设将成为"无本之木",法治社会的深入构建将难以为继。

---

① 参见莫于川:《行政职权的行政法解析与建构》,载《重庆社会科学》2004年第1期。
② 包括宪法、法律及某些与行政机构改革有关的法律文件。

2. 司法审查强度标准难以把握

本案所呈现的第二个关键问题,是针对社会保险行政机关所作实体判断,司法审查的强度应保持何种标准。事实上,针对本案实体处理问题,合议庭内部曾形成两种不同意见。一种意见认为,本案被告认识有误,人社部5号文第3条不应适用于原告。人社部5号文第3条"关于临时基本养老保险降费账户的管理"作为国办发66号文的配套措施,应在考虑国办发66号文的制定目的,即缓解中心城市的人口承载和养老保险基金压力、防止部分参保人员在临近退休时集中转入中心城市及针对对象即跨省流动就业人员的基本养老保险关系转移接续问题之下理解适用。本案原告在北京建立的基本养老保险账户并不属于为了转移接续基本养老保险关系而建立的缴费账户,同时其年满40周岁建立养老保险账户的责任在于其用人单位,不属于临近退休为获取更高待遇集中转移至中心城市的情况。因此,前述规定不适用于本案原告。另一种意见认为,本案社会保险行政机关的处理并未明显违反相关政策、文件的规定,原告的户籍地不在北京,属于跨省流动就业人员,其于2013年首次建立养老保险账户时已经超过40周岁,社会保险经办部门为其建立临时账户且无法改变其基本养老保险账户性质的处理方式,符合国办发66号文、人社部5号文的规定。对于此类执法活动,应当在不违反法律法规规定的基础上,尽可能尊重行政机关的首次判断。因此,应当判决驳回原告诉讼请求。

(二)产生问题的原因剖析

电子政务时代下,社会保险执法活动的司法审查存在行政职权判断标准异化、司法审查强度标准难以把握之困境。有必要对此进行原因剖析。

1. 执法理念的偏差

职权法定原则绝非放弃与时俱进,在强调服务型政府建设的今天,该原则更是建设一个高水平的服务型政府的基石。不可否认的是,电子政务的推行大大提升了政府服务的效能,改进了行政组织的管理流程,优化了行政组织内部程序,拉近了行政主体和行政相对人之间的关系。① 但是,与时俱进、转变执法理念不等于放弃依法行政的底线。受制于信息技术手段的局限、技术人员与执法人员的对接不充分等因素,信息操作系统的设置出现与法律规定不完全对应契合的现象也是可以预见的。但是,依法行政的执法理念绝不能因手段的局限性而动摇。目前,行政机关在执法理念上还存在"重技术,轻规范"的偏差。

---

① 参见宋华琳:《电子政务背景下行政许可程序的革新》,载《当代法学》2020年第1期。

2. 社会保险领域的特殊

社会保险领域执法的特殊性，不仅在于该领域所涉问题的专业性、复杂性，更在于目前社会保险制度改革的深化及其带来的全局性影响，体现着社会对民生权益保障方面的高度关注和期待。在繁多复杂的历史遗留问题、政策衔接问题、改革深水区的系统性问题等诸多因素共同作用下，笔者认为，社会保险领域执法是一项牵一发而动全身，专业性、政策性较强的执法活动。

(三) 本案裁判提供的解决思路

电子政务虽然带来了挑战，但是如果能对其加以正确运用，挑战将会转变为机遇。如何正确处理技术与规范的关系以避免技术成为法治政府建设的掣肘？社会保险事业事关人民群众基本生活与社会公平正义，司法审查如何处理好二者之间的关系？回归本案，可以从本案的裁判思路中找到上述问题的答案。

1. 电子政务时代行政职权的判断标准

本案明确了行政执法与司法审查在判断行政职权归属时，均应坚持以法律规定的赋予为标准，而不能以信息操作系统的权限配置为标准的裁判规则。

(1) 正当性分析。行政职权是国家行政权的转化形式，是行政主体实施国家行政管理活动的资格及权能。① 可见，行政职权的本质是一种国家权力，基于这种权力的扩张滥用倾向和法治国家构建的需要，必须将其纳入法律制度框架加以明确有效的定位、监督和制约，即实现行政职权的法定化。② 因此，上述裁判规则的正当性源于行政职权的法定性这一基本特征。

(2) 必要性分析。其实，该裁判规则的正当性已无须多言，因为职权法定原则已经成为共识，甚至已有学者提出，"仅以行政职权或行政职权法定来构建中国行政法学和行政法治将是片面和低层次的"③。但是，笔者认为，坚持这一裁判规则对于当下解决现实问题仍然十分必要。近年来，对成文法的滞后、模糊等局限性的批判甚嚣尘上，似乎一切问题的原因都可以归结为规范层面的失范，实践中，对于职权法定的突破也并不鲜见：除本案所体现的以信息操作系统权限的配置为标准外，笔者在审判实践中还曾遇见过城市管理执法部门直接委托小区物业公司对摆摊小商贩进行管理的情况。这些问题的本质在于错误地将电子政务等执法手段当成了执法原则，但是如若手段失去了原则的制约甚至取代了原

---

① 参见罗豪才主编：《行政法学》(新编本)，北京大学出版社1996年版，第51页。
② 参见莫于川：《法治视野中的行政指导行为——论我国行政指导的合法性问题与法治化路径》，载《现代法学》2004年第3期。
③ 张弘：《行政职权理论范畴对中国行政法的影响与反思》，载胡建淼主编，孙笑侠、章剑生副主编：《公法研究》，浙江大学出版社2009年版，第231页。

则本身,则必将走向失控。从这个角度来说,本案所确立的裁判规则有效地解决了职权法定与电子政务的关系问题。

(3)正确处理职权法定与电子政务的关系。明确了电子政务之下行政职权的判断标准之后,下一个亟待解决的问题是,以法律规定的赋予为据并不代表放弃对电子政务的利用,如何处理好二者关系?笔者认为,应注意以下两点。

其一,发挥电子政务激发依法行政内生动力的重要功能。数字化时代的到来,互联网+、虚拟现实、大数据等技术手段在助力国家治理、推动社会进步等方面发挥着无可比拟的作用。目前"互联网+政务"已经成为各级政府和部门进行管理和服务的基本方式,促进了传统行政向现代化行政的转型。笔者认为,应以电子政务的发展为契机,将政务服务与提高依法行政水平纳入"一盘棋、一张网"模式,行政管理的各个阶段,包括行政决策、规范性文件的起草制定发布、行政执法的开展等,均可以通过互联网平台以可视化的方式开展与实现,以促进法治政府建设的跨越式发展。

其二,在法治轨道上实现电子政务的良性运行。电子政务在政府活动过程中的普遍使用,注定了其必将成为助力建设创新型政府、完成服务型政府打造的"加速器"。但是,如上文所述,实践过程中,其存在异化为法治政府建设掣肘的风险。要规避这种风险,使电子政务在法治轨道上良性运行,需要立法机关、执法机关与司法机关的共同努力。对于立法机关而言,应当重视电子政务领域的立法工作,完善电子操作系统的设置、运行、责任等方面的规范制定,从立法层面消除风险;对于执法机关而言,应当高度关注电子政务系统设置与法律法规规定的契合,避免二者之间的不对应给执法实践带来的困难,同时加强对执法人员执法理念的培育,让依法行政的理念深深根植于执法人员内心;对于司法机关而言,在对行政职权进行司法审查时应当严格以法律规定为标准,一旦发现执法机关存在偏差,应当通过判决、司法建议、联席会议、法制培训等多种方式予以指出、纠正。

2. 对社会保险执法的审查

对于本案在实体处理上是否应当支持原告诉求,合议庭最终选择了第二种意见,即在社会保险行政机关的处理并未违反法律法规及规范性文件规定的情况下,对其判断给予了充分尊重,判决驳回了原告要求将其社会保险账户由临时账户变更为一般账户的诉讼请求。这也是本案裁判所体现的第二个裁判规则:对于社会保险执法活动,审查时在不违背法律法规规定的基础上,充分尊重行政机关对政策的理解适用和首次判断。

根据《行政诉讼法》及相关司法解释的规定,行政诉讼的目的之一为监督行政机关依法行政,对行政行为进行全面合法性审查。从语义上看,这一原则似乎与司法谦抑并不兼容。但是,在监督行政机关的同时,尊重行政机关对自由裁量权的行使,特别是对于某些行政管理领域的执法活动,如高校行政案件,司法审查应当保持必要的谦抑,这一点,已有学者、法官敏锐地体察到。[①] 在行政诉讼中坚持司法谦抑,主要是由司法权与行政权的关系,以及行政的专业和技术性所决定的。笔者之所以认为对社会保险领域执法活动的司法审查亦应当保持必要的司法谦抑,理由如下所述。

第一,社会保险领域执法往往涉及社会改革的系统性问题,在此类问题上,司法权应当保持必要的克制,而不应盲目地扩张,因为促成行政管理目标的实现、社会利益的最大化才是监督的根本目的。

第二,社会保险领域执法是专业性、技术性较强的执法活动,如何理解文件规定、需考量哪些因素,只有长期从事该工作的专业人员才有权威话语权。因此,法院在对此类行为进行司法审查时,应在合法性审查的前提下充分尊重行政机关的理解适用和首次判断。

(责任编辑:项利军)

[①] 参见黄永维、郭修江:《司法谦抑原则在行政诉讼中的适用》,载《法律适用》2021年第2期;耿宝建:《高校行政案件中的司法谦抑与自制》,载《行政法学研究》2013年第1期。

未届期股权转让后，原股东对外担责的审查认定
——刘某诉元泰公司等执行异议之诉案相关法律问题研究

王思思[*]

裁判要旨

1.《最高人民法院关于适用〈中华人民共和国公司法〉若干问题的规定（三）》（以下简称《公司法解释三》）第13条、第18条中规定的"未履行或者未全面履行出资义务"，《最高人民法院关于民事执行中变更、追加当事人若干问题的规定》（以下简称《变更、追加规定》）第19条中规定的"未依法履行出资义务"均强调出资的违约性，出资未届期并不能当然界定为瑕疵出资。故未届出资期限转让股权不等于"未履行或未全面履行出资义务即转让股权"，亦不等于"未依法履行出资义务即转让股权"。

2.股东在出资期限届满前转让股权，一般不构成瑕疵出资股权转让，特别是股权转让行为早于公司债务形成时间的，可认定公司债务与该转让股东无关联性。如债权人不能证明股权转让中存在双方恶意串通，或存在一方欺诈、故意隐瞒事实等特定情形，则转让股东对公司债务不承担出资加速到期的补充赔偿责任。

3.未届期股权转让发生于公司债务产生后，转让股东在明知公司对外负债且无力清偿的情况下恶意转让未届出资期限的股权，增加了公司注册资本实缴到位的风险，导致债权人基于原股权登记公示的信赖利益丧失的，转让股东对公

---

[*] 王思思，北京金融法院审判第一庭法官，中国政法大学经济法学博士。

司债务应承担出资加速到期的补充赔偿责任。

一、据以研究的案例

原告刘某诉称:刘某与毅铭公司、周某借款合同纠纷案,经向法院申请强制执行,执行法院以被执行人无财产可供执行为由裁定终结本次执行程序。元泰公司系毅铭公司原股东,其有500万元出资义务未实际履行即转让股权,侵害了刘某利益。故刘某诉请追加元泰公司为被执行人。

被告元泰公司辩称:元泰公司已经不是毅铭公司的股东,其股权已经转让给毅铭兴源公司,故应由股权受让方承担补充出资义务。

被告毅铭公司、周某既未作出答辩亦未参加本案庭审。

一审法院经审理查明:刘某诉毅铭公司、周某民间借贷纠纷一案,审理法院作出001号民事判决,判决毅铭公司偿还刘某借款500万元及相应利息。该判决生效后,因毅铭公司未履行给付义务,刘某申请强制执行。强制执行中,法院未查找到毅铭公司可供执行的财产,裁定终结本次执行程序。元泰公司原为毅铭公司的股东,其出资500万元,其中300万元出资系从他人处受让取得的实缴出资,200万元出资在公司章程和工商登记中显示为认缴,认缴期限为2031年11月25日。元泰公司于2018年12月23日将200万元认缴出资转让给周某,2020年3月19日将300万元出资对应的股权转让给毅铭兴源公司。诉讼中,元泰公司辩称其认缴的200万元出资以债转股形式出资完毕但未能充分举证证明。经询,各方当事人均不申请毅铭公司破产。

一审法院经审理认为:元泰公司转让股权时其认缴出资期限尚未到期,不符合未履行出资义务即转让股权的情形。刘某提交的证据不足以证明元泰公司存在将应当加速到期的股权转让给他人的情况。故判决驳回刘某的全部诉讼请求。

刘某不服一审判决,提起上诉。

二审法院经审理认为:元泰公司的300万元出资已实缴,刘某要求元泰公司在该实缴出资300万元范围内承担补充赔偿责任,法院不予采纳。

在注册资本认缴制下,股东依法享有期限利益。但股东不得滥用其出资期限利益以逃避债务、损害公司债权人权益。股东在明知公司对外负债且无力清偿的情况下恶意转让未届出资期限的股权,增加公司注册资本实缴到位的风险,其行为损害债权人利益,不应得到法律保护。

第一,因执行法院未能查到被执行人毅铭公司、周某可供执行的财产,裁定"终结本次执行程序",毅铭公司已具备破产原因,而各方当事人均明确表示不申请毅铭公司破产,股东出资加速到期的条件已经成就。如果元泰公司未将涉案 200 万元股权转让给周某,则其应当在其未缴纳出资的范围内承担补充赔偿责任。

第二,涉案借款发生于元泰公司担任毅铭公司股东期间,元泰公司转让股权时,生效判决已经裁判并确认债权且刘某已经申请强制执行。元泰公司辩称,其认缴的 200 万元出资已经毅铭公司股东会确认由其法定代表人对毅铭公司享有 200 万元债权冲抵为实缴出资。在毅铭公司尚未履行生效法律文书确定的债务的情况下,毅铭公司股东会的该项决议无异于决定以公司股东应缴纳的出资优先偿还其对股东的债务,这显然减损了其他债权人获得清偿的可能性。

第三,周某作为债务人、被执行人,在其与毅铭公司、刘某的借款纠纷中,其始终未履行任何还款义务,元泰公司将其 200 万元的认缴出资于执行过程中转让给周某,系在明知公司对外负债且无力清偿的情况下转让未届出资期限的股权、增加公司注册资本实缴到位的风险,其行为损害了债权人利益,不应受到法律保护。

综上所述,二审法院依照《公司法》(2018 年)第 3 条[①]、《公司法解释三》第 13 条第 2 款、《变更、追加规定》第 19 条、第 34 条之规定,作出如下判决:(1)撤销一审法院作出的民事判决;(2)追加元泰公司为执行案件的被执行人,在其未缴纳出资 200 万元范围内对 001 号民事判决书确定的毅铭公司所负刘某的债务承担补充赔偿责任;(3)驳回刘某的其他诉讼请求。

二、相关法律问题研究

本案系典型的出资未届期即转让股权背景下,转让股东向公司外部债权人担责的案件。一般情况下,公司及债权人要求出资未届期股东承担责任,股东可以出资期限利益为抗辩。如出现《全国法院民商事审判工作会议纪要》(以下简称《九民纪要》)第 6 条规定的两种特殊情形,股东的出资期限被"击穿",债权人可径行要求股东承担出资义务"加速到期"的补充赔偿责任。但对于未届期股权转让叠加上述情形时,"加速到期"规则是否适用于转让股东,尚缺乏明确的规则供给,使得司法实践中存在不同认识。

从债的角度,股东认缴的出资额以公司对股东享有债权的形式成为公司的责任财产。[②] 公司未能清偿债务时,根据债权代位原理,债权人可请求瑕疵出资股东及股权转让方承担相应责任,该规则在《公司法解释三》第 13 条、第 18 条,《变更、追加规定》第 17 条、第 19 条予以明确,理论界和实务界已无分歧。但出

---

① 相关规定参见 2023 年修订的《公司法》第 3 条、第 4 条。
② 参见钱玉林:《股东出资加速到期的理论证成》,载《法学研究》2020 年第 6 期。

资未届期发生的股权转让能否直接适用上述瑕疵出资责任条款,司法实践中亦存在不同认识。

上述问题犹如硬币的两面,实质在于未届期股权转让后,转让股东向公司债权人担责的裁判思路确定问题。学理层面,涉及股东出资期限利益与公司债权人利益保护的平衡。实操层面,则涉及对现行规则的再解释和区分适用。本文以个案推及类案,分析论证出资未届期进行股权转让后,股权转让方、受让方及发起人对于公司债权人的责任承担的认定思路,以期对类案审理规则和裁判逻辑进行归纳。

(一)担责前提:"非破产与解散加速到期"系股东向公司债权人担责的必要条件

1. 理论依据:"非破产加速说"

公司处于"非破产与解散"状态,但不能清偿债务时,债权人能否主张股东出资加速到期并对公司债务担责,学界和实务界曾存在"破产加速说"与"非破产加速说"的对立立场。①《九民纪要》颁布后,"非破产加速说"在司法实践层面基本统一了认识。如同任何合同自由都有边界,股东出资义务的履行期限也并非完全自治的事项,出资期限的设计不应影响公司的正常经营,包括偿债。当公司不能清偿到期债务,应允许债权人主张加速股东出资义务之履行,这并非对"契约严守"的背离,而是对契约诚信的遵守。在合同法上,也存在"非破产加速"的可能空间:一则按照合同的相对性原理,"契约严守"不能约束债权人;二则合同权利本身不得滥用。在公司法上,"有限责任对价加速""法人人格否认加速""非破产清算补资加速"等理论均为"非破产加速"提供了制度解释的空间,②这有助于形成理性的股东认缴秩序及公司偿债秩序。

2. 触发条件

债权人径行要求股东承担实体责任,须满足:债务人公司不能清偿法律文书确定的债务(程序要件)+股东认缴出资加速到期(实体要件)。

(1)如何认定"债务人不能清偿裁判文书确定的债务"?一般须同时符合以下条件:①公司名下无任何财产或财产不足以清偿其债务;②法院裁定终结本次执行。

(2)如何认定"股东认缴出资义务加速到期"?依据现行立法及司法解释,

---

① 参见蒋大兴:《论股东出资义务之"加速到期"——认可"非破产加速"之功能价值》,载《社会科学》2019年第2期。

② 参见蒋大兴:《论股东出资义务之"加速到期"——认可"非破产加速"之功能价值》,载《社会科学》2019年第2期。

适用股东认缴出资加速到期仅限于以下情形:①公司破产;②公司解散清算;③《九民纪要》第6条规定的两种例外情形,即公司作为被执行人的案件,法院穷尽执行措施,无财产可供执行,已具备破产原因①,但不申请破产的,或者在公司债务产生后,公司股东会决议或以其他方式延长股东出资期限的。

3.责任形式及范围

股东认缴出资额属于公司的责任财产,是以公司对股东享有债权的形式体现的。债权人要求股东在尚未缴纳出资的范围内对外承担责任,实质上系请求执行股东尚未缴纳出资范围内的公司责任财产。

出资加速到期的股东对债权人承担的赔偿责任的性质是"补充责任""有限责任""一次性责任"。所谓"补充责任",是指债权人只有在公司不能清偿其债权时就不能清偿的部分请求股东承担赔偿责任。所谓"有限责任",是指股东向全体债权人承担赔偿责任的范围,以股东未履行出资义务的本金及利息为限。所谓"一次性责任",是指股东已经赔偿的总金额达到责任限额时,其他债权人不得再以相同事由向该股东提出赔偿请求。②

(二)理念守正:"出资未届期转让股权"超出现行司法解释之涵射范围

1."出资未届期"不等于《公司法解释三》第13条、第18条中规定的"未履行或者未全面履行出资义务"

(1)依据行为方式之不同,股东违反出资义务的行为表现为"未履行"和"未全面履行"出资义务两种形态。所谓"未履行出资义务",是指股东根本未出资,具体包括出资不能、拒绝出资、虚假出资、抽逃出资等;"未全面履行出资义务",是指股东仅履行了部分出资义务,包括"未完全履行"③和"不适当履行"④。可见,"未履行或者未全面履行出资义务"违反了公司资本维持原则,是一种出资违约行为,出资未届期并不在上述文义之涵摄范围内。

(2)根据最高人民法院对《公司法解释三》的条文释义,"未履行或者未全面履行出资义务"被界定为"瑕疵出资",可见"未履行或者未全面履行出资义务"旨在强调出资的违约性,而出资未届期并不能当然地被界定为瑕疵出资,文义上属于中性概念,故未届出资期限转让股权不等于"未履行或者未全面履行出资义务即转让股权"。

---

① 何谓"具备破产原因"?参见《企业破产法》第2条第1款规定。
② 参见何波:《公司注册资本认缴制带来的法律问题——公司纠纷诉讼的一个难点》,载《人民司法》2020年第8期。
③ "未完全履行"是指股东仅履行了部分出资义务,尚未足额出资,包括货币出资不足、出资的实物及工业产权等非货币出资价值显著低于公司章程规定的价额等。
④ "不适当履行"是指股东的出资时间、方式、手续不符合规定,具体包括迟延出资、瑕疵出资等。

（3）考察司法实践，2017年发布的《最高人民法院民二庭第七次法官会议纪要》规定，未届出资期限的股东即便未予以缴纳，似乎也难以构成未履行出资义务或未缴纳出资。① 2019年发布的《九民纪要》第6条亦明确了未届期股权转让不得认定认缴出资加速到期这一基本原则。

2. 未届出资期限转让股权不同于《变更、追加规定》第19条中的"未依法履行出资义务即转让股权"

该第19条将可追加为被执行人的股东限定为"未依法履行出资义务即转让股权"的股东，亦旨在强调出资的违约性。在符合该条规定的情形下，债权人享有程序选择权，除提起股东损害公司债权人利益责任纠纷外，还可在执行程序中直接申请追加被执行人。

(三)责任厘清：未届期股权转让后，各股东的对外责任承担

股东对债权人直接担责的特殊救济制度，源于股东严重违反出资义务导致公司资本"空心化"。认缴出资本质系股东对公司的债务，股权转让则是交易股东之间的法律关系。根据债的相对性原理，转让方和受让方签订的股权转让合同无法当然免除公司之债权。公司或者股东办理股权变更登记仅是对法定公示义务之履行，转让股权时无论出资期限是否届至，该行为并不能当然涤除股东对公司的出资义务。因此，对于出资未届期的股权转让，出资责任主体到底是转让股东还是受让股东，还需结合具体情况分析。

1. 关于转让股东的责任认定

（1）未届期股权转让发生于公司债务产生前，原股东对公司债务不承担出资"加速到期"的补充赔偿责任。

一般而言，资本认缴制既然已赋予股东出资宽展期，股东对出资期限享有期待利益，股东享有的转让股权的权利不因出资期限是否届至而有区别。股东转让其认缴出资对应的股权，若无证据证明该股权转让损害债权人利益，应认定股权转让有效。尤其当股权转让先于公司债务发生，因股权变更登记已对外公示，债权人对于原股东已转让股权或退出公司经营应为明知，对原股东并不产生期待和信赖利益。股权转让后产生的公司债务与原股东是否具有股东身份、是否实际出资并无关联性，若仍要求原股东担责，则剥夺了股权转让的自由，也显失公平。因此，股东在出资期限届满前转让股权，一般不构成瑕疵出资股权转让，特别是股权转让行为早于公司债务形成时间的，可认定公司债务与该转让股东无关联性。如债权人不能证明股权转让中存在双方恶意串通，或存在一方欺诈、

---

① 参见薛波：《论出资未届期股权转让后出资责任之主体》，载《学术论坛》2021年第4期。

故意隐瞒事实等情形,则转让股东对公司债务不承担出资加速到期的补充清偿责任。

(2)未届期股权转让发生于公司债务产生后,一般认定股转非善意,转让股东应承担出资加速到期的补充清偿责任。

对于《公司法解释三》第18条、《追加、变更规定》第19条有关"瑕疵出资股权转让"的理解,应从股权转让行为是否影响债权的实现、是否损害债权人的信赖利益的角度分析,综合股东认缴期限、公司债务产生时间、股权转让时间及价格、转让价款是否实际支付、转让方与受让方是否具有特殊身份(利益)关系、受让方是否有出资能力等方面进行考虑。认定股权转让非善意一般基于以下原因:

①根据股东对公司债权人的信义义务,债权人通过工商登记公示,取得对原股东的实力和信用的了解及信赖,并与公司发生交易。当公司财产不足以清偿债务时,股东不经债权人同意或在根本不通知债权人的情况下即将股权转让给第三人,导致债权人对原股东的信赖利益受损。该股权转让行为仅对股权转让双方及公司产生约束力,不能对抗基于股东特定身份和出资额度产生信赖利益的债权人。

②根据债务消灭理论,债务消灭的方式包括债务清偿、债务抵销、债务免除、债务提存、债务混同等。股东认缴出资取得股东地位后,有权查阅公司财务账簿、参与公司重大经营决策,其对于公司经营状况、负债情况、公司资产是否足以清偿债务应当明知或可预知。在认缴出资应该加速到期的情况下,若没有证据证明股东已通过特定方式清偿债务或债权人免除其债务的,股东的出资义务并不因股权转让而消灭。

③根据债的相对性原理,认缴出资本质系股东对公司的负债,股权转让则是交易股东之间的债权债务关系。① 公司或股东基于股权转让行为进行股权变更登记仅是在履行法定登记公示义务,但股权转让行为并不能当然涤除股东对公司所负的出资债务。②

④根据诚实信用原则,股东不得滥用其决策权、管理权、信息通畅等优势地位,转嫁经营风险,危及与公司正常交易的债权人的合法权益。股东在公司资产不足以清偿债务的情况下,将认缴出资进行转让,实际是利用认缴制和公司制度逃避出资加速到期义务,其行为可视为对其出资义务的预期违约,故其出资义务

---

① 参见陈瑜:《认缴制下公司股东出资义务加速到期制度的法律研究》,上海财经大学2020年硕士学位论文。

② 参见薛波:《论出资未届期股权转让后出资责任之主体》,载《学术论坛》2021年第4期。

应当加速到期,即加速至其转让股权之前。

实践中,适用该规则需要准确界定股权转让时间、公司债务产生时间。关于股权转让时间,存在签订股权转让协议、向受让人签发出资证明、在股东名册记载受让人、股权变更登记等多个时间点。从举证角度分析,股权变更登记具有对外公示效力且登记时间点相对固定,以此确定股权转让时间更具合理性、可操作性。关于公司债务产生的时间,应区分债务产生的原因,根据相关法律行为和法律事实综合确定债务产生的时间,不宜机械地以法律文书生效的时间作为债务产生的时间。只需确定债权人对债务人享有债务即可确定债务产生,不必以债权债务金额准确无误为要件。

2. 关于受让股东的责任认定

(1)受让人对转让股东未尽出资义务承担连带责任的法律逻辑。

承担责任的前提是负有义务。有限责任公司股权受让人在受让股权前应当审慎审查其受让的股权是否已实缴出资到位。为督促股东履行出资义务,确保公司资本充实,保护债权人利益,《公司法》对股东科以一项义务,即对其他股东履行出资义务的监督和担保责任。《公司法》第50条、《公司法解释三》第13条第3款规定,有限责任公司设立时的股东相互间就出资义务需要向公司及债权人承担连带责任。"举轻以明重",受让人在受让股权时,无论是考虑到对受让标的物的检验,还是为确保公司资本充实,就受让股权所对应的出资义务是否履行,应当具有较其他股东更高的注意义务。如受让人知道其前手未尽出资义务仍受让股权,其更应对转让股东未尽的出资义务承担连带责任。[①] 如存在多次股权转让,即受让人为多数时,债权人既可诉请知道或应当知道转让股东未尽出资义务的全部受让人承担连带责任,也可选择部分受让人承担连带责任。

(2)受让股东"知道或者应当知道"的认定。

实践中,判断受让人主观上是否"知道或者应当知道"需要考虑的因素一般包括:受让股东与转让股东各自的自然情况及相互间的关系、受让股权的原因、受让人是否支付了合理对价、转让股东未尽出资义务的具体情形等。受让人在其明知或应知转让股东的出资未到期、未实缴出资的情况下仍受让股权,应视为其同意概括承继转让股东的权利义务,同意承担在认缴期限内实缴出资的责任。

3. 关于发起人资本充实责任的认定

出资未届期股权转让后,发起人的责任分为两种情形:一是发起人即转让股东;二是发起人非转让股东。对于发起人非转让股东之情形,需按照《公司法》

---

① 参见邓建华:《抽逃出资股权转让的司法规制》,载《人民司法(案例)》2018年第35期。

第49条、第50条、第97条、第99条之规定承担出资违约责任和资本充实责任。

当转让股东与发起人身份重合时,仍有必要予以特殊规制。一方面,对于发起人的法律地位,我国《公司法》采两分说,即发起人的出资义务不仅是合同法之约定义务,亦是组织法之法定义务,无论股权转让合同有无约定,也无论公司章程、股东会决议作何约定,均不能涤除发起人未届期之出资义务。另一方面,基于发起人的特殊地位和身份,发起人一般享有比其他股东更多的权利,如获取报酬权、创立大会召集权等,往往能从设立公司获取更多的利益,故其在转让未届期股权后仍应在受让方未实缴出资范围内承担诚信出资担保责任,以保障公司债权人的交易安全。该责任属于法定责任、连带责任和无过错责任。

(责任编辑:李　鲲)

【疑案探讨】

名为保理实为借贷的认定标准
——某保理公司诉某机械装备有限公司、王某等合同纠纷案相关法律问题探讨

马 娇[*]

裁判要旨

1. 保理商将融资款发放给应收账款债务人,由应收账款债权人偿还融资款的交易模式不符合保理关系特征。

2. 应收账款债权的转让人在固定期间,按照固定利率向保理商偿还固定金额的本息,该交易模式符合金额固定、利率固定、期限固定的特征,构成借贷关系。

一、据以研究的案例

2019年5月23日,某保理公司(保理方、甲方)与某机械装备有限公司(保理申请人、乙方)、某公司(保理收款方、丙方)签署《商业保理服务合同》,约定:乙方作为购货方,向甲方申请办理有追索权的应收账款融资保理业务;甲方给予乙方的最高保理融资额度为300万元;每笔保理预付款的期限为3个月,年化总费率为18%。2019年11月21日,某机械装备有限公司出具《保理融资申请》,载明:因经营需要向贵公司申请保理融资金额250万元,用于向某公司采购。2019年11月25日,某保理公司向某机械装备有限公司转账2 387 350元,备注为保理款。某机械装备有限公司、某公司签署《债权转让协议》,载明:某机械装

---

[*] 马娇,北京市朝阳区人民法院民事审判三庭法官,中央民族大学法律(法学)硕士。

备有限公司与某保理公司签订了《商业保理服务合同》,将某公司因销售货物产生的全部应收账款转让给债权受让人某保理公司,债务由某机械装备有限公司在约定的还款期限内支付给债权受让人。之后,某机械装备有限公司未按约定还款,某公司、马甲、马乙、王某亦未承担保证责任,某保理公司诉至法院。

一审法院经审理认为,虽然某保理公司作为保理人,与作为保理申请人的某机械装备有限公司、作为保理收款方的某公司签署了《商业保理服务合同》,约定某机械装备有限公司向某保理公司申请办理有追索权的应收账款融资保理业务;同时,某机械装备有限公司与某公司签署《债权转让协议》,约定将应收账款转让给某保理公司,但是,上述交易安排并不符合保理合同的基本特征,主要理由是:首先,从合同内容来看,《商业保理服务合同》虽然约定某公司为保理收款方,但同时又约定保理款直接支付给某机械装备有限公司,并约定由某机械装备有限公司偿还保理款。其次,从合同履行来看,某保理公司直接将保理款支付给了债务人某机械装备有限公司。最后,从法律后果来看,《商业保理服务合同》约定为有追索权保理,某机械装备有限公司实际对某保理公司同时负有两项义务,一是保理款的偿还义务,二是应收账款的支付义务。由此可知,在债权人将应收账款转让给保理商后,保理商为债务人提供了资金融通,换言之,保理商为债务人提供的资金融通并不以应收账款的受让为依据。显而易见,该交易安排并不符合保理业务以应收账款转让为前提进行资金融通的基本特征。

关于某保理公司提出本案交易为反向保理一节,一审法院认为,反向保理指保理商与规模较大、资信较好的买方(债务人)达成协议,对为其供货、位于其供应链上的中小企业(债权人)提供保理业务。反向保理与正向保理的区别在于保理合同的申请人是债务人还是债权人,但提供资金融通的对象是相同的,即均为债权人。因此,某保理公司所称本案系反向保理业务的意见,与事实不符,一审法院未予采纳。

综上所述,一审法院认为,虽然某保理公司与某机械装备有限公司签署了《商业保理服务合同》,但完全不符合保理合同法律关系的特征,保理合同的内容应为双方虚假的意思表示。根据合同约定的某保理公司提供融资款、某机械装备有限公司到期还款并支付固定费用等内容,双方合同关系符合借款合同的特征,双方所发生的法律关系应认定为名为保理、实为借贷。

据此,一审法院判决:某机械装备有限公司向某保理公司偿还本金2 387 350元。宣判后,某机械装备有限公司不服一审判决,提起上诉。二审法院审理后判决:驳回上诉,维持原判。

二、相关法律问题探讨

在《民法典》颁布之前，保理作为一种交易手段，已经发挥着融资功能，但由于缺乏独立的案由，一直以合同纠纷的形态呈现在诉讼中。《民法典》将保理合同作为有名合同规定在合同编，自此保理有了明确的法律依据。

（一）"名为保理实为其他法律关系"的现状

笔者在中国裁判文书网检索到"名为保理"的363件裁判文书，其中认定"名为保理实为借贷""名为保理实为投资理财""名为保理实为票据结算"的共207件，占比约为57.02%，可见，实践中保理交易业务中存在"借保理之名行借贷或投资之实"的现象。认定相关保理业务不构成保理法律关系的理由主要有：应收账款的基础合同关系并不真实存在，应收账款未有效转让或债权转移并未发生，保理商牟取的是预先设定的固定收益而不实际承担买入应收账款的任何风险，未将应收账款作为第一还款来源，没有明确债权转让的具体标的，未来应收账款不具有合理可期待性、确定性及可转让性，保理合同约定内容、履行期限与基础债权债务的履行及期限不具有关联性。

而认定保理法律关系成立的案件，则应从构成要件出发予以认定，包括：保理商必须是依照国家规定、经过有关主管部门批准，可以开展保理业务的金融机构或者商业保理公司；保理法律关系应当以债权转让为前提，有真实有效的基础合同，债权存在可期待利益，应属可转让；保理商与债权人应当签订书面保理合同；保理商应当提供融资、销售分户账管理、应收账款催收、资信调查与评估、信用风险控制及坏账担保服务中的至少一项。

（二）保理交易"真假之辨"的"五面一体"分析法

保理与借款一样，具有融资交易功能，但作为两种不同的融资方式，借贷是直接的融资方式，保理则是以应收账款转让为工具的融资方式。保理法律关系涉及债权人、债务人及保理商三方主体，涵盖基础合同关系、债权转让及保理合同法律关系。因此，保理和借款在相关资质、存在基础及涉及的法律关系及主体方面均不同，需做体系化分析。

1. 主体资质要求不同

保理商必须是依照国家规定、经过有关主管部门批准可以开展保理业务的金融机构和商业保理公司。在借款法律关系中，短期拆借不要求相关资质，但是如以借款为业，需具备相关金融机构或贷款公司资质。

2. 存在的基础不同

保理法律关系以应收账款债权转让为基础，须通知应收账款的债务人，未经通知对债务人不发生应收债权转让的效力。借款法律关系则以借款出借为前提,不涉及通知问题。

3.涉及法律关系不同

保理法律关系中存在三层交易关系:一是应收账款的债权人与债务人之间的销售、买卖等债权债务关系;二是保理商与应收账款债权人之间的债权转让关系;三是应收账款债务人负有的对保理商的债务偿还义务。借款法律关系中,出借人完成出借义务,借款人负有借款偿还义务,仅存在借款出借及借款偿还关系。

4.融资款支付对象不同

保理法律关系中,作为债权转让对价,融资款支付给应收账款的债权人,须具备"债权转让+保理融资"的实质构成要件。而借款法律关系中,由出借人将款项支付给借款人。

5.还款义务人不同

保理法律关系中,接受保理融资款的收款人与偿还保理融资款的还款义务人是分离的,接受保理融资款的主体是应收账款债权的转让人,保理融资的第一还款来源是基础交易合同项下债务人对应收账款的支付,即还款义务人为应收账款的债务人。借款法律关系中,融资款的收款人与还款人指向一致,收款人为借款人,还款义务人也为借款人。

(三)拨开迷雾,"五面"探究本案真实的法律关系

笔者在中国裁判文书网检索某保理公司,共检索到 11 件裁判文书,涉及纠纷数 7 件,[①]除本案外的其他 6 例案件均将某保理公司主张的融资关系认定为保理法律关系。以某保理公司与某克公司等合同纠纷案为例,该案认为,某保理公司的营业范围包括保付代理,即依法取得了开展保理业务的资质,某保理公司代某克公司收取应收账款应视为应收账款的债权已经转让,某保理公司与某克公司签订了书面保理合同,某保理公司实际向某克公司支付了保理金额。某保理公司与某克公司之间的法律关系符合保理合同关系的特征,双方之间成立保理合同关系。

1.构成要件的"五面"解析

应收账款债权转让是保理法律关系的核心要义。本案与此前的 6 例案件具有高度相似性,保理商同为某保理公司,证据链中有保理融资合同、应收账款债权转让合同、债权转让及保理融资款支付凭证。就外观表征而言,本案在法律事实的小前提上,具备应收账款基础债权存在、债权发生转让、保理商支付相应融

---

① 除去二审及执行、保全等程序性文书。

资对价三方面构成要件。既然满足了保理成立的构成要件,此种交易结构是否当然构成保理法律关系?

第一,基础债权方面,《工业品买卖合同》载明某公司对某机械装备有限公司享有买卖铁路货车配件的债权,即在应收账款债权法律关系中,某公司为应收账款的债权人,某机械装备有限公司为债务人。

第二,基础债权转让方面,某公司、某机械装备有限公司共同签署了《债权转让协议》,约定将应收账款转让给某保理公司。逻辑层面,应收账款债权转让后,负有还款义务的主体应为应收账款的债务人,即某机械装备有限公司。

第三,保理融资关系方面,某机械装备有限公司与某保理公司签订了《商业保理服务合同》,即应收账款的债务人作为融资款申请人向保理商进行保理融资。而在正常的保理交易关系中,应收账款的债权人才有权利与保理商进行融资。

第四,保理融资款支付方面,保理商应将应收账款转让的对价支付给应收账款的债权人某公司,但某保理公司向应收账款的债务人某机械装备有限公司支付了融资款,某机械装备有限公司作为融资款的收款方,不符合保理融资的支付模式。

第五,保理融资款偿还方面,某机械装备有限公司是融资款的偿还义务主体。此前双方的交易模式均为某保理公司向某机械装备有限公司支付融资款,在固定期间内按照固定利率,某机械装备有限公司向某保理公司偿还固定金额的款项,融资款偿还并不依赖于应收账款转让,也不依赖于保理合同之外的当事人某公司,该交易模式符合借款金额固定、利率固定、期限固定的特征,故某保理公司与某机械装备有限公司之间的交易模式符合借款的本质。

显然,本案与某克公司案件的不同之处在于,本案的基础债权转让人为应收账款的债务人,而非应收账款的债权人。虽然某保理公司与某机械装备有限公司签订了保理合同,但是穿透种种交易结构,究其本质,无论在交易模式、权利归属,还是真实意思表示方面,双方之间均不构成保理法律关系。

2. 反向保理的"双重"审视

反向保理作为供应链金融项下最流行、应用最广泛的产品,[1]各地法院对反

---

[1] 参见钟美玲、李善良等:《基于供应链金融的商业反向保理模式研究》,载《上海管理科学》2017年第5期。

向保理的效力亦予以认可。① 反向保理,是指债务人作为保理业务的发起人或主导人,向保理商提出叙做保理业务并经债权人同意后,以债权人转让其应收账款为前提,由保理商为债权人提供融资、信用风险担保等服务的综合性金融服务。② 可见,反向保理不是一种具体产品或者合同名称,而是一种保理营销策略和思路。③ 一方面,在反向保理业务中,应收账款的债务人是保理业务的发起人,保理商看重的是债务人的信用;另一方面,保理商与债权人之间签订保理合同建立融资关系,并不改变保理中的应收账款债权、债权转让及保理服务三种结构关系。本案中,保理商与债务人之间建立融资关系,亦非反向保理。

(四)刺破保理面纱的"三步"裁判思路

《全国法院民商事审判工作会议纪要》强调穿透式审判思维,通过查明当事人的真实意思,探求真实法律关系。诉讼中,对以保理之名行其他法律关系的交易,如何穿透审理,审查交易本质、判定行为效力、平衡意思自治与行政监管,需要理顺以下三步。

第一步,是否存在通谋虚伪表示。一方面,审查保理商是否善意,在保理商尽到应收账款审查义务时,如应收账款的债权人与债务人虚构应收账款作为转让标的,则债务人不得以应收账款不存在为由对抗保理人,应收账款虚假不影响保理法律关系的成立。相反,在保理商明知应收账款虚假,或者保理商与应收账款的卖方达成"通谋虚伪意思表示"时,保理系虚假意思表示,应属无效,按照隐藏的借贷或其他法律关系处理。另一方面,审查保理合同关系是否以应收账款转让为前提、是否以应收账款债务人的还款为第一来源,在不依赖以应收账款转让为前提,债务人并非还款义务人的情况下,保理商与卖方之间不成立保理关系。

第二步,是否从事经常性放贷业务。《中国银保监会办公厅关于加强商业保理企业监督管理的通知》(银保监办发〔2019〕205号)第4条第1项、第4项规定,商业保理企业不得吸收或变相吸收公众存款、发放贷款或受托发放贷款。可见保理公司不得经营贷款业务,需要裁判者结合在案证据进行类案检索,根据交易频率、纠纷数量及交易惯例等,综合判断保理商是否以放贷为业。

第三步,确认综合意思自治、监管规定认定合同效力。在认定保理商与卖方

---

① 例如,《天津市高级人民法院关于审理保理合同纠纷案件若干问题的审判委员会纪要(一)》第3条规定:"保理合同是真实意思表示,内容合法,不违反我国法律、行政法规强制性规定的,应认定为有效。保理合同属于反向保理且符合前款规定的,应认定为有效。"

② 参见李阿侠:《保理合同原理与裁判精要》,人民法院出版社2020年版,第145页。

③ 参见李宇:《保理合同立法论》,载《法学》2019年第12期。

之间构成借贷关系时,不可避免地需要审查借贷行为的效力。一方面,需要判断保理商是否以借贷为业,未经批准的职业放贷行为违反效力性规定,应属无效。另一方面,《民法典》颁布之后,需要重新审视合同效力的规定,应严格按照《民法典》第143条、第146条、第153条、第154条的规定,审查是否存在恶意串通损害他人利益或违反公序良俗的情形,综合认定借贷行为的效力。

(五)本案的启示

实践中,不乏以保理合同之名包裹的其他交易,如何穿透复杂的交易结构审查真实的交易本质,判断真实的法律关系,是此类纠纷的审理难点。本案生效前,对保理法律关系构成要件的认定多停留在外观三方面要件上,一为是否存在真实有效的基础债权,二为是否发生应收账款债权的转让,三为是否提供保理服务。较少对应收账款转让的主体是否为债务人、保理融资款的申请人能否为债务人,以及如何认定保理融资的还款义务人进行体系化考量。

保理与借贷业务分属不同的监管部门。本文认为,本案为典型的"名为保理实为借贷"的交易模式。外观上,该种交易模式既有应收账款债权的存在,也发生了应收账款债权的转让以及保理商支付融资款的事实,保理法律关系的三层交易结构都实际存在,但是仅凭外观显示的三种交易关系,还不足以认定双方之间的真实法律关系,仍需穿透审理,剥开层层交易结构,探究各方真实意图。除审查保理合同的构成要件,判断是否存在应收账款债权转让外,还需审查应收账款债权的债权人与转让人是否为同一主体,保理融资的收款主体与还款义务人是否分离,从而判断保理融资是否依赖于应收账款转让,探究当事人真实的意思表示,判断交易本质为保理还是借款。

(责任编辑:原　静)

父母为未婚成年子女购置房屋出资法律定性研究
——刘某甲、朱某与刘某乙民间借贷纠纷案相关法律问题探讨

李秀文[*]

裁判要旨

大额财物口头赠与的举证证明标准高于民间借贷的举证标准,父母提供转账凭证后完成民间借贷初步举证责任,子女主张系赠与的,提交的证据应达到排除合理怀疑的程度。从公序良俗和社会主义核心价值观角度出发,不宜将父母为子女大额购房出资理所当然地认定为赠与,避免子女因为父母的帮助获得较大收益,而使父母陷于经济困境,造成双方利益严重失衡。

一、据以研究的案例

2014年8月23日,刘某甲代表刘某乙作为房屋买受人与出卖人任某签订《房屋买卖业务签约文件合订本》《房屋交易保障服务合同》,主要约定如下内容:"出卖人为任某,买受人为刘某乙,刘某乙的委托代理人为刘某甲;出卖人所售房屋为某101号房屋。"上述文件中所有买受人处均签名为"刘某甲代刘某乙"字样,刘某乙并不在场,尚在学校就读。2014年11月25日,刘某乙、刘某甲作为借款人与中国建设银行股份有限公司北京顺义支行签订《个人住房(商业用房)借款合同》并进行公证。上述合同约定借款本金为95万元,借款期限为240个月。

---

[*] 李秀文,北京市顺义区人民法院民事审判一庭副庭长,中国政法大学法律硕士。

刘某甲、朱某一方支付了某101号房屋的首付款122万元及起诉当月之前的按揭贷款共计40余万元。某101号房屋由刘某甲和其母亲蔺某现场查看、选房并最终决定购买。为支付某101号房屋的首付款，刘某甲将登记在其名下的其他房屋出售。房屋购买后，由刘某甲按照其母亲蔺某及父亲刘某丙的要求进行装修，并由蔺某、刘某丙和刘某乙共同居住。刘某乙主张某101号房屋出资系刘某甲、朱某赠与，双方不存在借贷的合意。

刘某甲曾以合同纠纷为由将刘某乙诉至法院，主张系借名买房，要求判令某101号房屋归其所有。该案中，刘某乙否认借名买房，辩称涉诉房屋系刘某甲买来赠与刘某乙作为婚房，并且涉诉房屋也是由刘某乙实际居住，双方不具有借名买房的合意。法院经审理认为，刘某甲未能提供充分证据证明其与刘某乙存在借名买房协议，亦不能证明刘某甲与刘某乙之间存有借名登记的约定及合意，并且刘某乙也一直在该涉案房屋中实际居住，判决驳回了刘某甲的诉讼请求。该案判决已生效。

本案一审法院经审理认为，《民法典》第657条规定："赠与合同是赠与人将自己的财产无偿给予受赠人，受赠人表示接受赠与的合同。"赠与合同具有单务性、无偿性，不要求相对人给付对价。对于大额财物的给付，在缺乏书面赠与合同的前提下，一旦认定属于口头赠与，当事人的利益往往发生显著失衡的效果，故在司法程序中应当慎重认定。正因如此，司法解释对口头赠与中举证证明的标准提出了更高的要求，《最高人民法院关于适用〈中华人民共和国民事诉讼法〉的解释》（以下简称《民事诉讼法解释》）（2020年）第109条①规定："当事人对欺诈、胁迫、恶意串通事实的证明，以及对口头遗嘱或者赠与事实的证明，人民法院确信该待证事实存在的可能性能够排除合理怀疑的，应当认定该事实存在。"表明对于赠与事实的认定标准高于一般事实"具有高度可能性的标准"。对于民间借贷而言，《最高人民法院关于审理民间借贷案件适用法律若干问题的规定》（以下简称《民间借贷案件规定》）第16条规定："原告仅依据金融机构的转账凭证提起民间借贷诉讼，被告抗辩转账系偿还双方之前借款或者其他债务的，被告应当对其主张提供证据证明。被告提供相应证据证明其主张后，原告仍应就借贷关系的成立承担举证责任。"由此可见，《民间借贷案件规定》对民间借贷设定了较低的证明标准，只要有资金融通的转账凭证就应当认定原告尽到了初步的证明责任，转而由被告对所抗辩的其他债务关系进行举证，在被告能够证明后原告才应当继续承担证明责任。本案中，衡量双方提供的证据，刘某甲、

---

① 现行2022年修正的《民事诉讼法解释》对该条规定未做调整。

朱某有明确的转账凭证证明涉诉款项确实用于购买某 101 号房屋及偿还房屋贷款,某 101 号房屋登记在刘某乙名下且已经有生效判决否认刘某甲对某 101 号房屋享有所有权,而由刘某乙享有某 101 号房屋的权利。《民事诉讼法解释》对刘某乙主张的口头赠与提出了证明要达到能够排除合理怀疑的要求,但刘某乙并未提供能够充分体现赠与关系的证据,刘某乙对赠与的证明无法达到让法院排除合理怀疑的程度。另外,结合某 101 号房屋购买的过程以及当时刘某乙在学校就读的实际情况,并通过听取各方当事人及证人对于购房目的、购房登记人员名称选择等方面的陈述性意见,法院亦无法得出本案系赠与大额财产、购买房屋用作刘某乙婚房的推断。此外,从公序良俗角度考虑,不宜将父母出资一般认定为理所当然的赠与,敬老慈幼为人伦之本,也应为法律所倡导。在父母出资时未明确表示出资系赠与的情况下,应认定购房出资款系对子女的临时性资金出借,子女理应负有偿还义务,如此可保障父母自身权益,避免父母陷于经济困境,此亦为敬老之应有道义。本案中,刘某甲、朱某一方支付了购买某 101 号房屋的前期所有款项,并一直偿还贷款至双方发生争议之时,法院认为,在刘某乙否认某 101 号房屋为借名购买,并主张房屋权益归其所有且法院对于其主张的赠与不予认可的情况下,对于刘某甲、朱某一方的出资,刘某乙应当予以偿还。综上所述,对于刘某甲、朱某一方要求刘某乙偿还某 101 号房屋首付款 122 万元及已偿还按揭贷款 460 200 元的诉讼请求,一审法院予以支持。

关于利息,双方并未约定利息且未约定还款时间,根据法律规定,刘某甲、朱某一方有权要求刘某乙在合理期限内返还。现刘某甲、朱某一方未提交其在起诉之前催款的相关证据,因此,法院认为应以起诉材料送达刘某乙时(2021 年 7 月 14 日)视为刘某甲、朱某一方向刘某乙进行了还款催告,结合还款金额,法院酌定还款期限为催告后 90 日内,超过还款期限未偿还借款视为逾期。故法院对刘某甲、朱某一方主张的利息起算时间不予支持,同时认定以 2021 年 10 月 13 日作为利息起算时间。另外,刘某甲、朱某一方主张的利息标准超过法律规定,法院予以调整。

一审法院判决:(1)刘某乙于判决生效之日起 30 日内偿还刘某甲、朱某 1 680 200 元及逾期利息(以 1 680 200 元为基数,按照年利率 3.85% 的标准,自 2021 年 10 月 13 日起计算至实际给付之日止);(2)驳回刘某甲、朱某的其他诉讼请求。

之后,刘某乙提出上诉。二审法院判决驳回了刘某乙的上诉,维持原判。

二、相关法律问题探讨

近年来,由于房价高涨,子女购房财力有限,往往需要父母的资助,而很多父母也是为此倾尽大半生积蓄。我国尚未有对父母出资为未婚子女购房性质认定的专门法律规定,《最高人民法院关于适用〈中华人民共和国民法典〉婚姻家庭编的解释(一)》(以下简称《民法典婚姻家庭编解释(一)》)第 29 条以及《民事诉讼法解释》第 109 条被视为处理父母出资问题的主要依据。基于父母子女间的密切人身关系和中国传统家庭文化的影响,极少存在出资时就以书面形式明确约定父母出资款项性质和双方权利义务的情形。子女与父母关系恶化后,经常会就父母出资的性质与归属产生争议。此类案件既涉及法律的理解与适用,又涉及举证责任分配,还涉及公序良俗和利益衡量,而司法裁判尺度尚未达到完全统一,父母出资的性质被认定为赠与的和被认定为借贷的均有大量案件。①

(一)司法实践对于认定为赠与还是借贷存在分歧

因家事案件不同于其他民事案件,其中包含复杂的人身关系属性,貌似"同类案件"的背后存在众多事实因素差异,司法审判很难在家事审判领域做到完全统一。

笔者以"父母出资""民间借贷""赠与"为关键词在中国裁判文书网进行检索,共搜集到 3824 篇文书样本,通过对这些一审、二审文书进行详细分析,笔者发现,支持父母诉讼请求,认定父母出资为借贷的判决共 2492 份;驳回父母的诉讼请求,认定为赠与的判决共 1332 份。

有一种观点认为,父母出资应当认定不构成借贷,属于赠与行为。主要原因有如下三点:(1)民间借贷需要有双方合意,出借人应对双方存在借贷合意进行举证,没有借条无法证明借贷关系的成立;(2)根据《民法典婚姻家庭编解释(一)》第 29 条的立法目的,在没有相反证据的情况下,应将父母为子女购房的出资认定为赠与,在子女结婚前认定为对子女一方的赠与;(3)从我国现实国情看,子女大多缺乏经济能力,无力自负买房费用,而父母基于对子女的亲情,往往自愿出资为子女购买房屋。大多数父母出资的目的是解决或改善子女的居住条件,希望子女的生活更加幸福,而不是日后要回该笔出资,这也与一般人的日常生活经验感知一致。

还有一种观点认为,父母的出资应当认定为借贷,子女应当偿还。主要原因有如下三点:(1)根据《民间借贷案件规定》第 16 条的规定,原告提供金融机构的转账凭证已经完成初步举证,被告应举证证明口头赠与事实的存在,被告不能举证的,应当驳回被告的主张;(2)《民法典婚姻家庭编解释(一)》第 29 条关于

---

① 父母为子女出资购房主要分为父母在子女婚前出资购房及在子女婚后为其出资购房两种情形,本文以父母为未婚成年子女出资购置房屋,并且不涉及子女的婚姻及夫妻共同财产分割问题的情形为研究对象。

父母为子女出资购置房屋归属的规定,适用前提是该出资已经被认定为赠与,解决的是赠与一方还是赠与双方的问题,但父母出资并非必然就应定性为赠与,父母子女之间的款项往来可以基于赠与,也可以基于借贷,在父母出资之时或之后未明确表示出资系赠与的情况下,不能适用上述规定;(3)虽然父母出资为子女购置房屋的情况在我国各地时常发生,但是父母并无抚养成年子女的法定义务,成年子女要求父母继续在经济上进行大额帮扶,是法律和道德不能支持的。

(二)追根溯源:司法裁判差异之原因探究

我们看到的现象是父母为未婚子女购置房屋部分出资,在双方对出资约定不明时,司法裁判出现了差异,对造成上述差异的深层次原因进行分析,主要是因为法律规定与我国传统文化相脱节、司法适用脱离了制定者的解释。

1. 法律规定的"明确表示"不符合中国父母的行为方式

《民法典婚姻家庭编解释(一)》第 29 条延续了《最高人民法院关于适用〈中华人民共和国婚姻法〉若干问题的解释(二)》(已失效)第 22 条第 1 款"当事人结婚前,父母为双方购置房屋出资的,该出资应当认定为对自己子女的个人赠与,但父母明确表示赠与双方的除外"的规定。立法应当与本国的传统文化、习惯风俗相适应。在我国传统家庭观念及文化的熏陶下,为减少家庭矛盾、维护家庭和谐及亲人之间的感情等,父母在进行一定行为时相对内敛保守,要求父母在出资时明确出资性质,尤其是撰写书面文件,不符合中国传统。这就大大增加了日后发生纠纷时案件事实难以认定的风险。

2. 司法适用的解释与制定者的本意相脱节

法律一旦生成,就脱离了立法者的控制。每个法官都在他的能力限度内进行立法。①《民法典婚姻家庭编解释(一)》第 29 条在司法适用中,出现了不同于"立法者"的解释。有的法官认为,对上述规定的适用前提是父母的出资已经被认定为赠与,解决的是子女婚后该赠与的对象是子女一方,还是子女与其配偶双方,并没有将父母出资直接认定为赠与性质。有的法官则认为,上述规定的目的就是明确父母出资的定性问题,不存在其他适用前提。在上述规定的司法适用过程中,立法者的价值判断被裁者的价值判断取代,出现了司法解释的"不同解释"。

(三)路径探索:父母为未婚成年子女购房出资定性的考量进式

实践中,对父母为未婚成年子女购房出资的性质是借贷还是赠与,各方可能存在争议,在此情况下,应当将法律关系的性质作为争议焦点进行审理,根据查

---

① 参见[美]本杰明·卡多佐:《司法过程的性质》,苏力译,商务印书馆 1998 年版,第 63 页。

明的案件事实,准确认定双方的法律关系是借款还是赠与,不能仅依据《民法典婚姻家庭编解释(一)》第 29 条当然地认为是赠与法律关系。① 就父母出资性质认定的案件而言,笔者认为,应从以下几个方面把握。

1. 意思自治:尊重双方真实意思表示

双方的意思表示,一般应发生在出资的当时或在出资后进行追认,表现形式可以是书面文件,也可以是短信、微信、电话、邮件等。若没有证明借贷关系成立的直接证据即借条或者其他借贷文件,就需要结合我国父母子女之间基于密切的人身财产关系,父母出资时很少留下证据证明出资性质的现实情况,按照出资时父母的经济能力、子女是否有购房需要、房屋购买后的居住情况等父母出资过程中及出资后的相关外观行为,综合判断父母的真实意思表示,避免单纯以父母与子女之间关系恶化后双方主观的意思表示作为认定依据。就本案而言,首先,在购买涉诉房屋时,刘某乙尚在校就读,不存在立即购房的现实需要,因此,刘某甲及朱某也没有赠与的必要,并且结合证人刘某丙、蔺某及中介人员的陈述,涉诉房屋系刘某甲为方便父母生活需要而购买具有高度盖然性。其次,涉诉房屋购买后,由刘某甲出资按照父母的意见进行装修,由刘某甲父母与刘某乙一同居住,更加可以印证涉诉房屋并非为解决刘某乙的需要购买。最后,从购买涉诉房屋款项来源看,刘某甲将其他房屋售卖后,获得购买涉诉房屋的首付款项,其并不具备赠与刘某乙购房款项的经济能力。综上所述,从购买房屋的具体过程及房屋购买后的装修、居住情况以及刘某乙当时尚在学校就读并无购买房屋需要的实际情况,并不能推断出刘某甲、朱某系为了刘某乙的实际需要购买房屋并赠与刘某乙。

2. 举证责任:父母主张借款承担有限举证责任,子女主张赠与应适用更高的证明标准

父母为子女出资购房款项系借款还是赠与,是一个法律关系的判断问题,但首先是一个事实认定问题。而对于事实的认定,又涉及举证责任分配。在现实生活中,基于父母子女间密切的人身财产关系和特有的中国传统家庭文化的影响,父母对子女的借贷往往没有借条,父母对子女的赠与也往往没有明确的表示,基于此,应严格执行"谁主张,谁举证"原则。根据《民法典》第 657 条的相关规定,赠与合同具有单务性、无偿性,在父母出资购买房屋的案件中,出资数额通常比较巨大,而对于大额财物的给付,在缺乏书面赠与合同的前提下,一旦认定

---

① 参见刘敏等:《最高人民法院关于适用〈中华人民共和国民法典〉婚姻家庭编的解释(一)若干重点问题的理解与适用》,载最高人民法院民事审判第一庭编:《民事审判指导与参考》总第 85 辑,人民法院出版社 2021 年版。

属于口头赠与,当事人的利益往往发生显著失衡的效果,故在司法程序上应当慎重认定。正因如此,司法解释对口头赠与中举证证明的标准提出了更高的要求,《民事诉讼法解释》第109条规定:"当事人对欺诈、胁迫、恶意串通事实的证明,以及对口头遗嘱或者赠与事实的证明,人民法院确信该待证事实存在的可能性能够排除合理怀疑的,应当认定该事实存在。"表明对于赠与事实的认定高于一般事实"具有高度可能性的标准"。而对于民间借贷而言,《民间借贷案件规定》第16条规定:"原告仅依据金融机构的转账凭证提起民间借贷诉讼,被告抗辩转账系偿还双方之前借款或者其他债务的,被告应当对其主张提供证据证明。被告提供相应证据证明其主张后,原告仍应就借贷关系的成立承担举证责任。"由此可见,《民间借贷案件规定》对民间借贷设定了较低的证明标准,只要有资金融通的转账凭证就应当认定原告尽到了初步的证明责任,转而由被告对所抗辩的其他债务关系进行举证,在被告能够证明后原告才应当继续承担证明责任。根据上述规定,民间借贷的举证分为三个阶段:第一阶段,原告提供转账的证据;第二阶段,被告对其抗辩举证;第三阶段,如被告抗辩成功,则原告继续举证,如被告抗辩不成功,则无须进入第三阶段的举证。就父母主张借贷的情况而言,父母只要提供了转款(款项交付)的证据,就已完成了其应负的第一阶段的举证责任;子女抗辩系赠与,需提供赠与的证据;如子女抗辩未成功,父母则无须继续举证,其借款的主张即应认定。本案中,刘某甲与朱某提供的证据可以证明涉诉房屋的首付款、贷款及物业费、水电费均由其二人支付,而根据一审法院查明的情况,刘某乙的举证并未达到足以使法院相信存在口头赠与的程度,因此,对于刘某乙主张的赠与辩解,法院不予采信。

3.利益衡量:父母出资权益和子女财产所有人权益的平衡保护

利益衡量的实质是一种法院判案的思考方法。利益衡量方法,实际上是先有结论后找法律条文根据,以便使结论正当化或合理化,追求的是让法律条文为结论服务,而不是从法律条文中引出结论。法院的最后判决依据的不是法律条文,而是利益衡量初步结论和找到的经过解释的法律条文。[①] 给予子女的经济帮助,除父母有明确的赠与意思表示外,视为以帮助为目的的临时性资金出借为宜,子女理应负有偿还的义务,如此可保障父母自身权益,避免子女因父母的付出获得大额财产,而父母却陷于经济困境,使双方利益出现严重失衡,亦为敬老之应有道义。本案中,刘某乙已经享受了房屋所有权益,而刘某甲、朱某在卖掉房屋的情况下承担了房屋的首付款及按揭贷款,如果将二人的出资推定为赠与,

---

① 参见梁上上:《利益的层次结构与利益衡量的展开——兼评加藤一郎的利益衡量论》,载《法学研究》2002年第1期。

双方利益存在重大失衡,有违公平合理之原则。

4.社会主义核心价值观:争议处理的最终检验标准

家庭纠纷的处理是一门深奥复杂的学问,法官会面临公序良俗的抉择和价值取向判断的问题。在法律法规不能包罗所有纠纷处理,司法实践尚不能达成完全统一的情况下,社会主义核心价值观成为处理结果的最高也是最终检验标准。受高房价影响,子女在初入社会时经济条件有限,往往需要父母的帮助才能购得房产,父母给予成年子女的经济帮助在现实生活中较为普遍且多数并未明确是借款还是赠与。正因为如此,很多人将父母的经济帮助理所当然地理解为是父母对子女应尽义务的延伸。但对于成年子女,父母并没有抚养的法定义务,父母作为独立的民事主体对个人财产享有处分权,是否资助子女由其自由决定。父母给予子女的经济帮助,不宜理所当然地认定为赠与,否则,无疑在社会上鼓励"啃老"的行为及坐享其成的思想,这与当前主流道德和社会主义核心价值观不符。

(责任编辑:何　琴)

劳动者疏忽大意与用人单位行使即时解除权的考量与审思
——某某汽车服务中心诉赵某劳动争议案相关法律问题探讨

李 曦[*] 刘 莉[**]

裁判要旨

用人单位以劳动者存在疏忽大意构成严重失职为由行使即时解除权时应考虑劳动者的必要注意义务，不应"一刀切"，既需结合劳动者的工作经历、工作时间、从业经验、工作内容，用人单位对于岗位的实际要求、操作流程、行业规范等综合判断，也需考量劳动者的行为给用人单位造成的经济损失、名誉影响和行业口碑损害程度等。如劳动者确因疏忽大意，未尽到必要的注意义务，可认定为严重失职；给用人单位造成重大损失的，用人单位以此为由解除劳动关系，不应认定为违法解除。

一、据以研究的案例

赵某于2006年5月20日入职某某汽车服务中心，岗位为安检车间上线员，工作内容是对不合格的车辆进行复检，复检内容包括刹车和尾气。2015年3月1日，双方签订无固定期限劳动合同。2020年10月23日，某某汽车服务中心向赵某送达了解除劳动合同通知书，理由是赵某严重失职，具体是指2020年1月2日、1月3日、1月4日某某汽车服务中心对牌号为京PK××××的某车辆（以下简

---

[*] 李曦，北京市西城区人民法院民事审判四庭副庭长，中国人民公安大学法律硕士。
[**] 刘莉，北京市西城区人民法院民事审判四庭法官助理，中央民族大学法学硕士。

称京PK某车辆)进行了五次尾气检查,前四次都不合格,2020年1月4日由赵某对该车辆的尾气排放进行复检,赵某出具了尾气复检的说明给某某汽车服务中心,某某汽车服务中心为车主发放了尾气复检合格证,因此事,某某汽车服务中心受到北京市某区生态环境局的处罚,对该中心的生产经营产生了重大不利影响。2020年10月26日,某某汽车服务中心通知赵某解除劳动合同。赵某认为,其只负责尾气的检测,该车辆从外观上看与之前没有较大的差异,其是看到前几道流程的人员签字,确认合格之后,才启动其负责的尾气检测环节,赵某只对其负责的环节承担相应的责任。某某汽车服务中心在解除劳动合同通知书中提到赵某的行为为该中心造成了一定的经济损失,并产生恶劣的影响和名义上的损失,就此提交了《行政处罚事先告知书》《责令改正违法行为决定书》《北京市某区生态环境局行政处罚决定书》,三份文件上记载,根据现场检查笔录、违法事实照片、调查询问笔录等证据综合判定,该中心在检测涉案车辆时,未按照规定对车辆的一致性进行核查。据此要求某某汽车服务中心限期整改,并处罚款5000元整。赵某主张某某汽车服务中心未提交证据证明该损失的发生与赵某的行为之间有必然的关联关系,因此某某汽车服务中心作出的解除决定缺乏事实和法律依据,赵某要求某某汽车服务中心支付违法解除劳动合同赔偿金。

  法院向某区生态环境局调取了行政处罚案件卷宗。调查询问笔录和检查笔录显示,被告陈述,其负责涉案车辆的复检工作,在复检过程中其通过视频和照片看车辆外观确实与之前不一致,当时可能因为工作疏忽了,可能快下班了,没有核实车辆一致性。《北京市机动车环保检测管理办法》《北京市机动车排放检验管理规范》均要求检测人员需核实车辆一致性。

  法院经审理认为,劳动者应当完成劳动任务,提高职业技能,执行劳动安全卫生规程,遵守劳动纪律和职业道德。关于劳动合同解除一事,某某汽车服务中心以赵某在工作中未按操作规程进行复检,严重失职造成中心经济损失及名誉损失为由通知被告解除劳动合同,被告于2020年10月30日签收了解除劳动合同通知书。赵某在某某汽车服务中心担任安检车间检测员,2020年1月3日、1月4日,赵某复检京PK某车辆,在第五次尾气检测时未核实车辆一致性,导致检测时未核查出车主将车牌挂在另外一辆车上,致使京PK某车辆被检测合格。北京市某区生态环境局在专项筛查中发现后,对该中心作出责令停止违法行为,限期改正,处罚5000元的处罚决定。赵某负责的尾气检测属于排放检测环节,根据证据以及行业操作流程规定,在排放检测环节,排放检验员在每一次检测前需核查车牌号、车架号,确保一致性。赵某在现场检查笔录中认可自己在第五次复检中存在工作疏忽,未核实车辆一致性,致使该车辆被检合格,使得该中心因此受到行政处罚。赵某从事该工作已十余年,具有丰富的从业经验,对汽车尾气检查流程应当知晓且负有注意义务，对于反复多次未通过检测的车辆更应提高注意义务。严格遵循流程、规范工作程序也是劳动者从业应遵循的劳动纪律和基本要求。赵某因工作疏忽将尾气排放不符合标准的车辆审核通过，违反了行业规定，某某汽车服务中心因此受到相关行政机关的处罚，对该中心在经济和名誉上都造成一定影响。某某汽车服务中心以此为由解除与赵某的劳动合同，并无不妥。据此，法院依照《劳动合同法》第39条的规定，判决某某汽车服务中心无须支付赵某违法解除劳动合同赔偿金。

二、相关法律问题探讨

劳动关系是社会关系中最为重要、最为基本的构成元素，劳动关系是否稳定，不仅关系劳动者和用人单位的利益，更关系国家发展与社会和谐。劳动合同的解除是劳动关系终止的符号，事关劳资双方的利益，对劳动者而言，享有劳动合同解除权意味着生存权的保障、发展权的实现以及择业自由的落实；对于用人单位而言，享有劳动合同解除权意味着自主经营权的体现、人力资源的合理配置以及企业利润最大化目标的实现。劳动者在人身、经济和管理上对用人单位具有从属性和依赖性，劳资双方的诉讼能力悬殊，劳动法的倾斜性保护原则在解除权上体现为"辞职权自由"与"解雇权限制"。

（一）用人单位即时解除权适用与限制

1. 即时解除权的特点和分类

劳动合同的解除，是指劳动者与用人单位根据意思自治原则建立劳动关系后，在劳动合同尚未履行届满前，因为各种因素导致双方提前解除劳动合同的行为。它可能发生在劳动关系存续期间的任何一个时间节点，一旦发生，将影响劳资双方对合同的可期待利益，是引发劳资双方纠纷的源头和基础。实务中，90%的劳资纠纷类案件涉及劳动合同的解除问题，其中，一半以上又涉及用人单位对即时解除权的行使。

我国法律赋予劳动合同双方当事人即时解除权。即时解除权是劳动合同一方当事人在法定条件下行使的一种特殊权利，属于形成权，具有以下四个特点：（1）单方性，行使主体为劳动合同一方当事人，行使该项权利是劳动合同一方当事人的单方法律行为。（2）即时性，一方当事人满足可以行使即时解除权的法定条件时，无须向对方预告，通知到达对方时即可解除双方之间的劳动关系。（3）条件法定性，法律对劳动合同即时解除权的行使条件给予了较为严格的规定，除在相关法律条文中明确列举出的可以行使即时解除权的几种情形外，双方当事人不得再另行约定其他种类的适用情形。（4）意思自治性，即时解除权的行使与否，以无过错方当事人是否告知对方要求解除劳动关系为标准。法律将行使劳动合同即时解除权的决定权给予无过错方当事人,让其根据自身情况及现实需要自主作出决定,充分体现了劳动合同即时解除权的意思自治。

劳动合同即时解除权,以行使权利的主体不同可分为劳动者即时解除权和用人单位即时解除权两种。当用人单位存在的过错达到法定条件时,劳动者便可以依法行使该项权利以解除与用人单位之间的劳动关系,这是我国法律对劳动者合法权益的保障。但是法律同时保护用人单位的正当利益,当劳动者的过错行为达到用人单位能够行使即时解除权的法定条件时,用人单位能够依法行使法律赋予的这项权利,这可以有效避免因劳动者故意或重大过失而使用人单位的合法生产经营权益遭受更为惨重的损失。

2. 用人单位行使即时解除权的正当性尺度

《劳动法》第25条规定了用人单位不必依法提前预告而立即解除劳动合同的四种情形,《劳动合同法》第39条在此基础上增加了两种情形,使过失性解除劳动合同的情形扩大到了六种,其中本案涉及对"严重失职,营私舞弊,给用人单位造成重大损害的"的认定。劳动者坚守工作岗位,尽心尽责地劳动,按照劳动合同的约定完成工作任务,是劳动合同的实质所在。若劳动者擅离岗位,工作上玩忽职守、损公肥私,给用人单位在经济上造成重大损失,用人单位有权解除劳动合同。但是,在此类案件中,各地法院在认定劳动者是否符合"严重失职"、构成"重大损害"的标准上存在差异,对于是否审查以及判定劳动者过错行为的严重程度认知不一,特别是在劳动者过错行为严重程度的认定依据和认定标准方面,对于哪些因素应当被列入司法审查的考量范围,以及司法认定应遵循何种原则、采取何种方法均存在差异。同样的案件,司法裁判者对严重程度的尺度把握不同,裁判结果亦截然不同。在以往的审判实践中,从平衡双方权益的角度出发,一般从以下几个因素衡量正当性尺度:(1)规章制度是否经过合法程序并公示告知;(2)劳动者违反纪律的行为是否在规章制度中有明确规定;(3)规章制度中对劳动者所犯的违纪行为处罚是否得当;(4)劳动者是否屡教不改;(5)劳动者是否有主观故意;等等。其中,将劳动者主观过错作为判断因素之一,是由劳动关系的特殊属性及劳动者的忠实义务决定的。劳动者是否有主观故意、主观恶意程度的大小,通常通过劳动者违反规章制度的次数、一贯工作表现、行为发生后的悔改程度、是否采取了补救措施等表现进行认定,主观的恶性越强表明劳动者行为的可归责性越大。

3. 疏忽大意与主观故意在"严重失职"认定中的冲突

疏忽大意造成工作中的过失,主要有三个判定条件:一是应当预见,即在实施行为时有能力和有义务预见。二是没有预见,即在实施行为时,没有预见行为可能发生的后果。三是结果的发生与行为人的意志是违背的,行为人不存在心理动机和目的,这也是与主观故意最显著的区别。本案中,对于劳动者是否存在主观故意,法院根据现场录像、相关行政部门提供的谈话记录和劳动者书写的悔过书,可以大致还原事发当日的情况:临近下班,劳动者仅看到车辆外观一致、悬挂的牌照一致,因着急下班没有核验车辆一致性。结合行政机关的调查,未发现劳动者有与其他检测机构或其他人员串通等不法行为。如上文所述,即时解除权的行使有明确的适用情形,法律并未明确将疏忽大意作为即时解除权的法定情形之一,用人单位是否可以据此解除劳动合同?笔者认为,正如劳动者具有主观故意也不等于用人单位一概可以行使即时解除权一样,劳动者主观不存在过错也不代表其不应承担责任,在疏忽大意造成损失的案件中,劳动者应当预见危害后果而没有预见,导致损害结果发生,或者应当避免但是没有采取手段或没有采取有效手段避免结果的发生这一客观事实,就是劳动者应承担责任的基础。同时,劳动者在工作中应具有高度的责任心和足够慎重的态度,这也是《劳动法》第3条规定的完成工作任务、遵守劳动纪律和职业道德的应有之义。如果劳动者在工作中实施某种行为具有高度的责任心和足够审慎的态度,就不存在其认识不到可能发生损害用人单位利益或扰乱行业秩序的情况的结果;如果其对职业具有敬畏之心,就不会认识到了危害情形还掉以轻心,抱有能够避免的侥幸心理,所以这是疏忽大意的心理态度的核心。但是,如果依此要求每个劳动者都时刻保持高度的责任心和足够的谨慎态度,将严重约束劳动者的自由,增加劳动者的心理负担;如果对疏忽大意不加以约束和惩戒,又不利于企业的管理和生产效率,阻碍企业和劳动者的长远发展。如何在两者之间寻找平衡,需要引入劳动者必要注意义务的概念。

(二)劳动者必要注意义务概念的引入和适用

劳动法上的注意义务,在司法裁判中主要表现为遵守劳动纪律、遵守职业道德、遵循公序良俗和诚实信用原则。上述原则通常与对劳动者的忠实义务、注意义务的判定,以及认定劳动者行为的严重程度和主观恶意程度等其他因素综合考量。

注意义务的考量因素,一是劳动者行为本身的性质,包括行为发生的时间、区域,行为发生的概率,行为持续的时间。一般而言,行为发生在特殊的工作场所和工作期间,对于用人单位生产经营秩序的影响较大;而行为发生的概率越小、持续时间越短,影响范围和影响程度就越小,行为的严重性程度也就越低。二是需要考虑行为发生的环境因素,如劳动者的特定职责、职位高低、行业性质、用人单位的特殊文化以及劳动者的生理、心理状态、家庭状况等,上述因素对劳动者的过错程度亦有所影响,进而会影响劳动者责任的承担。上文中所列的各项因素,将直接影响用人单位或社会对劳动者正当行为的期待程度。例如,劳动者的职位越高,所从事工作的性质越特殊,职位和岗位要求就越严格,其行为的影响力也就越大,其在履行劳动合同过程中应当承担的注意义务就越高,一旦未达到相应的注意义务要求,则可能被认定为"严重违反"或"严重失职",而普通劳动者不会承担同样的责任。本案中,行为因素、环境因素、心理因素作为注意义务的考量因素体现在劳动者的工作年限和工作经验、被赋予的特定职责及用人单位的特殊性质等方面。劳动者所在的用人单位系国企,有着更为严格的管理体系和操作规程,除经济责任外还肩负一定的社会责任。从业务范围来说,汽车年检是该单位的主要业务之一,而车辆年检的目的在于检查汽车主要的技术状况,督促加强汽车的维护保养,使汽车保持完好状态,确保汽车安全行驶,减少和避免事故的发生,这也是社会责任的要求。基于此,对于汽车年检的流程操作规范,国家出台了详细的行业规定和操作流程,以此作为工作指引,具有规范、督促和预防作用。工作的特殊性和社会责任决定了本案劳动者的注意义务不同于普通人员,常年的工作经验和多次的工作培训决定了其对于检测时是否需要核查车辆一致性、不核查车辆一致性会造成什么样的结果,应有高于普通人的审慎态度和认知能力,也正是因为本案劳动者具有丰富的工作经验,对于结果的判断过于自信,思想上放松要求,认为不会发生某种后果,未保持足够的谨慎态度,才导致结果的发生。再者需要考量用人单位受到的损失,主要包括物质损失或者非物质损失、实际发生的损失和将来可能发生的损失。物质损失主要表现在经济利润的减少、营业收入的减少、直接支出的增加;非物质损失主要表现为用人单位的名誉、商业信用受损,以及用人单位生产经营秩序或者经营管理受到影响。此外,在判断将来发生的损失时必须考虑是否具有高度的可能性,并且要通过"预测"合理推断,不能凭空臆想,也不能随意扩大。具体到本案,劳动者的行为被行政机关在抽查时发现,行政机关基于此对用人单位进行处罚并限期整改,并就该行为进行通报。罚款 5000 元是劳动者的行为对用人单位造成的直接经济损失,但是行政机关的通报影响了用人单位的口碑,降低了单位在业内的评价,使得其名誉和信用受损,是非物质损失,而员工的过失行为和行政机关的处罚和通报有可能影响客户的选择、员工的管理和企业的经济收入,也是将来可能发生的损失,有必要一并进行考量。

  对于"必要的"注意义务中的"必要的"如何理解,笔者认为,应当符合社会一般认知及惯常做法,即如果劳动者的行为被认为是在一般大众可期待的范围之内或属于工作行为中的惯常做法,此行为即具有合理性。因为除非具有特定事由或者在特殊行业领域,法律不可能苛责劳动者具有高于一般社会水平的注意义务和责任。

(三)劳动合同解除权争议中利益衡量判断标准的明确化界分

劳动合同解除主要涉及三方面的利益:劳动者的择业自由利益、用人单位的持续性经营利益和劳动合同稳定性的制度利益。在平衡上述利益时应遵循一定的原则性标准。

1. 实质正义原则

我国《劳动合同法》实行倾斜性保护的原则,劳动立法通过劳资双方权利义务的倾斜性配置和保护,实现实质意义上的"权利义务平等",但权利义务的设置是手段而非目的,劳动立法的宗旨在于利益平衡而非简单追求对某一方权益的保护;既要通过倾斜性设置保证劳动者享有实质公平的权利,也不应当忽视用人单位自主经营权的需求。上述原则决定了在对严重违纪、严重失职等行为进行认定时,应坚持公平、公正的理念,一方面,考虑规章制度的规定,但并非仅以规章制度规定的标准来认定劳动者行为的严重性;另一方面,不可忽视用人单位自主经营管理的合理需求,当劳动者确实严重失职且具有可归责性时,应当尊重用人单位的解除决定。

2. 底线原则

赋予用人单位即时解除权的限制实质是当劳动者在劳动合同履行过程中出现严重违纪或违约行为时用人单位的一种自我救济,这种救济手段是有限制的,需要用人单位在穷尽其他惩戒手段后仍不能有效救济的情况下才可行使,这是由劳资双方的依赖关系以及劳动合同的持续性所决定的。判断时要考虑劳动者的违纪行为是否严重到不得不采取解除手段,是否不解除则不能有效救济用人单位的损失,或者不能有效防止用人单位损失的扩大。

3. 预测原则

这是由劳动关系的持续性决定的,因为用人单位行使解除权的目的不仅在于惩戒劳动者已经发生的过错行为,还在于救济因劳动者的违纪行为对双方信赖关系造成的破坏,预防因劳动合同继续履行对用人单位将来可能造成的影响或损失。在判断劳动者行为严重程度时,需要合理预测劳动者的行为将会对双方劳动合同的继续履行或者信任程度造成的障碍和影响,当双方的信赖关系被劳动者的违纪行为摧毁,致使劳动合同无法继续履行时,解除劳动合同才具有正当性。

4. 价值导向原则

法律具有指引作用,具体个案在做到事实认定准确、法律适用正确的同时,也应该考虑判决作出后在社会上造成的影响和导向作用,通过裁判结果传递国家和公众认可的行为准则,使群众通过生动形象的案例切身体会国家和社会的主流思想和价值导向。将"诚信""和谐""敬业"等社会主义核心价值观融入裁判者的审理思路,充分运用司法的指引作用,通过"充分论证""有效说理"使当事人更容易理解和接受。

"解雇保护"是劳动法的"中枢神经",多数劳动争议案件因解除或终止而起。司法不能完全受限于规章制度规定的范围,对于劳动者违反基本劳动纪律,依一般社会观念难以期待用人单位予以容忍的,不能仅因规章制度缺乏规定或未公示告知而否定用人单位解雇的权利。法院审理此类案件时,在秉持严格审查的司法态度的同时,还需兼顾社会价值的引导和社会主义核心价值观的宣扬。

(责任编辑:王　凯)

【案例分析】

集资诈骗罪中以非法占有为目的的认定标准
——王某某集资诈骗案相关法律问题分析

方 玉[*] 李若柳[**]

裁判要旨

集资诈骗罪与非法吸收公众存款罪区分的关键在于行为人主观上是否具有非法占有目的。非法占有目的由"排除意思"与"利用意思"构成,在具体认定时应坚持主客观相统一原则,从行为人职务及权限、融资项目真实性、资金的流向及用途、行为人归还资金数额及归还能力等客观事实出发,结合行为人参与集资过程中产生非法占有目的的时间节点等要素进行综合判断。

一、据以研究的案例

被告人王某某系某甲投资管理有限公司(以下简称某甲公司)、某乙资产管理有限公司(以下简称某乙公司)的实际控制人,负责二公司的经营管理。2016年1月至7月,被告人王某某伙同钟某某(已判决)等人,在北京市朝阳区等地,以某甲公司、某乙公司等的名义,以投资石家庄某酒店分店项目、陕西某矿业重晶石开采项目、石家庄某国际物流项目、无锡某置业项目、河北某农业开发项目、河北省某地产项目等为由,承诺高额返利,通过打电话、发传单等方式向社会公开宣传,与集资参与人签订投资协议,非法吸收报案集资参与人资金1500余万元,造成报案集资参与人经济损失1400余万元。被告人王某某后被公安机关抓获归案。某甲公司、某乙公司等公司的非法集资款项主要用于向集资参与人返

---

[*] 方玉,北京市第三中级人民法院刑事审判第二庭副庭长,中国政法大学刑事诉讼法博士研究生。
[**] 李若柳,北京市第三中级人民法院研究室法官助理,对外经济贸易大学民商法学硕士。

本付息、支付公司其他运营费用及取现等。

公诉机关认为,被告人王某某以非法占有为目的,使用诈骗方法非法集资,数额特别巨大,其行为触犯了《刑法》第192条之规定,应当以集资诈骗罪追究其刑事责任。

被告人王某某辩称,其并非某甲公司、某乙公司的实际控制人,其仅为上述公司的财务和出纳,负责取钱和返利等事宜,其构成非法吸收公众存款罪而不构成集资诈骗罪。辩护人提出王某某认罪态度好,系从犯,建议从轻处罚。

一审法院经审理认为,被告人王某某以非法占有为目的,使用诈骗方法非法集资,数额巨大,其行为已构成集资诈骗罪,公诉机关指控被告人王某某犯集资诈骗罪的事实清楚,证据确实、充分,指控罪名成立。关于本案的定性,在案并无证据证明某甲公司和某乙公司的融资款项用于生产经营活动,而且在案证据证明某甲公司和某乙公司的融资款项主要用于向集资参与人返本付息、支付公司其他运营成本及大量取现支出,另外,亦有部分款项用于王某某个人消费支出,王某某作为某甲公司和某乙公司融资款项的实际控制人,足以证明其主观上具有非法占有目的,故被告人王某某的行为应被认定为构成集资诈骗罪。在共同犯罪中,被告人王某某起主要作用,系主犯。针对被告人王某某关于其并非公司实际控制人的辩解,证人钟某某、刘某甲、徐某、仲某、刘某乙等人的证言相互印证,足以证明王某某系某甲公司及某乙公司的实际控制人,并且在案工商登记材料证明某甲公司的最大股东为王某某,在案银行交易明细证明王某某的个人账户为最主要融资账户及资金周转账户,王某某亦供称其个人账户为其个人实际操作。被告人王某某曾因故意犯罪被判处有期徒刑,在刑罚执行完毕后5年内再犯应判处有期徒刑以上刑罚之罪,系累犯,依法应从重处罚。综上所述,一审法院作出一审判决,认定被告人王某某犯集资诈骗罪,判处有期徒刑11年6个月,并处罚金50万元;责令被告人王某某退赔集资参与人经济损失。

一审判决后,被告人王某某以其并非某甲公司和某乙公司的实际控制人,不构成集资诈骗罪,且一审对其量刑过重为由,提出上诉。

二审法院经审理认为,上诉人王某某以非法占有为目的,使用诈骗方法非法集资,数额巨大,其行为已构成集资诈骗罪,依法应予惩处。一审法院根据王某某犯罪的事实、犯罪的性质、情节和对于社会的危害程度所作出的判决,定罪及适用法律正确,量刑适当,审判程序及责令退赔合法,裁定驳回上诉,维持原判。

二、相关法律问题分析

作为涉众型经济犯罪,集资诈骗罪与非法吸收公众存款罪具有许多相似之处。从犯罪构成要件上看,行为人主观上是否具有非法占有的目的,客观上有无实施虚构事实、隐瞒真相骗取集资款的行为是两罪的主要不同之处。其中,非法占有目的作为行为人的一种主观意图,蕴藏于行为人的客观行为之中。在司法实务中应坚持主客观相统一原则加以综合判断。

（一）主观上是否具有非法占有目的是区分集资诈骗罪与非法吸收公众存款罪的关键

对"非法占有目的",传统刑法观点的阐释是行为人意图非法改变公私财产的所有权。马克昌教授指出:"将不法占有理解为不法所有,才是各种金融诈骗罪中以不法占有为目的的真正含义。"①但也有观点认为,非法占有是指"以违法方式将他人财物转移到自己的控制之下,并以所有人自居予以保存、使用、收益或处分"②。前一种观点强调的是行为人具有非法取得公私财产所有权的企图;后者强调的是行为人对财物的永久控制意图。③ 张明楷教授指出,"非法占有目的"是指排除权利人,将他人财物作为自己的所有物进行支配,并遵从财物用途进行利用、处分的意思,即"非法占有目的"由"排除意思"与"利用意思"构成。④其中"排除意思"是指非法取得公私财产所有权的企图,而"利用意思"是指对财物的永久控制意图。

《最高人民检察院关于办理涉互联网金融犯罪案件有关问题座谈会纪要》第14条规定,非法占有目的的认定要重点围绕融资项目真实性、资金去向、归还能力等事实进行综合判断。而融资项目的真实性与资金去向往往能够印证行为人是否实施了虚构事实、隐瞒真相骗取集资款的诈骗行为。故行为人主观上是否具有非法占有目的成为区分两罪的关键所在。

本案中,王某某认为其不是涉案公司实际控制人,其行为构成非法吸收公众存款罪,不构成集资诈骗罪。本案二审的争议焦点在于王某某的行为是否构成集资诈骗罪。本案认定的关键在于王某某是否以非法占有为目的,使用诈骗方法非法集资。从王某某的职务情况来看,在案多名证人证言、公司工商登记材料等,足以证明王某某系某甲公司和某乙公司融资款项的实际控制人。首先,从工商登记情况可知,王某某为某甲公司监事,持股75%;为某乙公司法定代表人、执行董事、经理,持股5%,并且其主要负责两个公司的日常经营及财务工作,对二涉案公司有一定程度的控制权。其次,2015年12月13日,王某某代钟某某与田

---

① 马克昌:《金融诈骗罪若干问题研究》,载《人民检察》2001年第1期。
② 齐章安、周少华:《合同诈骗罪与民事诈欺行为界限分析》,载《法律科学》1999年第5期。
③ 参见王立志:《论集资诈骗罪中的"非法占有目的"》,载《河南金融管理干部学院学报》2005年第6期。
④ 参见张明楷:《诈骗犯罪论》,法律出版社2021年版,第406页。

某签订租赁合同,租赁田某房屋用于某甲公司办公;同时,王某某与刘某甲联系河北某农业开发项目相关事宜,证明王某某对外代表公司处理相关事务。最后,证人钟某某证言证明王某某让其挂名当法定代表人,一个月给付其8000元工资,但其患有尿毒症,隔天需在石家庄医院接受治疗,其身体情况无法管理公司,公司均由王某某管理。综上所述,王某某应为公司的实际控制人。从融资项目的真实性来看,在案投资项目均是虚假的,王某某在二审中亦称其清楚项目是虚假的。经公安机关调查,石家庄某酒店分店项目及河北某农业开发项目仅签订了意向合作书,石家庄某国际物流项目与某甲公司、某乙公司无合作,陕西某矿业重晶石开采项目无采矿权且未查到实际办公地点。从钱款去向来看,在案并无证据证明某甲公司和某乙公司的融资款项用于生产经营活动,而且在案证据证明某甲公司和某乙公司的融资款项主要用于向集资参与人返本付息、支付公司其他运营成本及大量取现支出,另外,亦有部分款项用于王某某个人消费支出。审计报告显示,在调取的银行对账单中,未发现直接用于项目投资的款项支出且某甲公司、某乙公司集资后未用于投资生产经营活动;在案银行交易明细证明王某某的个人账户亦为最主要的融资账户及资金周转账户,王某某亦供称其个人账户为其个人实际操作。从资金去向来看,融资款大量通过取现方式支出,无法查明资金去向,王某某称"钱都是钟某某拿走了,不知道钱的去向",拒不交代资金去向。

王某某作为公司的实际控制人,通过虚构融资项目的方式骗取集资参与人集资款,未按约定将集资款用于其所承诺的投入生产经营用途,其非法集资行为不具有占有集资参与人财产的合法依据,但其意图取得对集资参与人财产的现实控制,进而按照其个人意愿利用、处分集资参与人财产,具有"利用意思";之后王某某通过取现方式进行资金转移的行为,即在现实地控制及支配集资参与人财产后,还意图使财产完全脱离集资参与人的控制,排除集资参与人对资金的所有权,将集资款作为自己的所有物进行支配,具有"排除意思"。综合判断本案融资项目真实性、资金去向、归还能力等事实,根据《最高人民法院关于审理非法集资刑事案件具体应用法律若干问题的解释》第7条第2款关于"使用诈骗方法非法集资,具有下列情形之一的,可以认定为'以非法占有为目的':(一)集资后不用于生产经营活动或者用于生产经营活动与筹集资金规模明显不成比例,致使集资款不能返还的……"之规定,可以认定王某某主观上具有非法占有目的。

(二)在司法实务中应结合客观事实认定非法占有目的

在司法实务中,行为人为避免自己非法集资的行为由较为轻微的"使用型"犯罪即非法吸收公众存款罪转变为严重的"侵占型"犯罪即集资诈骗罪,往往不会承认其具有非法占有目的。① 而由于非法吸收公众存款罪与集资诈骗罪在客观行为上具有一定程度的相似性，即均可能通过虚构事实、隐瞒真相的行为进行非法集资活动，故司法人员需通过行为人的客观行为推定其主观上是否具有非法占有目的。为防止客观归罪，司法人员不能仅以行为人无法归还集资款或资金去向无法查清来认定行为人具有非法占有目的，而应当综合行为人的职务及权限、融资项目真实性、资金去向、归还能力等进行判断。尤其在存在集资款实际投入生产经营项目的案件中，更应当考察行为人的非法占有目的是萌发在集资开始时、集资过程中还是集资行为完成后，否则相当于承认了存在事后的非法占有目的，有违主客观相统一原则。

本案中，王某某于2015年7月刑满释放后，同年12月即伙同钟某某成立某甲公司，于2016年1月至7月组织公司业务人员以投资石家庄某酒店分店项目等项目为由，通过打电话、发传单等方式向社会公开宣传，承诺高额返利，非法吸收集资参与人资金1500余万元。王某某作为公司的实际控制人，却邀请钟某某担任公司法定代表人，而钟某某因身体原因根本无法参与公司的实际经营，公司实际由王某某一人决策运营。王某某虽名为公司财务，但河北某农业开发项目、石家庄某酒店分店项目等项目均由其与项目公司负责人联系，其通过与项目公司签署合作意向书的方式，在不进行实际投资的情况下，利用该意向书及邀请集资参与人实地参观等手段，骗取集资参与人信任并投资。之后王某某并未与项目公司履行原合作意向书，集资款自始至终未投入生产经营项目；王某某在公司运营期间多次通过取现方式转移、隐匿集资款，归案后拒不交代钱款去向。从上述客观行为可推定王某某自公司设立起便想通过虚构事实、隐瞒真相的方式实施非法集资行为，并将集资款据为己有，其在集资过程中及因无法偿还集资参与人集资款逃跑后持续持有该笔集资款且拒不交代钱款去向的客观行为，印证了其自始至终具有非法占有目的，构成集资诈骗罪。

（责任编辑：原　静）

---

① 参见李勤：《非法吸收公众存款罪与集资诈骗罪区分之问——以"二元双层次"犯罪构成理论为视角》，载《东方法学》2017年第2期。

缺席审判视域下《民法典》违约金调减权之行使
——北京白羽滕文化传媒有限公司诉张某服务合同纠纷案相关法律问题分析

李 慧[*] 张 博[**]

裁判要旨

1. 违约金调减权作为一项形成诉权，其行使要受到三个方面的限制：第一，金额限制，司法实践中对违约金的性质认定一般为"以补偿为主，惩罚为辅"，违约金约定金额不能过分高于损失金额；第二，主体限制，作为诉讼权利的一部分，应当由当事人到庭应诉并行使相关权利；第三，证明责任限制，应当由主张调减的一方当事人承担初步证明责任，引起法院怀疑后，法院可重新分配证明责任。

2. 缺席审判案件中，一般缺席的情形下，违约金调减权要受到上述三方面限制。公告缺席审判的情形下，上述三方面限制得以豁免，法院可以依据案件审理情况，主动启动违约金调减程序，违约金调减幅度及金额的确定要运用动态系统论，通过对实际损失、缔约地位、是否适用格式条款、违约收益、主观心态等动态因素的考量，确定违约金调减金额。

一、据以研究的案例

原告北京白羽滕文化传媒有限公司诉称：原告与被告张某于2022年1月1日签订了由原告支付被告经纪服务费，被告为原告提供经纪服务的《某经纪协议》。根据该协议第2条的约定，被告为原告提供的经纪服务包括招募主播、维系主播所在直播平台以及直播间的运营等。根据该协议第3条的约定，被告必

---

[*] 李慧，北京市通州区人民法院宋庄法庭法官，中国政法大学法学硕士。
[**] 张博，北京市通州区人民法院宋庄法庭法官助理，中国政法大学法学硕士。

须每月带领其签约的艺人保证完成在原告公会每月17万元的流水,被告的经纪服务签约费为4万元(应被告要求由原告的法人刘某某私人账户支付),在被告签约后支付2万元(加上之前被告向原告借款8000元,合计28 000元),2022年1月1日,甲方继续支付12 000元,合计4万元。协议第6条第2项和第8条第3项规定,被告在协议期内连续未依约提供经纪服务达3日或180日内累计达7日的,原告有权解除协议,并追究违约责任。协议签订后,原告按照协议约定以微信转账方式向被告支付了4万元(微信转账32 000元)的签约费。但是被告收到该签约费后,却一直没有履行协议约定的义务。在原告联系被告后,被告表示其目前没有能力履行,明确表示可以通过打工的方式偿还费用。被告的行为已经违反了协议的约定,属于违约行为,应当承担违约责任。原告请求法院判令:(1)解除双方签订的《某经纪协议》;(2)被告返还原告支付的签约费4万元;(3)被告赔偿原告违约金12万元;(4)诉讼费用由被告承担。

张某未出庭,亦未做答辩。

法院经审理查明:2022年1月1日,原告(甲方)与被告(乙方)签订《某经纪协议》,约定乙方为甲方提供经纪服务,服务内容包括制定直播招募发展计划、增加主播数量、优化直播质量等;在甲乙双方签订合同后,甲方支付乙方签约费40 000元整(应乙方要求由甲方法人私人账户转账);乙方在协议期内无正当理由且未经甲方书面同意,连续未依约提供经纪服务达3日或180天内累计达7日的,甲方有权解除协议,并有权追究乙方的违约责任;如乙方出现收到甲方签约费后人员消失,联系不上,直接不作为,或没有稳定开播,不积极执行合同内容,或首月就未完成承诺的应有流水的情况,甲方可要求乙方赔偿签约费的3倍以及合同上的所有损失。此外,合同还约定了其他内容。合同签订后,原告法定代表人刘某于2021年12月20日通过微信向被告转账2万元,于2022年1月1日通过微信向被告转账1.2万元,加上之前被告向原告借款8000元,原告合计支付被告签约费4万元。原告称,被告至提起诉讼时始终未向原告提供经纪服务,未履行合同约定的义务,给原告造成的损失包括直播房间的租金和预计收益。但原告未就其具体损失金额向法院举证。

法院经审理认为:(1)依法成立的合同,对当事人具有法律约束力,双方当事人签订《某经纪协议》系其真实意思表示,且不违反法律、行政法规的强制性规定,应属合法有效。当事人应当按照约定全面履行自己的义务。当事人可以约定一方解除合同的事由,解除合同的事由发生时,解除权人可以解除合同。合同解除后,尚未履行的,终止履行;已经履行的,根据履行情况和合同性质,当事人可以请求恢复原状或者采取其他补救措施,并有权请求赔偿损失。当事人一方依法主张解除合同的,应当通知对方,合同自通知到达对方时解除;通知载明债务人在一定期限内不履行债务则合同自动解除,债务人在该期限内未履行债务的,合同自通知载明的期限届满时解除。对方对解除合同有异议的,任何一方当事人均可以请求法院或者仲裁机构确认解除行为的效力。当事人一方未通知对方,直接以提起诉讼或者申请仲裁的方式依法主张解除合同,法院或者仲裁机构确认该主张的,合同自起诉状副本或者仲裁申请书副本送达对方时解除。原告依约支付了被告签约费4万元,但被告始终未提供经纪服务,构成违约,符合合同约定的合同解除情形。原告以起诉方式主张合同解除,合同应自起诉状副本送达被告之日(2023年1月4日)起解除。案件审理时合同约定的期限已然届满,无解除合同之必要。但被告仍应就其未能履行合同义务的行为承担向原告返还签约费的义务。故原告要求被告返还4万元签约费的诉讼请求,事实清楚,证据充分,应予以支持。(2)违约金的性质以补偿为主,以惩罚为辅。当约定的违约金低于造成的损失时,违约金体现赔偿性;当约定的违约金高于造成的损失时,违约金兼有赔偿与惩罚的双重功能。但违约金制度系以赔偿非违约方的损失为主要功能,并非旨在严厉惩罚违约方。双方约定违约金为签约费的3倍以及合同上的所有损失。原告依据合同约定主张被告向其支付签约费3倍的违约金12万元,但原告未提供相关证据证明其实际损失。合同约定的违约金数额过分高于原告的实际损失的,应以原告的实际损失为基础,综合考虑合同履行情况、双方缔约地位强弱、原告对合同履行的合理预期以及取得利益需要支出的经济成本等因素,故法院根据公平原则和诚实信用原则,依法酌定违约金为2万元。根据我国《民事诉讼法》的规定,当事人有答辩并对对方当事人提交的证据进行质证的权利,被告经法院合法传唤,无正当理由未出庭应诉,视为其放弃了答辩和质证的权利。

法院判决:(1)被告张某返还原告北京白羽腾文化传媒有限公司支付的签约费4万元,于判决生效之日起7日内执行完毕;(2)被告张某给付原告北京白羽腾文化传媒有限公司违约金2万元,于判决生效之日起7日内执行完毕;(3)驳回原告北京白羽腾文化传媒有限公司的其他诉讼请求。

二、相关法律问题分析

本案是新业态背景下,因经纪服务合同所产生的相关纠纷,互联网行业蓬勃发展,但互联网背景下相关主体具有不稳定性,因此产生的服务合同纠纷层出不穷。违约金是该类合同的主要争议焦点,我国《民法典》第585条第2款规定,约定的违约金过分高于造成的损失的,法院或者仲裁机构可以根据当事人的请求予以适当减少。该规定赋予当事人请求调减违约金的权利,但学界关于违约金调减权的理论基础尚未达成共识,由此导致违约金调减权行使规则不明确,尤其是在当事人缺席的情形下,法院能否主动适用违约金调减条款调减违约金,值得进一步探究。下文结合本案案情,以及当前立法规定与司法实践,探讨缺席审判情形下,违约金调减权行使的限制及其豁免。

(一)违约金调减权的规则厘定与理论内核

我国立法中,关于违约金调整的规定散见于具体的部门法及其司法解释中,尚未形成系统的制度,笔者将通过对相关规则的梳理,检视违约金调减权规则的立法目的,继而从学理上探讨违约金调减权的概念及性质。

1.违约金调减权的规则厘定

除《民法典》的相关规定外,我国立法实践中,总体上只将违约金调减权赋予当事人,而否定了法院依职权主动提起违约金调减程序。2009年发布的《最高人民法院关于适用〈中华人民共和国合同法〉若干问题的解释(二)》(已失效,以下简称《合同法司法解释(二)》)仅规定当事人可以通过反诉或者抗辩的方式请求调整违约金。同年,最高人民法院发布《关于当前形势下审理民商事合同纠纷案件若干问题的指导意见》,为减轻当事人诉累,在特定情形下赋予了特定法院对调减违约金的释明权,当违约一方主张合同未生效、无效或者不构成违约进行免责抗辩时,可就违约金调减事项对当事人进行释明。《最高人民法院关于审理买卖合同纠纷案件适用法律问题的解释》(以下简称《买卖合同解释》)规定,在买卖合同纠纷中,一方当事人主张免责抗辩之时,如其未明确主张调减违约金,"人民法院应当就法院若不支持免责抗辩,当事人是否需要主张调整违约金进行释明"(第21条第1款),但"一审法院认为免责抗辩成立且未予释明,二审法院认为应当判决支付违约金的,可以直接释明并改判"(第21条第2款)。申言之,《买卖合同解释》一方面将违约金调减的释明在一审中作为法官的一项义务予以规定,另一方面又规定二审中法官"可以"裁量决定是否予以释明。

根据官方解释,违约金司法调减规则"以在意思自治、形式自由的基础上协调实质正义、个案公平,平衡自愿原则和公平、诚信原则之间的关系"①为目的。

2.违约金调减权的理论内核

在厘定违约金调减相关法律法规的基础之上,我们可以抽象相同点,概括共通点,从学理上将其界定为违约金调减权,同时进一步明确违约金调减权"形成诉权"的性质。

(1)违约金调减权的概念。关于《民法典》第585条第2款规定的当事人请求减少违约金的权利的概念界定,学界存在"违约金数额适当减少请求权"②、

---

① 黄薇主编:《中华人民共和国民法典合同编解读》,中国法制出版社2020年版,第455页。
② 崔建远:《合同法》(第2版),北京大学出版社2013年版,第393页。

"违约金调整请求权"①、"违约金调整权"②等不同表述方式。笔者认为,违约金调减权在性质上为形成诉权,《民法典》第 585 条第 2 款赋予当事人的权利应当被界定为违约金调整权,包括违约金调增权和违约金调减权两个方面,为避免混淆,不宜在名称中使用"请求权"相关术语。

《民法典》第 585 条第 2 款赋予了当事人调减违约金的权利。无权利则无救济。如果此处没有赋予实体权利,违约方因违约金过高而提起的调减主张就将因缺乏权利基础而无法获得法院或仲裁机构的支持。③ 此前的违约金调减制度主要着眼于诉讼程序,规范法官通过释明、举证指导对合同关系的司法干预。

（2）违约金调减权的性质。关于违约金调减权的性质,主要存在"请求权说"与"形成权说"之分野。关于"请求权说",有学者认为,其含义正如其名称所示,是违约方单方面提出调减违约金的请求,并不必然发生违约金数额减少的法律效力。④ 也有学者认为,违约金调减权是具有抗辩性质的请求权,以提出调减请求的方式进行抗辩,一方面,该权利具有对抗守约方请求权的抗辩权属性;另一方面,其并非单纯的抗辩而是提出了"调减违约金"的具体请求。⑤ 本文持"形成权说","违约金的调整是对于既定违约金的一种变更,是一种对于法律关系的形成"⑥。对于违约金的变更,只需要单方行为,无须经过相对方的意思表示和履行行为。其权利外观应该为形成权。违约金调减权的功能在于调整违约金,系变更既有合同关系的形成权。同时,违约金的调整需经过法院或仲裁机构,只有经过生效法律文书认可的情况下,违约金的数额才发生变更。因此,可进一步将其界定为形成诉权。

（二）违约金调减权行使之限制

关于违约金调减权的行使主要有以下三个方面的限制:第一,金额限制,依据司法实践中达成共识的"以补偿为主,惩罚为辅"的违约金性质,违约金约定金额不能过分高于损失金额;第二,主体限制,作为当事人诉讼权利的一部分,应当由当事人到庭应诉并行使相关权利;第三,证明责任限制,应当由主张调减一

---

① 石冠彬:《民法典合同编违约金调减制度的立法完善——以裁判立场的考察为基础》,载《法学论坛》2019 年第 6 期;郑鄂主编、广东法官协会编:《商事审判研究(2007—2008 年卷)》,人民法院出版社 2009 年版,第 368 页;广东省深圳市盐田区人民法院民事判决书,(2013)深盐法民一初字第 1529 号。

② 谭启平、张海鹏:《违约金调减权及其行使与证明》,载《现代法学》2016 年第 3 期;江苏省扬州市中级人民法院民事判决书,(2011)扬商终字第 0201 号。

③ 参见谭启平、张海鹏:《违约金调减权及其行使与证明》,载《现代法学》2016 年第 3 期。

④ 参见崔建远:《合同法》(第 2 版),北京大学出版社 2013 年版,第 393 页。

⑤ 参见石冠彬:《民法典合同编违约金调减制度的立法完善——以裁判立场的考察为基础》,载《法学论坛》2019 年第 6 期。

⑥ 韩世远:《违约金的理论争议与实践问题》,载《北京仲裁》2009 年第 1 期。

方当事人承担初步证明责任,引起法院怀疑后,法院可重新分配证明责任。

1. 违约金调减权行使的金额限制

理论上,存在两种性质的违约金。补偿性违约金,是合同双方预先约定的违约损失赔偿数额,故又称为损失赔偿的预定。惩罚性违约金,是对违约方过错违约的一种惩处,与守约方的实际损失无关。英美法系一般直接否定惩罚性违约金的效力,大陆法系则通过违约金调整制度进行规制。总体而言,赋予违约方申请调整约定违约金数额的权利,系基于合同正义对合同自由的干预,主要是为了维持守约方和违约方之间的利益平衡。

我国立法没有界定亦没有区分违约的性质,《民法典》第585条第2款对违约金的金额限制的规定是约定的违约金不能过分高于损失,故实务界认为当前我国制度框架下的违约金兼具补偿性和惩罚性,且以补偿性为主。该观点也可以散见于其他相关法律规定中,以原《合同法司法解释(二)》为例,其第29条第2款规定了约定违约金过高的量化标准余额,即"当事人约定的违约金超过造成损失的百分之三十的,一般可以认定为合同法第一百一十四条第二款规定的'过分高于造成的损失'"。

在本案中,法院认为,违约金的性质以补偿为主,以惩罚为辅,当约定的违约金低于造成的损失时,违约金体现赔偿性;当约定的违约金高于造成的损失时,违约金兼具赔偿与惩罚的双重功能。但违约金制度系以赔偿非违约方的损失为主要功能,并非旨在严厉惩罚违约方。

2. 违约金调减权行使的主体限制

关于违约金的行使主体,主要有两种模式,第一种以法国为例,法院可以依职权调整违约金金额,而不必经过当事人请求,法院和当事人均是违约金调整权行使主体。第二种以德国为例,法院不得主动干预,只能由当事人提出违约金调减请求。从我国法律规定的措辞来看,违约金的调减主体为"当事人",法院不得依职权对违约金进行调整。从其形成诉权的性质来看,其行使主体也应当仅为当事人。法院依职权调整违约金存在以下弊端:第一,违背意思自治原则,合同关系本质上系当事人之间的私法关系,当事人是其个人利益的衡量者,因此,违约金数额是否过高应取决于当事人的理性判断,违约金数额偏高时是否申请调减也应取决于其自主决策。[①] 第二,裁判机关居中裁判的排斥地位,排斥依职权干预违约金,主动适用违约金调减权条款会破坏双方平衡的诉讼地位。第三,法院主动适用违约金调减条款违背民事诉讼法的处分原则。当事人未提出的事

---

① 参见谭启平、张海鹏:《违约金调减权及其行使与证明》,载《现代法学》2016年第3期。

项,法院不得主动裁判。

3. 违约金调减权行使举证责任分配限制

关于证明责任的初始分配,依据《民事诉讼法》对证明责任分配一般标准的规定,由主张调减违约金一方当事人负举证责任。该种举证责任有利于实现违约金的制度功能,违约金的本质是当事人为弥补违约可能导致的损害赔偿额而作出的事先约定,其目的不仅在于促使当事人诚信履约,也在于避免主张违约损害赔偿时的计算与证明。① 如果在双方约定违约金的情形下还需要守约方对损失进行举证,则违约金的约定形同虚设。

关于证明责任的转移。在实践中,合同双方往往处于不同商业领域,彼此之间的成本区间、盈利模式、运营方式互不相同。因此,要求一方证明另一方的损失,存在操作困难。在司法实践中,当违约方证明实际损失确有困难时,在其提供初步证据后,可将举证责任转移至守约方,由其对"违约金不过分偏高"承担举证责任。根据"谁主张,谁举证"原则,主张违约金调整一方提出让法官对违约金约定的公平性产生合理怀疑的证据即可。此时法官可以进行举证责任的分配,将证明违约金约定合理的举证责任分配给守约方承担。

(三)缺席审判视域下违约金调减权之限制及其豁免

违约金调减权形成诉权的性质,使得当事人必须在诉讼中行使相关权利,但在司法实践中存在诸多当事人缺席的情形,因此,缺席审判情况下当事人违约金调减权的行使值得探讨。缺席审判主要存在两种情形:第一种,一般缺席,前期给当事人有效送达相关诉讼文书,其签收相关材料,知晓诉情,但无正当理由未出庭应诉;第二种,一方当事人下落不明,无法通过常规途径有效送达诉讼材料,通过登报方式送达相关材料。

1. 一般缺席案件中法院违约金调减权之限制

一般情形下,法院对于诉讼材料的送达持谨慎原则,会穷尽所有可能的有效送达方式,以保障当事人诉权。在确保有效送达的前提下,法院可安排开庭。然而,当事人经法庭传唤,无正当理由拒不到庭而缺席审理的情形屡见不鲜。

针对一般缺席案件,一方面,当事人若干次有效签收诉讼文书,其必然知道涉诉情形,然而其无正当理由拒不出庭,主观上存在规避诉讼的恶意。同时,当事人签收诉讼文书后,应当了解到另一方关于违约金的诉求,然而其消极不应诉导致缺席,说明其在对利害后果充分了解的情况下自愿接受该违约条款的约束。另一方面,当事人拒不出庭,视为其对相关诉讼权利的放弃,违约金调减权作为

---

① 参见石冠彬:《民法典合同编违约金调减制度的立法完善——以裁判立场的考察为基础》,载《法学论坛》2019年第6期。

一项形成诉权,是缺席方当事人所放弃的众多诉讼权利之一。因此,缺席方当事人违约金调减权的行使受到限制,其在知道诉情的前提下,既没有到庭陈述,提出违约金抗辩主张,亦没有对违约金超过必要损失进行相关举证,故违约金调减条款适用存在障碍。但应当避免在一方当事人缺席时,因明显过高的违约金条款使国家利益、社会公共利益或者第三人的利益受损的情形。

2. 公告缺席审判案件中法院违约金调减权之限制豁免

登报公告是一种特殊的送达方式,即在被告下落不明,穷尽所有送达方式均未有效送达的情况下,采用登报方式,公告相关涉诉信息及诉讼材料后采取缺席审判的方式推进诉讼程序。在此种情形下,被告存在较大可能性不知晓相关涉诉信息。可能因送达地址及联系方式变更,或原告掌握的相关信息不准确,导致法院在前期送达阶段无法有效送达。被告经法院传唤,无正当理由没有到庭应诉是因为其客观上没有收到涉诉信息,主观上并不存在规避诉讼的恶意。

在公告缺席审判的案件中,如果违约金明显不合理,可以推定在被告应诉的情形下,一般都会行使违约金调减权请求法院调减违约金。此时,法院并非代替当事人行使违约金调减权,而是依职权,基于公序良俗原则、公平原则与诚信原则主动启动违约金调减程序,从而豁免当事人行使违约金调减权的限制条件。

(1)公告缺席审判中法院违约金调减程序的启动。法院基于民事法律基本原则,可以决定是否启动违约金调减程序。违约金调整本身系基于合同正义对于契约自由的干预。① 要准确理解契约自由和合同正义的关系。契约自由是近代民法的基本原则,强调意思自治,即当事双方按照自己的意志设定权利义务,但是自由不是绝对的,契约自由不能脱离合同正义的约束,合同正义是契约自由的核心。合同正义集中体现于民法基本原则中:第一,公序良俗原则,法院判决当然具有社会效益,支持不合理的违约金可能引发不良社会风尚,使得不法分子利用不合理的违约金条款牟利。第二,公平原则天然契合了违约金调整的制度目的,避免使违约金制度完全异化为私罚的工具,防止违约方因支付不合比例的高额违约金而陷入经济窘迫,从而有损营商环境。第三,诚信原则系民法领域的"帝王原则"。违约金调整应当坚持鼓励诚信、规制违约的价值导向,尤其要注意不应使违约方从违约行为中获益。

本案系经纪服务公司与个人主播之间的服务合同纠纷,在直播业盛行的今天,基于互联网的服务合同具有不稳定性,导致该类纠纷屡见不鲜。该类案件的

---

① 参见金绍奇:《商事合同纠纷中违约金司法调整规则》,载《中国外资》2021年第7期。

判决结果必然会引领社会风气及价值导向。涉案合同约定的违约金系合同价款的 3 倍加上基于合同的所有损失,不仅具有弥补损失的性质,更具有严厉惩处的性质,明显超过法律所规定的违约金比例。故法院在审理过程中主动启动了违约金调减程序。

(2)公告缺席审判中法院违约金调减的考量因素。在启动违约金调减程序后,应当基于个案案情,提取可能影响违约金调减幅度的因素,运用动态系统论①,通过对实际损失、缔约地位、是否适用格式条款、违约收益、主观心态等动态因素的考量,确定违约金调减金额。

基于我国立法中所体现的"以弥补损失为主,惩罚为辅"的违约金性质,以及民事责任理论中的"损失填补"原则,当事人的损失是违约金调减最重要的影响因素。损失应当是当事人实际发生的损失,不包含预期收益损失。本案中,双方约定违约金为签约费 4 万元的 3 倍及合同上的所有损失。原告依据合同约定,主张被告向其支付签约费 3 倍的违约金 12 万元,庭审过程中,原告陈述其损失主要包括支付给被告的签约费 4 万元的利息损失和直播场地的租赁费用,但并未就租赁费用的支出数额进行举证,证明其实际损失。

除实际损失外,法院调减违约金还应当考虑如下因素:第一,双方缔约地位强弱。本案中,相较于被告(自然人主体),原告作为法人主体明显处于强势地位,其应当具备完备的公司治理体系,其缔约能力、抗风险能力、交易经验均明显高于作为自然人主体的被告。第二,是否适用格式条款。基于原告强势的缔约地位或缔约能力,其存在利用格式合同或格式条款确定对其有利而对对方严苛的违约金的可能性。主要表现为:通过查询审判系统,涉原告的多起案件中,作为证据的《某经纪协议》存在一致性,有可能为原告向缔约相对方提供的格式文本。第三,因违约而取得的收益。本案原告除主张被告返还 4 万元签约费之外,还要求被告承担签约费 3 倍共计 12 万元的违约金,其收益是投入的 3 倍之多,且原告在法院有多起类案,不排除其利用新业态背景下被告作为自然人主体具有不稳定性可能导致频繁违约牟利的可能性,此类案件的被告往往缺席,故而不会行使违约金调减权,若僵化适用违约金调减条款会使原告轻而易举地获得高额违约金。第四,被告违约的主观心态。本案中,被告收到签约后没有履行约定的义务,但是在违约之后,被告表示尚无履行能力,会通过打工的方式偿还相关

---

① 动态系统论最早由奥地利学者维尔伯格于 20 世纪 40 年代提出,在世界范围内产生了重要影响。其基本观点是:调整特定领域法律关系的法律规范包含诸多构成因素,但在具体法律关系中,相应规范所需因素的数量和强度有所不同。也就是说,调整各个具体关系的规范因素是一个动态的系统。因此,应当在具体法律关系中通过对动态因素的考量认定责任。

费用,可以看出,被告对违约虽存在一定过错,但其试图弥补,最终未果。被告因违约获得的收益仅为签约费4万元,故本案最终判决被告在返还原告实际损失的签约费4万元的基础上,另行支付原告2万元违约金,以弥补原告的其他损失并对被告略施惩罚。

(责任编辑:刘晓虹)

旧物回收义务及其责任认定
——金属处理厂诉太阳能公司承揽合同案相关法律问题分析

孙洪旺* 刘紫微**

裁判要旨

合同权利义务终止后，当事人对于因履行合同产生的有害化学原料及设施负有旧物回收义务。当事人对旧物回收未做约定的，双方当事人对于生产线及有害附属物均应承担旧物回收责任。旧物回收义务属于法定义务，当事人声明放弃旧物回收利益的行为不免除其旧物回收责任。

一、据以研究的案例

2016 年，太阳能公司向金属处理厂支付设备改造费，用于购买阳极化条带生产线，并将生产线安装于金属处理厂的工作车间，由金属处理厂使用该生产线承揽太阳能公司的阳极化条带加工业务。2018 年 9 月，金属处理厂与太阳能公司约定的阳极化条带项目产品全部加工完毕。2019 年 4 月 11 日，太阳能公司支付了加工费，但金属处理厂以太阳能公司所购生产设备尚存放于金属处理厂未取走为由，拒绝交付产品。太阳能公司因此诉至法院，请求判令金属处理厂向其交付阳极化条带，该案一审法院判决金属处理厂向太阳能公司交付产品。后金属处理厂以该案一审法院未处理生产设备为由提起上诉，该案二审法院判决驳回上诉，维持原判。2021 年 4 月 30 日，金属处理厂经法院强制执行程序向太阳能公司交付阳极化条带产品。金属处理厂认为，因阳极化条带的生产属有毒有

---

* 孙洪旺，北京市通州区人民法院马驹桥法庭法官助理，首都经济贸易大学民商法学硕士。
** 刘紫微，北京市通州区人民法院民事审判二庭法官助理，中国政法大学法学理论硕士。

害工业,现属地行政机关已不允许进行相关生产,涉案生产线无价值且需要向专业公司支付危废处置费,故提起本案诉讼,请求判令太阳能公司支付其生产线及附属物处置费用94 291.42元、自2019年4月12日至诉讼发生时的设备管理人工费48 000元,以及自2019年4月12日起至生产线及附属物拆除之日止的场地损失费。太阳能公司表示放弃对生产线所有权及对价的主张。

本案审理过程中,经金属处理厂申请,本案一审法院委托鉴定机构对涉案生产线及附属物(废液)处置所需费用进行了鉴定。经司法鉴定及法院认定,涉案生产线及附属物处置费用为91 827.54元(含废液处置费57 487.88元)。

一审法院经审理认为,在金属处理厂与太阳能公司履行完毕加工交付产品和付款的义务后,因加工工作所用废液属于有害化学原料,需要进行专业处置,且双方对于涉案生产线及附属物的归属和处置未进行约定,故涉案生产线及附属物的处置费用应由双方共同承担,具体责任分配由法院酌定为双方同等责任。关于场地损失费,在金属处理厂经法院强制执行程序向太阳能公司交付阳极化条带产品后,双方合同债权债务已经终止,但涉案生产线及附属物仍存放于金属处理厂的厂房内,必然给金属处理厂造成相应场地占用损失。综上所述,一审法院判令太阳能公司支付金属处理厂处置费45 936.24元、场地损失费30 000元。太阳能公司不服一审判决提起上诉,二审法院确认一审法院认定的事实和证据,同意一审法院裁判意见,最终判决驳回上诉,维持原判。

二、相关法律问题分析

《民法典》第558条规定:"债权债务终止后,当事人应当遵循诚信等原则,根据交易习惯履行通知、协助、保密、旧物回收等义务。"该条款在《合同法》(已失效)第92条规定的基础上,增加了旧物回收义务,旨在贯彻《民法典》总则编规定的绿色原则①,将环境保护理念融汇于民事活动过程。对此类案件的审理,应当准确把握旧物回收义务的法律属性、适用要件、责任方式,根据诚实信用原则合理分配举证责任,准确认定当事人的旧物回收责任,强化对守法守信者利益的维护,避免合同履行行为带来的环境风险。

(一)旧物回收义务的法律属性

旧物根据其价值可分为两种:一种为尚有剩余价值的旧物,如原材料、设备等,实践中当事人多会在合同中对于债权债务终止后如何对之进行处置或分配予以约定;另一种为无价值、有毒有害或者回收成本高于回收收益的旧物,如危

---

① 《民法典》第9条规定:"民事主体从事民事活动,应当有利于节约资源、保护生态环境。"

险催化剂等,可能存在当事人推诿回收责任,围绕旧物回收费用、场地占用损失等问题产生争议并形成诉讼的情况。

司法实践中,要准确把握旧物回收义务的法律属性,可以从以下几个方面切入:

第一,旧物回收义务属于后合同义务,该义务的发生以债权债务终止为前提。所谓后合同义务,是指债权债务关系终止后,为了保护合同当事人的利益或者社会公共利益不受损害,基于诚信等原则和交易习惯,合同当事人仍然负有为或者不为一定行为的法定义务,《民法典》第558条列举了部分后合同义务形态,包括通知、协助、保密、旧物回收等。通常情况下,债权债务终止前,尚不存在旧物回收义务,即使存在,亦应以附随义务的形式受《民法典》第509条的规制。

第二,旧物回收义务属于法定义务,违反旧物回收义务的,应当承担相应的法律责任,当事人以约定或者其他方式排除该义务的行为应不发生效力。

第三,旧物回收义务具有独立性。《民法典》第509条规定了通知、协助、保密等附随义务形态,该规定与《民法典》第558条规定的后合同义务形态基本一致。但二者最大的不同在于,附随义务须依附于主给付义务存在,附随义务的目的在于保证主给付义务的顺利履行,其义务内容也随着主给付义务的完成情况而不断变化;而后合同义务是债权债务终止后当事人应负担的义务,其目的在于维护给付效果或者协助对方处理善后事务,不依附于合同义务存在,且义务内容具有确定性。

第四,旧物回收义务具有公共利益属性,其法律基础是诚信原则和绿色原则。一方面,法官在案件审理中需要以诚信原则为基础,根据当事人提供的证据并结合行业、地域以及合同履行效果等实际情况对事实认定、责任承担等进行判断;另一方面,旧物回收义务的立法本意要求当事人在合同权利义务终止后,根据交易习惯履行节约资源、减少污染的义务,履行旧物回收义务得当与否,关系到公众的环境利益。例如,本案属于旧物回收争议中典型的推诿回收责任情形,截至案件诉讼时,涉案生产线及附属物仍处于搁置状态,在双方均不履行回收义务的情况下,生态环境将成为不良后果的最终承受者。因此,正确适用旧物回收义务条款,是发挥司法裁判指引功能,促进民事活动贯彻诚信原则和绿色原则的需要。

(二)旧物回收责任的归责原则

旧物回收责任,即债权债务终止后,当事人不履行或者不当履行旧物回收义务所应当承担的民事责任。笔者认为,旧物回收责任应当适用无过错责任的归责原则。这是因为:第一,《民法典》未规定违反旧物回收义务的法律后果,但从逻辑推演上来说,旧物回收责任的基础在于合同行为,旧物回收义务是对合同缺失条款的补充,对旧物回收义务的违反一定程度上可以视为违约行为的延续。第二,旧物回收义务属于法定义务,对于法定义务的违反应不考虑当事人是否存在主观过错。第三,从法律规范体例上来说,旧物回收义务规定在《民法典》合同编,《最高人民法院关于适用〈中华人民共和国合同法〉若干问题的解释(二)》(已失效,以下简称《合同法解释(二)》)第22条①也明确规定了违反后合同义务应当赔偿损失,足以说明旧物回收义务应比照合同违约,适用无过错责任归责原则。

(三)旧物回收责任的适用条件

根据旧物回收义务的法律属性,适用旧物回收责任应当满足以下条件:

第一,当事人之间存在合法有效的合同关系,且债权债务已终止,这是由旧物回收义务的后合同义务属性决定的。本案中,金属处理厂与太阳能公司就涉案生产线及附属物的处置问题产生的争议,发生在双方履行完毕加工交付产品和付款义务后,此时债权债务已经终止。

第二,根据合同性质,债权债务终止后存在旧物回收义务,且当事人对于旧物回收义务未作约定。本案中,涉案生产线占用金属处理厂场地,化学原液属于有害化学原料,需要专业处置,双方就生产线及附属物的归属和处置问题没有约定。因此,从公平角度出发,双方均应履行旧物回收义务。

第三,当事人存在不履行或者不当履行旧物回收义务的行为。本案中,属地行政机关已不允许阳极化条带产品生产,其生产线产生的废液又属于有害化学原料,故太阳能公司不履行旧物回收义务必然导致涉案生产线及附属物的处置费用由金属处理厂承担,导致产生相应处置费用损失;同时,涉案生产线占用金属处理厂场地,必然使其产生场地占用损失。因此,在太阳能公司未履行旧物回收义务的情况下,金属处理厂有权要求其承担法律责任。

(四)旧物回收责任的承担方式

笔者认为,《民法典》虽然未对旧物回收责任进行明确规定,但在案件审理中,法官可以综合考虑合同性质、回收内容、回收便利性等因素,选择适用《民法典》第179条第1款规定的部分民事责任承担方式。② 司法实践中,旧物回收责任主要有以下几种承担责任的方式:

---

① 《合同法解释(二)》第22条规定:"当事人一方违反合同法第九十二条规定的义务,给对方当事人造成损失,对方当事人请求赔偿实际损失的,人民法院应当支持。"

② 《民法典》第179条第1款规定:"承担民事责任的方式主要有:(一)停止侵害;(二)排除妨碍;(三)消除危险;(四)返还财产;(五)恢复原状;(六)修理、重作、更换;(七)继续履行;(八)赔偿损失;(九)支付违约金;(十)消除影响、恢复名誉;(十一)赔礼道歉。"

第一,赔偿损失。原《合同法》第 92 条规定了后合同义务,原《合同法解释(二)》第 22 条规定:"当事人一方违反合同法第九十二条规定的义务,给对方当事人造成损失,对方当事人请求赔偿实际损失的,人民法院应当支持。"最高人民法院以司法解释的形式明确了赔偿损失是违反后合同义务的法律后果之一。虽然上述司法解释已失效,但仍不失为判决的重要参考。本案中,法院判决支持了金属处理厂诉请的场地占用损失即为这一责任方式的典型样态。

第二,直接回收。径行判令当事人回收旧物是最直接、最有效的责任方式。在王某荣、王某亮合伙合同纠纷案①中,法院认为:合同约定王某亮投资的 4 台加油机、4 个油罐、大棚归王某亮所有,而王某亮在加油站房屋内放置的拆掉的加油机、磅秤、铁架子、建筑材料等杂物均是王某亮个人所有的物品,合同解除后亦应予取走,故法院最终判令王某亮取回 4 个油罐、5 台加油机等加油站房屋内其所有的物品。

第三,支付回收费用。对于危险废物等需要由专业机构进行处置的旧物,旧物回收责任方式表现为当事人支付回收费用。《固体废物污染环境防治法》第 80 条规定,从事处置危险废物经营活动的单位应当按照国家有关规定申请取得许可证,禁止无许可证或者未按照许可证规定从事危险废物收集、贮存、利用、处置的经营活动;禁止将危险废物提供或者委托给无许可证的单位或者其他生产经营者从事收集、贮存、利用、处置活动。根据该规定,对于危险废物应当由取得许可证的经营单位进行专业处置,由此产生的回收费用应当由负有旧物回收义务的当事人承担。本案中,太阳能公司与金属处理厂均负有涉案生产线及废液的旧物回收义务,在涉案废液属于有害化学原料需要专业处置的情形下,其义务表现形式为向专业处置机构支付处置费用。需要说明的是,涉案生产线及附属物的旧物回收责任应当由双方共同负担,法院判令太阳能公司支付金属处理厂处置费用,系出于涉案旧物存放于金属处理厂厂房内等便利性因素考虑。至于判决生效后金属处理厂是否履行对于涉案生产线及附属物的处置义务,则受到相应的行政管理甚至刑事法律的规制。

(责任编辑:王　晨)

---

① 参见河南省商丘市中级人民法院民事判决书,(2021)豫 14 民终 2814 号。

自然人的人格权保护及于其虚拟形象
——何某诉上海自古红蓝人工智能科技有限公司 网络侵权责任案相关法律问题分析

孙铭溪[*]　毛春联[**]

裁判要旨

1. 自然人的人格权及于其虚拟形象。自然人虚拟形象所包含的姓名、肖像、人格特点等人格要素是自然人的人格权客体,因此,未经许可擅自创设、使用自然人虚拟形象,构成对自然人人格权的侵害。

2. 网络技术服务提供者在算法设计和规则设定中嵌套其主观价值和主观目的的,不适用"技术中立"原则,若技术服务者利用技术实质性地参与到侵权内容的提供和创作中,则该技术服务者应当被视为提供侵权内容的侵权行为人。

一、据以研究的案例

被告上海自古红蓝人工智能科技有限公司(以下简称自古红蓝公司)是某款手机记账软件的开发运营者,用户在该软件中可自行创设"AI 陪伴者",设置陪伴者的名称、头像,设置与该陪伴者的人物关系,如男女朋友、兄妹、母子等,并借助聊天语料实现与虚拟人物的交流互动。

原告何某系公众人物,在该款软件中被大量用户设置为陪伴者并设置了人物关系。自古红蓝公司通过聚类算法,将陪伴者"何某"按身份分类,并以协同推荐算法向其他用户推介该虚拟人物。用户在设置"何某"为陪伴者时,上传了大量原告的肖像图片用以设置人物头像。为了使虚拟角色更加拟人化,被告还

---

[*] 孙铭溪,北京互联网法院综合审判三庭庭长,北京师范大学民事诉讼法学硕士。
[**] 毛春联,北京互联网法院综合审判三庭法官助理,中国政法大学民商法学硕士。

提供了"调教"算法机制,即在用户上传各类符合该虚拟角色人设的文字、肖像图片、动态表情等互动语料,部分用户参与审核后,被告使用人工智能筛选、分类,形成人物专属语料。用户和该软件为"何某"制作了专属语料,根据话题类别、人设特点等,用于"何某"与用户的对话中,为用户营造一种与原告真实互动的体验。

原告何某认为,自古红蓝公司的行为侵害了其姓名权、肖像权以及一般人格权,因此诉至法院,请求判令被告公开向其赔礼道歉,并赔偿经济损失及精神损害。被告自古红蓝公司则认为,原告何某主张的角色设置、肖像图片上传、语料"调教"等行为均由用户作出,其仅为网络技术服务提供者,且其已在用户协议中明确了用户不得作出侵害他人权益的行为,在何某发出通知后已将含有何某姓名、肖像的"AI陪伴者"删除,故其不应承担侵权责任。

一审法院经审理认为,本案争议焦点为:(1)被告是否仅为网络技术服务提供者;(2)被告是否侵害了原告的肖像权、姓名权、一般人格权。具体分析如下:

(一)自古红蓝公司为网络内容服务提供者

1. 被告的技术服务鼓励、组织了虚拟形象的创设

涉案软件的服务与技术服务存在本质不同,自古红蓝公司并非提供简单"通道"服务,而是通过规则设定、算法设计,鼓励、组织用户形成侵权素材,与其共同创设虚拟形象,并使用到用户服务中。在此情形下,虽然具体图文由用户上传,但自古红蓝公司的产品设计和算法应用直接决定了软件核心功能的实现,自古红蓝公司不再只是中立的技术服务提供者,而应作为网络内容服务提供者承担侵权责任。

2. 局限于技术服务的角度不利于权利保护及网络治理

涉案软件实际上构成对何某人格形象的整体性虚拟化使用,对于可能涉及侵权的内容,自古红蓝公司相比于普通用户获得授权的可能性更大,其商业化使用应当获得权利人的许可,如果仅从技术服务的角度评价自古红蓝公司的行为,不利于人格权益保护和网络空间治理。

(二)自古红蓝公司的行为侵犯了何某的肖像权、姓名权、一般人格权

在自古红蓝公司的规则设定和算法设计下,用户使用何某的姓名、肖像创设虚拟人物,制作互动语料素材,实际上是将何某的姓名、肖像、人格特点等综合而成的整体形象投射到虚拟角色上,形成了何某的虚拟形象,属于对包含了何某肖像、姓名的整体人格形象的使用。

1. 被告的行为侵犯了何某的肖像权、姓名权

本案中,肖像、姓名是何某整体形象利用的重要部分。根据《民法典》的相关规定,在此种使用场景中,自然人既有人格利益,也有财产利益。

通过涉案软件的规则设定和算法设计,自古红蓝公司事实上鼓励、组织了用户上传侵害何某肖像权的图片,侵害了何某的肖像权。同理,本案自古红蓝公司商业化使用何某姓名的行为并未获得何某的许可,侵害了何某的姓名权。

2. 被告行为侵犯了何某的一般人格权

首先,具体人格权无法完整涵盖涉案软件使用的人格利益。涉案软件将何某的姓名、肖像、性格特征、人格特点等综合而成的整体形象投射到人工智能角色上,并且让用户可以与该角色设置虚拟身份关系,这是对何某整体形象和人格表征的利用,肖像权、姓名权的人格利益无法完整涵盖。

其次,未被涵盖的人格利益属于一般人格利益。涉案软件使得人工智能角色与真实自然人高度关联,容易让用户产生一种与何某真实互动的情感体验。同时,涉案软件的功能设置还涉及了应由何某自由决定的其人格要素如何被使用的范畴,涉及了何某的人格尊严,构成对何某一般人格利益的侵害。例如,涉案软件使得用户可以任意设置与"何某"之间的亲密关系,并在对话中设置"爱你""抱抱"等亲密对话标签。更为显著的是,涉案软件将创作语料的功能称为体现不对等关系的"调教"。

最后,尽管何某作为公众人物,人格利益应受到一定限缩,但是自古红蓝公司和用户的行为明显超过了合理的限度。自古红蓝公司未经许可,利用涉案软件对何某的人格表征进行了系统性功能设计和商业化利用,且用户在此过程中与虚拟人物的互动又明显区别于开放平台中偶发的轻微亲密性或贬损性言论,因此自古红蓝公司侵害了何某的一般人格权。

一审法院依照《民法典》第 990 条、第 998 条、第 1012 条、第 1018 条,《侵权责任法》(已失效)第 8 条、第 15 条、第 20 条、第 22 条、第 36 条第 1 款①,《最高人民法院关于审理利用信息网络侵害人身权益民事纠纷案件适用法律若干问题的规定》(2014 年)第 15 条②、第 18 条③,《最高人民法院关于适用〈中华人民共和国民法典〉时间效力的若干规定》第 1 条第 2 款、第 2 条、第 3 条,《最高人民法院关于确定民事侵权精神损害赔偿责任若干问题的解释》(2001 年)第 10 条④的规定,判决如下:(1)被告自古红蓝公司于判决生效之日起 7 日内在涉案软件最新活动页面持续 7 天向原告何某公开赔礼道歉,致歉内容应包含本案判决书案号和自古红蓝公司侵害何某肖像权、姓名权及一般人格权的情节并经法院审

---

① 相关规定分别参见《民法典》第 1168 条、第 179 条、第 1179 条、第 1194 条。
② 2020 年修正的此规定中已无对应规定。
③ 相关规定参见 2020 年修正的此规定第 12 条。
④ 相关规定参见 2020 年修正的此解释第 5 条。

核,如不履行该义务,法院将选择一家全国公开发行的报纸刊登判决主要内容,费用由被告自古红蓝公司负担;(2)被告自古红蓝公司于判决生效之日起7日内赔偿原告何某经济损失183 000元(包括合理维权支出3000元);(3)被告自古红蓝公司于判决生效之日起7日内赔偿原告何某精神损害抚慰金20 000元;(4)驳回原告何某的其他诉讼请求。

一审判决后,被告自古红蓝公司提起上诉,后又撤回,本案判决已发生法律效力。

二、相关法律问题分析

本案入选最高人民法院"民法典颁布后人格权司法保护典型民事案例",是全国首例利用算法设计组织实施人格权侵权的新类型案件。本案中,自古红蓝公司借助"粉丝经济",以满足粉丝群体与偶像对话的娱乐需求为创新点,利用涉案软件的功能设计和算法运用,使用何某的姓名、肖像、人物性格等人格要素,与粉丝群体共同创设了何某的虚拟形象。相比于一般的人格权侵权案件,本案涉及的人格要素更为丰富、侵权行为人更为广泛、技术应用更为深入。因此,最高人民法院评价本案明确了自然人的人格权及于其虚拟形象,同时对算法应用的评价标准进行了有益探索,对人工智能时代加强人格权保护具有重要意义。

(一)法律关系客体的界定:基于人格要素创设的自然人虚拟形象

近年来,"虚拟形象"作为一种新型法律关系客体开始进入理论研究和司法实践领域。实践中,作为权利客体的虚拟形象包括三种类型:一是自然人真实形象经艺术化处理,如漫画、剪影等所生成的形象;二是自然人创作的虚拟人物,如游戏人物、戏剧人物等的形象;三是著名建筑物、地标等物体经艺术化处理后的图标等。这三种虚拟形象多以商标权、著作权等知识产权加以保护。

同时,笔者在检索时注意到,虚拟形象亦常常出现在艺人的经纪合同之中,与姓名、肖像等人格要素并列,作为经纪公司可以商业化使用的要素。[①] 然而,相比上述类型,本案中的虚拟形象具有以下特点:

一是基于自然人肖像、姓名等众多人格要素而创设,独立于自然人但与自然人高度关联。本案虚拟形象涉及的个人要素较多,包括了姓名、肖像、性格特点、行为特点等众多真实的个人要素,因此,尽管粉丝群体与被告在共同创设这一虚拟形象时能够明确认识到该形象并非真实的何某,但仍热衷于将该虚拟形象与

[①] 可参见河南省濮阳市中级人民法院民事判决书,(2021)豫09民终1119号;江苏省盐城市中级人民法院民事判决书,(2020)苏09民终2012号;江苏省盐城市中级人民法院民事判决书,(2020)苏09民终1613号;上海市黄浦区人民法院民事判决书,(2020)沪0101民初13700号。

真实的何某相关联,享受虚拟形象的陪伴。

二是深度应用算法等互联网技术,赋予虚拟形象互动功能,加深其拟人化水平。在自然人真实人格要素的基础上,涉案软件还为该虚拟形象提供了进一步拟人化的功能,赋予该虚拟形象虚拟的人设和仿真的互动技能,如任意的人物亲密关系,符合人物特点的表情包、文字等交流语料,直接的"爱你""抱抱"等亲密对话标签。

(二)请求权基础分析:自然人的虚拟形象是人格权的客体

1. 中国法语境下请求权基础的寻找与解释

我国民事法律体系中,民事权利保护的请求权基础模式为"具体权利规定+侵权责任规定"。由于所依据的侵权责任相关规定大体一致,明确具体权利依据成为确定请求权基础的关键。

《民法典》出台以前,我国法律对于自然人虚拟形象的保护并无明确的请求权基础可援引,在借鉴美国法以及德国法的基础上,学者对自然人的商品化人格要素究竟是何种权利的客体这一问题,形成了两种主要的观点:其一,自然人的商品化人格要素(虚拟形象等)为人格权商品化的表现,应依据人格权加以保护[1];其二,自然人的虚拟形象为形象权(right of publicity,或称公开权)的客体,应新设形象权加以保护[2]。究其本质,两种观点盖属人格权要素商业化利用的"德国一元化保护模式"与"美国二元化保护模式"之争[3]。笔者认为,此项争议随着《民法典》的出台可落幕矣。

(1)《民法典》第990条:以开放的人格权体系应对新生的人格要素

虚拟形象所涉及的人格要素本就众多,而互联网的高度"拟人化"技术还使人格要素范围不断扩张。原《民法通则》、原《侵权责任法》仅列举了具体人格权,而原《民法总则》又仅规定了人格要素的核心内容(人身自由、人格尊严),因此依据前述法律实际上难以将众多的人格利益完整地纳入规制范畴。《民法典》弥补了这一缺漏,对于自然人人格利益作出了更有利的保护。《民法典》第990条明确,除了具体人格权外,自然人还享有基于人身自由、人格尊严产生的其他人格权益,这实际上明确了基于人身自由、人格尊严产生的人格利益均为人格权的权利客体。由于缺乏明确的界定标准,基于人身自由、人格尊严产生的人格权益体系乃是一个开放体系。本案虚拟形象所涉及的众多人格利益即可援引

---

[1] 参见王利明:《论人格权商品化》,载《法律科学(西北政法大学学报)》2013年第4期。
[2] 参见吴汉东:《形象的商品化与商品化的形象权》,载《法学》2004年第10期。
[3] 参见王泽鉴:《人格权法:法释义学、比较法、案例研究》,北京大学出版社2013年版,第291~292页。

该条款加以完整保护。

(2)《民法典》第993条:以明确的财产属性应对人格要素的商品化

学者主张新设"形象权"这一财产性权利对商品化的人格要素加以保护的主要原因是之前的《民法通则》《侵权责任法》《民法总则》对于人格权的保护偏向于对精神利益的保护,忽略了对财产利益的保护。在人格要素商品化的场景下,自然人所受的财产损失相较于精神损失更为显著,若仅对精神损失加以救济,则该救济并不完全,本案虚拟形象的使用即属商业化使用。《民法典》第993条的出台则以许可使用之权能,明确了部分人格权所具有的财产属性,并与第1182条共同构成了侵害人格权财产利益的损害赔偿请求权基础。

2. 人格权作为请求权基础的适用规则

(1)逻辑基础:人格权对虚拟形象的保护是对其涉及的人格要素的保护

尽管根据前述论证,虚拟形象可援引人格权作出请求权基础加以保护,但是此处的虚拟形象应被分解为构成该虚拟形象的各人格要素,无论其具体与否,构成该虚拟形象的各人格要素才是人格权的实质权利客体。这与形象权有所不同,形象权的权利客体即为自然人的人物形象。因为人格权权利体系中并不存在以自然人的整体虚拟形象为客体的权利,故人格权对虚拟形象的保护是对其涉及的人格要素的保护。

(2)规制路径:一般人格权和具体人格权的共同适用

①一般人格权与具体人格权的结构自洽

解构虚拟形象所包含的人格要素后,依照各要素的相关权利进行保护时,可能面临一般人格权和具体人格权能否共同适用的问题,而这首先需要厘清一般人格权和具体人格权的关系(静态)。当前,针对一般人格权和具体人格权的关系存在两种主要的观点:一种观点认为,一般人格权是包含了具体人格权的上位概念[①];另一种观点认为,二者彼此独立、互不隶属,共同构成了人格权体系[②]。两种观点的关系结构整理如图1所示。

笔者认为,《民法典》第989条更适宜被理解为树状结构,理由如下:

从概念使用的必要性角度来看,《民法典》第989条、第991条、第992条等条文明确了我国人格权权利体系中存在"人格权"的概念,第990条第1款、第1002条、第1003条等条文明确了我国人格权权利体系中存在生命权、身体权等

---

① 参见最高人民法院民法典贯彻实施工作领导小组主编:《中华人民共和国民法典人格权编理解与适用》,人民法院出版社2020年版,第25页。

② 参见许可、梅夏英:《一般人格权:观念转型与制度重构》,载《法制与社会发展》2014年第4期;杨立新、刘召成:《论作为抽象人格权的一般人格权》,载《广东社会科学》2010年第6期。

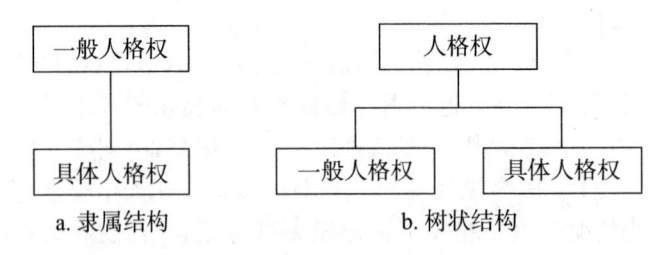

```
        ┌─────────┐                    ┌───────┐
        │ 一般人格权 │                    │ 人格权 │
        └────┬────┘                    └───┬───┘
             │                     ┌───────┴───────┐
        ┌────┴────┐           ┌────┴────┐     ┌────┴────┐
        │ 具体人格权 │           │ 一般人格权 │     │ 具体人格权 │
        └─────────┘           └─────────┘     └─────────┘
         a.隶属结构                      b.树状结构
```

图1　关于一般人格权和具体人格权关系结构的两种观点对比

具体人格权。由于第990条第2款所规定的权利具有高度的抽象性与开放性，无论是在理论研究还是司法适用中，均具有设定法律概念的必要性。但隶属结构实际上将"一般人格权"概念等同于"人格权"，将其作为了涵盖所有人格利益的概括性权利。如果采用此结构，又将以何种权利概指第990条第2款所规定的权利？

从规范解释的角度来看，《民法典》人格权编的体例安排明确了人格权是本编所涉及权利的上位概念。第990条第1款列举了人格权所包含的具体人格权；第2款则规定，除了第1款列举的具体人格权外，自然人享有基于人身自由、人格尊严产生的其他人格权益。对"其他"作字面解释可知，第2款规定的权利客体与第1款不同，两款所规定的权利客体均是基于人身自由、人格尊严产生的人格利益，第1款所涉人格利益已经形成了明确类型，而后者是除第1款所涉利益外剩余的权益束。同时，对"除前款规定的人格权外"作体系解释可知，第1款列举的具体人格权与第2款规定的权利应处于同一位次。因此，第990条实际上构建了人格权权利体系的树状结构。

树状结构使得一般人格权与具体人格权成为彼此分明的不同权利，为其共同适用提供了可能性。

②具体人格权与一般人格权的适用路径

基于前述分析，笔者认为，一般人格权和具体人格权在以下场景中得以共同适用：

其一，人格利益多样化场景。当一项侵权行为同时侵害了具体人格利益和一般人格利益时，二者可以用以规制同时涉及的不同人格利益。反对一般人格权与具体人格权同时适用的主要理由是共同适用时，一般人格权的高度抽象性将吸收具体人格要素，排除具体人格权规则的适用。但在树状权利体系结构中，具体人格权的权利客体为法律所类型化的具体人格要素，如姓名、名誉等；一般人格权的权利客体则是未被法律所类型化的人格要素，即一般人格利益。一般人格权和具体人格权在权利客体上的区分使得二者存在同时适用的基础。

其二,侵权行为方式多样化场景。当对某具体人格利益的侵犯既采取了受具体人格权规制的方式,又采取了不受具体人格权规制的方式时,具体人格权和一般人格权也可以同时适用。具体人格权作为法定权利,其内涵、外延、权能均为法定,具有相当的封闭性。然而,为应对社会现实和新技术的发展,仅保持权利客体体系的开放仍有不足,权利的权能内容亦应保持适当的开放。这也是《民法典》增加了部分人格权许可他人使用的权能的主要原因。笔者认为,一般人格权不仅是剩余人格权束,为了平衡现实发展和权利法定主义,其同时也是剩余人格权能束,当一项侵权行为方式不能被具体人格权规制时,可以通过一般人格权加以规制。但遗憾的是,《民法典》的规定并不明确,甚至对于《民法典》中的一般人格权是否如具体人格权一样具备商业化许可使用的权能,从其规定中亦不可得知。

同时,在一般人格权与具体人格权的相长中,二者形成了具体人格利益和一般人格利益的动态关系(见图2)。

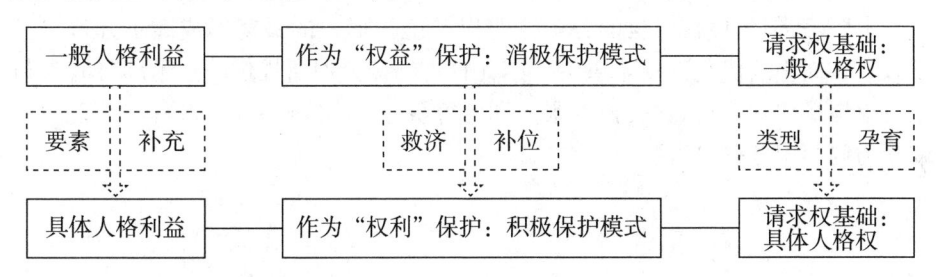

图2 具体人格利益与一般人格利益的动态关系示意

如前述两种场景,一般人格权作为框架性权利,对于人格要素的保护具有要素补充和救济补位的作用。值得注意的是,目前普遍认可具体人格权和一般人格权对于人格利益的保护方式存在差异,前者为权利确认后的积极保护,后者为权益确认后的消极保护。同时,一般人格权还是过渡性的权利①,具有孕育具体人格权和促进具体人格权发展的作用。随着社会现实的变化和新技术的发展,如果新生人格利益在一般人格权的保护规则下,具备了被类型化为具体人格权的条件,那么该人格利益应被剥离出一般人格利益,而进入具体人格利益的范畴,形成具体人格权对其加以保护。

(三)侵权行为的新特点:新技术应用对侵权行为人认定的影响

1. 以算法为代表的新技术对技术中立原则的突破

随着以算法为代表的新技术日趋成熟,其"非中立性"逐渐显现。尽管究其

---

① 参见刘召成:《民法一般人格权的创设技术与规范构造》,载《法学》2019年第10期。

本质而言，以算法为代表的新技术依然建构于计算机指令代码等互联网基础技术原理之上，但算法等新技术在设计的过程中嵌入了设计者的主观价值和主观目的，即具有了"主观性"而不再客观中立，由此涉及的算法开始运行后，实际上是在贯彻和执行设计者的主观价值和主观目的。

笔者认为，对算法进行评价的核心即在于设计者在算法中嵌套的主观价值和主观目的是否合法。如果设计者的目的并非单纯提供一种技术，而是通过算法实施侵权行为或者鼓励、组织他人实施侵权行为的，则其算法不具有技术中立属性，应当透过设计者仅提供算法的行为，将算法设计者视作侵权行为人。

2.技术深度应用对技术服务与内容服务界限的突破

技术的深入应用使得技术开始深入参与到了内容的创作提供中，表面上看技术服务提供者仅提供技术支持，但是借由技术的深入应用，其实际上是提供内容的网络服务者。

本案中，自古红蓝公司尽管在侵权素材的提供和虚拟形象的生成中主要提供技术服务，但是侵权素材的分类升级以及虚拟形象的最终形成离不开被告基于该目的而不断优化的技术供给。因此自古红蓝公司所提供的技术即带有参与创设虚拟形象的明显目的，技术服务和内容服务的界限被突破，自古红蓝公司应被视为内容服务提供者。

（责任编辑：王　凯）

亲属互助行为构成无因管理之债的认定
——韩某诉王某无因管理案相关法律问题分析

陈　欢[*]

裁判要旨

对亲属间无因管理之债的认定,可从管理人与受益人、管理人与被管理人、受益人与被管理人三方面的亲疏关系入手,判断是否符合无因管理的三个构成要件。通常认为,管理人与被管理人的关系处于家庭成员尤其是第一顺位法定继承人之间的,难以认定管理人存在管理意思。受益人与被管理人的关系处于家庭成员尤其是第一顺位法定继承人之间的,则应认定为属于受益人的事务,反之则难以认定为他人事务。

一、据以研究的案例

韩某诉称,韩某与王某曾为婆媳关系。2014 年,韩某之子,即王某的丈夫李某被查出身患癌症。经诊治未能挽留住生命,李某于 2017 年去世。自李某患病至去世,都是韩某陪床照料,王某总说自己没时间,医疗费的支出几乎全部是韩某承担的。为了挽救儿子生命,韩某只能支付医疗费、替李某归还治病借款。对于这些支出,王某总说:"妈,你先垫着,将来还你。"但直至韩某提起诉讼时,李某已经去世两年多了,对于韩某为了给李某治病而支付的医疗费,王某却只字不提。韩某虽为李某之母,但其照顾住院生病的李某是出于人性和亲情,而不是出于法定责任。王某作为李某的妻子,是照顾和给李某支付医疗费的法定义务人。在李某生病期间,韩某无论是出钱还是出力,均是代替王某而为之,是法律意义上的无因管理行为。故王某应归还韩某代其垫付的医疗费用。

---

[*] 陈欢,北京市西城区人民法院民事审判一庭法官助理,清华大学法律硕士。

王某辩称,韩某不构成无因管理,韩某垫付款项没有依据,即便韩某支付及垫付医疗费也是赠与。李某留有遗产,且李某在立遗嘱时已经将遗产多分给韩某,包括价值500万元的房屋、车辆、存款,并已有法院判决对李某遗产作出分配。

本案一审法院经审理认为,无因管理,是指没有法律规定或约定的义务,为避免他人利益受损而为其管理事务。父母对具有劳动能力的成年子女无抚养义务,但韩某支付医疗费是基于与李某的母子关系,且依据法律规定,韩某对李某的遗产享有第一顺序的法定继承权。另外,韩某已实际继承了李某的大部分遗产,故韩某为李某支付医疗费并非无因管理。因此判决驳回了韩某的诉讼请求。

韩某不服一审判决,提起上诉。二审法院经审理认为,无因管理系管理人为避免他人利益受损而进行的管理行为,而韩某为儿子李某垫付医疗费的行为,根据常理判断主要系为了挽救儿子的生命、健康,难以认定其主观上系为避免王某的利益受损。无因管理系管理人没有法定或约定义务而为管理行为。本案中,韩某诉称对于垫付的费用王某曾表示"妈,您先垫上,等我有了给您""妈,你先垫着,将来还你",故就韩某主观而言,其系先行垫付医疗费用,而并非进行无因管理。在韩某未依据合同、债务等其他法律关系主张权利的情况下,径行以无因管理纠纷提起诉讼存在不当。最终,二审法院判决维持原判。

二、相关法律问题分析

无因管理制度的目的在于鼓励社会成员互相帮助,但本案的原告与被告本系亲属,因血亲或姻亲链接起来的亲属关系较普通的社会成员掺杂更多的情感因素。如果认定亲属之间的互助行为亦成立无因管理之债,则可能忽略亲属之间的情感因素,有违伦理道德,有违社会主义核心价值观;反之,则可能有损管理人的利益,有损亲属之间互相帮助的积极性。关于亲属之间的互助行为能否以无因管理之债主张,相关案例尚少,且裁判结果不一,值得探讨。本文认为,认定亲属互助行为构成无因管理之债,首先,可从三方面关系分析无因管理的构成要件:(1)从管理人与受益人的关系角度考虑法定或约定的义务;(2)从管理人与被管理事务涉及的人("被管理人")的关系角度考虑管理意思;(3)从受益人与被管理人的关系角度考虑他人事务。其次,认定的关键及难点在于管理意思的判断,可从家庭成员及法定继承两个层面考虑。最后,应当注意无因管理之债的末位使用原则,在无法主张其他债权关系的情况下才适用无因管理纠纷的案由。

(一)无因管理的三层次关系

无因管理有三个构成要件:没有法定或者约定的义务、管理的意思、管理的行为。本案中,因管理人、受益人、被管理人之间存在母子、婆媳、夫妻这样的亲属关系,影响了三要件的判断。关于亲属互助行为能否构成无因管理之债,首先需以"亲疏关系"为核心,从管理人、受益人、被管理人三者的亲属关系入手,重新解析无因管理的三个构成要件,具体如图1所示。

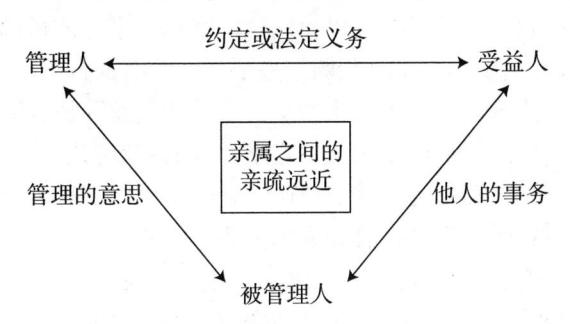

图1 无因管理的三层次关系

1. 第一个关系:管理人与受益人的关系

该关系主要考量管理人与受益人有无法定或者约定的义务。法定义务在此类案件中较为容易判断。《民法典》规定了父母对未成年子女的抚养义务、夫妻之间的扶养义务、成年子女对父母的赡养义务,除此之外的亲属之间并没有法定的义务。就约定义务而言,日常生活中亲属之间口头约定的情形并不少见。俗话说"清官难断家务事",法官作为中立第三方较难判断当时情形下亲属之间是一种怎样的约定和考虑。通常认为不符合常理的事情,在某个家庭中可能就确实发生了。法官依常理、常识、习惯进行的推断,未必是事情原本的面貌,这就容易造成自认为有理却败诉的一方情绪激动,有些情况下也会因为自媒体等舆论影响,造成不好的社会效果。因此,应当注意对约定义务的推断,综合当事人陈述及经验法则可初步判断管理人与受益人之间是否有约定的义务,此处的判断标准不宜过于严苛,需做到社会效果与法律效果的统一。本案二审法院将王某曾经口头表示的"妈,您先垫上,等我有了给您""妈,你先垫着,将来还你"作为了一种约定,以此判定韩某主观上并非无因管理。本案二审法院对约定义务的判断标准较为宽松。

2. 第二个关系:管理人与被管理人的关系

管理人与被管理人之间的亲疏关系影响管理人的管理意思。无因管理若发生于陌生人之间,较容易判断管理意思,社会成员之间互助主观上是为了避免他人利益受损失,即将管理行为所产生的利益归属于受益人的意思。陌生人之间没有约定的义务,更无从谈起法定义务。但若管理人、受益人及被管理人之间存在母子、婆媳、夫妻这样的亲属关系,则难以判断管理人是否具有管理他人事务的意思表示。亲属之间互助有时是基于亲情,有时是避免他人利益受损,有时二者兼有,人之主观因素难以判断,尤其管理人与被管理事务本身就存在其他利益关系时更难以区分。通常我们认为亲属之间有更多的道德牵绊,较为亲近的亲属之间难以认定管理人在实施管理行为时是基于管理他人事务的意思。对于亲属关系远近对管理意思的影响,可以借助法定继承及家庭成员的范围进行判断。本案中,一审、二审法院均依常理判断婆婆垫付医疗费的行为主观上是为了挽救儿子的生命,难以认定其主观上系为避免其儿媳的利益受损,即婆婆在本案中并非管理的意思。另外,一审法院也从法定继承权的角度,认为韩某已经实际继承了李某的大部分遗产,韩某为李某支付医疗费并非无因管理。

3. 第三个关系:受益人与被管理人的关系

无因管理中,管理的是他人事务,需从受益人与被管理人的关系分析被管理的事情是否为受益人的私人事务,是否适合作为债的目的。本案中,被管理的事务是人的生命健康,与一般金钱财产类事务不同。且被管理人最终去世,发生了继承,产生了其他的法律关系,此时管理人管理的事务就不仅是他人的事务了。本案较普通的无因管理类单一法律关系更为复杂,需要考虑继承的因素。如果受益人与被管理人之间是基于纯粹的习俗、道德、社会公益性质的关系,如姻亲、远亲这样的亲属关系,管理人称帮助受益人管理了受益人的事务,恐难支持。

综合以上三个关系可以看出,认定亲属这个特殊群体之间的互助行为能否形成无因管理之债,实质在于考察管理人、被管理人与受益人之间的亲疏关系,核心及难点在于判断管理人对被管理人是否有管理的意思。亲密的血缘关系有助于缓解竞争,亲密的共同生活的人相互依赖的地方是多方面的,亲属是自己人[①],因此关系亲近的亲属之间,管理意思相对弱化。

(二)亲属关系的二层面分析

管理者与被管理人之间的亲属关系远近影响管理人的管理意思。虽然管理人是否具有管理意思视具体案情而定,但对于此种亲疏关系,综合本案及相关案例,笔者认为可从家庭成员及法定继承两个层面考虑。

1. 第一个层面:家庭成员有更多的帮助义务

无因管理制度本身存在一定道德成分,促使或者引导管理人实施管理行为并非法律赋予管理人的无因管理之债的请求权,而是个体内心的道德倾向。道德与法律有交集也有界限,无因管理制度在平衡道德与法律时,无时无刻不在协调"禁止干涉他人事务"与"鼓励互助行为"。[②]《民法典》颁布后,以专章规范无

[①] 参见费孝通:《乡土中国》,人民出版社 2008 年版,第 91 页。
[②] 参见郭如愿:《无因管理制度中的道德考量》,载《大连干部学刊》2016 年第 3 期。

因管理制度,不仅存在利于受益人的制度设计,也存在利于管理人的制度设计①,不断平衡受益人与管理人的利益。如果说陌生人之间的相互帮助是高水平的道德要求,那么在亲属之间平衡互助行为各方的利益,则需降低道德要求。《民法典》第1045条第3款规定:"配偶、父母、子女和其他共同生活的近亲属为家庭成员。"家庭成员是关系亲密的亲属,互相帮助的义务要高于普通社会成员,受道德约束更多,从主观上更难以认定避免他人利益受损的管理意思。例如,爷爷以无因管理为由起诉儿子,要求返还看护孙子的费用,法院即认为应当为赠与关系,而非管理的意思。

2. 第二个层面:法定继承顺位影响管理意思

《民法典》第1127条第1款规定:"遗产按照下列顺序继承:(一)第一顺序:配偶、子女、父母;(二)第二顺序:兄弟姐妹、祖父母、外祖父母。"同时对继承顺序、子女、父母、兄弟姐妹进行了解释。管理人与被管理人如果属于第一顺位的法定继承关系,在本案涉及的情况下,由于已经发生了实际继承,则管理人所主张的费用应当从遗产中予以扣除,而不成立无因管理法律关系。也就是说,管理人在要求受益人偿还费用之前,应先依据继承法律法规的规定处理被管理人的遗产。而管理人如果是第二顺位的继承人,在第一顺位继承人继承了遗产的情况下,第二顺位继承人并未获得任何补偿,从利益平衡的角度看,对于其为被管理人支出的费用应当允许其向受益人要求补偿。

出于他人利益管理他人事务产生费用的,当事人一般选择自行解决,非必要不会付诸法律。② 亲属之间更是如此,碍于情面往往私下解决。因此,亲属之间以无因管理起诉至法院的情形并不多,笔者查询相关案例,发现曾有姑姑起诉侄女返还替弟弟(侄女的父亲)垫付的医药费获支持的案例。具体案情为:薛某1为薛某2的姐姐,薛某2为薛某3的父亲,薛某1为薛某3的姑姑。薛某2因突发疾病被送至医院,最终抢救无效死亡。其间,薛某1对薛某2进行照顾并垫付了医疗费及丧葬费。薛某3办理继承后,未向薛某1提出支付医疗费及丧葬费的问题。故薛某1以无因管理为由诉至法院,要求薛某3支付其垫付的医疗费及丧葬费。最终法院支持了薛某1的诉讼请求。法院认为,对于薛某2生前就医产生的医疗费用及其去世后产生的丧葬费用,作为其近亲属的薛某1虽进行了支付,但不属于薛某1的法定义务,应属于一种亲属间道义上的帮扶行为,该种行为融入了亲情与友善,符合我国传统的道德风俗,应予肯定,故该等费用的性质应被认定为薛某1在帮扶过程中的一种垫付行为。在此情况下,作为薛某2

---

① 参见易军:《无因管理制度设计中的利益平衡与价值调和》,载《清华法学》2021年第1期。
② 参见郭如愿:《无因管理制度中的道德考量》,载《大连干部学刊》2016年第3期。

遗产的合法继承人,对于上述债务,薛某3应负有返还的义务。

由此可见,在此类案件中,亲属关系越近,互助行为的道德及价值观念因素越多,故对无因管理之债的认定应剔除亲密的亲属关系,形成以被管理人为中心、以亲属关系远近为因素的管理意思圈层,由内而外依次递减,具体如图2所示。

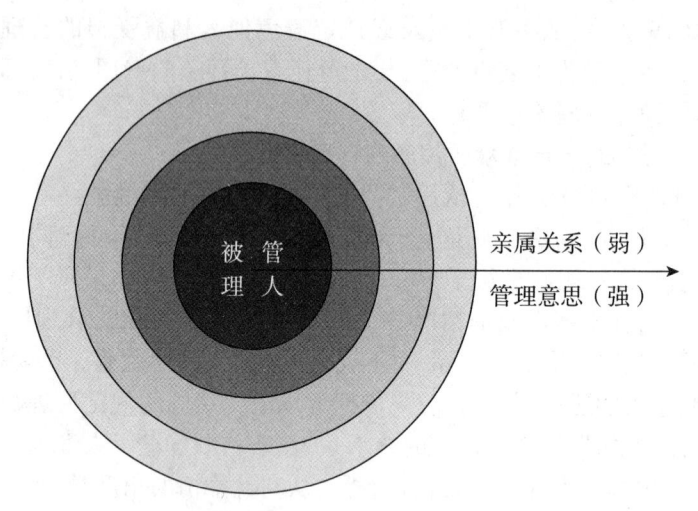

图2 亲属关系远近与管理意思强弱关系

(三)无因管理的末位使用原则

应当注意的是,《民法典》中关于无因管理与不当得利的条款位于合同编最后部分,是与侵权之债、合同之债并列的准合同之债,无因管理之债应当在没有合同、侵权等其他法律关系的情况下主张,属于主张权利的末位法律关系。本案二审法院也提出,婆婆在未依据合同、债务等其他法律关系主张权利的情况下,径行以无因管理纠纷提起诉讼存在不当。因此,亲属之间的互助行为应先寻求其他权利救济方式。笔者搜寻相关案例发现,亲属之间以无因管理为案由诉至法院的部分案件,最终并未以无因管理纠纷结案,而是变更为赠与合同、不当得利等其他案由。例如,女儿以无因管理为由起诉无民事行为能力的母亲,要求返还替母亲垫付的诉讼及保全费用,法院认为,女儿作为母亲的法定代理人,为母亲争取权益是法定义务,此情形应为不当得利,而非无因管理。

(四)总结

本案中,因管理人韩某与被管理人李某属于"母子"这样亲密的亲属关系圈层,影响了管理人的管理意思,管理人韩某最终无法以无因管理之债获得补偿。但若管理人韩某属于被管理人李某家庭成员之外的人员,如韩某系李某的姑姑、姨母等旁系血亲,则可以认定韩某具有管理的意思。但从受益人的角度而言,受益人与被管理人的关系若属于第一顺位法定继承人或者家庭成员圈层,则可认定管理人管理的是受益人的事务。本案中,因受益人王某与被管理人李某是夫妻关系,王某为李某支付医疗费才构成王某的事务。

综上所述,如果被管理的事务是被管理人的生命健康,在此类亲属互助的案件中,管理人、受益人、被管理人之间的三层关系均属于家庭成员,尤其是属于第一顺位法定继承人时,因不具备管理意思难以认定构成无因管理之债;反之,如果管理人、受益人、被管理人之间的三层关系均不属于家庭成员,则因不成立受益人事务而难以认定构成无因管理之债;管理人、受益人、被管理人之间的三层关系需错位跳出亲密的亲属关系圈层,方可构成无因管理之债。亲属之间以无因管理为由诉至法院的案件,通常牵绊着道德因素。法官在审理时,应注意形成裁判的过程中对价值观念的考量,法官的裁判也是一种价值观念的弘扬。认定亲属之间的互助行为能否构成无因管理之债的过程,也是法官将社会主义核心价值观融入心证的过程,应当注意诠释及践行社会主义核心价值观的内在含义。

(责任编辑:王 凯)

事后追认型夫妻共同债务的司法认定
——刘某诉王某、张某民间借贷纠纷案相关法律问题分析

王世洋*

裁判要旨

现行法律规定并未明确夫妻共同债务中"事后追认"的判断标准和规则。理论和实践中对"事后追认"的认定标准争议较大，主要集中在能否以默示和沉默的方式认定追认，以及何种行为能够被认定为"事后追认"。本文将"事后追认"的概念置于《民法典》现行规定中进行系统考量，认为对"事后追认"的界定应从法律行为理论视角出发，主要考察是否达成"举债合意"，并应符合法律解释的方法。之后总结出"事后追认型"夫妻共同债务的认定规则：债权人应就非直接举债方对债务进行了追认承担举证责任；事后追认不能简单地以事后知情为标准；事后追认可以采用明示、默示的方式进行。沉默在符合《民法典》第140条第2款规定的三种情形时也可以被认定为事后追认。

一、据以研究的案例

张某与王某于2013年5月登记结婚，于2019年11月登记离婚。2019年1月，张某向刘某出具两张借条，其中一张载明："张某向刘某借款人民币27万元整，月利息为2%，为期一年。张某承诺每月20日之前给付利息，若逾期则按每日千分之三给付罚息。2020年1月27日如数归还本金。若不能如期归还，则由张某承担一切法律责任。张某承诺刘某为张某的第一债权人。刘某在张某不履行承诺时，可第一时间执行张某财产。"另一张载明："今张某向刘某借款人民币

---

* 王世洋，北京市第三中级人民法院刑事审判第二庭法官，北京大学法律硕士。

58万元整,月利息为2%,为期一年。张某承诺每月20日之前给付利息,若逾期则按每日千分之三给付罚息。2020年1月27日如数归还本金。若不能如期归还,则由张某承担一切法律责任。"张某还手持两张借条拍照,并录制了宣读两张借条内容的视频。后张某未按时偿还借款,刘某诉至法院要求张某、王某返还借款本金85万元,并支付逾期还款利息。

王某辩称对张某借款一事毫不知情,其未在借条上签名确认,事后也未追认。出借款项未存入王某的银行账户,张某也未将借款用于家庭生活或夫妻共同经营活动。王某提供了离婚证,证明其已与张某离婚,张某所借债务为张某的个人债务,王某无义务偿还。

一审法院审理期间,刘某提供了其与王某之间的微信聊天记录,证明其曾向王某提及张某向其借款一事,并表达了自己的担心,王某让其不用担心。王某表示,微信提及的"借贷"不能证明是借款还是贷款,也不能证明与本案有关。一审法院经审理后判决:张某、王某连带偿还刘某借款本金85万元,并支付逾期还款利息。

宣判后,王某提出上诉。二审期间,刘某进一步提供其与张某的微信聊天记录,其中多次出现打款、付息的确认信息,同时几次出现"需要钱过桥""集中过桥"等信息,张某陈述:"你放心,咱们合作快一年了……"刘某与王某的微信记录中,多为就孩子教育、上辅导课等进行沟通。

二审法院经审理后认为,涉案借条虽形成于张某与王某夫妻关系存续期间,但涉案借条系张某个人所签,且转入张某个人账户,加之涉案借款金额较大,已超出家庭日常生活需要,故刘某应就涉案借款属于夫妻共同债务举证。刘某提交的微信聊天记录中对"借贷"言语不详且指向不明,同时亦无法与刘某、张某之间的借款发生时间完全对应,未显示王某对借款事宜予以追认。刘某作为债权人,其提交的证据不足以证明涉案款项用于夫妻共同生活、共同生产经营或者基于夫妻双方共同意思表示。故刘某主张王某承担共同还款责任,依据不足。因此改判撤销一审判决,由张某偿还借款本金85万元,并支付逾期还款利息。

二、相关法律问题分析

家庭是社会的细胞。夫妻共同债务不仅涉及夫妻双方的财产权利,也影响到债权人的利益和交易安全。涉夫妻共同债务案件的裁判结果对当事人及其婚姻、家庭影响极大,长久以来备受社会关注。2021年实施的《民法典》第1064条基本吸纳了2018年发布的《最高人民法院关于审理涉及夫妻债务纠纷案件适用法律有关问题的解释》(已失效,以下简称《夫妻债务司法解释》)的相关规定,从而确立了现行夫妻共同债务规则体系,即基于夫妻共同意思表示所负的债务,为家庭日常生活需要所负的债务和用于夫妻共同生活、共同生产经营所负的债务。其中,基于夫妻共同意思表示所负的债务,其表现形式可以是事前的共同签名,也可以是事后一方的追认。① 夫妻双方基于事前的共同签名形成夫妻共同债务,这在司法实践中并无太大争议。而对于后者,由于《民法典》及相关司法解释中未进一步明确"事后追认"的表现形式及认定标准,司法实践中容易形成不同的裁判观点和尺度。本案所涉及的问题就是"事后追认型"夫妻共同债务的司法认定。

(一)"事后追认型"夫妻共同债务的司法认定现状

笔者在中国裁判文书网以"夫妻共同债务""事后追认"为关键词进行检索,选取近年的裁判文书进行实证分析发现,实践中涉及"事后追认"的认定时主要有以下情形。

1.非直接举债方曾经有过偿还借款的行为

夫妻一方借款,配偶向债权人偿还过借款的情形下,非直接举债方的此行为能否认定为对债务的追认,从而将债务认定为夫妻共同债务? 有观点认为,在债权人催要借款时,非举债方有还款意愿可以作为其"作出了事后追认的意思表示"。② 非举债方以其个人银行账户向债权人还款的行为,亦可以认定为有共同承担债务的意思表示。③ 也有观点认为,非直接举债方基于夫妻关系代替举债方偿还借款的行为不能被认定为对债务的追认,因为还款行为可能是在对借条背景事实不知情的情况下"为家人安宁的无奈之举"。④ 至于非直接举债方偿还借款的次数是否影响"事后追认"的认定。有观点认为,还款行为与是否构成夫妻共同债务无必然联系,如果配偶不明确表示与债务人共同还债,就不能直接认定为配偶对债务的追认。⑤ 也有观点认为,非直接举债方事后向债权人出具了利息计算材料、利息清单和对账清单,且通过银行账户向债权人归还了部分借款的,可以认定具有共同举债的合意。⑥

2.非直接举债方事后知晓但未做表示的行为

非直接举债方知晓借贷事实后,未明确进行追认,也未明确表示不承担还款

---

① 参见最高人民法院民法典贯彻实施工作领导小组主编:《中华人民共和国民法典婚姻家庭编继承编理解与适用》,人民法院出版社2020年版,第167页。
② 参见陕西省蒲城县人民法院民事判决书,(2018)陕0526民初1295号。
③ 参见四川省成都市中级人民法院民事判决书,(2018)川01民终848号。
④ 参见山西省高级人民法院民事判决书,(2019)晋民再52号。
⑤ 参见最高人民法院民事裁定书,(2020)最高法民申3577号;最高人民法院民事裁定书,(2021)最高法民申2196号。
⑥ 参见江苏省高级人民法院民事裁定书,(2018)苏民申6348号。

责任的情形下,这种"不主动""不拒绝"的行为,是否可以认定为具有共同举债的合意?有观点认为,在婚姻关系存续期间,若有证据证明配偶一方对负债知晓且未提出异议,可以推定夫妻有共同举债的合意。① 当然,也有观点认为,对夫妻共同债务的事后追认只能是明示的意思表示,主要理由是最高人民法院民事审判第一庭负责人曾在答记者问时列举了多种共同意思表示的形式,如电话、短信、微信、邮件等。这些都是明示的形式,有助于从债务形成源头上尽可能杜绝夫妻一方"被负债"的现象发生。

事实上,夫妻共同债务的表现形式复杂多样,试图穷尽所有情形几无可能。但是管中窥豹,实践中之所以会存在不尽相同的标准和处理方式,主要是因为法律条文的弹性化,以及对"事后追认"的标准把握不一致。

(二)"事后追认"的定性、规范及解释

关于非直接举债方的何种行为可以被认定为"追认",需要法官在个案中实现精细化的价值判断。鉴于对"事后追认"的认定标准存在分歧,本文尝试从理论和规范层面厘清"追认"的定性,然后从法律行为角度、法律解释方法上对"追认"进行评价、总结。

1. "追认权"的法律定性

从传统民法理论上来看,追认是一种事后作出的同意,是指有追认权的人使他人所为法律行为发生效力的单方行为②,是形成权的一种。关于追认的具体方式,有观点认为,追认无须依特定方式,只要能够表达其追认的意思即可。③ 也有观点认为,追认应采用明示的方式,沉默和推定均非追认的方式。④ 由此可知,作为意思表示的一种,追认是否包括沉默和推定,在理论上存在分歧。那么,在现代法治语境下,追认是否必须以明示的方式来表达呢?

从追认的有关法律规范来看,《民法典》有关"追认"的规定主要集中在第19条、第22条、第145条、第168条、第169条、第171条、第503条、第923条、第984条以及第1064条。从适用情形上看,"追认"多数适用于一方当事人从事民事法律行为时欠缺相应民事行为能力的情形,少数适用于无权代理、自己代理、转委托代理等情形。从后果上看,如果权利人予以追认,则行为人之前的相关行

---

① 《浙江省高级人民法院关于妥善审理涉夫妻债务纠纷案件的通知》(浙高法〔2018〕89号)第1条规定:"……共同做出口头承诺,共同做出某种行为等也是夫妻共同意思表示的表现形式。若有证据证明配偶一方对负债知晓且未提出异议,如存在出具借条时在场、所借款项汇入配偶掌握的银行账户、归还借款本息等情形的,可以推定夫妻有共同举债的合意……"

② 参见陈华彬:《民法总则》,中国政法大学出版社2017年版,第559页。

③ 参见韩世远:《合同法总论》(第4版),法律出版社2018年版,第295页。

④ 参见魏振瀛主编:《民法》,北京大学出版社、高等教育出版社2000年版,第169页。

为有效。

特别需要指出的是,《民法典》在第503条增加了"视为对合同的追认"的规定,该规定是"默示追认"的相关条款。故推及夫妻债务的问题上,应肯定夫妻一方即非直接举债方通过行为的方式对夫妻共同债务进行默示追认。前述有观点认为只有明确的意思表示才算是"事后追认"。这一观点从形式上看对非直接举债方的权利保护力度很大,但随着相关法律规定的变化,该观点已缺乏现行法律支撑,亦偏离了法律形式推理的结果,不宜采信。

2. 法律行为理论视角下的"事后追认"

《夫妻债务司法解释》施行之前,司法实践中一般采取"财产共同共有理论"来解释夫妻共同债务问题。《夫妻债务司法解释》及《民法典》施行后,确立了以"法律行为理论"为基础的夫妻共同债务认定规则,对夫妻共同债务的理论基础进行了修正。该理论从债的形成原因出发,以举债时的真实意思表示为核心,探析夫妻共同债务的本质,得出其系法律行为问题而非财产共同共有问题的结论,既符合立法逻辑,有利于保护婚姻家庭的整体稳定和夫妻个人人格独立,也有利于区分夫妻共同行为与个人行为。

从法律行为理论的视角分析,判断是否构成夫妻共同债务的核心是夫妻双方是否具有举债合意。民事法律行为是民事主体实施的以发生民事法律后果为目的的行为。合同关系是一种典型的民事法律行为。根据合同相对性的要求,债务人以外的其他一切人对债权人不负有履行义务,除非依法构成债权侵害或者依法定或者约定由债务人以外的第三人负赔偿责任或者给付义务。

作为一种合同之债,夫妻共同债务中非直接举债方的行为能否解释为其愿意接受借款合同的约束、愿意接受共同承担债务的法律效果,是认定是否构成"事后追认"的关键要素。故此,前述将非直接举债方的还款行为直接认定为"事后追认"的观点,事实上实现了从配偶的"同意"向"简单知情"的过渡[1],该观点不宜采信。而从最高人民法院的司法实践可知[2],对于非直接举债方的还款行为的判断,尚需回归到举债合意的认定上,故非直接举债方对债务情况完全理解且意思表示真实,是认定构成"事后追认"的必要条件而非充分条件。至于具体案件的处理,需法官对个案进行严谨且符合法律逻辑的解释,尤其是坚决防止以保护债权人利益为由所作的"宽泛性解释"。

---

[1] 参见李贝:《夫妻共同债务的立法困局与出路——以"新解释"为考察对象》,载《东方法学》2019年第1期。

[2] 参见最高人民法院民事裁定书,(2020)最高法民申3577号;最高人民法院民事裁定书,(2021)最高法民申2196号。

3. "事后追认"的判断需符合意思表示解释方法

意思表示的解释是民法学的重要课题。《民法典》第142条第1款规定："有相对人的意思表示的解释,应当按照所使用的词句,结合相关条款、行为的性质和目的、习惯以及诚信原则,确定意思表示的含义。"由于《民法典》第140条规定了行为人可以默示和沉默作出意思表示,在对非直接举债方的"默示"和"沉默"进行解释时,尤其需要结合案件具体事实和举证责任分配,综合运用法律解释方法,恰当作出裁判。

需要特别指出的是,有关沉默的法律效果问题,从原《民法通则》到原《民法总则》和《民法典》是有显著变化的。原《民法通则》第66条曾明确规定"本人知道他人以本人名义实施民事行为而不作否认表示的,视为同意",即知情且未拒绝的情况下,此种沉默视为同意。而随着民法理论的发展,在现代法治语境下,完全民事行为能力人承担法律义务,必须基于自我的意思表示或者法律规定。原《民法总则》和《民法典》作出了与原《民法通则》第66条完全相反的规定:相对人可以催告法定代理人自收到通知之日起30日内予以追认;法定代理人未作表示的,视为拒绝追认。在现行法律规定的语境下,若仍将非直接举债方的知情且未作拒绝推定为对夫妻共同债务的追认,有偏离现行立法精神之嫌。

本文认为,将"知晓且未提出异议"作为共同意思表示的推定,很大程度上增加了债务被认定为夫妻共同债务的可能性。在对夫妻一方的行为是否能构成"事后追认"进行解释时,需紧紧结合《民法典》第140条第2款规定的三种情形以及第503条的规定。

首先,单纯的沉默只有在符合《民法典》第140条第2款规定的三种情形时才能视为意思表示。而当事人主张自己或者对方的沉默应视为意思表示时,其应负相应的举证责任。至于对方予以认可的沉默适用多少次才能构成当事人之间的交易习惯,则要结合当事人之间交易的类型、时间长短、熟悉程度、行业惯例等因素综合考虑。①

其次,基于法律、条文的弹性化,为公平公正地认定夫妻共同债务,在遵循《民法典》关于夫妻"合意之债"的原则的基础上,应注重加强和完善法官在司法裁判中的自由心证制度,法官可以"习惯以及诚信原则"的解释方法,综合运用逻辑推理和日常生活经验对证据有无证明力以及证明力的大小进行独立判断。例如,在判断还款行为是否构成追认时,直接将还款等同于对债务的追认并不妥当,尚需对该还款行为的性质进行下一步判断。非直接举债人对债务的知情情

---

① 参见最高人民法院民法典贯彻实施工作领导小组主编:《中华人民共和国民法典总则编理解与适用》(下),人民法院出版社2020年版,第708页。

况、债权人催讨债务的场景和方式等均应当被纳为具体的考量因素。又如，以汇款去向作为意思表示判断要素时，要区分"配偶掌握的银行账户"和借款方实际控制的"配偶名下的银行账户"，以及债权人的知情情况、当事人之间的交易习惯等，对意思表示背后的风险分配进行实质性分析。①

(三)"事后追认型"夫妻共同债务的裁判规则

将"事后追认"置于《民法典》体系中予以考量，可以发现夫妻共同债务的认定最终需要回到"共债共签"或共同意思表示的轨道上来，现将相关规则总结如下。

1. 债权人应就非直接举债方对债务进行了追认承担举证责任

夫妻共同债务的认定逻辑一般如下：首先确定举债是否属于夫妻双方的共同意思表示即共债共签或事后追认，若是，则认定为共同债务；若不是，则要考察举债人以个人名义进行的举债是否用于"家庭日常生活需要"。若是用于"家庭日常生活需要"，则属于夫妻共同债务；若不是，则要就是否用于夫妻共同生活、夫妻共同生产经营进行认定。夫妻共同债务的认定，本质上仍然是由法官根据双方当事人的举证证明责任完成情况，运用逻辑推理和日常生活经验法则，通过自由心证作出判断。根据"谁主张，谁举证"的原则和"高度盖然性"的证明标准，债权人以非直接举债方对债务进行追认为由主张夫妻共同债务的，需由债权人承担举证责任；非直接举债一方仅需进行权利妨碍抗辩即可。在证据不充分的情况下，法官有权运用逻辑推理和日常生活经验法则，通过自由心证作出认定。只有在债权人证明存在夫妻共同债务这一事实达到高度盖然性时，才能作出明确的认定；否则不宜支持债权人的请求。

2. 事后追认不能简单地以事后知情为标准

仅以非直接举债方对借贷事实"事后知情且无异议"即推定为事后追认，尚欠缺足够的法律依据。判断非直接举债方对债务"知晓且未提出异议"的"可归责性"，应首先确认其知晓债务的存在和具体数额，或至少要求其知晓举债事实，但对其行为的解释尚需结合案件情况进行具体判断。即使债权人能够证明非直接举债一方事后知情，仍需结合其他证据证明夫妻双方具有共同举债的意思表示，或者债务用于共同生活或共同生产经营。

3. 事后追认可以采用明示的方式，也可以通过实际行动默示追认

在未明示也未采取实际行动的情况下，亦不能完全否认沉默被认定为事后追认的可能。如果债权人能够证明存在法律规定、当事人约定或者符合当事人

---

① 参见王轶、包丁裕睿：《夫妻共同债务的认定与清偿规则实证研究》，载《华东政法大学学报》2021年第1期。

之间的交易习惯,沉默可以视为意思表示。该观点对债权人来说可能略显苛刻。但是,从法条的文义解释来说,《民法典》第1064条第1款前半句的"事后追认"与"共同签名"必须达到基本对应的事实条件时才具有适用的前提,也就是说,夫妻共同债务最终要回到真正的共债共签或共同意思表示的轨道上来。在此法律逻辑下,不应再对"事后追认"作宽松化解释。

具体到本案,债务人张某向债权人刘某出具的借条系张某个人所签,转入张某的个人账户。依照相关规定,债权人刘某应举证证明该债务系张某、王某的夫妻共同债务,即涉案债务是基于双方共同意思表示。刘某为此提交了其与王某的微信聊天记录,欲证明王某知晓张某借款一事,但是其提交的微信聊天记录对"借贷"言语不详且指向不明,同时亦无法与刘某、张某之间的借款发生时间完全对应,未显示王某对借款事宜予以追认。故刘某作为举证责任方未完成举证责任,应该承担不利后果。而综观刘某与王某的微信聊天记录内容可知,双方多就王某孩子的学习、辅导问题进行交流,即使刘某曾提到张某借贷一事,从其模糊的内容指向和王某的表述中,均不能得出王某对涉案借贷已经进行追认的结论。故刘某以夫妻共同债务为由要求王某承担偿还责任,缺乏依据,二审的判决是适当的。

(责任编辑:王　晨)

继承人作为遗产管理人在被继承人债务清偿纠纷中的责任承担
——耿某诉张某、何某被继承人债务清偿纠纷案相关法律问题分析

马德天[*]

裁判要旨

遗产管理人作为被继承人遗产的管理和清算主体，既要维护被继承人的意愿和继承人的权利，也要维护被继承人的债权人或其他利害关系人的合法权利。继承开始后，遗产管理人可由遗嘱执行人担任；没有遗嘱执行人的由继承人推选产生，未推选的亦可由全体继承人共同担任；没有继承人或者继承人均放弃继承的，由被继承人生前住所地的民政部门或者村民委员会担任。继承人担任遗产管理人时，其履行遗产管理义务不排除债权人的举证责任，即使没有履行管理人义务也不等同于就此承担被继承人的全部债务，继承人仍然在继承财产范围内清偿被继承人的债务。

一、据以研究的案例

原告（上诉人）耿某诉称：原告和张某是朋友关系、同事关系。被告何某是张某的配偶，被告张某某是张某的儿子。张某于2020年7月11日去世。2018年张某从李某处借款36万元，原告耿某是担保人。北京市某区人民法院出具的民事调解书内容为：张某偿还李某36万元，于2019年11月25日前还清；耿某对张某的债务承担连带保证责任。2020年5月13日，北京市某区人民法院强制

---

[*] 马德天，北京市西城区人民法院立案庭法官，中国政法大学法律硕士。

执行原告名下的存款370 584元,后退回原告10 584元。之后原告以追偿权纠纷为由起诉张某,法官告知其张某已于2020年7月11日去世。故原告撤回起诉。张某死亡时遗留的个人合法财产由张某某、何某占有、保管、处置。遗产主要有:(1)张某名下工商银行某支行账户内存款;(2)张某名下交通银行某区支行公积金账户中的住房补贴、住房公积金;(3)张某名下北京银行某支行社保个人账户中养老保险、医疗保险缴费余额;(4)张某2005年11月18日登记结婚前所购买的商品房一套;(5)张某与何某夫妻关系存续期间被告何某的工资收入中的50%份额;(6)张某与何某夫妻关系存续期间被告何某以夫妻共同财产交付的养老保险费用中的50%份额。原告诉至法院,请求法院判令:(1)二被告赔偿原告36万元;(2)二被告支付利息,具体支付方式为以36万元为本金,以全国银行间同业拆借中心一年期贷款市场报价利率(LPR)的4倍为标准支付利息,支付时间自2020年5月14日起至实际支付日止;(3)诉讼费由二被告承担。

被告张某某(被上诉人)辩称:张某有过两段婚姻。第一任妻子已经于2003年去世,何某系张某第二任妻子,其不清楚张某与何某离婚时间。其自16岁时起即没有与张某一起居住生活,对于张某的遗产情况并不了解。张某去世后其确实从张某单位拉走了张某的衣物,张某的遗体也是其从法医处领取后送到殡仪馆安葬的,但其没有拿张某任何其他财物。目前其不掌握张某的遗产,也没有收到过张某的死亡抚恤金。其不同意原告所有诉讼请求。

被告何某(被上诉人)书面辩称:其与张某已经离婚,不是张某的法定继承人,故不是本案适格主体。其与张某离婚后的财产纠纷已经由北京市某区人民法院民事判决书解决,2020年7月7日判决书已生效。张某分得夫妻共同财产折款210 669元。2020年6月,其与张某、何某某三人签订协议,从夫妻共同财产折款中优先偿还何某某借款(已经北京市某区人民法院调解并生效)8万元。该8万元其已给付何某某,余款130 669元。2020年8月其到车管所办理车辆过户时得知,登记在张某名下的车牌号为京N×××××的车辆(系其与张某的夫妻共同财产)被张某抵押给王某。后又因执行案件被北京市某区人民法院司法查封。依照法律规定,张某分得夫妻共同财产折款剩余的130 669元应当优先偿付王某债权。剩余折款张某的继承人张某某曾明确表示拒绝继承。张某生前对外欠账数额至今无法确定。

法院经审理查明,就李某诉张某、耿某民间借贷纠纷一案,北京市某区人民法院于2019年10月10日作出民事调解书,约定张某于2019年11月25日前一次性付清李某借款36万元,耿某承担连带保证责任。2020年1月7日,北京市某区人民法院向张某、耿某发出执行通知书,责令该二人履行调解书确定及法律规定的义务。2020年5月13日,北京市某区人民法院执行耿某名下存款370 584

元，后又退回耿某10 584元。2019年3月28日，张某与何某经法院调解离婚，离婚时未就财产进行分割。离婚后何某以张某为被告向北京市某区人民法院提起离婚后财产纠纷诉讼，2020年6月10日北京市某区人民法院作出民事判决书，对张某与何某夫妻关系存续期间共同财产进行分割。2020年7月11日张某在家中因噻嗪酮、杀扑磷中毒死亡（已经排除刑嫌），2020年7月19日火化。张某父母均已去世。张某有过两段婚史，被告张某某系其第一段婚史中生育的子女。张某与被告何某婚姻关系存续期间未生育子女。张某仅生育一子即本案被告张某某。

一审法院认为，本案案由为被继承人债务清偿纠纷，被告何某与张某已经离婚，原告将何某作为该案被告起诉没有任何法律依据。张某于2020年7月11日死亡，被告张某某并未以书面形式作出放弃继承的意思表示，且其承认自己接收了张某衣物等个人遗产，由此可以认定本案中张某某主体适格。被告张某某承认张某父母均已去世，自己为唯一合法继承人，故张某某应为张某遗产的管理人。作为张某遗产的管理人，张某某有义务清理遗产并制作遗产清单、处理被继承人的债权债务、实施与管理遗产有关的其他必要行为。庭审中被告张某某并未提交相应证据以证明其履行了自己作为遗产管理人应尽的义务。因张某在其他民事案件审理中表示过自己拥有住房公积金、工资存款，故原告耿某诉称张某在银行留有存款、住房补贴、住房公积金、养老保险、医疗保险缴费余额等金融信息具有相应依据，被告张某某有义务证明对应遗产是否真实以及具体数额，并在该范围内承担清偿张某对应债务的责任。被告张某某履行遗产管理人义务并不排除原告的举证责任，张某某没有履行管理人义务也不等同于就此承担张某全部债务。原告没有举证证明诉称的房屋等其他财产属于张某的遗产，更没有举证证明张某某继承了其诉称的房屋等遗产，应承担举证不能的不利后果。

一审法院作出判决：（1）法定继承人张某某在继承张某工商银行账户内73 899.82元存款，交通银行账户内1.8元存款、住房公积金6631.31元、住房补贴22 813.19元的遗产范围内清偿原告耿某债务36万元，于判决生效之日起30日内执行；（2）驳回原告耿某其他诉讼请求。宣判后，耿某提起上诉。二审法院经审理认为，根据已经查明的事实，何某在张某死亡前已经与其离婚，并非张某的遗产继承人，耿某主张二人夫妻共同财产未处理完毕，仍存在张某的个人份额，原审法院认为该诉求不宜在被继承人债务清偿纠纷中一并处理是适当的，耿某可就此另行诉讼解决。张某某在张某去世后并未放弃继承，原审法院据此认定张某某是张某的法定继承人，并无不当。根据原审法院所调取的张某死亡时遗留的存款、住房公积金、住房补贴查询情况，应当由张某某在继承上述几项遗产的范围内清偿张某的债务。关于耿某所称张某尚有其他遗产原审法院未予查明的问题,因其并未提交相应证据,原审法院在解决实际问题的基础上,对已经查明的遗产线索先行在本案中作出处理,符合案件实际。综上所述,耿某的上诉请求不能成立,应予驳回。二审法院作出判决:驳回上诉,维持原判。

二、相关法律问题分析

我国第一部正式的法典《民法典》于2021年正式实施,其继承编在"遗产的处理"一章创设了"遗产管理人"这一重大制度,弥补了我国立法在遗产管理制度上的空白。司法实践中,尤其是继承人明确存在被继承人债务清偿争议时,遗产管理人与继承人身份出现重合。此时,继承人对被继承人的债务清偿义务与遗产管理人对被继承人债权和债务的清算职责产生竞合。当事人基于继承人与遗产管理人的不同身份,在被继承人债务清偿纠纷诉讼中的权利和义务存在差异。继承人不履行遗产管理人的职责并不免除债权人的举证责任,亦非继承人承担全部债务的先决条件。至于如何正确处理被继承人债务的清偿,维护债权人的合法权益,应结合遗产管理人法律制度和继承人的权利义务进行分析探讨。

(一)遗产管理人概念辨析

遗产管理制度是处理、分配遗产的综合性制度,是继承开始后遗产交付前,有关主体依据法律规定或有关机关的指定,以维护遗产价值和遗产权利人合法权益为宗旨,对被继承人的遗产实施管理和清算的制度。[①]《民法典》在"遗产的处理"一章用5个新增条文[②]规定了遗产管理人制度。遗产管理人,是指继承开始后遗产分割前,依据遗嘱指定、继承人的共同意志、法律规定的特定机构或者法院指定而负责遗产有关事务的民事主体。[③] 从《民法典》第1147条的内容可以看出,遗产管理人具有以下职责:清理遗产并制作遗产清单、向继承人报告遗产情况、采取必要措施防止遗产毁损或灭失、处理被继承人的债权债务、按照遗嘱或者依照法律规定分割遗产、实施与管理遗产有关的其他必要行为。遗产管理人的职责内容体现了我国继承法律制度不再仅关注被继承人意愿的维护和继承人的权利保障,对被继承人的债权人或其他利害关系人亦同等加以保护。

《继承法》(已失效)中已经提到有关遗产处理方面的类似概念,如遗产保管人和遗嘱执行人。单从权能内容出发,遗嘱执行人、遗产保管人与遗产管理人存

---

① 参见最高人民法院民法典贯彻实施工作领导小组主编:《中华人民共和国民法典婚姻家庭编继承编理解与适用》,人民法院出版社2020年版,第616页。
② 参见《民法典》第1145~1149条。
③ 参见吴国平:《论遗产管理人产生变更规则的法律完善》,载《福建江夏学院学报》2022年第1期。

在重合交叉，但又存有不同之处。遗产管理人兼具遗嘱执行人和遗产保管人的职能要求，其与后者是包含关系。与遗产保管人相比，遗产管理人在产生方式、产生时间节点和权能三个方面存有不同。首先，从产生时间节点来看，二者产生的时间节点并不当然重合。根据《民法典》第1151条的规定，遗产保管人是被继承人死亡后，占有和控制其遗产的主体。被继承人死亡后，只要是持有并保存遗产的人即当然成为遗产保管人。而遗产管理人虽然也在被继承人死亡后产生，但并不一定存有遗产，且除遗嘱指定遗嘱执行人的情形外，遗产管理人并非立刻确定，可能需要继承人共同推选或法院指定。其次，从产生方式来看，遗产保管人可由当事人约定，也可基于占有遗产的事实行为产生。而遗产管理人只能根据法律规定通过遗嘱指定、继承人推选、法院指定三种方式产生。在出任范围上，遗产保管人与遗产管理人多数存有交叉，如继承人或被继承人生前住所地的民政部门或村民委员会就可能同时具备上述两种身份。最后，从权能来看，管理要比保管负有更多的义务。此时二者的权能出现重合，遗产管理人同时也具备遗产保管人的权能。保管是维护好物品的现有状态，不处置利用物品。① 管理则还包括对遗产的处分。保管的义务属于消极善意义务，仅确保遗产效能和外观的完好即可。在当事人之间并未约定报酬的情形下，保管人只能收取必要的保管费用，因此遗产保管并不苛求遗产保管人对遗产进行相应的保值或增值。而遗产管理人还需要发挥主观能动性，积极使遗产保值增值，其专业性不同可能导致不同的遗产分配结果。

遗嘱执行人的任务是按照被继承人的遗愿管理分配遗产，维护继承人和遗产债权人的合法权利。②《民法典》第1133条③对遗嘱执行人进行了专门规定，其主要职责为代替被继承人根据遗愿进行遗产管理、处分债权债务、分割与交付遗产等。鉴于《民法典》认可了遗嘱执行人作为遗产管理人，故在遗嘱继承即存在合法有效的遗嘱的前提下，遗产管理人与遗嘱执行人身份重合。但二者仍然存有差异，主要体现在遗嘱执行人的产生以有效的遗嘱存在为前提，故其只能按照被继承人的意愿开展相应行为，其相应权利受到法律和遗嘱内容的双重限制。而遗产管理人的产生不以遗嘱真实有效为前提，可通过推选、指定等方式产生，适用于各种遗产处置情形，其权利义务仅受法定限制，故其行使权利的意志较为

---

① 参见房邵坤、范李瑛、张洪波编著：《婚姻家庭与继承法》，中国人民大学出版社2007年版，第360~361页。
② 参见侯国跃：《我国遗嘱执行人制度的立法构想》，载《法学杂志》2010年第6期。
③ 《民法典》第1133条第1款规定："自然人可以依照本法规定立遗嘱处分个人财产，并可以指定遗嘱执行人。"

自由。总而言之,遗产管理人不一定是遗嘱执行人,但遗嘱执行人在遗嘱内容范围内绝对是遗产管理人。

(二)继承人与遗产管理人在被继承人债务清偿中的责任来源

1. 继承人的有限清偿原则和权利义务对等原则

无论是《继承法》(已失效)还是《民法典》,均明确规定我国继承人清偿被继承人的债务时采取"有限清偿"原则,即继承人以所得遗产实际价值为限清偿被继承人依法应当缴纳的税款和债务。对于超过继承遗产实际价值的部分,继承人自愿清偿的不受该原则约束。同时,我国对继承人承担被继承人债务清偿责任亦采取"权利义务对等"原则,若继承人放弃继承,则对被继承人依法应当缴纳的税款和债务可以不负清偿责任。即"不继承,无清偿"。① 因此,继承人对于被继承人债务的清偿责任源于其对被继承人遗产的继承。

实践中,继承人发现被继承人的债务大于其遗产时,往往会选择放弃继承。而根据法律规定,继承人均表示放弃继承的,由被继承人生前住所地的民政部门或村民委员会担任遗产管理人。此时担任遗产管理人的民政部门或村民委员会理所当然地成为被继承人债务清偿纠纷的当事人,负有管理遗产、完成债务清偿的义务。故根据案件实际情况,如果被继承人的遗产未分配,债权人应当以遗产管理人为被告主张权利;若遗产已经分配,债权人应当以获得遗产的继承人为被告主张权利。需要注意的是,即便在被继承人债务清偿纠纷开始前继承人明确表示放弃继承,债权人也可以以继承人为被告提起诉讼,目的在于更好地查明案件事实,包括被继承人债务的状况、被继承人遗产的情况、继承人是否确实放弃继承等事实,从而使继承人协助债权人做好遗产分配,以债务人的遗产承担权利、义务。②

因此,对于继承人而言,并非其具有了遗产管理人身份就必然对被继承人的全部债务承担清偿责任,继承人仍然在继承遗产的范围内承担对被继承人债务的清偿责任。继承人与债权人就被继承人所负债务、被继承人遗产、继承人继承遗产情况等事实负有相应的举证责任。继承人不积极履行遗产管理人职责进行遗产管理和债务清算的,债权人仅能在查明的继承人继承遗产范围内要求继承人承担债务清偿义务。

---

① 参见杨万明主编,最高人民法院研究室编著:《最高人民法院新民事案件案由规定理解与适用》(上),人民法院出版社 2021 年版,第 136 页。

② 参见杨万明主编,最高人民法院研究室编著:《最高人民法院新民事案件案由规定理解与适用》(上),人民法院出版社 2021 年版,第 137 页。

2. 遗产管理人的法定职责与法律地位

《民法典》已经对遗产管理人的职责作出了明确规定,在继承人与遗产管理人身份竞合的情形下,有必要就遗产管理人的法律地位进行分析,以明确继承人基于遗产管理人身份的债务清偿责任。

关于遗产管理人的法律地位,理论界存在信托关系说、代理权说、固有权说三种争议观点。信托关系说系基于英美法系国家的间接继承模式[①]产生,其将遗产管理人视为信托关系中的受托人,与我国遗产管理活动的性质差异较大。代理权说是根据遗产管理的工作职能,将遗产管理人理解为被继承人或继承人的代理人。在存在遗嘱执行人的情形下,遗产管理人基于被继承人的遗嘱内容进行遗产管理、清算、分配。由于遗嘱是被继承人真实意愿的体现,故遗产管理人的遗产管理行为可视为被继承人意志的延续,遗产管理人的权限来自被继承人的"授权"。这种"被继承人的代理人说"以日耳曼法上承认死者人格原则为理论基础,遗嘱执行人被认定为居于代理人的地位。[②] 但该学说仅适用于遗嘱指定遗产管理人的情形,导致其他情形下遗产管理人的责任来源问题无法得到合理解释。固有权说是指遗产管理人并非被继承人或继承人的代理人,其享有的是一种固有权利,具有独立的法律地位,依照法律规定行使管理、处分遗产的职权,既要维护遗产价值,保护遗产权利人的合法利益,又要维护遗产债务人的合法权益。该学说也存在三个分支学说:一是机构说,即认为遗产具有法人人格,遗产管理人是以法定代理人的身份管理遗产的机构。[③] 但由于我国民事法律并未赋予遗产拟制人格,该学说在我国法律制度中难以成立。二是限制物权说,即遗产管理人在遗产管理期间以独立身份管理和处分遗产,是对被继承人的遗产享有限制性物权的体现。但该说将管理和处分遗产的权利与物权等同,与我国《民法典》物权编相关规定相悖,故难以令人信服。三是职务说,即认为遗产管理人与破产管理人类似,均是依法行使管理职权而享有独立法律地位。我国理论界对此主张青睐有加,认为该说符合实际,具有说服力。

综上所述,遗产管理人具有独立的法律地位,其管理遗产的职责和权利是法定的。在被继承人债务清偿纠纷中,继承人作为遗产管理人负有管理遗产、完成债务清偿的义务。但即使如此,继承人也只在继承遗产的实际价值范围内承担

[①] 被继承人死亡后,继承人无法直接取得遗产物权,遗产将被移交给代表死者人格的人格代表人进行管理。当独立管理遗产的遗产管理人与渗透到继承法各个方面的信托制度产生交集之后,自然成为信托关系中的受托人。参见张平华、刘耀东:《继承法原理》,中国法制出版社2009年版,第367页。

[②] 参见蓝承烈、杨震主编:《继承法新论》,黑龙江教育出版社1993年版,第172页。

[③] 参见[德]奥特马·尧厄尼希:《民事诉讼法》,周翠译,法律出版社2003年版,第84页。

债务清偿责任。同时,继承人担任遗产管理人时虽然有义务协助债权人做好遗产分配,但这并不意味着在诉讼中免除了债权人的举证责任。由于现实中继承人专业能力欠缺,尚无法完全满足遗产管理,特别是被继承人遗产梳理和债务清偿方面的要求,无论继承人是否依法适当履行了遗产管理职责,均需要债权人就是否存在可继承的遗产进行相应举证证明,而不能以继承人未履行遗产管理人职责为由要求其承担全部债务清偿责任。

(三)继承人不履行遗产管理人义务的救济途径

继承人未放弃继承被继承人遗产的权利,则应当根据法律规定承担遗产管理人的义务。遗产管理主要是对被继承人的遗产进行保存和管理,以维护遗产价值和遗产权利人合法利益为宗旨,并按照被继承人的意愿或者法律的相关规定分配相关遗产。① 尽管本案中,债权人未能举证证明债务人还存有其他可供继承的遗产,但并不说明债权人没有其他法律途径可供救济。继承人不履行遗产管理人的法定职责,并不能免除继承人在遗产管理人身份下的法律责任。本案终审后,《民法典》正式实施,就遗产管理人的责任进行了明确规定,即遗产管理人应当依法履行职责,其因故意或重大过失对继承人、受遗赠人、债权人造成损害的,应当承担民事责任。因此,债权人仍然可以以遗产管理人作为被告提起遗产管理人损害赔偿责任纠纷,从而维护自己的权利。

(责任编辑:王 晨)

---

① 参见杨万明主编,最高人民法院研究室编著:《最高人民法院新民事案件案由规定理解与适用》(上),人民法院出版社2021年版,第141页。

多数人侵权中因果关系中断的"合理预见+损害关联"判断标准
——杨某诉某公司等侵权责任纠纷案相关法律问题分析

张 军* 葛媛媛**

裁判要旨

行为人因过错致使受害人受伤,后受害人在就医过程中因医疗过错造成伤情加重的,若医疗过错行为并非超出在先行为人合理预见的异常介入因素,且加重损害后果与在先损害后果之间存在关联,则医疗过错行为并未中断在先行为与最终损害后果之间的因果关系。行为人和医院应按照各自过错和原因力对受害人最终损害后果承担责任,责任形态应为按份责任而非连带责任。

一、据以研究的案例

2017年8月,杨某前往某公司开设的景区游玩,游玩中景区开始降雨。杨某欲前往码头乘船游玩,走过一段木质斜坡时摔倒。后杨某被送至医院救治。医院经检查后将杨某收住院,并对其施行胸12椎体、腰2椎体骨折椎体成形术。手术中出现骨水泥渗漏情形,后医院对杨某施行了骨水泥渗漏椎板减压融合术。杨某后转院治疗,出院诊断为胸、腰椎骨折术后,双下肢不完全性瘫痪,重度骨质疏松伴骨痛。

审理中,针对杨某2017年8月受伤致胸、腰椎骨折情况,司法鉴定意见为:

---

* 张军,北京市第一中级人民法院民事审判第二庭庭长。
** 葛媛媛,北京市第一中级人民法院研究室法官助理,北京大学法律硕士。

构成九级伤残,人体致残率为20%。关于被鉴定人杨某胸12椎体、腰2椎体骨折椎体成形术后骨水泥渗漏合并脊髓损伤,遗留双下肢肌力减退等后遗症,本次鉴定未予评定。后经杨某申请,某鉴定中心出具意见:医院在对被鉴定人杨某的诊疗过程中存在过错,该过错与被鉴定人杨某下肢功能障碍损害结果之间存在同等因果关系。被鉴定人杨某目前下肢神经功能障碍致残程度综合评定为九级。诉讼中,某鉴定中心明确,伤残等级鉴定时因骨折不是医院造成的,故在评定时未考虑骨折因素。

经审查,某公司在雨后未及时对景区通道进行清理,未铺设防滑措施,杨某摔伤时的斜坡未铺设地毯。

杨某主张某公司应承担其摔伤损害后果的全部赔偿责任;医院应承担医疗损害后果70%的赔偿责任,某公司承担剩余30%的责任。

一审法院经审理认为,本案中,某公司作为景区的经营者,应当为游客提供安全的游玩场所,保证游玩场地及配套设施设备不存在安全隐患。杨某游玩过程中曾遇降雨,某公司在此情况下未关闭景区游船项目,未能保证游玩场地安全。杨某摔伤位置为前往游船项目的木质通道,该木质通道存在一定倾斜,杨某摔伤时木质通道处于潮湿有水的状态。某公司应当预见该木质通道在雨后存在湿滑的安全隐患,但某公司未及时对木质通道采取防滑措施,未设置警示标志,应认定某公司未尽到安全保障义务。某公司上述行为与杨某摔伤,造成胸12椎体、腰2椎体骨折的损害后果之间存在因果关系,应承担相应的侵权责任。杨某年事较高,其在到达景区后遇到降雨,亦应对地面湿滑存在预见性,并提高自身注意义务。杨某通过斜坡时,未由家人帮助搀扶,其应对损害结果的发生承担一定责任。结合本案情况,针对杨某摔伤导致胸12椎体、腰2椎体骨折的损害后果,法院判定某公司承担70%的责任,杨某自行承担30%的责任。

关于医院应否承担赔偿责任一节,患者在诊疗活动中受到损害,医疗机构及其医务人员有过错的,由医疗机构承担赔偿责任。本案中,医院的过错行为与杨某下肢神经功能障碍之间存在因果关系,故医院应对杨某下肢神经功能障碍的损害后果承担70%的赔偿责任。

杨某另主张医院赔偿后的剩余费用应由某公司赔偿,对此,法院认为,杨某前往医院就医主要系因某公司未尽到安全保障义务致其受伤,故杨某需自行负担的其在医院治疗后产生的费用,与某公司未尽安全保障义务的过错行为之间存在因果关系。法院判定某公司应依照责任比例对上述剩余费用予以赔偿,即对于医院承担医疗损害后果70%赔偿责任之外的剩余30%责任,由某公司按照70%的责任比例予以承担。

某公司不服原审判决,认为其不应对医院的医疗过错行为造成的损害后果承担责任,故提起上诉。二审法院判决驳回上诉,维持原判。

法院生效裁判认为,本案中,因某公司未能尽到安全保障义务致使杨某摔倒受伤造成胸、腰椎骨折,后医院在对上述伤情的治疗过程中,因存在诊疗过错导致杨某下肢功能障碍,扩大了损害后果。结合本案情形及当事人诉辩意见,本案二审的主要争议焦点在于某公司对医疗损害后果是否应承担赔偿责任。

本案中,由于杨某下肢功能障碍的损害后果系医院在治疗时存在诊疗过错所致,故对于某公司是否应对此承担责任,应予阐释。法院认为,根据查明的事实,杨某在某公司景区游玩时受伤造成胸、腰椎骨折,在治疗过程中因医院诊疗过错导致下肢功能障碍。杨某在某公司景区游玩时受伤造成胸、腰椎骨折的原因力在于某公司未尽到安全保障义务和杨某本人未尽到注意义务;对于杨某下肢功能障碍,究其原因力,医院存在诊疗过错系主要因素,但某公司未尽到安全保障义务导致杨某摔伤骨折而需手术治疗,亦是原因之一。杨某因摔伤而就医治疗,医院的诊疗过错行为是在其积极治疗摔伤的过程中产生的,从摔伤的损害后果延续到医疗损害后果,两者处于同一因果进程中,杨某下肢功能障碍系其在某公司景区摔伤后连锁反应的结果,医院的诊疗过错行为并未完全中断某公司过错行为与杨某损害后果之间的因果关系。因此,应认定为某公司未尽到安全保障义务与医院的诊疗过错行为间接结合导致杨某的损害后果,某公司和医院应当就杨某的最终损害按照各自的过错和原因力承担相应责任。二审法院认为,一审法院对于医院承担医疗损害后果70%赔偿责任之外的剩余30%责任,判定由某公司按照70%的责任比例予以承担,并无不当。

二、相关法律问题分析

本案涉及的主要问题是:杨某因某公司未尽到安全保障义务而摔倒造成骨折,后在医院治疗过程中因医疗过错导致下肢功能障碍,造成损害后果加重。此时,某公司对于加重的损害后果是否应承担侵权责任?问题的关键在于因果关系的认定。因果关系问题作为侵权责任确定中的重要一环,与许多问题缠绕在一起,在司法实践中的表现复杂多变,而因果关系链条中介入了第三人行为的情况尤为棘手。本案即属于因果关系链条中介入其他因素的情形之一,即在已经展开的因果关系进程中介入了第三人行为,使得因果关系链条的走向发生了改变。此时应如何认定各行为主体的侵权责任和赔偿范围,殊值探讨。

(一)理论基础:超越因果关系的内涵

本案情形可一般化抽象为:在依次发生的多个原因对同一受害人造成损害(无共同故意,各加害行为单独不足以造成全部损害),且在先原因所造成的损害后果被在后原因所改变的情况下,在后原因是否中断了在先原因与最终损害后果之间的因果关系,在先加害人是否应对最终损害后果负责?这一问题可以以学理上的超越因果关系理论为基础进行分析处理。

1. 超越因果关系的理论歧见

学界对侵权责任中超越因果关系的讨论相对较少且内涵界定不一。在我国学界的讨论中,王利明教授认为,超越因果关系系指前一加害人的行为对受害人造成了一定损害,但后一加害人实施的行为或者事件最终造成了受害人的损害,从而使得前一行为对受害人最终的损害没有发生直接的作用。[①] 张新宝教授在界定超越因果关系时所举案例为,加害人因过失引起瓦斯爆炸,导致受害人的房屋完全损坏,但事后不久发生地震,可以证明受害人的房屋即使不毁于瓦斯爆炸,也一定会在地震中全毁,故其认为受害人的房屋必然因地震倒塌,在学说上被称为"超越原因"。[②] 程啸教授认为,超越因果关系是指时间上延伸的累积因果关系,两个加害行为并非同时发生,而是在时间的延伸过程中依次发生,第二个加害行为可能对第一个加害行为造成的损害结果的评估加以修正,但既没有加强也没有抵销第一个加害行为。[③] 我国台湾地区学者陈聪富认为,超越因果关系是如病人因医生之医疗过失而失明,但病人因其体质,纵然不因医生之治疗过失而失明,最后亦将失明。[④]

而在英美法上,哈特等认为,超越因果关系是指第二个行为会对第一个行为造成的损失的评估进行修正,不会加强或抵销第一个行为。[⑤]《美国侵权法重述》专门确认了"超越因果关系",包括三种情况:其一,在某个行为人实施了一定的行为并造成了受害人的某种损害后,另一个行为人实施的行为最终造成了受害人的损害。例如,甲因驾车过失而撞伤了乙并导致乙丧失工作能力;后丙又因过失导致乙残废,这种情况下,乙即使不因为甲的行为丧失工作能力,也会因为丙的行为而丧失工作能力。其二,行为人实施了一定的行为并造成了受害人的某种损害后,又因为不可抗力或意外事故最终造成了受害人的损害。例如,甲因侵权行为毁损乙的玻璃窗,当晚因发生强烈地震,乙的玻璃窗都被震毁。其三,因为受害人原因导致超越因果关系,如被害人心理异常脆弱,在遭受侵权行为人的侵害之后自杀身亡。[⑥]

---

① 参见王利明:《侵权行为法研究》(上册),中国人民大学出版社2004年版,第434页。
② 参见张新宝:《侵权责任构成要件研究》,法律出版社2007年版,第329页。
③ 参见程啸:《侵权行为法总论》,中国人民大学出版社2008年版,第281页。
④ 参见陈聪富:《因果关系与损害赔偿》,北京大学出版社2006年版,第55页。
⑤ 参见[美]H. L. A. 哈特、[美]托尼·奥诺尔:《法律中的因果关系》,张绍谦、孙战国译,中国政法大学出版社2005年版,第214页。
⑥ 参见王利明:《侵权行为法研究》(上册),中国人民大学出版社2004年版,第434页。

由上可见,作为一类特殊的因果关系,学界对于超越因果关系概念的界定尚未得出一致结论,与假设因果关系可能产生交叉和混淆,对其与累积因果关系、合法替代行为等的异同亦应进一步辨析。

2.超越因果关系的内涵界定

尽管学界对超越因果关系的界定多有不同,但相较各种理解,程啸教授对于超越因果关系的认定及其与其他特殊因果关系的区分更为清晰。在程啸教授看来,超越因果关系(也称修补的因果关系)是指对同一受害人造成损害的多个原因依次发生,在先原因所造成的损害后果被在后原因所改变。在超越因果关系中,各个加害人之间并无共同故意且任何一个加害行为都不足以造成全部损害,但是由于多个加害行为依次出现,后出现的加害行为改变了前加害行为的后果。① 正如本案对应的情形。具体来看,超越因果关系具有以下特点:第一,相继发生的多个原因依次给受害人造成了实际损害。第二,在后原因改变了在先原因造成的损害,一般是加重了损害。第三,前一加害行为实施完毕且损害结果已经显现或可以判断该损害的预期发展。

由上可见,对于超越因果关系而言,因多个加害行为已经造成了损害,事实上的因果关系(责任成立的因果关系)已经具备。超越因果关系中需要解决的关键问题是损害赔偿责任范围的问题。质言之,如果最终的损害后果由在后行为人实施的行为造成,该行为人应当承担责任自不待言;但在先行为人是否亦应对此承担责任,即在后出现的加害原因是否中断了在先加害原因与损害后果之间的因果关系,从而使得在先加害人无须就最终的损害后果负责?具体到本案中,即某公司是否应对因医院诊疗过错而扩大的损害后果承担责任,此即超越因果关系中各加害人的责任承担问题。

(二)超越因果关系中的责任承担

1.在先加害人的责任范围认定

对于在先加害人是否应当对最终损害后果负责,存在不同的观点。王利明教授认为,应当考虑两种情况分别对待:一是要考虑最终造成结果的行为人是否已经承担了责任或能否全部负责,如果损害后果最终因不可抗力造成,则有可能考虑不让先前的行为人承担责任;如果最终造成损害的行为人不能负责,那么先前的行为人还要承担责任。二是要考虑先前的行为人所实施的行为对受害人造成的损害程度,如果损害程度轻微,也不一定使先前的行为人承担责任。② 美国法院系以"合理预见标准"为原则,即第一个侵权人是否要为整个后果负责,需

---

① 参见程啸:《侵权责任法》(第3版),法律出版社2021年版,第262页。
② 参见王利明:《侵权行为法研究》(上册),中国人民大学出版社2004年版,第435页。

要考察其能否预见第二个侵权行为的发生。如果其能够合理预见第二个侵权行为或者后续其他事件导致损害后果加重的发生，则第一个行为人应当对全部的损害后果负责，因为第二个损害后果是最初侵权行为连锁反应的正常后果。此时，判断第二个损害后果是否属于正常后果时，就必须考虑两个侵权行为发生的间隔和地点、第二个损害后果的性质、原告自身某些行为是否合理等因素。但当第二个侵权行为是第一个侵权行为人所无法预料到的时候，第二个侵权行为就中断了第一个侵权行为与损害后果的因果关系。①《欧洲侵权法原则》第3:104条规定，若某一行为绝对且不可避免地导致受害方遭受损害，则可单独造成同样损失的后续行为不被采纳为导致损害的原因，但若后续行为导致额外损失或加重损失，则应考虑此行为；若第一个行为造成持续的损失，后续的相继行为本来也可能造成此损失，则这两个行为都被视为持续损失的原因。②

从我国审判实践看，在涉及超越因果关系的案例中，法院倾向于对各个加害人对受害人造成的最终损害由其按照各自过错和原因力承担相应责任。例如，在白某金等诉林某东道路交通事故人身损害赔偿案③中，对于行为人驾车与受害人发生交通事故后，受害人又被其他过往车辆碾轧死亡的，行为人是否对受害人的死亡承担责任这一问题，审理法院认为，行为人将受害人撞倒在地的行为虽然不会直接或者必然引发受害人的死亡，但是它降低了受害人在公路这一危险地带躲避随时可能发生的危险的能力，给第二起事故的发生创造了条件。因此应当认定行为人的肇事行为与受害人的死亡之间存在相当的因果关系，行为人与其他车辆的间接结合导致了受害人的死亡。综上所述，行为人应当对受害人承担过错内的赔偿责任。在另一起案件中，被告刘某与受害人（原告）发生交通事故致其腿部受伤，后在手术中出现麻醉意外，经综合治疗后受害人呈植物人状态。法院认为，车祸导致原告腿部受伤和手术意外两件事间接结合产生了原告成为植物人的结果，应当根据各自的原因力按比例承担相应的赔偿责任。交通事故造成原告右胫腓骨骨折而需手术治疗，原告因此被送进医院是其成为植物人的原因之一，但交通事故造成原告骨折并不必然导致原告成为植物人，车祸只是一个次要的因素，手术失败是主要的因素。但这不能当然免除被告刘某应承

---

① 参见程啸：《侵权责任法》（第3版），法律出版社2021年版，第262页。
② 参见欧洲侵权法小组编著：《欧洲侵权法原则：文本与评注》，于敏、谢鸿飞译，法律出版社2009年版，第85页。
③ 参见福建省安溪县人民法院民事调解书，(2004)安民初字第371号。

担的相应的民事责任。① 当然，也有法院认为，若交通事故仅致伤，而医院在治疗过程中发生重大医疗事故，从根本上改变了医疗救治的正常进程而造成死亡，则各方应分别对各自行为造成的损害后果负责。②

近年，我国已有法院将超越因果关系理论用于裁判说理中，如在王某与王某霞等生命权、健康权、身体权纠纷案③中，被告王某驾三轮车将受害人侯某撞倒后致伤，侯某在医院治疗三个月后死亡，医院临床诊断为心肌梗死致心源性猝死。对于被告王某应否对侯某死亡的后果承担责任，法院认为，由于侯某系在医院治疗中猝死，在医院治疗即成了其死亡因果关系链条中介入的外来因素，因此必须阐述超越因果关系及因果关系中断两种因果关系形态。所谓超越因果关系，指某个加害人实施了加害行为后，在损害结果实际出现之前，又基于其他致害行为导致同一损害结果发生。在超越因果关系中，后面的行为人应承担责任，而先前的行为人是否承担责任，则因先前行为人所实施的行为对受害人所造成的损害程度不同而有所不同。所谓因果关系中断，是指侵权行为与损害结果之间的联系形成一种链条，因为某种因素的介入而使因果关系链条中断。在因果关系中断的情况下，先前的行为并没有造成最终损害，或者虽造成了损害但与最终的结果不一致，外来因素的介入最终导致损害的发生，从而使得原加害人对最终损害结果免责。王某对侯某的碰撞一般而言不可能直接导致其突患心肌梗死致心源性猝死，然而在个案中判断因果关系时应考量被害人的具体情况，依社会一般观念，采取经验法则而进行。王某对侯某的碰撞，致年近 80 岁的侯某持续住院治疗近三个月，依一般社会观念此将极大地增加其患病死亡的可能性。经综合考量，侯某死亡系其自身体质与王某对其碰撞致其长期住院相互作用的结果，王某的碰撞为次要原因，根据原因力之大小，对侯某的死亡赔偿金、丧葬费由王某承担 30% 份额。

综上所述，本文认为，对于超越因果关系中在先加害人是否应对最终损害后果负责的问题，可综合考量在后侵权行为是否可被合理预见、两个损害结果之间是否存在关联性（在先行为如果不发生，在后侵权行为就不会发生等）、在先行

---

① 参见周惠玲：《先遇车祸断腿，后手术失败成植物人？原告的损失如何得到赔偿》，载江苏法院网 2006 年 6 月 29 日，http://www.jsfy.gov.cn/article/92653.html。

② 参见《案例编号：医疗损害赔偿纠纷——指导 001 共同侵权行为的认定与医疗侵权纠纷中被告的责任范围——张永富等诉枣庄市山亭区中心人民医院医疗损害赔偿纠纷上诉案》，载《医疗损害赔偿指导案例与审判依据》编写组编著：《医疗损害赔偿指导案例与审判依据》，法律出版社 2009 年版，第 9~14 页。

③ 参见山东省枣庄市中级人民法院民事判决书，(2019) 鲁 04 民终 1686 号。

为人造成的损害程度等因素予以判断。

2.超越因果关系中的责任形态

超越因果关系的责任承担还有方式的问题,即在在先行为人和在后行为人均需要对最终损害后果负责的情况下,责任形态系连带责任抑或按份责任?对此,本文认为,超越因果关系中各加害人不应适用连带责任,应以按份责任为宜,理由在于:

《民法典》第179条第3款规定,连带责任由法律规定或者当事人约定。可见,连带责任是法定责任,在当事人未作约定的情况下,只有法律明文规定要承担连带责任,侵权人之间才可以承担连带的侵权责任。在几类特殊因果关系中,对于竞合因果关系,根据《民法典》第1171条的规定,应承担连带责任;对于择一因果关系,根据《民法典》第1171条的规定,亦应承担连带责任;对于共同因果关系,根据《民法典》第1172条的规定,应在因果关系范围内对受害人承担按份责任。法律对超越因果关系并无明确规定,责任形态同样阙如,故基于连带责任的法定性,超越因果关系不应适用连带责任。

同时,从侵权法上连带责任的共同点来看,承担连带责任的特殊因果关系都具有各个行为人的单独行为都足以造成最终损害,且各个行为人都应当预见到所有损害后果的特点。例如,在竞合因果关系中,多个行为人分别实施加害行为造成同一损害,且其中任何一个加害行为单独发生都足以造成同一损害,此时,如果每个行为人本来都能够独立引起损害的发生,则均应承担侵权责任。在择一因果关系中亦如此,共同危险的各行为人的每个活动都可以单独造成损害。但对于超越因果关系而言,虽然各加害人的行为最终促成了损害,但前后依次发生的多个加害行为实际上各自造成了各自的损害。同时,在先行为人不可能完全预见在后原因造成的最终损害结果。因此,超越因果关系中各行为人的责任应为按份责任。

(三)本案的处理

本案中,对于某公司是否应对医疗过错扩大的损害后果承担责任的问题,即可按照前述分析,综合考量在后侵权行为是否可被合理预见、两个损害结果之间是否存在关联性等因素予以判断。某公司未尽到安全保障义务导致杨某摔伤骨折,需就医进行手术治疗,是造成杨某受到医疗过错损害的原因之一。医疗行为本身就存在事故风险,该风险应未超出一般人的合理预见范围(除非该事故极为特殊,如医院在治疗过程中因遭遇恐怖袭击导致设备瘫痪等情形)。且杨某因摔伤而就医治疗,医院的诊疗过错行为是在其积极治疗摔伤的过程中产生的,从摔伤的损害后果延续到医疗损害后果,两者处于同一因果进程中,具有关联性。杨某下肢功能障碍系其在某公司景区摔伤后连锁反应的结果,医院的诊疗过错行为并未完全中断某公司过错行为与杨某损害后果之间的因果关系。因此,某公司应对杨某的最终损害承担过错范围内的责任。

(责任编辑:杨 琳)

多数人侵权责任形态的认定规则与裁判路径
——齐某某等诉邵某某等生命权、健康权、身体权案相关法律问题分析

张钢成* 韩 筱**

裁判要旨

二人以上"共同实施"侵权行为造成他人损害的共同侵权行为形态,应以"共欲共谋"作为行为"共同性"内核;共同危险行为形态应同时满足各行为单独均能引发同等危险、各行为人对特定损害均具有同等可预见性和可避免性两项要件。

二人以上实施的侵权行为相结合分别形成的数组行为,与同一损害后果间存在择一确定的因果关系,但组内部分侵权行为人与其他侵权行为人之间无特定意思关联,且仅在功能上为其他侵权行为导致损害结果的发生创造了条件、提供了"工具",单独确定不能引发特定危险的,不构成共同侵权行为和共同危险行为,不承担连带赔偿责任。

一、据以研究的案例

原告齐某某、杨某1共同诉称:二人之女杨某2于2018年6月20日、7月1日在北京转转精神科技有限责任公司(以下简称转转公司)运营的转转二手交易网(以下简称转转平台),自邵某某处先后购买两条银环蛇。第一条由杨某3发货,申通快递有限公司(以下简称申通公司)运递;第二条由王某某发货,杭州百世网络技术有限公司(以下简称百世公司)运递。两条蛇签收后,杨某2于7月9日被咬伤左手食指,7月15日去世。杨某2的死亡与六被告的过错行为密

---

* 张钢成,北京市海淀区人民法院原党组成员、副院长(已退休),中国人民大学法学博士。
** 韩筱,北京市海淀区人民法院审判管理办公室(研究室)法官助理,中国政法大学法学硕士。

切相关,邵某某、杨某3、王某某违法提供、发售银环蛇,转转公司未尽审查义务提供撮合服务,申通公司和百世公司未开箱验视并完成运递,六被告虽无共同故意或共同过失,但行为结合导致杨某2受伤致死,侵犯其生命权,现已证明杨某2被其中一条银环蛇所伤,故请求判令六被告连带承担杨某2医疗费、死亡赔偿金等费用。

邵某某辩称:杨某2死亡是因自身饲养时疏忽大意不慎被咬、未及时就医、隐瞒病情延误治疗,六被告的行为并不必然导致其死亡,且售蛇时其已尽告知提示义务,不同意担责。

杨某3辩称:其与杨某2无直接关系,不同意担责。

王某某辩称:其与杨某2无直接关系,不能证明杨某2是被由其发货的银环蛇咬伤,不同意担责。

转转公司辩称:其已尽注意管理义务,且在杨某2与邵某某的交易过程中无获利行为,不同意担责。

申通公司辩称:其运递行为与杨某2的损害间无因果关系,杨某2的死亡是饲养疏忽所致,不同意担责。

百世公司辩称:其运递行为与杨某2的损害间无因果关系,杨某2的死亡是饲养疏忽所致,不同意担责。

一审法院经审理查明:2018年6月20日,杨某2通过转转平台联系邵某某欲购活体未去毒银环蛇,邵某某告知其毒性很强并提示戴手套。沟通后,邵某某在转转平台以"银环蛇未去毒"为题发布出售链接并配图,杨某2拍下并支付110元。后邵某某微信联系杨某3向杨某2地址交寄银环蛇并支付70元。该快件于6月21日由申通公司收入,6月24日投递杨某2签收。同年7月1日,杨某2再次通过转转平台联系邵某某购蛇,邵某某遂发布出售链接,标题为"银环大成体公",描述为超级毒物并配图,杨某2拍下并支付115元。邵某某再次联系杨某3向杨某2发货并支付80元。后杨某3联系王某某向杨某2地址交寄银环蛇并支付60元。该快件由百世公司收入,于7月6日投递杨某2签收。同年7月9日,杨某2左手食指被其中一条银环蛇咬伤,受伤后杨某2曾外出购药。当日下午6时许,杨某2致电齐某某称其下午5时许在公园被蛇咬伤,未告知蛇品类。齐某某送杨某2急诊,因病情不清,医院给予杨某2相关检查治疗。当晚杨某2病情加重,医院给予其心肺复苏并办理住院,入院诊断为蛇咬伤、重度蛇毒中毒、呼吸衰竭、循环衰竭、意识丧失,后注射抗蝮蛇毒、银环蛇毒血清,病情未改善,杨某2于7月15日去世。

一审法院经审理认为:从整体行为上看,转转公司为两次银环蛇交易提供了线上交易场所和服务;邵某某、杨某3、王某某三人作为银环蛇卖家,出售、提供、交寄了银环蛇,是危险源的提供者;申通公司和百世公司分别向杨某2成功运递了银环蛇。六被告的行为相结合,形成先后两组完整交易闭环,实现向杨某2交付两条银环蛇的结果。杨某2收到两条蛇几日后被咬伤致死,健康权、生命权受损。根据"如无则不"的判断标准,若六被告未实施各自行为,则不会发生银环蛇交付杨某2的后果,现已证明杨某2被其中一条银环蛇咬伤致损,因果关系择一确定成立,故推定六被告的行为与杨某2的损害间均有事实上的因果关系。

从个体行为上看,邵某某、杨某3、王某某三人在可预见杨某2遭受损害的情况下,仍向其出售、提供、交寄银环蛇,给杨某2的人身安全增设明显不合理风险,均有过失;转转公司对两次上架且已注明高度敏感字眼及图片的链接未尽及时审查、管理等义务,具有过失;申通公司和百世公司未勤勉落实寄递安全制度,具有过失。六被告的过错行为与杨某2的损害间均有因果关系,故均构成侵权行为。

从侵权行为形态上看,在先后两组行为中,转转公司、申通公司、百世公司三公司提供的网络服务和物流服务,仅为邵某某、杨某3、王某某三人完成银环蛇交易提供了辅助条件,是银环蛇交付的"工具",若无三人发售银环蛇的"先决行为",三公司单独不能导致杨某2遭受特定损害,故三公司不能成为共同危险行为的主体,六被告不成立共同危险行为。且三公司与三人间无侵权意思关联,三公司违反各自作为义务的不作为行为,在行为意图、对杨某2损害的可预见性、可避免性方面,均与提供危险源的售蛇三人明显不同,六被告的两组行为的结合具有偶然性,不成立共同故意或共同过失。综上所述,六被告的行为不具有共同连带基础,应按各自过错程度、原因力大小承担相应责任。其中,售蛇三人为危险源提供者,具有相同的售蛇营利行为意图和对杨某2遭受特定损害的可预见性、可避免性,三人积极且协调一致地实施了出售、提供、交寄银环蛇的行为,具有发源式危害杨某2及不特定寄递服务工作人员的严重危险性,符合"危及他人人身安全的行为"特征,故三人实施的两组行为构成共同危险行为,应在相应过错范围内承担连带责任。转转公司、申通公司和百世公司应根据各自过错程度、原因力大小承担相应按份责任。综合本案案情,杨某2具有明显过错,是其遭受损害的主要原因,应自担80%责任,六被告承担20%责任;根据六被告过错程度及原因力大小,判定邵某某、杨某3、王某某连带赔偿15%、转转公司赔偿2%、百世公司赔偿1.5%、申通公司赔偿1.5%。

综上所述,一审法院作出如下判决:(1)邵某某、杨某3、王某某连带赔偿齐某某、杨某1医疗费、死亡赔偿金等费用共计252 736.19元;(2)转转公司赔偿齐某某、杨某1医疗费、死亡赔偿金等费用共计33 698.16元;(3)百世公司赔偿齐某某、杨某1医疗费、死亡赔偿金等费用共计25 273.62元;(4)申通公司赔偿齐某某、杨某1医疗费、死亡赔偿金等费用共计25 273.62元;(5)驳回齐某某、杨某1的其他诉讼请求。

宣判后,当事人均未提出上诉,判决已发生法律效力。

二、相关法律问题分析

(一)多数人侵权责任形态识别难点

多个行为人实施具有基本事实或逻辑关联的多个行为,造成同一损害的情形屡见不鲜,因各行为在时空、方式、内容、作用等维度千差万别,随机"排列组合"而成的多数人侵权行为结构复杂多样,而网络技术的普遍运用又提供了更多行为组合衔接的方式,导致多数人侵权行为和责任形态识别成为长久以来困扰法官的难题。本案所涉网络购物模式下新型多数人侵权行为结构,涉及网购平台、物流公司、出售人、买受人等多方主体,将传统购物中仅需买卖双方完成的交易行为延伸至其他交易服务提供者,引发网络交易服务行为是否构成侵权,网购平台、物流公司与出售人能否成立共同侵权、共同危险及认定标准等认定困境。

多数人侵权责任形态理论是杨立新教授提出的研究侵权责任分担规则的理论,包括大陆法系多数人之债理论,美国侵权法责任分担理论、单方责任和双方责任形态。[①] 实务中具体指向多数人侵权行为形态、共同责任形态和责任份额认定三方面。《民法典》第1168~1172条列举了多数人侵权行为形态及相应责任形态,构建起"行为形态→责任形态"的映射关系,行为形态是侵权法律关系特定化、具体化而成的侵权行为类型,责任形态是与其对应的责任分担方式;前者是后者的先决基础,后者是前者的法律效果。

实践中,法官对共同侵权、共同危险和分别侵权三类行为形态的识别存在普遍混淆,主要原因有二。

1. 客观成因:法律概念抽象模糊

《民法典》第1168条规定了共同侵权行为形态,其中"共同实施侵权行为"要件高度抽象,实务分歧较大。2003年最高人民法院出台的《关于审理人身损害赔偿案件适用法律若干问题的解释》(以下简称《人损解释》)第3条曾规范列举,将共同故意、共同过失和行为"直接结合"的分别侵权三类纳入共同侵权范畴,但实务对共同过失、行为"直接"或"间接"结合的认定标准存在分歧,裁判结果处于不稳定状态。2020年修正的《人损解释》对相关内容已予以删除,共同侵

---

① 参见杨立新:《多数人侵权行为及责任理论的新发展》,载《法学》2012年第7期。

权行为形态应作何融贯理解有待明确。

《民法典》第1170条规定了共同危险行为形态,其中"危及他人人身、财产安全的行为"要件抽象模糊,何种性质及程度行为符合该要件要求、何种应排除归入该行为形态等有待明晰。

2. 主观成因:审理思路不清、逻辑不顺

(1)审理思路不清。多数人侵权案件审理逻辑应有先后顺次。部分法官受当事人举证牵引侧重审查损害数额等,未指导当事人就行为、过错、因果关系等前提要件充分举证,导致基础事实查明不充分,后续评价根据不足、认定困难。

(2)评价逻辑不顺。传统侵权责任四要件为侵权行为①、损害、因果关系和过错。因该四要件高度抽象且无法定评价顺次关联,实践中易产生逻辑困境。

一是因果论证缺失。"因为→所以"式当然因果关系论证有碍各行为关联关系和形态识别,有损裁判信服力。

二是循环论证突出。四要件评价依据同一套法律事实,且评价要素存在交叉重合,易产生要件混淆、循环推论缺陷。

三是裁量方法不明。部分法官缺乏对四要件和多数人侵权责任构成的系统论证,未从"个体→整体"的角度全面评价各行为过错及因果关系有无、程度、原因力大小等情形,作出直觉型认定裁量。

(二)多数人侵权行为形态识别规则

1. 共同侵权行为形态识别规则

共同侵权行为形态的认定核心在于明确"共同实施"的内涵及外延,即准确把握共同侵权的本质。对此,有主观共同说、客观共同说、折中说等观点。② 结合立法修法意图和稳定裁判需求,笔者认为,应以"共谋共欲"作为行为"共同性"的认定内核:一是各行为人若无意思关联,则各原因行为造成同一损害只具偶然性,无直接必然联系,不应构成整体行为③;二是根据自己责任原则,各行为人若无意思关联,则无扩大个人行为责任范围、为整体行为承担替代责任的连带基础。因此,共同故意和共同过失理应归入"共同实施"侵权范畴;而2003年《人损解释》规定的行为直接结合的分别侵权在本质为客观共同,条文表述的"分别实施"要件明显与"共同实施"对立,不应再纳入共同侵权。

---

① 理论界和实务界对"侵权行为"构成要件概念存在理解分歧,实践中违法、不法、不当、加害行为等表达均有。笔者认为该要件的前置定语实为对当事人行为性质的评价结论,具体将在后文论述。

② 主观共同说以行为人有意思联络为要件;客观共同说反之,认为行为人存在共同行为即可,无须意思联络;折中说兼容前两个学说,要求客观上存在共同行为,同时考究主观上是否有相同、相似、相关过错。

③ 参见王利明:《侵权行为法研究》(上册),中国人民大学出版社2004年版,第691页。

因对于共同故意已具实践共识，笔者重点就共同过失认定规则进行分析。除各行为均须满足四要件外，"共同实施"还要求以下"共同性"要素：

（1）行为人有意思联络。"共同实施"不要求各行为人于同一时空以相同方式实施相同内容行为，只要求各行为人实施行为出于共同意思联络、存在共同过失内容。意思联络是行为人通过沟通产生的整体行为意图，如相约实施打鸟、飙车、抛物、贩售或投递危险物品等。

（2）行为人对同一损害具有相同可预见、可避免性。行为可以是作为或不作为，但对潜在受害人、可能受害方式等应具备相同预见、避免可能性。

（3）行为人有共同过错。共同过失行为人对特定损害本应预见、避免但未能预见、避免，或已预见但轻信能够避免，导致同一损害结果。各行为人具体过错类型、程度不需完全相同，只需对同一损害的预见内容存在包含、重合部分，如存在意思关联的故意和过失行为相结合，即可在过失行为范围内成立共同过失。

2. 共同危险行为形态识别规则

共同危险行为概念内含"共同"二字，但条文未要求"共同实施"，故根据体系解释，危险行为只需客观共同，无须意思关联。结合四要件及条文规范内容，构成要件为：

（1）行为人实施了危及他人人身、财产安全的行为。各行为人实施的单个或多个行为应具有同质危险性和客观共同性。同质危险性要求每个或每组危险行为引发的危险是现实的、确定的，且每个或每组行为均可能引发同一特定损害。客观共同性要求受害人遭受损害时，各危险行为产生的危险正在同时发生，但不要求危险行为同时空实施。以投递危险物品为例，各行为人可在不同时空、场景下投放危险源，只要受害人遭受损害时，各危险源同时具有触发可能，即满足客观"共同性"要求。

（2）行为人对同一损害具有相同可预见、可避免性。[①]

（3）行为人均有过错。[②] 个体行为均有过错即可，不要求整体行为成立共同过错。

（4）行为与损害间存在择一确定的因果关系。确定部分危险行为是致损唯一原因，但不确定具体侵权人。

据此，本案行为关系及形态要件评估如表1所示[③]：

[①] 同前文共同过失侵权要件。
[②] 即指一般侵权情形。
[③] 为简化表达，下文表1、图2中对本案当事人分别以甲（杨某2）、乙（邵某某）、丙（杨某3）、丁（王某某）、X（转转公司）、Y（申通公司）、Z（百世公司）代替。

表1 共同危险行为形态构成要件评估

构成要件要素	宏观要素判断	具体行为判断
行为危及他人人身、财产安全	(1)X：未审查、阻断买卖（不作为：单独不引起危险）。 (2)乙、丙、丁：向甲出售、提供并交邮毒蛇（作为：对甲及快递全流程均有危险）。 (3)Y、Z：运输并投递毒蛇（不作为：未验视，单独不引起危险；作为：运输投递，单独不引起危险）	(1)乙、丙、丁三人作为出售方，是危险源——毒蛇的提供者，其发货交邮行为单独会危及他人人身、财产安全，符合本项要求条件。 (2)X、Y无论作为或者不作为，单独均不会引起乙、丙、丁那样的危险，不符合本项要求，不应作为共同危险行为的客体
指向同一损害	乙、丙、丁、X、Y、Z六被告的行为结合，共同产生先后交付两条毒蛇给甲的结果	乙、丙、丁、X、Y、Z六被告的两组行为共同指向甲遭受毒蛇咬伤的损害，符合本项要件
相同损害可预见性	(1)X：可预见不特定损害可能性，但不可预见甲的特定损害。 (2)乙、丙、丁：均可预见甲的特定损害。 (3)Y、Z：可预见不特定损害可能性，但不可预见甲的特定损害	X、Y、Z和乙、丙、丁间无相同可预见性，不符合本项要件，排除共同危险
与损害存在"择一"因果关系	(1)整体评价：X、Y、乙、丙四被告的行为和X、Z、乙、丙、丁五被告的行为结合，导致将两条毒蛇交付甲，甲举证证明其被其中一条毒蛇咬伤，故两组结合行为与损害间"择一"因果关系成立。 (2)个体评价：各行为必须结合，方能产生后果。单独均不足以产生损害，故无个体择一因果评价基础	六被告相互结合的两组行为与甲遭受咬伤损害间成立"择一"因果关系；但单独个体行为与损害间均不成立择一因果关系，故不符合本项要件
存在过错	六被告行为均有过错（后文详述）	六被告行为均有过错，符合本项要件
结论：六被告行为不符合共同危险行为形态的全部构成要件，不构成共同危险行为		

3. 共同过失、共同危险、分别侵权识别要点

共同过失与共同危险构成要件虽有明显异同，但仍存在诸多识别难点，笔者

梳理要点对照如表 2 所示。

表 2 共同过失与共同危险的异同对比

对比项	共同过失	共同危险
相同点	各行为指向同一损害、发生同一损害	
	各行为人对损害结果具有相同可预见、可避免性	
	各行为人均有过错（一般侵权情形）	
不同点	不以现实危险性为要件	各行为具有同质现实危险
	各行为人具有意思关联	不以意思关联为要件
	各行为人具有共同过错	不以共同过错为要件
	无法定因果关系推定	有法定因果关系推定
	各行为与损害间因果关系均确定存在	各危险行为与损害间因果关系择一确定存在

分析规范条文可以发现，共同过失与共同危险在本质上均属"危及他人人身、财产安全的行为"，因共同过失因果关系确定成立，故要件表述为"侵权行为"；而共同危险因果关系推定成立，故要件表述为"危及"，未使用定性评价。该表达差异证明，"侵权行为"要件应以因果关系要件评价为基础，在四要件中处于逻辑高阶地位，为后文四要件审查位阶顺次提供了理论支撑。分别侵权是无意思联络的各行为人分别实施侵权行为造成同一损害的行为形态，三类形态差异主要集中于过错共同性和因果关系确定性两方面。

据此，本案中售蛇三人在两组交易中分别具有共同过错，三公司为分别过错，但两组因果关系为择一确定成立，故两组行为符合共同危险行为特征。同时，三公司具有过错的不作为侵权与售蛇三人不具有同质危险性，仅为售卖方侵权行为引发损害后果创造了条件、提供了"工具"，故应排除成为共同危险行为主体，仅由售蛇三人成立共同危险行为，承担连带赔偿责任。

(三) 多数人侵权责任形态识别方法

四要件内在逻辑位阶顺次、评价要素关联的缺失，导致其方法论作用在复杂的多数人侵权案件中难以发挥。立足以请求权基础为中心的要件审判思路和多数人侵权案件审判实践，对照刑法"二阶层"犯罪构成理论，笔者创新性地提出"二阶层"侵权责任构成理论和"三阶层"逻辑进阶式审判法，理顺"事实查明→

要件评价→责任评价"三阶层审判逻辑,明确各阶段审查要件事实、要件评价位阶顺次及关联关系,以及多数人侵权相关规范适用方法。

1."二阶层"侵权责任构成理论

刑事责任与侵权责任具有深厚法律渊源,未达入罪标准的社会危害行为通常由民事侵权责任予以规制,二者在构成要件、认定标准和审理逻辑等方面具有相似性。刑法二阶层犯罪构成理论解决了传统犯罪四要件缺乏逻辑判断顺序引发的共同犯罪形态下罪刑不适应等问题,为解决同样因传统四要件缺乏逻辑关联引发的侵权裁判结果不一的问题提供了有益借鉴,如图1所示。

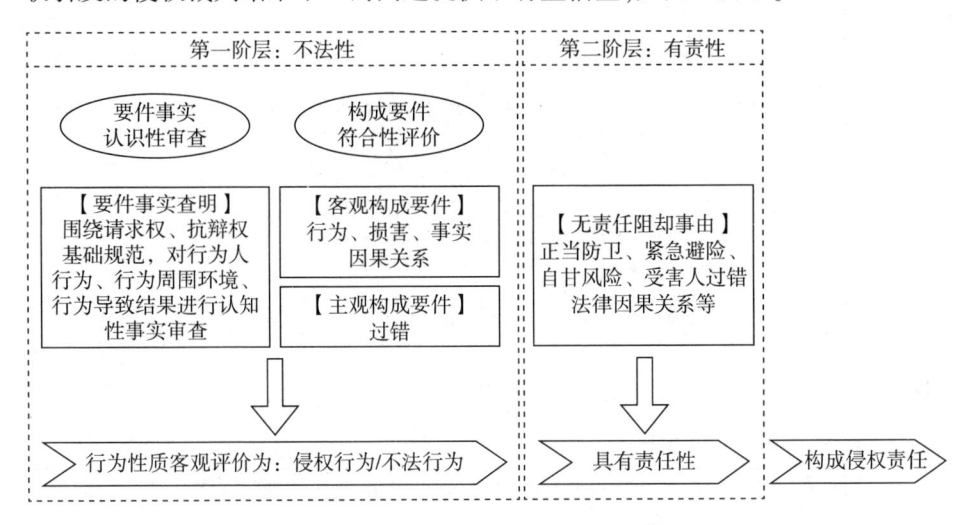

图1 刑法二阶层犯罪构成理论

侵权案件也应贯彻"侵权行为性质→侵权责任承担"的二阶层审理逻辑,以前者为后者的先决条件和评价基础,准确识别行为形态,明确责任分担方式和份额。

2."三阶层"逻辑进阶式审判法

(1)事实认定阶段:从"个体↔整体"查明发生了什么

法律事实查明是要件和责任评价的基础前提。本阶段应依据原告请求权、被告抗辩权基础规范,明确双方具体要件事实证明责任,释明并引导当事人围绕规范要件举证质证,通过"规范↔事实""个体↔整体"往返流转,全面查明行为、损害及相关事实。具体包括:①各当事人行为及周围环境。① 个体层面查明各

---

① 参见[美]小詹姆斯·A.亨德森等:《美国侵权法实体与程序》(第7版),王竹等译,北京大学出版社2014年版,第15页。

行为人行为时空、方式、内容、场景等,整体层面查明各行为关联关系。②行为导致的结果,即个体、整体行为引起的现实情况。③其他要件相关事实。

结合多数人侵权构成要件,具体审查要点如表3所示。

表3 相关事实的审查要点

相关事实		行为形态	责任形态
个体事实	行为	行为人实施行为的时空、场景、环境、方式、内容等相关事实	—
	损害	①损害事实;②数额	—
	因果关系	①确定性:行为与损害间引起与被引起的事实关联	确定或推定成立
		②参与度:行为引起损害的范围和原因力大小	关联方式和程度
	过错	①行为意图相关事实;②注意义务相关事实,法律、行业规范等	—
整体事实	行为关联	①各行为事实、逻辑关联;②各行为在整体中所处环节、功能等	—
	因果关系	①确定性:整体行为与损害间引起与被引起的事实关联	全部或择一成立
		②关联性:各行为引起损害原因力的累积、聚合等事实关联	原因力充足与否
	共同过错	①各行为人意思联络、行为意图关联;②可预见、可避免范围	—

共同过失侵权、共同危险行为和分别侵权行为形态证明责任分配如表4所示。

表4 三种形态的证明责任分配

证明责任方	共同过失侵权	共同危险行为	分别侵权行为
原告方	①同一损害;②个体和整体行为与损害间均有确定因果关系;③共同过错(意思联络、可预见性)	①各行为有同质现实危险;②同一损害;③整体行为与损害间有择一确定的因果关系;④各行为人均有过错	①同一损害;②个体和整体行为与损害间均有确定因果关系;③各行为人均有过错

续表

证明责任方	共同过失侵权	共同危险行为	分别侵权行为
被告方	—	①具体侵权人(特定行为与损害间成立确定因果关系); ②自身行为与损害间无因果关系	—

据此,本阶段应查明本案相关事实如图2所示。

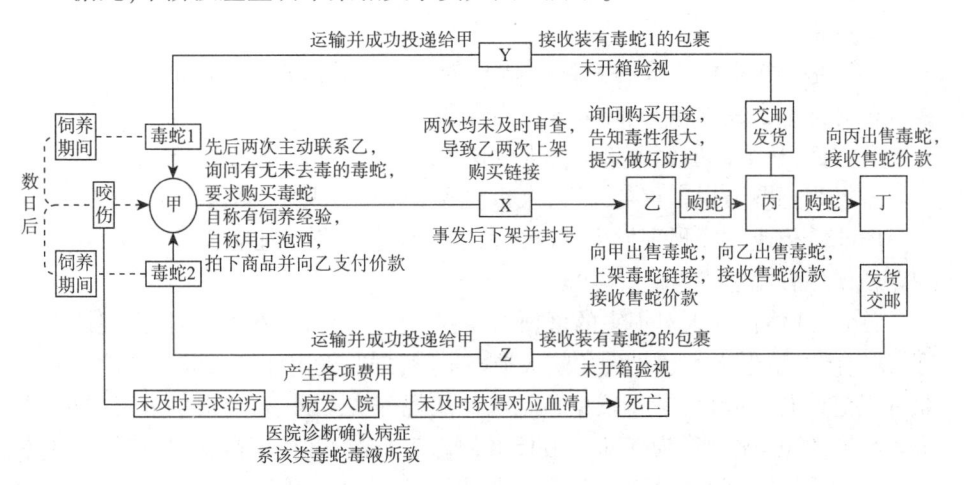

图 2 本阶段应查明的本案相关事实

(2)要件评价阶段:从"客观→主观"认定行为性质

本阶段要将查明的法律事实归入构成要件,以判断个体、整体行为是否构成侵权行为,并认定行为及责任形态。要件评价按从客观到主观的逻辑顺序进行:

①事实上的因果关系

因果关系是侵权责任构成的客观基础,从功能上可分为事实因果和法律因果两类。前者评价行为与损害间的客观事实关联;后者评价法律关联,对无限延展的事实因果链作合理限定。后者本质为价值评价,故归入第三阶段。

一方面,从个体层面审查因果关系确定性和参与度。事实因果以"如无则不"为原则,评价行为本质上是否为造成损害的必要条件,逻辑上分一般和特定性两方面①,

---

① 参见[美]小詹姆斯·A.亨德森等:《美国侵权法实体与程序》(第7版),王竹等译,北京大学出版社2014年版,第104页。

按从一般到特殊的顺序评价。

一般性因果评价行为在客观上是否引发了损害及损害范围。大多依据一般常识或日常经验即可做出普遍性判断。

特定性因果评价行为是否由特定人实施,可由目击者证言等直接证据证明确定成立,或由择一确定因果关系推定成立。

另一方面,从整体层面评价因果关系确定性和关联性。确定性评价整体因果关系是否全部或择一确定成立,是共同危险行为形态的识别核心;关联性评价各行为引起损害的因果关系参与度大小,分为均充足、均不充足、部分充足三类,对应不同责任形态。

②过错

过错是侵权责任构成的主观基础,是对行为人具体心态的评价,须通过外化客观行为推论出欲求目的、结果等行为意图。

一方面,从个体层面评价行为人过错形态。过错形态包括故意和过失。

若行为意图与损害重合,行为人希望或放任损害发生,则认定为故意。若行为意图非希望或放任损害发生,则按照"确定注意义务→注意义务违反→过失"的路径评价有无过失。

首先,评估行为人对损害的可预见性、可避免性、可克服性,即根据理性人标准,认定同样情形下可预见的危险或损害范围,据此确定注意义务。理性人假设兼具规范性和经验性,考量依据包括法律法规等成文法,行业惯例等习惯法,当事人特殊关系、先行行为等对一般标准的修正要素,可替代措施、替代措施成本收益分析及损害可避免性等。① 据此得出一般理性人可预见范围,即行为人注意义务范围。

其次,考察行为人是否违反注意义务。行为人未全面履行作为注意义务或实施不作为注意义务的禁止行为,行为人对注意义务的违反程度即其过错程度。

另一方面,从整体层面审查"共同性",即评价各行为人间是否具有意思联络,通过各行为人的沟通、交往等行为推断是否以及在何种范围内形成共同行为意志;评价各行为人对损害的预见、避免内容及程度异同。

综上所述,传统"侵权行为"要件对行为违反法律规定、合同约定、行业惯例等的违法性考察,可完全纳入"过错"要件项下的注意义务评价范畴,从而避免评价要素交叉混淆、循环论证等逻辑困境。将本案中售蛇人、快递公司、网购平台违反《邮政法》《电子商务法》等规定的行为均纳入过错评价,避免了行为违法

---

① 参见[美]小詹姆斯·A.亨德森等:《美国侵权法实体与程序》(第7版),王竹等译,北京大学出版社2014年版,第156页。

性与过错性的循环推论。"侵权行为"则作为高阶评价性要件,与因果关系和过错形成结论与论据关系,成为行为性质客观定性的结论。

在个体与整体行为规范性评价的基础上,本阶段可得出三大结论:各行为性质,即客观上可否定性为侵权行为,作为是否构成侵权、应否担责的基础;多数人侵权行为形态,作为确定责任分担方式的基础;相应责任形态,决定责任分担方式。

(3)责任评价阶段:责任有无与责任份额认定

满足前述评价要件后,本阶段就是否担责、责任比例及份额进行认定。

①法律上的因果关系

法律上的因果关系是合理限定责任范围的重要工具,以避免"丢失一个钉子"的人为"亡了一个帝国"承担责任。法律上因果关系临界点的评价要素与过错相似,主要围绕行为人对损害的可预见性展开,评价过错行为是否为损害的实质性因素、损害是否为过错行为产生的直接效果。①

第一,理性人标准下对损害的可预见性。评估一个理性谨慎的人实施该行为可以预见到什么样的结果,可预见范围内的相应损害即与行为存在法律上的因果关系。

第二,原因行为与损害结果间的自然连续性。评估各原因行为与结果间存在的自然连续顺序,确定未被其他不合理介入因素斩断。

第三,原因行为与损害结果的远近。评估各原因行为在时空、控制力大小等方面与结果间的关联性、紧密性。过于疏远的不构成法律上的原因;合理范围内,间隔越短、距离越近、控制力越大的行为,原因力越大,反之越小。

由此可评定各行为与损害间的事实因果关联是否具有法律上的可谴责性,以及各行为造成损害的程度高低、原因力大小,作为认定最终责任份额的基础之一。

②受害人过错

依据前述方式回溯性评价受害人行为,根据双方过错程度、原因力大小,在原告与被告间先行划分责任比例。若原告故意,则被告免责;若原告非故意,则在原告过错和原因力范围内相应减轻被告责任。划定原告、被告责任后,再按上阶段评价识别的责任形态,确定被告间连带、按份、补充等责任分担方式,并综合全部评价情况,依据各被告过错程度、原因力大小确定责任份额。

---

① 参见[美]小詹姆斯·A.亨德森等:《美国侵权法实体与程序》(第7版),王竹等译,北京大学出版社2014年版,第256页。

③其他责任阻却事由

《民法典》规定了自甘风险、不可抗力、正当防卫、紧急避险等责任阻却事由，具体考察要素与前文评价内容相同，符合相应阻却事由的，可免除或减轻被告责任。

综上所述，借助"事实认定→要件评价→责任评价"三阶层审判方法，本案在充分查明各当事人行为、结果及环境事实的基础上，从个体行为层面审查因果关系确定性及参与度、过错有无及大小，根据侵权责任要件认定售蛇三人违法发售银环蛇、网购平台未尽审查管理义务、物流公司未开箱验视的行为具有过错，与损害间存在推定确立的因果关系，六被告的行为均构成侵权行为，依据制造及控制风险的高低，原因力由大至小为出卖人>物流公司>网购平台；从整体行为层面审查因果关系确定性及关联性、共同过错有无及大小，根据多数人侵权责任要件认定仅售蛇三人间存在共同过错，两组行为与损害间存在择一确定的累积因果关系，但网购平台、物流公司的行为单独确定不能引发特定危险，故仅售蛇三人的行为成立共同危险行为、承担连带责任，提供交易辅助的网购平台、物流公司分别承担与其过错程度及原因力大小相应的按份责任。该多数人侵权责任案件审判方法论有利于促进裁判结果是非分明、责任分担公平正当。

（责任编辑：郭艳茹）

经营者对消费者正当评价负有适度容忍义务
——北京某家居有限公司诉陈某侵权责任纠纷案相关法律问题分析

陈 曦[*] 王 楠[**]

裁判要旨

消费者对产品、服务质量有权进行正当评论、批评,经营者对此有适度容忍义务;认定消费者评价是否构成侵犯名誉权时,应综合考虑相关言论发布的背景、形式和语境,行为人是否有侵权的主观恶意,以及给当事人造成损害的程度等因素予以判断。

一、据以研究的案例

原告北京某家居有限公司诉称:北京某家居有限公司与被告陈某于2020年1月12日签订《北京市家具买卖合同》,约定陈某以14 800元的价格购买北京某家居有限公司展厅展品。2020年3月29日,北京某家居有限公司按照合同约定运送产品并进行了安装,陈某在收货时已经进行了验收且并未对产品提出任何异议。2020年6月26日,产品安装后的第90日,陈某以北京某家居有限公司提供的产品甲醛超标为由要求北京某家居有限公司退还合同款。北京某家居有限公司多次要求上门查看产品情况并提出鉴定,陈某拒不配合。2020年7月4日起,陈某多次举着"门板开裂!异味不散"的牌子到北京某家居有限公司门店,捏造事实,要求北京某家居有限公司退还合同款,严重影响北京某家居有限公司日常经营,造成北京某家居有限公司额外支出及损失的销售利润共计40 000

---

[*] 陈曦,北京市朝阳区人民法院王四营人民法庭法官,对外经济贸易大学法律硕士。
[**] 王楠,北京市朝阳区人民法院立案庭(诉讼服务中心)法官。

元。同时,陈某在其微信朋友圈等社交平台散布北京某家居有限公司产品存在质量问题、北京某家居有限公司产品存在有毒有害物质等不实信息,损害北京某家居有限公司名誉。为维护合法权益,北京某家居有限公司诉至法院,要求:(1)判令陈某停止侵权行为、消除影响;(2)判令陈某公开赔礼道歉、恢复北京某家居有限公司名誉;(3)判令陈某赔偿因其侵权行为造成北京某家居有限公司的损失 40 000 元。

被告陈某辩称:不同意北京某家居有限公司诉讼请求,陈某对北京某家居有限公司的商誉没有损害,由于北京某家居有限公司交付的商品质量存在问题,与合同约定不符,售后态度恶劣,陈某无法与之继续正常沟通,而只能通过静坐的方式要求对方对该商品异味不散、门板开裂的问题进行赔偿和处理。陈某的要求和行为是基于北京某家居有限公司交付产品质量和其售后服务情况而进行的质疑和评价,属于正常合理评价。陈某并没有故意损害对方名誉,也没有造成损害后果,请求法院驳回北京某家居有限公司全部诉讼请求。

法院经审理查明,陈某与其丈夫购买了北京某家居有限公司生产的儿童衣柜床,并在家具买卖合同中约定主材/面料为实木,经国家认可的家具检测机构检测,家具的有害物质限量不符合国家或北京市有关标准的强制性要求的,买方有权无条件退货,并要求卖方赔偿相应的检测费、交通费、误工费等损失。陈某支付货款、北京某家居有限公司交付家具后,陈某称衣柜床门板开裂,异味不散,自行委托鉴定机构检测后发现衣柜床摆放屋内甲醛含量超标,遂上门要求北京某家居有限公司退货退款。

陈某称其共去往北京某家居有限公司门店要求退货四次,因第一次商量退货退款事宜未果且双方发生争吵,第二次、第三次、第四次陈某举着写有"门板开裂!异味不散!退货退款!赔偿损失!"的牌子前往北京某家居有限公司门店维权。北京某家居有限公司认可陈某一共去过四次,第一次未举牌,第三次、第四次北京某家居有限公司看到陈某即报警,双方去派出所调解。陈某发布四条朋友圈信息,称北京某家居有限公司家具有刺激性气味、有机污染物超标、工作人员态度恶劣等;双方均认可陈某当天即将上述朋友圈内容删除。因未协商一致,陈某和丈夫以买卖合同纠纷为由将北京某家居有限公司诉至法院,因司法鉴定结果为衣柜床主材非实木,审理法院作出判决,支持陈某要求北京某家居有限公司退货退款并给付三倍赔偿的诉讼请求。

本案庭审中,陈某提供了家具门板开裂照片、门店工作人员用手指人的照片及陈某自行委托的鉴定机构出具的家具所在房屋内甲醛含量超标的空气质量检测报告。北京某家居有限公司称其工作人员用手指人的照片不足以证明工作人员态度恶劣;出具空气质量检测报告的鉴定机构非法院选定机构,检测过程未经双方共同参与,故对其真实性不予认可。

本案审理法院认为:行为人因过错侵害他人民事权益,应当承担侵权责任。法人有名誉权,禁止用侮辱、诽谤等方式损害法人的名誉。对于是否构成侵害名誉权,应当根据受害人确有名誉被损害的事实、行为人行为违法、违法行为与损害后果之间有因果关系、行为人主观上有过错进行认定。

本案中,陈某与北京某家居有限公司因家具买卖合同产生争议,且经另案中法院委托的鉴定机构认定,北京某家居有限公司交付陈某的家具质量确实与合同不符,陈某要求北京某家居有限公司退货退款确有依据,并非无理取闹。陈某提供初步证据证明存在家具门板开裂、污染物超标及北京某家居有限公司售后态度恶劣的问题,虽证据有瑕疵,出具空气质量检测报告的鉴定机构非法院选定机构,检测过程未经双方共同参与,但陈某作为消费者,为证明产品质量问题自行进行检测并无不当,不应对其保全证据的能力过度苛责;即使其检测过程未经双方共同参与,检测结果也足以使得陈某对家具环保质量产生合理怀疑,故其对产品质量进行否定评价并无严重不妥。陈某很快将朋友圈内容删除,并不足以给北京某家居有限公司造成社会评价下降的损害后果。陈某到北京某家居有限公司经营场所举牌,举牌内容写明要求北京某家居有限公司退货退款,举牌是其为达到退货退款要求采取的手段,其并无侵权故意;且陈某举牌时间不长,并很快被北京某家居有限公司采取报警措施制止,三次协商未果后陈某即停止举牌,选择采取诉讼途径维护权益,不足以给北京某家居有限公司造成社会评价下降的后果。故北京某家居有限公司要求陈某停止侵权、消除影响、赔礼道歉、恢复名誉的诉讼请求,法院不予支持。北京某家居有限公司称陈某举牌行为给其造成经营损失,但并未提交充分证据证明,法院对其要求陈某赔偿经营损失的诉讼请求不予支持。另需指出,虽然陈某举标牌、发朋友圈系因北京某家居有限公司提供产品确有质量问题,但法院对该行为并不提倡,陈某可通过其他途径予以解决。

综上所述,法院作出民事判决:驳回北京某家居有限公司的全部诉讼请求。案件受理费 800 元,由北京某家居有限公司负担。

宣判后,双方均未提出上诉,判决已发生法律效力。

二、相关法律问题分析

本案中,陈某的行为是否构成侵犯北京某家居有限公司名誉权的问题,实质上是法人名誉权保护价值与消费者及社会舆论批评监督权保护价值之间的平衡问题。该问题是司法实践中认定的重点、难点,需要结合多方面因素予以平衡考虑。

(一)消费者监督权与经营者名誉权的利益平衡

消费者的监督权和经营者的名誉权均为市场经济主体的重要权利,当两者发生冲突时,应当考虑多种因素,依据法律规定进行平衡。

1. 消费者的监督权于法有据

《消费者权益保护法》规定,消费者拥有对商品、服务进行监督的权利。监督权是消费者其他各项权利的必然延伸,既是独立的一项权利,又是其他各项权利落实的重要保障。消费者监督权内容的范围很广泛,既可以对经营者提供商品或者服务的质量、效果进行监督,也可以就提供商品或者服务的其他方面,如价格是否合理、态度是否恶劣提出意见。一般来说,消费者的监督权内容主要包括三种:(1)商品以及服务本身的情况,如商品质量是否合格、服务效果是否满意等;(2)经营者提供商品、服务过程中的行为是否不当,如销售过程中是否存在价格欺诈、虚假宣传等行为;(3)售后义务履行以及售后责任承担问题,如经营者是否履行了7天无理由退货义务、"三包"义务等。消费者行使监督权的方式多样,主要包括:(1)直接对经营者的商品、服务以及相关行为等进行监督,通过当面沟通、电话、微信、电子邮件等方式向经营者提出批评、建议;如果是网络交易,还包括在网络上对网店经营者的商品、服务及其他行为进行打分评级、评价留言。(2)对经营者侵害消费者权益的行为通过新闻媒体、自媒体等方式向社会进行披露。(3)就经营者侵害消费者权益的行为向行政机关、司法机关等有关国家机关提出检举、控告。(4)对国家机关及其工作人员保护消费者权益的工作提出批评、建议,对违法失职行为提出检举、控告。[1]

2. 经营者的名誉权受法律保护

名誉是社会对一个人的身份、地位、品德等个人形象的良好评价。民事主体享有名誉权。任何组织或者个人不得以侮辱、诽谤等方式侵害他人的名誉权,任何侵害名誉权的行为都将受到法律的否定性评价。从学理上讲,一般认为侵害名誉权的构成要件包括四项:一是行为人实施了侮辱、诽谤等毁损名誉的行为;二是毁损名誉的行为必须指向特定人;三是行为人的行为为第三人所知悉;四是行为人具有过错。[2] 消费者有权对商品和服务进行批评、评论,但是如果消费者借机进行诽谤、诋毁并实际损害他人名誉,则可能会被认定为侵害名誉权。是否构成诽谤、诋毁,需根据评价人是否恶意差评、评论内容是否属实、是否使用侮辱性言辞等予以判断。虽然《最高人民法院关于审理名誉权案件若干问题的解

---

[1] 参见卢均晓:《消费者监督权与网店经营者名誉权之衡平刍议》,载《中国市场监管研究》2017年第1期。

[2] 参见王利明:《人格权法研究》,中国人民大学出版社2005年版,第502~525页。

释》(已失效)和《消费者权益保护法》等规范性文件为处理此类案件提供了指引,但是法人对消费者的容忍限度以及消费者的言辞达到何种激烈程度方构成侵害法人名誉权的问题,仍然依赖法官的自由裁量。在纷繁复杂的侵权行为类型中,法院对于司法解释规定的"内容基本属实"与"主要内容失实"的认定尚无标准。①

3. 消费者监督权与经营者名誉权的利益平衡——经营者适度容忍义务

归根结底,探讨消费者的批评监督权实际涉及消费者的言论自由与商业组织名誉权之间的关系问题。对于消费者而言,其正当行使批评监督权可以促进经营者诚实生产经营,追求消费真相,保障自身或其他消费者的人身、财产安全,也可满足消费者个人自治的需要。而对于商业组织而言,其名誉权不仅关系其社会评价问题,还与其经济利益密切相关,一旦失去了名誉,则其不仅会遭受经济损失,还可能难以在市场上立足。从事市场经营活动的主体,在面对消费者的批评意见时,必须具有适度的容忍义务,这既是维护良好市场秩序,保护消费者合法权益的需要,也是市场经营主体应当承担的必要社会责任。有观点认为,运用弹性较强的利益衡量原则来解决消费者的批评监督权与商业组织的名誉权之间的冲突是较为适宜的。具体到案件中,对于相关言论是否构成名誉侵权,应当结合具体的场景、言论的媒介、上下文的文义、讨论的议题等作出合理的判断。②

(二)认定消费者评价是否侵犯名誉权的步骤解析

在消费者的监督权和经营者的名誉权发生冲突时,需要考虑消费者进行评价的行为是否为正当行使监督权,其是否造成了侵权后果。具体来说,消费者评价是否构成侵犯名誉权应该遵循以下三个步骤进行认定。

1. 是否基于消费者身份进行评价

消费者是指为生活消费需要购买、使用商品或者接受服务者,其进行评价是为了督促经营者履行自身义务、完善产品质量及服务质量,保护自身合法权益;而非消费者身份的主体进行评价则非为前述目的,因此对于后者是否构成侵权不宜与消费者评价采用统一认定标准。

(1)评价主体的身份判定

如果发布评价的主体是制作并发布产品测评文章的专业性网站,所涉产品是为测试而使用并展示,并非为生活消费需要而购买或使用,或者发布评价的主体是经营者的同行业竞争对手,并不排除对竞争产品进行消极测评间接打压之可能性,则该类主体难以涵括在消费者范畴内,发布评价、制作测评文章亦不能

---

① 参见张红:《法人名誉权保护中的利益平衡》,载《法学家》2015年第1期。
② 参见肖璟翊:《论消费者的批评监督权》,载《人民司法》2014年第7期。

视为消费者行使权利而受到宽松认定的保护。① 对主体身份进行判断需结合主体的职业或经营范围、是否有消费行为、发布评价的目的等因素进行考虑。

(2)以消费者身份作出评价宜进行宽松认定

消费者与经营者之间存在合同关系,消费者有表达切身体验的权利,其对相关经营主体的产品质量、服务质量有权进行评论、批评。一般来说,司法实践对于消费者行为的过错程度与违法性认定的标准较为宽松,如不存在恶意侮辱、诽谤,则不构成侵害名誉权。本案中,陈某为消费者,北京某家居有限公司作为经营者对其作出的评价有适度的容忍义务,不能苛求评价绝对精准、不带主观情绪,只要不存在恶意诋毁的主观故意,即使批评言论较为尖锐,也不应轻易否定该评论、批评的正当性,不能动辄认定消费者对自身产品、服务质量的批评意见损害自身名誉权,否则就是滥用权利。

2.消费者评价是否确有不当

域外法院关于名誉权案件的理论框架的关键在于,把言论分解为对事实的陈述和对意见的陈述。② 本文认为,对于消费者评价是否正当的判断标准,应当区分事实陈述与意见表达,而非统一适用内容是否基本属实、有无侮辱人格这两项判定标准。因为只有事实陈述才存在真伪之分,而意见评论仅是表达对事物的看法,所以对于消费者评价应当区分内容进行认定。

(1)消费者进行事实陈述的认定标准

消费者正当行使批评监督权,应当与肆意诋毁、贬损经营主体产品服务质量和经营主体名誉进行区分。判断消费者是否进行合理评价,应综合考虑相关言论发布的背景、形式和语境。在事实陈述方面,应将"内容基本真实"的判定标准修改为"真实相当性",也就是说,真实性的判断不应放在审理时,而应指行为人根据其合理查证所得之资料,有相当的理由可以确信其发表的言论是真实的。③ 本案中,正如审理法院的观点,陈某发朋友圈、举牌的行为事出有因,是建立在产品确有质量瑕疵以及北京某家居有限公司未积极进行售后处理的前提下,并非捏造事实、恶意诋毁。陈某提供初步证据证明存在家具门板开裂、污染物超标及北京某家居有限公司售后态度恶劣的问题,虽其证据有瑕疵,出具空气质量检测报告的鉴定机构非法院选定机构,检测过程未经原告、被告共同参与,但陈某作为消费者,为证明产品质量问题自行进行检测并无不当,不应对其保全

---

① 参见徐俊、俞硒:《产品网络测评文章侵害法人名誉权的认定》,载《人民司法(案例)》2016年第14期。
② 参见朱明远:《消费者及媒体言论自由与法人名誉权保护》,载《法制博览》2015年第22期。
③ 参见肖璟翊:《论消费者的批评监督权》,载《人民司法》2014年第7期。

证据的能力进行过度苛责;即使其检测过程未经原告、被告共同参与,检测结果也足以使得陈某对家具环保质量产生合理怀疑,故其对产品质量进行否定评价并无严重不妥。

(2)消费者进行意见陈述的认定标准

在消费者的批评监督当中,许多意见掺杂了激烈的言辞,但如果相关言论属于意见评论,就不必然构成名誉侵权。在意见陈述方面,则应适用公正评论抗辩,"如果行为人对公共利益问题或社会公众关心的问题表达自己的观点、提出自己的意见或者发表自己的看法,只要这些观点、意见或者看法是公平的,行为人无须就其观点、意见或者看法引起的损害对他人承担侵权责任,即便这些观点、意见或者看法是具有名誉毁损性质的观点、意见或者看法"①。是否构成诽谤、诋毁,需根据用户是否恶意差评、评论内容是否属实、是否使用侮辱性言辞等予以判断。② 因此,如果消费者的意见陈述只是在表达自己的主观感受,并无恶意诽谤、诋毁的故意,即使言辞较为激烈,也不宜认定为侵犯经营者名誉权。

3. 消费者评价是否符合侵权行为要件

认定消费者评价是否构成侵犯经营者名誉权的第三个步骤是将消费者行为代入侵权行为构成要件中进行判定,兼顾消费者监督权和经营者名誉权的平衡,得出是否侵权的最终结论。

(1)名誉权侵权行为构成要件及认定

就名誉权的侵权行为要件来说,应当考察侵权行为、过错、侵害结果及因果关系。本案中,虽然陈某客观上实施了发朋友圈评论和举牌的行为,但从过错方面来说,陈某举牌内容写明要求原告退货退款,发朋友圈、举牌是其为达到退货退款要求采取的手段,其并无诋毁经营主体名誉的主观故意;从侵害结果和因果关系来说,陈某发布朋友圈当天即删除、举牌时间不长,且协商未果后即停止上述行为,选择采取诉讼途径维护权益,不足以给北京某家居有限公司造成社会评价下降的侵害后果。因此,陈某的行为不具有侵犯名誉权的构成要件,其行为仍在消费者维权和社会舆论监督的正常范围内。当然,需要指出的是,因为举牌等行为易激化矛盾从而产生额外冲突和损失,故协商不成时,消费者应当尽量选择向消费者协会反映问题、提起诉讼等其他途径解决。

(2)消费者监督权和经营者名誉权的具体平衡方式

在消费者诉求表达与法人名誉权的平衡中,判断是否侵犯法人名誉权,首先

---

① 张民安、杨彪:《侵权责任法》,高等教育出版社2011年版,第301页。
② 参见曹钰、袁玥:《网络差评的边界及网络服务提供者的责任判定》,载李江萍主编,广州市法学会编:《法治论坛》总第57辑,中国法制出版社2020年版,第375页。

应对消费者行为的过错程度和违法性进行判定,应当采用较为宽松的标准,基本内容真实,并非恶意进行诽谤、侮辱的,不构成侵权。在损害结果的认定中,为避免法官主观确认的难度和不确定性,只要证明诽谤和侮辱性内容已经为第三人所知悉,则推定产生名誉损害结果,而附带性财产损失由受害人自行举证。在侵犯法人名誉权的整个认定过程中应当体现弱者保护的司法理念,通过司法判决保护和重视消费者权利,提高消费者的权利意识和商家的责任意识,规范市场秩序,推动社会善良风俗的形成。①

经营主体作为市场产品、服务的提供者,应尽量加强产品质量管控、提升服务水平,直面社会针对其产品、服务质量的批评意见,将更多的精力放在提高产品、服务质量和客户体验上,并在消费者反映质量问题时积极沟通、诚恳解决,自觉承担社会责任,维护良好市场秩序,构建和谐的"经营者—消费者"关系。消费者也应当依法维权,要充分认识到网络评论机制不是随意发泄个人情绪的工具,应注意批评与侵权的界限,理性维权;对商品或者服务进行评价时,应当针对商品或者服务质量本身,就事论事,实事求是,不捏造歪曲事实,不能滥用权利,否则将承担相应的法律责任。和谐的"经营者—消费者"关系的建立需要双方的共同努力,唯有相互尊重、相互理解,才能够创建公平、竞争、和谐、有序的市场秩序和消费环境。

(责任编辑:杨　琳)

---

① 参见高琨:《侵害名誉权的认定——兼评消费者言论自由与经营者名誉权保护》,载《商业文化(学术版)》2007年第4期。

网络消费仲裁协议效力的"二维三阶"审查路径

——李某某诉北京 H 公司网络服务合同纠纷案相关法律问题分析

张勤缘* 杨宗腾**

裁判要旨

对网络消费仲裁协议效力的审查应当坚持程序审查与实体审查并重,网络消费仲裁协议的形式应当符合仲裁法的相关规定。网络消费合同属于采用格式条款形式订立的合同,网络消费仲裁协议作为争议解决条款,是网络消费合同的主要条款,属于与当事人有重大利害关系的条款,格式条款提供方未提供证据证明在缔结网络消费合同时采取合理方式提请当事人注意仲裁协议内容的,当事人可以依据《民法典》第 496 条第 2 款的规定,认定仲裁协议不成为合同内容,即仲裁协议不成立。

一、据以研究的案例

原告李某某诉称:其于 2020 年 8 月 9 日 22 时 45 分左右通过盖世可儿装备备用群担保交易了价值 3200 元的游戏装备。被告北京 H 公司以异常物品为由,于 2020 年 8 月 17 日对原告的游戏账号(li510606×××)停权封号,造成原告游戏账号及账号内有价的游戏装备损失合计 13 000 元。因此原告诉至一审法院,请求:(1)判令被告解封原告游戏账号并归还所有装备(价值 3200 元)或补

---

* 张勤缘,北京市第四中级人民法院立案庭庭长,中国人民大学法律硕士。
** 杨宗腾,北京市第四中级人民法院审判管理办公室(研究室)法官助理,中国政法大学法律硕士。

偿原告损失 13 000 元及利息,共计 13 140 元;(2)本案诉讼费用由被告承担。

北京 H 公司在提交答辩状期间提出管辖权异议,认为本案为网络服务合同纠纷,原告提供的涉案游戏《最终用户使用许可协议》第 21 条"法律适用及解决纠纷"第 2 款明确约定,"如双方就本协议内容或其执行发生任何争议,双方应尽量友好协商解决;如协商不成,任何与本服务协议有关的争议均由北京仲裁委员会管辖,其仲裁裁决为终局,对任何一方都有约束力"。由于《最终用户使用许可协议》中约定了仲裁条款,该仲裁条款符合法律规定情形,故请求法院裁定驳回原告的起诉。

一审法院裁定驳回北京 H 公司对本案管辖权提出的异议。北京 H 公司不服原审裁定,提起上诉。二审法院裁定驳回上诉,维持原裁定。

二、相关法律问题分析

本案涉及网络消费争议解决条款,尤其是网络消费仲裁协议的效力审查。该问题涉及的程序法与实体法交织,司法实践中对此亦有不同观点。笔者针对目前司法实践中存在的不同裁判观点进行梳理,对网络消费仲裁协议效力审查的路径进行解构,建立跨越实体法和程序法的"二维三阶"审查路径,为数字经济发展和电子商务业务开展明晰规则,引导新技术、新业态、新模式在法治轨道上健康有序地发展。

(一)网络消费仲裁协议的法律适用困境

随着网络交易的快速发展,网络消费纠纷也日益增加,消费者在维权时因网络消费合同设置仲裁条款而维权困难的情形屡见报端。[①] 互联网行业的开放性和动态性对网络消费合同的缔结与履行也产生了重大影响,与普通消费合同明显不同的是,网络消费合同通过信息网络缔结,而且网络服务提供者提供的是"一对多"的格式合同,消费者在缔结合同时既没有与网络服务提供商面对面磋商,也没有选择的机会。网络消费合同的争议解决条款关涉消费者维权的程序性选择,如何规制网络消费仲裁协议的效力就成为司法不得不面对的一个问题。

1. 网络消费争议解决条款的类型

据笔者不完全统计,网络消费合同约定的争议解决条款主要有以下类型:第一类,约定仲裁协议,多见于娱乐服务合同或者是某些自营的电子商务平台;第二类,约定合同签订地并约定由合同签订地法院或者平台经营者所在地法院管辖,多见于电子商务平台;第三类,约定由境外仲裁机构仲裁或者由外国法院诉

---

① 例如,ofo"小黄车"退押金曾引发广泛关注,参见《退押金先交六千仲裁费?清华女生起诉 ofo 期待二审改判》,载澎湃网 2020 年 8 月 11 日,https://www.thepaper.cn/newsDetail_forward_8678508。

讼,主要见于跨境电子商务中;第四类,平台内经营者在其经营的店铺主页或者具体商品详情下展示协议管辖条款。具体类型如表1所示。

表1 不同类型网络消费合同争议解决条款内容对比

类型	协议内容	来源
类型一	"用户在使用网易严选服务过程中,如就平台服务产生任何纠纷的,应与杭州网易妙得科技有限公司友好协商,如就自营商品出现纠纷时,应在平台的协调下与杭州网易严选贸易有限公司进行友好协商,若协商不成,应提交中国国际经济贸易仲裁委员会由其三名仲裁员根据其现行有效的仲裁规则进行仲裁。"	网易严选
	"如您在使用本条款项下服务中出现纠纷时,您同意将纠纷交由中国国际经济贸易仲裁委员会仲裁解决,并由3名仲裁员进行审理,仲裁裁决是终局的,对双方都有约束力。"	网易云音乐
类型二	"本协议的签署地点为中华人民共和国北京市海淀区,若您与公司发生任何争议,双方应尽量友好协商解决,协商不成,您同意将争议提交至北京市海淀区人民法院诉讼解决。"	抖音
	"本协议签订地为中华人民共和国广东省深圳市南山区;您和腾讯之间因本协议发生的任何纠纷或争议,首先应友好协商解决;协商不成的,您同意将纠纷或争议提交至本协议签订地有管辖权的人民法院管辖。"	腾讯游戏
	"因通过携程平台预定任何产品或使用任何服务而导致的争议,双方可协商解决;协商不成的,任何一方均可向上海市长宁区人民法院提起诉讼。"	携程网
类型三	"凡因本协议引起的或与之相关的争议、纠纷或索赔,均应根据提交仲裁通知时有效的《香港国际仲裁中心机构仲裁规则》在香港仲裁解决。"	天猫国际
	"您同意下表中所列适用法律和争议解决(其详细规定见适用的使用条件)将适用,并放弃因任何原因可能适用的任何其他司法管辖权。" (说明在该页面中部的表格中载明,亚马逊海外网站 Amazon.com 对应的亚马逊海外实体为 Amazon Export Sales LLC,对应的争议解决方式为美国华盛顿州金县法院)	亚马逊海外购

续表

类型	协议内容	来源
类型四	"对于本公司网上所销售的产品以及产品页面描述介绍,买家如有争议,由双方进行协商解决,或提交卖方所在地吉林省蛟河市人民法院诉讼解决,如不同意本特别约定者请勿购买,所有购买者本公司视为已同意本约定。"	淘宝网商户

2. 网络消费仲裁协议法律适用的分歧与困境

从表1可以看出,网络消费仲裁协议是网络消费争议解决方式之一,但是网络消费仲裁协议的审查不仅涉及《民事诉讼法》《仲裁法》等程序法的规定,还涉及《民法典》(原《合同法》)、《消费者权益保护法》等实体法的规定,如何一体化适用,是裁判者不得不面对的问题。

据笔者不完全统计,关于网络消费仲裁协议效力如何认定的问题,目前司法实践中有不同的观点和裁判思路。有的法院只引用《仲裁法》的规定对仲裁协议的有效性进行认定[1];有的法院先是援引原《合同法》关于格式条款效力的规定,认为仲裁条款虽为格式条款,但并不涉及当事人权利义务约定内容,仅属于确定争端管辖及争议解决方法的条款,不存在免除经营者单方责任、加重对方责任、排除对方主要权利的情形,继而又援引《仲裁法》的规定对仲裁协议有效性进行了确认[2];有的法院在引用了《仲裁法》规定的基础上又排除了《消费者权益保护法》第26条的适用,对仲裁条款的有效性予以确认[3];有的法院援引原《合同法》关于格式条款效力的规定和《消费者权益保护法》第26条的规定,认定经营者未尽提示义务且协议管辖格式条款严重不合理,加重了消费者在管辖方面的负担,进而认定仲裁协议无效[4];有的法院援引《最高人民法院关于适用〈中华人民共和国民事诉讼法〉的解释》(以下简称《民事诉讼法解释》)第31条的规定,认定经营者未对格式仲裁条款提请注意,进而认定仲裁协议无效[5];有的法

---

[1] 参见北京市第四中级人民法院民事裁定书,(2020)京04民特376号。

[2] 参见广东省广州市中级人民法院民事裁定书,(2014)穗中法民二终字第1170号;江苏省苏州市中级人民法院民事裁定书,(2015)苏民终字第04989号;北京市第一中级人民法院民事裁定书,(2012)一中民终字第8677号;广东省广州市中级人民法院民事裁定书,(2017)粤01民终23583号;浙江省杭州市中级人民法院民事裁定书,(2016)浙01民终7402号。

[3] 参见北京市第二中级人民法院民事裁定书,(2017)京02民终10940号。

[4] 参见广东省广州市中级人民法院民事裁定书,(2017)粤01民辖终1533号;河北省廊坊市中级人民法院民事裁定书,(2017)冀10民辖终132号。

[5] 参见北京市第一中级人民法院民事裁定书,(2021)京01民辖终131号;湖南省岳阳市中级人民法院民事裁定书,(2017)湘06民辖终120号。

院则认为《民事诉讼法解释》第 31 条的规定系诉讼中的地域管辖协议,并不包括仲裁协议,经营者无须进行提醒,进而依据《仲裁法》的相关规定认定消费仲裁协议有效①。

在本案二审审理过程中,就如何适用法律审查涉案网络消费仲裁协议的效力,法官会议在讨论中曾形成三种观点:第一种观点认为,涉案条款符合格式条款的定义,可以适用《民事诉讼法解释》第 31 条的规定,经营者未尽提示义务的,该条款无效,一审法院的法律适用并无太大问题;第二种观点认为,涉案条款为格式仲裁条款,不能适用《民事诉讼法解释》第 31 条的规定,应当既考虑仲裁协议的审查规则又考虑格式条款的审查规则,《民法典》中对格式条款的订入规则有规定,对于与对方有重大利害关系的条款,格式条款提供一方未进行说明的,应当认定涉案条款不成为合同的内容;第三种观点认为,《民法典》属于一般法,消费者领域应当优先适用《消费者权益保护法》的规定,因此本案应当适用《消费者权益保护法》第 26 条的规定,涉案条款属于对消费者不公平、不合理的规定,应当认定涉案条款无效。

三种观点反映了网络消费仲裁协议司法审查的困局,因本案涉及认定仲裁条款无效,依照司法解释的规定,二审法院在采纳法官会议的第二种意见的基础上逐级向最高人民法院报核,最高人民法院对此问题进行调研,最终采纳了本案生效裁定认定的意见,同意涉案仲裁条款未成为合同内容,仲裁协议不成立。

(二)网络消费仲裁协议效力规制的"二维三阶"展开

网络消费仲裁协议的法律属性决定了对其规制路径需要联结程序法有关仲裁协议的规定和实体法有关格式条款的规定,但是其既不同于传统的格式条款,又不同于传统的仲裁协议。笔者认为,就其法律属性而言,网络消费仲裁协议兼具诉讼契约②与实体契约的双重属性。基于意思自治达成的仲裁协议确实仅事关选择争议解决的主管机构这一程序性事项,但是格式协议的缔结又恰恰可能存在意思不自由的情况。因此对网络消费仲裁协议的审查也应当从程序和实体的"二维三阶"展开。

1. 程序维度的展开

根据《仲裁法》的规定,自愿达成、书面形式及请求提交仲裁的意思表示是

---

① 参见广东省深圳市中级人民法院民事裁定书,(2018)粤 03 民终 511 号。
② 仲裁条款与协议管辖条款均是为了选择争议解决的主管机关,从这个意义上来看,仲裁条款也可以看作特殊的诉讼契约。

仲裁协议的几大核心要素。① 司法实践中对仲裁协议效力的审查,一般按照《仲裁法》及司法解释的相关规定进行形式上的审查。此外,司法实践中在对网络消费仲裁协议进行形式审查时还适用了《民事诉讼法解释》第31条的规定。笔者认为,类推适用《民事诉讼法解释》第31条规定对网络消费仲裁协议的效力进行审查有待商榷:从立法目的上来看,《民事诉讼法》第35条关于协议管辖的规定中并未规定格式协议管辖,属于立法漏洞,《民事诉讼法解释》第31条是对该立法漏洞的补充,因此该条应当结合《民事诉讼法》第35条的规定进行体系化理解和适用。虽然仲裁协议或管辖条款均由当事人通过约定来选择相应的争议解决主管机构,是对当事人程序主体权及程序选择权的贯彻,但是协议管辖条款与仲裁协议并不完全趋同,在法律解释框架下可以解决时,应当谨慎类推适用上述规定。

从程序维度来看,消费仲裁协议应从是否符合仲裁协议的形式要件来进行审查,即重点审查是否采用书面形式、是否有仲裁的意思表示、是否有法律规定的无效情形等。

2. 实体维度的展开:订入控制和内容控制的依序审查

一般而言,对于基于意思自由达成的仲裁协议进行形式审查即可,但是基于网络交易的特性,网络消费合同缔结的自由大打折扣。正当程序是实现实体正义的前提,若不对非基于实质合同自由而达成的诉讼契约给予救济,会直接侵害消费者的程序利益,继而影响实体正义的实现②,因此对网络消费仲裁协议的实体维度审查就显得十分有必要。

对于格式条款的规制,我国民法理论上一般认为由订入控制规则、内容控制规则和解释控制规则组成。③《民法典》对格式条款规制进行了体系化的规定,也采取了订入控制规则(第496条第2款)、内容控制规则(第497条)、解释控制规则(第498条),同时为了准确界定格式条款的内涵,引入了概念控制规则(第496条第1款)。就网络消费仲裁协议这一典型的格式条款而言,其效力控制可以跳过概念控制这一阶段,直接进入订入控制和内容控制的审查范围。

(1)订入控制阶段的审查路径

订入控制阶段,也就是判断格式条款是否订入合同的阶段。在此阶段,通过

---

① 参见王小莉:《仲裁协议效力扩张的主要表现形式及其问题研究》,载陈忠谦主编:《仲裁研究》第22辑,法律出版社2010年版,第11页。

② 参见胡安琪、李明发:《网络消费格式管辖条款三维规制体系论:方式、对象及逻辑顺位》,载《河北法学》2020年第11期。

③ 参见苏号朋:《格式合同条款研究》,中国人民大学出版社2004年版,第10~11页。

订入控制要求格式条款提供方履行对与对方有重大利害关系的条款的提示说明义务,达到实质合意的效果。就网络消费合同而言,"应当先适用《消费者权益保护法》的规定,没有规定的再适用民法典合同编的规定,如第四百九十六条第一款对于格式条款的定义以及同条第二款关于提供格式条款的一方未履行提示或说明义务,致使对方没有注意或者理解与其有重大利害关系的条款的,对方可以不主张该条款成为合同的内容的规定"①。仲裁协议是争议解决条款,属于《民法典》第470条规定的合同一般应包括的条款,属于与对方有重大利害关系的条款。② 因此网络消费仲裁协议是否符合订入控制的要求,应当依据《民法典》的规定予以判断。也就是说,需要审查网络消费合同中格式条款提供方是否以合理的方式对仲裁协议进行了提示。

《全国法院贯彻实施民法典工作会议纪要》第7条将采取合理的方式限定为"在合同订立时采用足以引起对方注意的文字、符号、字体等特别标识",并要求格式条款提供方承担已尽合理提示义务的举证责任。笔者认为,订入控制仅涉及事实判断,关于合理的方式的判断,也应当以事实判断为宜,合理的方式达到"足以引起对方注意"的程度即可。因此在订入控制阶段,法院一般结合网络消费合同订立的特殊性,从缔结过程中是否有超链接显示、是否弹窗、是否需要完整阅读条款,条款是否与其他条款有区别等角度进行论述和判断。③

(2)内容控制阶段的审查路径

网络消费合同的信息外观和内容均有特质性,与传统的格式条款有较大差别,如果在认定格式条款提供方是否履行了提示说明义务时存在争议,不妨在订入控制阶段漏过对格式条款的规制,从内容控制阶段进行干涉,毕竟内容控制是价值判断的过程,结合解释规则对格式条款效力进行控制也符合格式条款效力认定的三个阶段控制的初衷。

笔者认为,在内容控制阶段,可以按照以下步骤确定网络消费仲裁协议的效力:第一,考察是否符合《民法典》关于法律行为无效的一般条件。第二,考察是否符合格式条款效力特别规定。鉴于网络消费合同的特殊性,应当优先适用《消费者权益保护法》关于"排除或者限制消费者权利、减轻或者免除经营者责任、加重消费者责任等对消费者不公平、不合理"的规定,如果消费仲裁协议的

---

① 程啸:《网络消费活动中格式条款的三层次规范》,载《法治日报》2022年6月1日,第9版。
② 参见最高人民法院民法典贯彻实施工作领导小组主编:《中华人民共和国民法典合同编理解与适用(一)》,人民法院出版社2020年版,第246页。
③ 参见湖北省汉江中级人民法院民事裁定书,(2016)鄂96民辖终24号;北京市第三中级人民法院民事裁定书,(2017)京03民特286号;四川省成都市中级人民法院民事裁定书,(2018)川01民辖终89号。

提供者是电子商务经营者,还应当优先适用《最高人民法院关于审理网络消费纠纷案件适用法律若干问题的规定(一)》第1条中关于"排除或者限制消费者依法投诉、举报、请求调解、申请仲裁、提起诉讼的权利"的规定。但是在内容控制审查阶段,由于网络消费仲裁协议的审查目的是保障消费者的知情权和选择权,内容控制在司法适用时应该保持一定的谦抑性,发挥的是兜底作用。正如学者所言,"若信息规制能够确保意思自治在更大范围内得以实现,则可以减少内容控制的介入频率和范围,使之仅对信息规制失灵起补缺作用"①。

网络消费仲裁协议的"二维三阶"审查路径如图1所示。

```
网络消费         ┌─ 仲裁协议形式 ─┬─ 不符合形式要件 ── 无效
仲裁协议  ──────┤    要件审查    └─ 符合形式要件 ─┐
                │                                  │
                └─ 格式仲裁协议 ── 订入控制审查 ──┬─ 未合理提示的 ── 仲裁协议不成立
                    实体维度审查   (格式条款提供    │
                                   方承担已尽到    └─ 合理提示的 ── 格式条款内容控制审查 ─┬─ 符合内容控制的,仲裁协议有效
                                   合理提示义务                                            │
                                   举证责任)                                              └─ 不符合内容控制的,仲裁协议无效
```

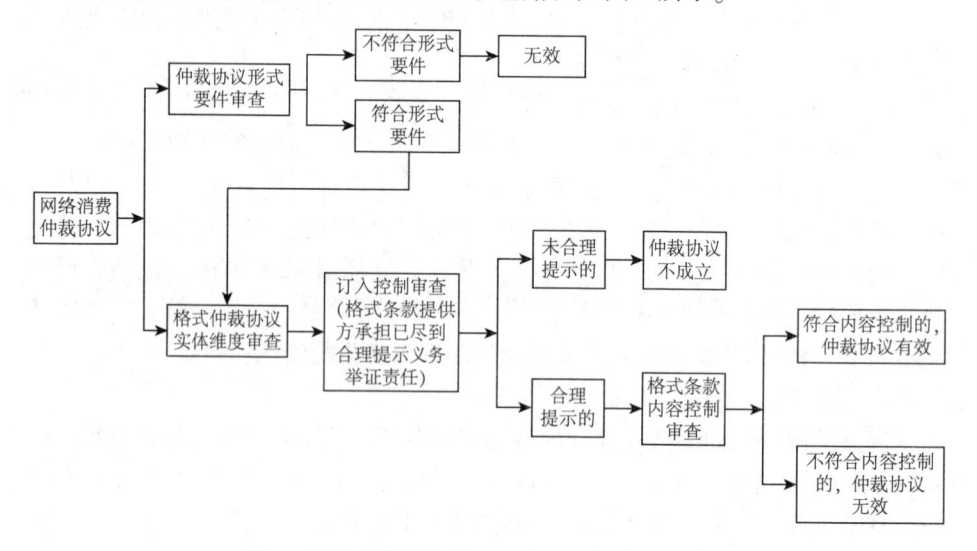

图1　网络消费仲裁协议的"二维三阶"审查路径

就本案而言,涉案游戏的《最终用户使用许可协议》第21条"法律适用及解决纠纷"第2款约定,"任何与本服务协议有关的争议均由北京仲裁委员会管辖"。上述条款符合《仲裁法》关于仲裁协议的规定,因此需要进入实体维度的审查。上述条款作为格式条款,格式条款提供方应当证明其已尽到合理提示义务,但是本案中格式条款提供方并未证明合同缔结过程中进行了合理提示而且上述条款与其他协议内容均为常规字号和颜色,因此从订入控制角度而言,李某某作为消费者有权主张该条款不成为合同的内容,涉案仲裁协议应当被认定为未成立。

---

① 马辉:《格式条款信息规制论》,载《法学家》2014年第4期。

(三)结语:司法裁判对网络消费活动审查的限度

随着网络消费成为数字经济时代广大消费者最主要的消费方式,网络消费者权益保护也成为司法实践中的重点问题。司法裁判的导向对网络消费活动的影响是显而易见的。近年来,随着行为法律经济学的发展,传统民法的法律人从将所有主体不加区分地均视为理性经济人,逐渐转变为通常主体的完全行为能力假定在《消费者权益保护法》领域的倒塌。[①] 虽然网络消费仲裁协议不会对消费者的实体权利产生影响,但是由于消费者在网络消费活动中的弱势地位,法院应该对上述条款的效力进行审查,通过司法裁判规则对网络消费仲裁协议效力进行合理审查并作出限制,预先公平分配争议解决利益和法律风险,为网络服务提供者、经营者和消费者合理设定义务,倒逼网络服务提供者、电子商务经营者等格式条款提供方设计更合理的争议解决条款,设定更为合理的管辖协议或者仲裁协议,提升消费者对仲裁协议认知的理性程度,促进网络消费活动正向有序发展。

(责任编辑:王 晨)

[①] 参见徐国栋:《民法私法说还能维持多久——行为经济学对时下民法学的潜在影响》,载《法学》2006年第5期。

向未成年人提供内容不健康网络服务的合同无效
——唐某诉广州某网络科技有限公司网络服务合同纠纷案相关法律问题分析

经雯洁[*]

裁判要旨

1. 未成年人网络消费行为与其年龄、智力、精神健康状况是否相适应，应综合考虑涉案法律行为性质、未成年人年龄、消费行为与本人生活的关联度、消费金额与频次等消费行为模式及特点，以及未成年人的家庭经济状况和所在地区经济水平等因素予以认定。

2. 未成年人保护体现了社会对幼者的爱护，是中华民族传统美德和社会善良风俗的重要体现。因此，对于未成年人这一特殊群体，在判断其行为效力时，应注重对涉案内容是否违背公序良俗的审查，且对涉案内容是否违背公序良俗的判断要以本案查明的合同实施主体为未成年人的事实为基础，充分遵循最有利于未成年人原则。

一、据以研究的案例

原告唐某于 2007 年出生，系未成年人。2019 年 5 月至 2020 年 12 月，原告使用其微信账号向被告广州某网络科技有限公司运营的某漫画平台充值浏览漫画，充值金额 18~100 元不等，形成 25 笔订单，共支付 1466 元。原告认为：被告未尽到有效识别未成年人的义务，未对其消费行为和漫画内容进行必要限制。从原告阅读以及平台推送的内容看，被告提供的漫画会对其身心造成损害，违背了公序良俗。故请求法院判令双方网络服务合同无效，被告退还

---

[*] 经雯洁，北京互联网法院综合审判三庭（少年法庭）法官。

其充值款 1466 元。

法院经审理查明：涉案账号阅读过的漫画书目共 180 篇，阅读类型以含有"霸总""娇妻"等人物形象的情爱类漫画为主，漫画中存在人物身体较为裸露的画面，漫画内容文字中含有"卖器官啊，现在也就这点值点钱了""我睡你是看得起你""把她迷了，送到我房间来"等语言，情节上存在大量与性爱相关的内容。

用户首次通过微信公众号登录涉案平台时，平台会弹窗提示"未成年人使用须知请未成年人自觉在监护人监督下使用本产品"，勾选"我已阅读并同意"并点击"确定"后即可使用。至案件审理时，涉案平台尚未针对未成年人使用其服务设置相应的时间管理、权限管理、消费管理等功能。

2021 年 5 月 10 日，广州市天河区文化广电旅游体育局出具行政处罚决定书穗天文罚字〔2021〕第 4 号，载明，"该公司……利用该平台向公众提供《绝望游戏》《致命冲动》等漫画作品供用户浏览阅读，其中漫画《绝望游戏》《致命冲动》含有《互联网文化管理暂行规定》第 16 条禁止内容……本局认为，当事人提供含有《互联网文化管理暂行规定》第 16 条禁止内容的互联网文化产品，违反了《互联网文化管理暂行规定》第 16 条第（七）项、第（九）项'互联网文化单位不得提供载有以下内容的文化产品：（七）宣扬淫秽、赌博、暴力或者教唆犯罪的；（九）危害社会公德或者民族优秀文化传统的'的规定"。其中漫画《致命冲动》在原告阅读书目中。

法院经审理认为，本案争议焦点之一为涉案充值、消费行为是否为原告实施。从支付账号看，2019 年 5 月 25 日至 2020 年 12 月 19 日，实名信息为原告的微信财付通账号向涉案平台付款的时间轨迹、金额、购买类型与涉案账号在某漫画平台的消费情况相符，可以确认涉案账号充值款项来源确为原告的微信财付通账号。从充值情况看，涉案账号的 25 次充值中有 14 次发生于节假日（寒暑假、周末），剩余 11 次发生在疫情居家学习期间。法院认为，仅从涉案充值行为发生时间来看，与未成年人的作息特点并不存在明显不符的情形。综合考虑法院查明事实，涉案账号实际使用人为原告具有高度盖然性，故法院认定涉案账号的实际使用人为原告本人。

本案争议焦点之二为涉案合同是否有效以及相应的法律后果。（1）涉案合同是否有效。首先，要判断行为人是否具有相应的民事行为能力。原告于 2019 年 5 月首次登录并进行充值时年龄为 11 周岁，最后一次充值时年龄为 13 周岁，即在合同签订及履行过程中原告属于限制行为能力人，应当能够理解其通过充值、消费行为与被告订立合同的履行内容，即通过充值金币或会员的行为获取被告提供的漫画阅读服务。对于充值价款，原告的单次充值金额为 18～100 元不等，持续时间一年半，综合考虑原告家庭情况、亲子关系相处模式、个人日常消费水平及习惯、经常居住地北京市海淀区的经济发展水平,无论其单次充值额还是充值总额均不算高。法院认定原告具备对涉案充值、消费行为的理解能力及对涉案金额的支配能力,即原告的充值消费行为与其年龄、智力、精神健康状况相适应。其次,要判断涉案网络服务合同是否违背公序良俗。强化对未成年人的保护,让未成年人身心健康地成长,是社会公众共同追求的价值与目标。未成年人保护体现了社会对幼者的爱护,正是中华民族传统美德和社会善良风俗的重要体现。本案中,在涉案合同订立及履行期间原告尚不满14周岁,属未成年人。法院根据查明事实,整体考量认为,涉案漫画内容既包括相关部门规章规定的互联网文化单位不得提供的文化产品,也包括刺激性、挑逗性语言,裸露的画面以及与性爱相关的内容,不仅不适宜不满14周岁的原告阅读,也不适宜与原告处于同一年龄阶段的其他未成年人群体阅读。此外,涉案漫画内容还将对这一群体的身心健康和价值观的养成造成错误引导,可能引发未成年人模仿不安全行为,与强化未成年人保护的社会共识明显相悖。故法院认为涉案合同内容违背公序良俗,应属无效。(2)涉案民事法律行为的法律后果。基于涉案网络服务合同无效,被告应当向原告返还充值款,原告则应当向被告返还其接受的服务以及剩余的虚拟货币,恢复合同缔结前的状态。但由于原告充值后已经将购买的虚拟货币进行了消费,客观上无法直接返还,且服务内容本身违背了公序良俗,原告不应就该违法内容支付对价,故原告无须向被告折价补偿。综上所述,基于涉案网络服务合同无效,被告应当向原告返还充值款1466元。

二、相关法律问题分析

(一)行为主体:未成年人网络消费行为实施主体认定的考量

网络交易中,用户注册账号时通常被要求进行手机号验证或提交身份证确认身份,一般推定账号所有者(实名个人)就是使用账号的实际交易主体。但是,现实生活中实际交易主体与实名个人不一致的情况十分普遍,尤其是在未成年人网络消费纠纷中,使用家长的手机号码、身份证号码等进行账号实名认证的情况多发频发。在这种情况下,未成年人一方主张相关合同无效,首先需要证明实际交易主体是未成年人。

结合本案审理情况,笔者认为,可以从以下多个纬度进行综合判断:

一是判断实名认证信息。未成年人使用账号的实名认证信息为本人是平台账户实际使用人为未成年人本人的最有力证明。同时还可参照第三方平台或关联支付平台中的实名认证情况。本案中,原告以微信登录的方式登录被告平台,在微信的关联支付平台财付通进行了实名认证,此为涉案账号由未成年人实际使用的关键证据。

二是判断当事人陈述与账号使用情况的吻合程度,即涉案未成年人关于使用账号方法、消费内容与消费时间等细节的陈述,与涉案账号互动和打赏记录等能否互相印证。

三是涉案交易行为特征分析,即分析涉案交易的内容、频次、金额和时间等特征,判断交易行为是否符合未成年人的生活习惯、心智状态和认知水平。例如,涉案账户的充值时间是否较为密集,时间是否符合学生生活规律;涉案账户充值的游戏或订阅的直播是否是当前未成年人较喜爱观看的内容等。本案中,涉案账号的 25 次充值中有 14 次发生于节假日,剩余 11 次发生在疫情居家学习期间,与未成年人的作息特点基本相符。

此外,在未成年人一方提出未成年人持有独立电子设备的情况下,还可通过电子设备中的其他聊天软件记录、所下载软件应用来综合判断是否具有未成年人特点。

(二)行为能力:未成年人网络消费行为与其年龄、智力、精神健康状况是否相适应的认定标准

不同于传统交易,网络交易者隐藏于数字化的电子账户之后,在现阶段网络虚拟账号的实名认证规则尚不健全、未成年人模式与身份识别等技术尚不完善的情况下,实践中大量出现因未成年人行为能力缺陷而引发的网络充值、打赏等场景中的交易风险,涉及无民事行为能力人、限制民事行为能力人订立合同的民事法律行为能力认定问题。

对于限制民事行为能力人的法律行为,认定有效的一般有三种情形,一是限制民事行为能力人纯获利益的;二是与限制民事行为能力人的年龄、智力、精神健康状况相适应的;三是前述两种情形外限制民事行为能力人的法定代理人追认的。

其中,关于未成年人行为是否与其年龄、智力相适应的判断是司法实践的一大难点。限制民事行为能力人可以实施与其年龄、智力、精神健康状况相适应的民事法律行为,旨在确保行为人所实施的民事法律行为与其民事行为能力相匹配,即行为人能正确理解自己行为的性质和后果。司法实践中主要考虑以下因素:(1)涉案法律行为性质;(2)未成年人年龄;(3)消费行为与本人生活的关联度;(4)消费金额与频次等消费行为模式及特点;(5)未成年人的家庭经济状况和所在地区经济水平;等等。

本案中原告的单次充值金额为 18~100 元不等,持续时间一年半,综合考虑原告家庭情况、亲子关系相处模式、个人日常消费水平及习惯、经常居住地北京市海淀区的经济发展水平,无论其单次充值额还是充值总额均不算高,故该网络消费行为与其年龄、智力、精神健康状况相适应。

(三)行为效力:审查向未成年人提供的网络服务内容是否违背公序良俗的必要性

公序良俗,包括公共秩序及善良风俗两个方面。公序,即社会一般利益,包括国家利益、社会经济秩序和社会公共利益等。良俗,即良好的道德风尚,包括社会公德、社会良好风尚等。《未成年人保护法》第42条第1款规定:"全社会应当树立关心、爱护未成年人的良好风尚。"由此可见,强化对未成年人的保护,让未成年人身心健康地成长,是社会公众共同追求的价值与目标。未成年人保护体现了社会对幼者的爱护,正是中华民族传统美德和社会善良风俗的重要体现。因此,对于未成年人这一特殊群体,在判断其行为效力时,应注重对涉案内容是否违背公序良俗的审查,且对涉案内容是否违背公序良俗的判断要以本案查明的合同实施主体为未成年人的事实为基础,充分遵循最有利于未成年人原则。

本案中,在涉案合同订立及履行期间原告尚不满14周岁,属未成年人。不同年龄阶段的未成年人的心智成熟程度不同,14周岁以下的未成年人,在生理上和心理上均不成熟,正处于"拔节孕穗"期,成熟的价值观及是非辨别能力尚未形成,在网络环境中易受不良及有害信息侵蚀,应给予特殊保护。对于不同年龄的未成年人来说,具有危害性的网络信息内容也不相同,因此对于本案中涉案平台向原告提供的漫画内容是否违背公序良俗需要结合具体情况综合判断。根据本案法院查明的事实,涉案漫画内容既包括相关部门规章规定的互联网文化单位不得提供的文化产品,也包括刺激性、挑逗性语言,裸露的画面以及与性爱相关的内容,不仅不适宜不满14周岁的原告阅读,也不适宜与原告处于同一年龄阶段的其他未成年人群体阅读。此外,涉案漫画内容还将对这一群体的身心健康和价值观的养成造成错误引导,可能引发未成年人模仿不安全行为,造成较为严重的社会后果,与强化未成年人保护的社会共识明显相悖。故法院认为涉案合同内容违背公序良俗,应属无效。

(四)过错认定:未成年人网络消费行为无效的法律后果

在未成年人网络消费纠纷中,未成年人一方一般会要求平台返还支出款项。根据《最高人民法院关于依法妥善审理涉新冠肺炎疫情民事案件若干问题的指导意见(二)》的规定,监护人请求返还相关款项的,法院应予支持。对于"应予支持",实践中有返还全部涉案款项与根据《民法典》第157条的规定进行个案分析并部分支持两类观点。从法律适用的统一性考虑,本案合议庭赞同第二种观点。

一是返还、折价补偿与损失问题。根据《民法典》第157条的规定,合同无效后,缔约双方应向对方返还因该行为取得的财产。这里的"财产"包括财产性权利和网络虚拟财产。已经消耗的虚拟财产属于"不能返还或者没有必要返还"的情形时,应"折价补偿"。若存在损失,有过错的一方应当赔偿。因此折价补偿不以过错为前提要件,但合同双方是否具有过错及过错程度的大小,最终也会影响返还金额确认的考量因素。

二是当事人的过错认定。监护人如果没有履行对个人身份信息以及电子账户的妥善保管义务,或未尽到对未成年人的监管教育职责,导致其进行大额网络交易给平台造成损失,应当根据过错程度承担赔偿责任。对于平台,鉴于电子交易的特点,平台的先合同义务包括实名认证识别用户身份、通过技术手段限制或禁止未成年人用户交易等。其责任主要考虑平台对识别和限制未成年人用户交易是否采取了必要措施,平台是否明知或应知交易方为未成年人。需注意的是,在个案中应谨慎认定平台责任的范围,不宜无限增加平台对用户行为的责任,处理好促进平台创新发展与未成年人保护的权益平衡。

本案中原告的监护人未能妥善保管好自己的电子支付密码,使原告得以私自转账并在被告平台中进行充值、消费,且原告的监护人对原告接受互联网文化产品的内容了解不够,监护职责履行亦有一定不足。但被告作为提供网络文化产品的平台,对未成年人用户没有采取任何有效识别和内容管理的举措,对其提供的漫画中可能会影响未成年人身心健康的信息也未做任何显著提示,且其提供的阅读服务内容本身违背公序良俗,存在较大的过错。原告不应就该违法内容支付对价,故原告无须向被告折价补偿。

(五)结语:未成年人网络保护需要社会各方协同推进

强化未成年人网络保护,为少年儿童提供安全、健康的网络环境,保障少年儿童在网络空间中的合法权益,并非举一家之力即可实现,需要政府、企业、学校、家庭、社会共同承担起保护责任。

本案原告父母应当强化对孩子心理健康的关注,合理安排其学习、休息、娱乐和体育锻炼的时间,特别应注重加强对其健康上网的知识教育,帮助其增强自我保护的意识和能力,接受更符合其年龄特点的网络文化产品。被告作为提供网络文化产品的平台,应当在保护未成年人个人信息的基础上,探索建立未成年人用户的识别工作,针对未成年人用户优化产品设计,对产品中含有的可能影响未成年人身心健康的信息,在信息展示前予以显著提示,积极采取有效措施进一步加强内容生态治理、培育向上向善文化。判决生效后,法院向被告发送了司法建议函,就审理过程中发现的未成年人网络保护机制的不足和漏洞,建议该公司采取措施改进。被告就该建议进行了回函,表示将积极完善注册和充值环节的身份认证机制,探索满足市场竞争力与实名认证相统一的模式;开展全面的内容审核工作,删除、调整不利于未成年人身心健康的内容,并完善相应的弹窗提示;

丰富优质内容供给,搭建适龄且多样化的内容,丰富未成年人的精神生活。

综上所述,本案以网络漫画这一未成年人的常见生活场景为切入点,认定相关网络文化产品内容不健康,网络服务合同因违背公序良俗而无效。本案判决一方面强调网络服务提供者应当秉持诚信的核心价值观,依法完善服务内容;另一方面发挥司法引领作用,引导网络服务提供者、未成年人及其家长、社会各界共同遵循文明、友善、法治的价值观,将"爱幼"落实到具体生活中来,多方共同参与网络信息内容生态治理,为未成年人健康成长营造文明、健康、清朗的网络空间。

(责任编辑:郭艳茹)

用人单位怠于管理时劳动者违纪严重程度的认定
——北京某科技股份有限公司诉张某某劳动合同纠纷案相关法律问题分析

张建清*

裁判要旨

劳动者严重违反规章制度的,用人单位可以解除劳动合同,但用人单位长期怠于管理,默认员工违反规章制度、劳动纪律,属于管理失职,其失职行为客观上降低了劳动者严格遵守规章制度、劳动纪律的谨慎注意义务,消减了劳动者违反规章制度的"严重性"程度。根据责罚相当原则,法院对用人单位不支付违法解除劳动合同赔偿金的请求,可不予支持。

一、据以研究的案例

张某某于2007年6月1日入职北京某科技股份有限公司,双方签订无固定期限劳动合同,张某某的月工资构成及标准为基本工资2120元、岗位工资16 120元、绩效工资4560元。北京某科技股份有限公司通过钉钉软件对张某某进行考勤管理,考勤时间为工作日的8时30分、17时45分,外出时张某某需要在钉钉软件上申请,获批后方可外出。2019年7月4日,北京某科技股份有限公司以张某某自2019年6月至7月4日存在多次"虚假考勤"行为为由提出解除劳动关系。张某某称其不认可上述行为,要求北京某科技股份有限公司给出违反相应制度的书面证据。北京某科技股份有限公司于2019年7月12日再次通知张某某,双方的劳动关系即日解除。

张某某不认可北京某科技股份有限公司的解除理由,认为北京某科技股份

---

* 张建清,北京市第一中级人民法院民事审判第二庭法官,中国政法大学法学理论硕士。

有限公司系违法解除。就"虚假考勤"行为,北京某科技股份有限公司称张某某在 2019 年 6 月存在虚假钉钉打卡、长期脱岗的情况,未为该公司提供劳动,违反了公司考勤管理制度的规定,故该公司有权单方解除与张某某的劳动合同。

张某某向北京市海淀区劳动人事争议仲裁委员会提出申请,要求北京某科技股份有限公司支付违法解除劳动合同的经济补偿金、工资等,仲裁委裁决:(1)北京某科技股份有限公司支付张某某违法解除劳动合同赔偿金 547 200 元;(2)北京某科技股份有限公司支付张某某 2019 年 6 月 1 日至 30 日工资 17 869 元;(3)驳回张某某其他仲裁请求。北京某科技股份有限公司不服仲裁裁决,于法定期限内起诉。

一审法院经审理认为,首先,北京某科技股份有限公司未能提供公司考勤管理制度经过民主程序制定的相关证据,因此其据以解除的制度并非合法有效的规章制度。其次,根据现有证据,仅能认定张某某 2019 年 6 月应出勤天数 19 天,实际出勤天数 18 天,6 月 3 日上班缺卡的事实,不能证明张某某未到岗出勤及虚假打卡的事实。故北京某科技股份有限公司构成违法解除,应支付违法解除劳动合同赔偿金。

一审法院依照《劳动合同法》第 30 条、第 47 条、第 48 条、第 87 条的规定,判决:(1)北京某科技股份有限公司于判决生效之日起 10 日内向张某某支付违法解除劳动合同赔偿金 547 200 元;(2)北京某科技股份有限公司于判决生效之日起 10 日内向张某某支付 2019 年 6 月 1 日至 30 日工资 16 802.72 元;(3)驳回北京某科技股份有限公司的其他诉讼请求。

北京某科技股份有限公司不服一审判决,提起上诉。二审期间,北京某科技股份有限公司补充提交了规章制度经过民主程序制定及解除劳动合同前通知工会的证据材料。

二审法院经审理认为,第一,北京某科技股份有限公司于二审中提交的制度宣贯及业务培训签到表等显示其对制度进行宣传、培训的时间明显早于其在"职工代表群"中就制度提请讨论的时间,也明显早于其在公司群里征求意见的时间。故其提交的证据不足以证明公司考勤管理制度经过民主程序制定。第二,建立了工会组织的用人单位解除劳动合同符合《劳动合同法》第 39 条、第 40 条的规定,但未按照《劳动合同法》第 43 条的规定事先通知工会,劳动者以用人单位违法解除劳动合同为由请求用人单位支付赔偿金的,应予支持,但起诉前用人单位已经补正有关程序的除外。北京某科技股份有限公司于二审中才补充提交通知工会的相关证据,不符合上述规定。且工会决议系北京某科技股份有限公司单方制作,其内容载明应到 31 人,实到 22 人,代表一致同意与张某某解除劳动关系,但后附签字人员中仅有 12 人签字,且无法确认是否系本人签字,故该证据的真实性无法核实,法院不予采信。第三,在劳动关系中,用人单位享有对劳动者进行考勤管理的权利,作为管理方用人单位应当及时明确地告知劳动者考勤方式及具体要求,在劳动者违反考勤纪律要求后,用人单位也应当及时作出处理。北京某科技股份有限公司调整张某某的工作地点后,并未在考勤系统中同步更改打卡地点,亦未明确告知劳动者只有在新工作地点打卡才属于有效考勤,其管理存在明显疏漏。北京某科技股份有限公司自行提交的考勤打卡记录显示张某某2019年6月之前亦有多次在原工作地点海泰大厦打卡的行为,而其长期未对此作出处理并正常向张某某支付工资等劳动待遇。同时,北京某科技股份有限公司提交的打卡记录还显示,其他员工也有在海泰大厦打卡的行为。故二审法院认为,北京某科技股份有限公司在调整员工的工作地点后怠于行使考勤管理权,对员工在原工作地点考勤存在一定程度上的默许,故北京某科技股份有限公司在其自身管理明显不到位、相关考勤管理制度未经民主程序制定的情况下,于2019年7月直接以张某某自2019年6月至7月存在多次"虚假考勤"行为,违反公司规章制度为由作出解除决定,缺乏一定的合理性,依法应向张某某支付违法解除劳动合同赔偿金。

二、相关法律问题分析

工业社会,产业劳动以集体劳动为特征。集体劳动需要许多劳动者协作,为了促进劳动组织和管理,维护企业生产经营秩序,产生了企业制定劳动规章制度的需求。用人单位规章制度被称为"用人单位劳动规章制度""企业内部劳动规则""企业规章"。有学者将其定义为,用人单位依法制定并在本单位实施的组织劳动过程和进行劳动管理的规定。① 也有学者将其定义为,企业根据国家法律法规制定的,适用于本企业全体职工的一种行为规范。② 结合现行法律规定,笔者认为,用人单位规章制度是用人单位依法制定的、在本单位内部实施的、关于如何组织劳动过程和进行劳动管理的规则和制度,是用人单位和劳动者在劳动过程中的行为准则,被称为用人单位内部的"法律、法规"。劳动者严重违反规章制度的,用人单位有权解除劳动合同,这是我国《劳动法》《劳动合同法》尊重和保护用人单位自主经营管理权的重要表现。然而用人单位规章制度是一把双刃剑,一方面,科学完善的规章制度能够提高劳动效率和产品质量,并对社会产生有利影响;另一方面,因为劳资力量天然的不平等,很容易发生用人单位恃强凌弱的情况,因此必须将规章制度限制在合理且适当的范围内。实践中,用人

---

① 参见王昌硕主编:《劳动法教程》,中国政法大学出版社1995年版,第98页。
② 参见左祥琦编著:《用人单位劳动法操作实务》,法律出版社2004年版,第18~20页。

单位依据规章制度解除劳动合同的,必须满足两个前提:一是规章制度合法有效,二是劳动者违反规章制度的行为达到了严重程度。这两个前提条件决定了劳动仲裁机关、法院有权对用人单位解除劳动合同的依据以及解除行为进行合法性及合理性审查。

(一)规章制度的合法性审查标准

实践中对规章制度的合法性审查主要表现在制定程序、内容合法两个方面。

1.制定程序应当合法

规章制度是用人单位组织生产、实现劳动管理的重要方式,其制定程序受到法律的严格规范。根据《劳动合同法》第4条的规定,用人单位在制定、修改或者决定有关劳动报酬、工作时间、休息休假、劳动安全卫生、保险福利、职工培训、劳动纪律以及劳动定额管理等直接涉及劳动者切身利益的规章制度或者重大事项时,应当经职工代表大会或者全体职工讨论,提出方案和意见,与工会或者职工代表平等协商确定。在规章制度和重大事项决定实施过程中,工会或者职工认为不适当的,有权向用人单位提出,通过协商予以修改完善。该规定确立了制定程序合法原则,即用人单位制定规章制度须经民主程序,否则不产生法律效力。具体到本案中,北京某科技股份有限公司虽在二审中补强了规章制度经过民主程序制定的证据,但其提交的证据无法证明规章制度在正式下发前经过职工代表大会的讨论,制定程序不合法,北京某科技股份有限公司据此作出解除决定缺乏依据。

除了制定程序合法外,用人单位还应当将直接涉及劳动者切身利益的规章制度和重大事项决定公示,或者告知劳动者。也就是说,用人单位经过民主程序制定的规章制度应当及时公示、告知劳动者,确保其知悉相关内容。如果用人单位未及时将规章制度向劳动者公示,不能作为确定双方权利义务的依据。[①]

2.制度内容应当合法

规章制度虽是用人单位的内部管理制度,但其内容亦受外部法律规制,其内容本身应当合法,不能违反国家法律、行政法规及政策规定。首先,用人单位不得通过规章制度来免除自己的法定责任、排除劳动者权利。规章制度虽必须经过民主程序制定,但最终的决定权在用人单位,在制定主体上是典型的"共议单决"。加上劳资关系天然的不平等使得劳动者在订立劳动合同和参与制定规章制度时处于弱势、被动地位,现实中很难避免用人单位借规章制度来免除自己的

[①] 《最高人民法院关于审理劳动争议案件适用法律问题的解释(一)》第50条第1款对《最高人民法院关于审理劳动争议案件适用法律若干问题的解释》(已失效)第19条作了修改。原规定将规章制度界定为"人民法院审理劳动争议案件的依据",新规定界定为"确定双方权利义务的依据"。

法定责任的情况。例如,有的用人单位在规章制度中规定劳动者应当自负社会保险费用,这种内容明显免除了用人单位依法缴纳社会保险费用的责任。其次,用人单位不得通过规章制度"管理"劳动者的正常私人生活。例如,有的用人单位在规章制度中规定劳动者在职期间不能结婚生育,此类内容因不具有合法性,往往被确认为无效。

(二)规章制度的合理性审查标准

一般理解,用人单位作为理性、自利的"经济人",其制定规章制度体现的是自己的意志,可能以管理为名行滥用权力之实,因此,有必要将用人单位的意志限制在合理边界内。尽管用人单位的产业领域、行业性质、劳动者的岗位职责千差万别,导致规章制度的内容各不相同,但在对合理性的判断上无外乎合乎情理、符合公序良俗、公平正义等价值衡量标准。首先,规章制度的内容应当合乎情理。例如,有的规章制度规定,员工请事假一年不得超过 5 天,超过即视为主动离职。除工作外,劳动者还是一般社会成员,有其他身份关系,需承担各种责任,也必然有私人事务,一年内用人单位仅允许员工有 5 天的事假,明显不符合社会公众的认知。此种规定明显不合常情常理,不具有合理性。其次,规章制度的内容应当符合公序良俗。规章制度虽然未直接违反法律规定,但不符合公序良俗的,亦应认定不具有合理性。例如,此前引发舆论的为父奔丧请假被辞退一事中,所涉用人单位的制度不通人情、违背公序良俗,必然受到社会否定评价。再次,规章制度内容应当与劳动者的工作密切相关,不得随意干涉劳动者的私权领域。规章制度所规定的内容、事项超出劳动者的工作范围,对其私人事务进行不当干涉,同样不具有合理性。最后,规章制度确定的处罚要责罚相当。对劳动者的处罚应与劳动者的主观过错、造成的损失程度等匹配,不能设置明显不合理的处罚方式,如规章制度规定迟到半小时扣 3 天工资,或者迟到 3 次解除劳动合同等。

(三)用人单位怠于管理可以消减劳动者违纪的"严重性"程度

第一,用人单位应当及时行使管理权。现代社会追求效率,在劳动关系中,用人单位作为企业生产经营的组织管理者,及时地对本单位人、财、物进行管理是其应尽的义务。法律的生命在于实施,法律的权威也在于实施。规章制度作为用人单位内部的"法律、法规",亦是如此。如果作为管理方的用人单位对于劳动者的违纪行为长期处于默许状态,被管理者自然认为规章制度被弃之不用。因此,对劳动者违反规章制度、劳动纪律的失范行为,用人单位应当及时作出处理。

第二,用人单位怠于管理会降低劳动者遵守规章制度、劳动纪律的谨慎注意义务。《劳动法》第 3 条第 2 款规定,劳动者应当完成劳动任务,提高职业技能,执行劳动安全卫生规程,遵守劳动纪律和职业道德。该规定在法律层面强调了劳动者遵守劳动纪律的义务。这一规定在实践中被视为即使用人单位未制定规章制度或者规章制度内容未作明确规定，对劳动者严重违反劳动纪律的行为，用人单位也可以作出惩戒。本案中，劳动者张某某经用人单位调整工作地点后，仍在原址打卡，即使缺乏有效的规章制度依据，按照该规定，其行为也有违劳动纪律。对此如何评价？笔者认为，上述规定的法理基础是民法中的诚信原则，劳动者作为生产经营活动的参与者，出于维护正常生产经营秩序的需要，应当诚实、善意、合理地遵守基本劳动义务与纪律。但需要指出，这种义务应以普通人的认知来判断，不能以"圣人"的标准来判断。若用人单位对劳动者的违纪行为长期怠于管理，必然弱化了劳动者对劳动纪律的认识，其会以为无须遵守该纪律。此情形下，劳动者遵守规章制度或劳动纪律的谨慎注意义务被降低。本案中，北京某科技股份有限公司在调整部分劳动者工作地点后，不但未在考勤系统中作出调整、修改，还对某些劳动者长期原址打卡的行为不做任何处理，该行为会使劳动者认为在原址打卡考勤符合考勤要求。

第三，用人单位对违纪行为的处理应当责罚相当。责罚相当原则是公平观念在归责问题上的具体体现，责任的大小、处罚的轻重应与违纪行为的轻重相适应。因劳动者违反规章制度解除劳动合同会引发劳动关系中最为严重的法律后果，所以对于用人单位的解除行为必须审查其适当性。本案中，北京某科技股份有限公司在2019年2月底调整了张某某的工作地点，但直至2019年6月底都未在考勤系统中作出相应调整、修改，张某某的原工作地点仍显示为有效的考勤地点。北京某科技股份有限公司自行提交的考勤记录显示，除张某某外，亦有与张某某相同情况的其他员工在原址打卡考勤。如北京某科技股份有限公司正常行使管理权，在调整劳动者工作地点后，及时在考勤系统中对打卡地点作出更改、调整，极有可能不会出现新址工作、原址打卡的情况。综上所述，正是北京某科技股份有限公司长期怠于行使管理权的行为客观上纵容了张某某等员工长期不正规打卡考勤，一定程度上降低了张某某遵守考勤纪律或劳动纪律的谨慎注意义务，对此北京某科技股份有限公司负有管理责任。故在公司管理存在严重疏漏的情况下，张某某不应对其违纪行为承担全部责任，公司认定其"严重违反"规章制度并予以辞退缺乏合理性。实践中，有的用人单位长期变通执行规章制度，或者长期默许违反规章制度行为，属于管理失职，客观上降低了劳动者遵守规章制度的谨慎注意义务，应作为认定劳动者违反规章制度"严重性"的消减因素。除非劳动者存在欺诈或严重违反职业道德、诚实信用或公序良俗等行为，否则，不宜简单认定为"严重"违反规章制度。

（责任编辑：王　晨）

个人信息受侵害的责任认定
——刘某诉北京某速运有限公司、严某个人信息保护纠纷案相关法律问题分析

何星星[*]

裁判要旨

1. 在征得用户同意的情况下,企业在其系统中将用户的身份证号与电话号码进行绑定的行为并不构成对用户个人信息的侵权。但用户对其个人信息享有"同意撤回权"和"删除权",在用户明确表示撤回同意,并要求企业删除企业系统中已保存的身份证号后,企业仍然绑定用户身份证号,也未在合理期限内删除的,构成对用户个人信息的侵害。

2. 企业侵犯用户个人信息,且在用户多次投诉后仍不采取合理措施停止侵权的,企业对此存在过错,用户因此聘请律师所支付的律师费属于其维权的合理支出,企业应当承担赔偿责任。因企业怠于停止侵权行为而给用户造成严重精神痛苦的,企业应承担赔礼道歉、赔偿精神损害等责任。

一、据以研究的案例

原告刘某诉称:2020年3月以来,北京某速运有限公司(以下简称某速运公司)在收寄快件时未经刘某同意擅自使用刘某个人身份证信息寄送他人的三单快递,刘某发现后多次与某速运公司沟通要求解除绑定身份证号,但某速运公司始终推脱。2020年7月2日,刘某委托律师向被告发函,但某速运公司仍置若罔闻。某速运公司随意侵犯刘某个人信息,给刘某造成严重精神困扰。故要求判令某速运公司在北京市级新闻媒体上向刘某公开赔礼道歉、消除影响,并赔偿

---

[*] 何星星,北京市顺义区人民法院天竺人民法庭法官,北京大学法律硕士。

刘某维权合理开支、经济损失及精神损害抚慰金共计5万元。

被告某速运公司辩称:某速运公司不存在非法使用刘某个人信息行为。涉诉三单快递是通过用户名"刘××"(电话号码尾号××××)的个人信息进行揽件的,因为刘某在首次下单时填写了其个人信息及电话号码。某速运公司依据客户下单而收取快递,并依法留存寄件人身份证信息,符合快递实名制相关规定,也符合电子契约条款的约定,电子契约条款中已告知刘某会对首次采集的信息进行保存。

第三人严某述称:严某系通过某速运公司小程序下单,涉诉三单快递寄件时严某不在现场,严某让刘某帮其将物品交给某速运公司寄递。后程序反馈揽收异常,尾号××××的电话号码是公司公用电话,但严某在微信小程序下单时都是使用自己的个人信息,不清楚为何某速运公司将涉诉三单快递切换成该号码下单。

法院经审理查明,刘某与严某均是某公司员工,尾号××××是该公司的公用电话号码。刘某曾在使用某速运公司小程序寄送快件时,输入其身份证号及尾号××××的电话号码,并署名刘××。某速运公司在一次揽收严某寄送的快递时,快递员调用刘某预留的尾号××××的电话号码及绑定刘某身份证号的系统信息寄送快递,刘某向快递员表示不同意该行为,严某未予以理会,某速运公司仍进行取件并寄送。另外两次严某不在场,刘某依旧向某速运公司快递员表示不同意用绑定其身份证号的手机号寄送快递,某速运公司仍使用前述信息进行取件并寄送。2020年6月19日刘某致电某速运公司客服,要求解除尾号××××的电话号码与其身份证号的绑定,某速运公司未予以处理。2020年7月2日刘某通过律师向某速运公司发送律师函,要求解除刘某身份证号与尾号××××的电话号码的绑定,并删除其系统中保存的身份证号,某速运公司仍未予以处理。刘某提起本案诉讼后,某速运公司于2020年11月25日从其系统中删除了刘某的身份证号。刘某因发送律师函及提起本案诉讼而支出律师费1万元。刘某另表示,即使严某与某速运公司构成共同侵权,其亦不要求严某承担责任。

经查,寄件人在使用某速运公司小程序首次下单时,需要录入寄件人的名称、电话号码、地址、身份证号等相关信息。首次下单时需要寄件人点击同意电子契约条款,才能进行下一步操作。电子运单契约条款第5条约定:"……为保护您的个人信息,可能会使用保密运单……会对您寄件时在下单系统录入的信息予以保存。对于保密运单所隐匿的信息,您同意……系统所查询的内容为准。"第7.2条约定:"出示有效身份证件,配合……工作人员进行身份查验、身份信息登记,如果您是受他人委托寄件,还应当提供委托人的有效身份证件。"某速运公司将录入的上述用户信息保存在其身份数据服务系统中(《邮件快件实名收寄管理办法》中规定的实名收寄信息系统），且寄件人的名称、电话号码和身份证号会形成自动关联，此后以该电话号码下单寄件时，寄件人的身份证号默认以首次记录的为准。

法院认为，本案争议焦点之一为某速运公司是否构成对刘某个人信息的侵权具体涉及以下两点：(1)某速运公司将尾号××××的电话号码与刘某身份证号绑定是否构成侵权。法院认为，个人信息的收集、存储、使用应当遵循合法、正当、必要原则，不得过度处理，除法律、行政法规另有规定外，应征得该自然人同意。刘某曾在以尾号××××的电话号码下单寄送快递时向某速运公司出示过其身份证，且通过与某速运公司达成的电子运单契约条款同意某速运公司对该电话号码及身份证号进行保存，故此时某速运公司收集刘某的个人身份证号信息并与该电话号码在其系统中关联存储并不构成对刘某个人信息的侵权。但是，之后刘某已经通过客服电话明确向某速运公司表示不同意将其身份证号与该电话号码绑定，某速运公司未予以处理。后刘某就此正式发送律师函，通知某速运公司解除上述关联存储并删除系统中刘某的个人信息，某速运公司对此仍未及时采取合理措施，此时某速运公司继续存储刘某身份证号的行为已经侵害了刘某对其个人信息的控制权。(2)某速运公司以刘某身份信息寄送涉诉三单快递是否构成侵权。涉诉三单快递的寄件人为严某，某速运公司未履行查验寄件人身份信息的义务，将寄件人登记为刘某的身份证号等信息，构成对刘某个人信息的非法使用，侵害了刘某的权益。其中一单快递寄递时严某明知某速运公司使用刘某的身份信息但未予以制止，亦存在一定过错，因刘某明确放弃向严某主张侵权责任，法院不持异议，故由某速运公司在其过错范围内承担相应责任。

本案争议焦点之二为某速运公司就其侵权行为给刘某造成的损害承担何种民事侵权责任。法律规定，承担侵权责任的方式可以单独适用，也可以合并适用。各种责任形式的适用均旨在保护受害人的利益，是否存在侵权责任聚合，应当结合侵权行为、损害后果等因素进行综合判断，只有当一种责任形式不足以保护受害人时，才可以同时适用其他的责任形式予以合并保护。刘某向某速运公司客服投诉未果后通过发送律师函主张权利，某速运公司仍未予以处理，刘某遂提起诉讼，为此支出律师费1万元。该律师费属于其维权的合理开支，某速运公司应在其过错范围内予以赔偿。刘某在得知自己的身份信息被某速运公司非法使用后，通过客服投诉及发送律师函的方式维权，但均未得到某速运公司的回应。这显然会使刘某因个人信息失控而产生精神困扰，故某速运公司应就自己的行为向刘某赔礼道歉并赔偿一定数额的精神损害抚慰金。关于赔礼道歉的形式，刘某认可某速运公司的涉诉行为并未对其产生实际影响，故某速运公司进行书面赔礼道歉即可，对刘某要求的在北京市级新闻媒体上公开赔礼道歉的请求法院不予支持。刘某就其主张的其他经济损失并未提交证据证明,故法院不予支持。

综上所述,法院判决:(1)被告某速运公司于判决生效之日起7日内向原告刘某书面赔礼道歉(赔礼道歉内容须经法院审查;如拒绝履行,法院将择一全国发行的报纸刊登本判决书主要内容,费用由被告某速运公司负担);(2)被告某速运公司于判决生效之日起7日内赔偿原告刘某维权合理开支9000元及精神损害抚慰金1000元;(3)驳回原告刘某的其他诉讼请求。

二、相关法律问题分析

个人信息是我国《民法典》明确规定的一项新兴民事权益。《个人信息保护法》的出台进一步凸显了网络信息时代个人信息保护的迫切性。在此之前,私法对于个人信息主体所享有的权利、个人信息处理者的义务、侵权时的责任承担都缺乏明确规定,使得企业在处理个人信息时缺乏规范意识,且对于普通用户的个人信息保护诉求缺少足够重视,致使普通用户在个人信息受侵害时常常投诉无门、束手无策,甚至引发大规模个人信息泄露事件。实名制下,快递行业成为个人信息泄露的重灾区之一,"快递信息泄露成精准定向诈骗的帮凶"成为热门话题,引发社会公众对于个人信息泄露的强烈担忧。本案是典型的因快递企业不当使用用户个人信息而引发的争议案件,相关认定对于规范企业合法合理使用个人信息,提高企业个人信息保护意识具有重要意义。本案主要涉及以下两大问题。

(一)个人信息主体的"删除权"和"同意撤回权"

"知情同意原则"是个人信息处理中的黄金原则,具有"帝王条款"的地位。《民法典》明确规定了个人信息的定义、处理原则以及删除权等。《民法典》第1034条规定,身份证号、电话号码均属于个人信息。第1035条规定,个人信息处理应当遵循合法、正当、必要原则,必须征得该自然人同意或其监护人同意,遵循充分公开处理信息的规则,明示处理信息的目的、方式和范围,且不得违反法律、行政法规规定和双方约定。第1037条第2款规定,自然人发现信息处理者违反法律、行政法规规定或者双方的约定处理个人信息的,有权请求信息处理者及时删除。该款规定了个人信息主体享有"删除权"。这是因为个人信息权益是一种"积极性"的人格权益,强调对个人信息的支配、利用、决定和保护,其重要权能还包含信息主体有权决定删除个人信息。

应当注意到,大数据时代各种新技术不断对传统理念提出新挑战。随着区块链技术的发展,许多数据信息一旦上链将很难删除,区块链本身的不可篡改性使得"删除权"的适用在未来越来越受限。作为"同意"与"删除"两种操作之间的良性缓冲，应当赋予个人信息主体"同意撤回权"，即在基于同意而进行的个人信息处理活动中，允许信息主体撤回其同意，个人信息处理者不得继续对其信息进行处理，但该撤回不具有溯及力，不影响既往基于同意已经收集的信息，不产生删除已收集数据的效力。这是由于个人信息带有强烈的人格利益特性，人格利益保护具有特殊性，应当充分尊重权利人的自决权。为此，2021年11月1日起施行的《个人信息保护法》第15条第1款规定："基于个人同意处理个人信息的，个人有权撤回其同意。个人信息处理者应当提供便捷的撤回同意的方式。"该条明确规定了"同意撤回权"，为用户撤回其同意提供了有力依据。在信息化社会，用户基于登录快捷、交易便捷化目的而同意企业对其个人信息进行保存，用户并未因该同意授权行为获得任何经济利益，此时其撤回同意并不会给企业造成损失，因此不应对用户的同意撤回权设定限制条件。用户可随时撤回同意，企业应当提供便捷的撤回同意方式，并立即停止其继续收集、存储的行为。

在快递实名制之下，用户于首次下单时在电子运单契约中同意快递企业对其录入的身份证号、电话号码等个人信息进行关联保存，快递公司基于用户的同意对其个人信息进行关联保存，以使之后的交易更加便利化、快捷化，这既符合双方合同约定，也符合快递行业"快"的特点，该行为本身并不构成侵权。但是，用户对其个人信息享有"同意撤回权"，在用户明确撤回其同意时，快递公司应当立即停止该关联保存，否则构成侵权。本案中，在刘某明确撤回同意并要求删除其个人信息时，某速运公司继续使用刘某的身份证号寄送他人快件，该行为既不符合快递实名收寄的相关法律规定，也对刘某的个人信息构成侵害。在刘某发送律师函明确要求某速运公司删除公司系统中保存的其身份证号后，某速运公司仍不及时予以删除，该行为也对刘某的个人信息构成侵害。

(二)侵害个人信息的民事责任

个人信息作为人格权范围内的一项重要民事权益，在遭受侵害或妨害时，有人格权请求权和侵权损害赔偿请求权两种救济途径。两种请求权相比，主要有以下区别：(1)目的不同。人格权请求权侧重事先预防，目的在于防止妨害行为的持续，使人格权恢复原状；侵权损害赔偿请求权侧重事后救济，目的在于赔偿损失。(2)构成要件不同。人格权请求权主观上不需要行为人具有过错，客观上一般不要求发生实际损害结果；而侵权损害赔偿请求权需要行为人主观上具有过错，客观上要求损害实际发生且与不法行为具有因果关系。(3)请求权性质不同。人格权属于绝对权，因此人格权请求权不受诉讼时效的限制；而侵权损害赔偿请求权属于债权请求权，因此受到诉讼时效的限制。个人信息主体可根据具体情况择一行使，必要时也可一并行使。

1. 人格权请求权

《民法典》第995条规定,人格权受到侵害的,受害人可要求停止侵害、排除妨碍、消除危险、消除影响、恢复名誉、赔礼道歉。人格权请求权各种责任形式的适用均旨在保护受害人的利益,应当结合侵害人格权的具体行为方式和影响范围等因素进行综合判断,同时还应当将被侵权人的心理感受及所受煎熬、痛苦的程度纳入考虑范围。在上述责任方式中,赔礼道歉旨在给予被侵权人精神抚慰,弥补受害人所遭受的精神痛苦,类似于精神上的恢复原状。而消除影响需要以实际造成负面影响为前提,如造成受害人社会评价降低,给受害人工作、就业、生活带来妨碍等。

快递行业实行实名登记制,寄件人需对寄递物品的安全性、合法性承担相应责任,而身份证号与自然人身份具有唯一对应性,因此如快递企业擅自使用其身份证号寄送他人物品,易使得用户因无法预测将来是否需要承担相应法律责任而陷入焦虑与不安。本案中,刘某因某速运公司擅自使用其身份证号寄送他人物品而陷入焦虑与不安,这种主观上的焦虑与不安从其多次联系某速运公司客服、聘请律师发送律师函等一系列客观行为中可见一斑。但某速运公司均未予以回应,某速运公司对刘某个人信息保护诉求的漠视态度进一步加深刘某的精神痛苦,因此某速运公司应向刘某进行赔礼道歉。但由于某速运公司的该行为并不具有公开性,并未对刘某实际造成降低社会评价、妨碍工作生活的负面影响,因此刘某要求消除影响的请求缺乏依据。

2. 侵权损害赔偿请求权

根据《个人信息保护法》第69条之规定,侵害个人信息权益的侵权责任构成要件为:(1)行为人实施了侵害个人信息权益的处理行为,如未经个人同意而收集个人信息。(2)造成了实际损害,该条第2款中使用"损失"一词,突破了《民法典》第1182条限定的"财产损失",因此个人信息损害赔偿包括有形的财产性损害和无形的精神损害。(3)个人信息处理者具有过错。依据《个人信息保护法》第69条第1款的规定,信息处理者不能证明自己没有过错的,应当承担损害赔偿责任,即采取过错推定的归责原则。这是因为个人与个人信息处理者之间在信息、技术、资金等方面处于不对等地位,采取过错推定责任更有利于减轻受害人的举证责任,平衡双方利益。

关于损害赔偿数额的确定。根据《个人信息保护法》第69条之规定,应先按照个人因此受到的损失或者个人信息处理者因此获得的利益确定,以上均难以确定的,根据实际情况确定赔偿数额。个人信息权益遭受侵害后,被侵权人采取自行投诉等方式处理时,侵权人未予以理会,本身存在过错,被侵权人因此聘请律师发送律师函、提起诉讼,由此支出的合理律师费属于与侵权行为具有因果关系的财产损害,侵权人应当予以赔偿。在大数据时代,侵害个人信息的案件中,侵权人的违法成本较低,而权利人的维权成本较高,法院支持权利人为维权支出的合理律师费,可以有效调整这种不平衡状态。而且在我国,个人信息作为一种新兴民事权益,此前多以行政法、刑法等公法方式予以保护。现《民法典》《个人信息保护法》将其明确为一项重要的人格权益,赋予个人通过民事诉讼这一途径进行维权的权利,法院支持个人为维权支出的合理律师费将会产生良好的外部效应,可通过个案的民事赔偿责任促进企业强化个人信息保护意识,以达到防微杜渐的预防警示作用,从根本上减少大规模用户信息泄露的严重事件发生。因此,本案中刘某支出的律师费属于与某速运公司侵权行为具有因果关系的财产损失,其有权要求某速运公司予以赔偿。

依据《民法典》第1183条之规定,个人信息系一项人格权益,在遭受侵害造成严重精神损害时,被侵权人有权请求精神损害赔偿。"严重精神损害"是精神损害赔偿的法定条件。所谓"严重"应当结合具体案件中被侵权人的精神痛苦程度加以认定。本案中,某速运公司不顾刘某反对,使用其身份证号寄送他人快递,侵害刘某对其个人信息的自主决定权,且对刘某的多次合法维权置若罔闻,给刘某造成严重的精神损害,因此对刘某要求精神损害赔偿的请求应当予以支持。

综上所述,法院在审理个人信息保护纠纷民事案件时,应统筹结合《民法典》《个人信息保护法》各项规定,正确处理侵害个人信息的民事责任认定。与此同时,要注意结合行业特点,努力在个人信息保护和行业发展之间找寻平衡点,既不能放任行业"潜规则"野蛮生长,也不可因噎废食"一刀切"。

(责任编辑:杨　琳)

强制执行程序中基金财产独立性的审查标准
——王某某与某管理公司案外人执行异议案相关法律问题分析

徐 欣[*] 戴梦依[**]

裁判要旨

从证券投资基金的原理出发,基金财产独立性之目的在于保障投资人的合法权益。对于基金份额持有人提起的排除基金财产执行之异议,应当依照《民事诉讼法》第238条的规定进行审查。在基金财产登记名义和实际权利归属不一致的情况下,此类案件应贯彻形式化审查原则,以基金协议约定判断基金财产的权属,避免错误执行侵害基金财产的独立性和基金投资人的合法权益。

一、据以研究的案例

某仲裁委员会作出的1498号裁决书已经发生法律效力,李某某申请执行,执行法院于2021年1月27日立案执行,执行案号为354号。该仲裁裁决书载明:某仲裁委员会依据李某某与某管理公司、某银行青岛分行签订的《2号契约型私募基金基金合同》中仲裁条款的约定,以及李某某于2020年3月30日向该仲裁委员会提交的书面仲裁申请,受理了双方当事人因履行上述合同而产生的本争议仲裁案。执行过程中,执行法院于2021年2月19日冻结了被执行人某管理公司名下在某银行深圳分行营业部的8110×××4891(以下简称涉案银行账户)、8110×××4896账户,冻结期限为2021年2月19日至2022年2月19日。2021年6月17日,执行法院扣划涉案银行账户内款项4064.08元。

---

[*] 徐欣,北京市第三中级人民法院执行二庭法官助理,北京大学法律硕士。
[**] 戴梦依,北京市第三中级人民法院执行二庭法官助理。

案外人王某某提出异议称,其是1号私募股权投资基金份额持有人,执行法院冻结的涉案银行账户系1号私募股权投资基金的托管账户,属于基金财产,独立于被执行人某管理公司的固有财产,故请求中止对涉案银行账户的执行,并解除冻结措施。王某某提交了《1号私募股权投资基金基金合同》,该合同显示基金托管人名称为某银行深圳分行。

王某某提出异议后,执行法院即一审法院先后两次向某银行深圳分行营业部发送协助查询通知书。某银行深圳分行向执行法院提供了《开立单位银行结算账户申请书》和《人民币单位银行结算账户管理协议》,其中载明被执行人在该行开立的账户,账户名称为1号私募股权投资基金,账号为8110×××4891,该账户是1号私募股权投资基金的托管账户,开户行为某银行深圳分行营业部。

一审法院经审理认为,对于普通账户中的存款,一般以账户名称为权属判断的标准。执行法院在采取相关执行行为时,涉案银行账户名称为某管理公司,执行法院采取的冻结、划拨行为并无不当。但是对于专用账户的存款,应根据当事人对账户的约定以及相关法律规定来判断资金权属,并在此基础上确定能否对该账户内资金采取强制执行措施。本案被执行人某管理公司按照基金合同的约定开立涉案银行账户,结合查明事实,该账户性质为基金托管账户,并非由被执行人某管理公司控制的普通存款账户。《证券投资基金法》第5条规定,基金财产的债务由基金财产本身承担,基金财产独立于基金管理人、基金托管人的固有财产。第7条规定,非因基金财产本身承担的债务,不得对基金财产强制执行。因涉案银行账户系基金托管账户,非被执行人某管理公司的自有资金,故其并非被执行人的责任财产。结合案外人王某某提出的请求,其作为1号私募股权投资基金份额持有人享有实体权利,应当依照《民事诉讼法》(2012年)第234条①的规定进行审查。本案执行标的为某管理公司偿付李某某投资于《2号契约型私募基金基金合同》中的本金、资金占用成本等款项,系对某管理公司本身所涉债务的强制执行,涉案银行账户虽被登记在被执行人某管理公司名下,但涉案银行账户系1号私募股权投资基金的托管账户,账户内资金并非某管理公司的固有财产,而是基金财产,与某管理公司固有财产相分离,具有独立性。因此,案外人王某某作为上述1号私募股权投资基金份额持有人,依据其实体权利提出异议于法有据,对其异议请求,一审法院予以支持。故一审法院依照《民事诉讼法》(2021年)第234条的规定,裁定中止对某管理公司名下涉案银行账户的执行。裁定作出后,当事人各方未提出执行异议之诉,裁定已发生法律效力。

---

① 相关规定参见2023年修正的《民事诉讼法》第238条。

二、相关法律问题分析

随着证券投资基金的快速发展,证券投资基金所涉执行问题日益涌现。证券投资基金交易中,基金托管账户名通常由管理人名称加基金名称组成,一旦基金管理人成为被执行人,因目前执行程序中以登记名义为形式化审查标准,基金账户会被作为被执行人的责任财产加以冻结,实质上侵害了基金财产持有人的合法权益。因此,证券投资基金如何以其独立性排除强制执行面临诸多争议,亦是本案在裁判时遇到的问题。

(一)基金财产独立性的正当性基础

基金不是资产或者金钱的简单堆积,而是基于特定目的设立并进行特殊运作、独立核算的资金。而证券投资基金中的证券一词,通常指证券投资基金的投资对象或是可投资范围。鉴于2012年修订的《证券投资基金法》并未明文规定证券投资基金的概念,回溯到1997年《证券投资基金管理暂行办法》(已失效),其以描述证券投资基金运作一般模式的方式给出了定义。该办法第2条规定,其所称证券投资基金是指一种利益共享、风险共担的集合证券投资方式,即通过发行基金单位,集中投资者的资金,由基金托管人托管,由基金管理人管理和运用资金,从事股票、债券等金融工具投资。因此,证券投资基金可以理解为以证券投资为目的而设立的目的性资金,该资金由基金份额持有人作为委托人和受益人,由基金管理人和基金托管人作为共同受托人,由共同受托人为了委托人的利益开展证券投资活动。

依据全国人大的立法释义,《证券投资基金法》系以信托原理为基础,根据信托关系中委托人、受托人、受益人的关系架构,将基金中的持有人设定为受益人兼委托人,管理人和托管人设定为受托人,将基金财产设定为信托财产,具有独立的信托财产的特征。从原《证券投资基金管理暂行办法》第1条"保护基金当事人的合法权益"的规定,到《证券法》《证券投资基金法》,都将保护投资者作为其目的或宗旨,也就是说,基金法的第一要务是保护投资人的合法权益。因此,基金财产作为目的性财产,应将保障投资人的合法权益放在首位。基于这一点,《证券投资基金法》第5条第1款规定"基金财产的债务由基金财产本身承担",第7条规定"非因基金财产本身承担的债务,不得对基金财产强制执行",上述立法构成了基金财产独立性的基础。正是因为基金财产具有独立性,其既非基金份额持有人的债务的担保,也非基金管理人和基金托管人固有财产的债务的担保。因此,在基金管理人作为债务人时,不应将基金财产纳入基金管理人的责任财产范围予以强制执行。

（二）基金份额持有人是否为提起案外人异议的适格主体

对于基金份额持有人究竟应选择《民事诉讼法》第236条提起执行行为异议，还是选择第238条提起案外人异议寻求救济这一问题，虽各地法院做法不一，但案外人异议应为适当路径。

当事人、利害关系人的执行异议制度意在解决当事人、利害关系人在执行中产生的程序争议。行为异议的异议对象是"违反法律的执行行为"，执行行为异议系程序上的救济途径，不具有排除执行名义执行力的机能。而案外人异议作为案外人异议之诉的前置程序，与案外人异议之诉相辅相成，针对虽符合程序法规定但缺乏实体法支撑的执行行为，即程序合法但是实体不当的执行行为。《民事诉讼法》第238条规定："执行过程中，案外人对执行标的提出书面异议的，人民法院应当自收到书面异议之日起十五日内审查，理由成立的，裁定中止对该标的的执行；理由不成立的，裁定驳回。案外人、当事人对裁定不服，认为原判决、裁定错误的，依照审判监督程序办理；与原判决、裁定无关的，可以自裁定送达之日起十五日内向人民法院提起诉讼。"该条系指权利人基于阻却执行的实体权利提出异议，异议的目的是排除对执行标的物的执行。回归到涉及基金财产的执行裁决案件审查实践中，基金持有人提出异议的目的在于解除对基金账户的错误冻结，主张该基金财产不应属于登记名义人的责任财产，排除对基金账户中财产的执行，故应纳入案外人异议之范畴。

具体到本案，案外人王某某作为基金份额持有人之所以有权提起案外人异议，是因为基金份额持有人作为基金权益最终归属主体，对基金财产享有受益权，该权利是指享有基于所有权产生的、旨在保护基金财产权益的独立的请求权，兼有债权、物权之双重属性，亦包括排除侵害并得到救济的权利在内。因此，基金份额持有人在基金受益权受到侵害时，有权依照《民事诉讼法》（2021年）第234条的规定提出案外人异议。

（三）基金财产以其独立性可以排除执行的认定标准

执行程序的目标是发布执行行为以强制性地实现法官的判决或者其他执行名义，这里原则上不会再进行"衡量与裁决"，而是进行"干涉（抓取）"。也就是说，执行形式化原则上是审执分离的产物，承认执行程序的独立性，并将其目的定位于迅速而有效地实现执行名义中所载明的给付请求权。基于外观主义原则，执行法官能够根据法律的规定或者基于日常生活经验，将生活或交易中已经类型化或一般性调整的权利表征形式，合理地识别为真实权利。带来的问题是，执行程序采用形式化原则的背景下，如何在执行程序中认定基金财产的独立性进而排除执行，证券投资基金的各方主体如何在执行程序中维护基金持有人的合法权益，这些问题值得探讨。

根据执行形式化原则的要求,法定的公示方法或实践中认可的非典型公示方法之所以能够表征外观权利,是因为这一外观权利与真实权利具有高度一致的可能性。目前,司法实践中对于基金财产的归属有如下两种认定标准:(1)以登记的名义推定基金财产归属,无相反证据证明则以登记为准。但是在强制执行程序中,证券投资基金财产账户无论是被登记于基金管理人名下还是基金托管人名下,都无法代表其真实的权利归属。在这种情况下,如果一律以登记名义认定基金财产的归属,冻结基金持有人享有最终收益的基金财产实为不妥,有违《证券投资基金法》的立法宗旨,同时也侵犯了不特定多数投资者的合法权益。(2)以关于货币的特殊约定以及相关法律规定确定基金财产归属。从现行金融实践来看,对于证券投资基金类账户,在交易实践中通常以协议确定财产归属,因此,在账户外观名义不足以反映真实权利归属的情况下,通过对货币特殊约定加以审查来满足执行程序的形式化审查要求,即满足权利表象与实体权利在常态情况下具有高度一致性的前提,应为可行之道。这种方式不仅与金融实践相契合,避免错误冻结、执行,保障基金份额持有人的合法权益,而且简单易行,亦符合审执分离的要求。

本案中,案外人王某某主张涉案银行账户系基金托管账户以排除执行,但鉴于当事人提交的证据无法形成完整证据链条,故本案合议庭向开设涉案银行账户的金融机构发送了协助查询通知书,要求其明确涉案银行账户是否属于案外人参与投资基金项目的基金托管账户。后本案金融机构反馈的材料与当事人提交的材料相互佐证,形成了完整的证据链,故合议庭达成一致意见,认为涉案银行账户虽登记在被执行人名下,但根据基金合同的约定,其属于1号私募股权投资基金的托管账户,账户内资金并非某管理公司的固有财产,而是其管理的基金财产,且与被执行人固有财产相分离,案外人作为上述1号私募股权投资基金份额持有人,依据其实体权利提出异议于法有据,故案外人的异议请求成立,执行法院裁定中止执行。反观本案的审查过程,合议庭向开设涉案银行账户的金融机构发送协助查询通知书的做法值得参考,本案对于执行程序中基金财产独立性的认定标准也可供后续类案借鉴。

(责任编辑:杨　琳)

【观点争鸣】

房产受贿未遂的认定

凌 巍[*]

裁判要旨

虽然行为人既未实际居住、使用、控制涉案房屋,又不明确知晓房产的具体位置,如楼号、房号,但其客观上实施了为请托人谋利的行为,并与请托人之间就收受财物的方式和时间达成了默契,因此可以认定其主观上具有收受财物的故意。由于行为人对涉案房屋并未实际控制,该起受贿犯罪应属未遂。

一、案情简介

(一)案情始末

2015年至2017年,赵某某在担任北京市某区市政市容委主任等职务期间,利用职务上的便利,为王某承揽工程提供帮助,收受王某给予的房产一套(价值164万余元)。

认定上述事实的证据有以下几类。

1.证人王某的证言:2015年,其向赵某某请托承揽某区拆迁村环境整治工程,后其公司用北京城建亚泰建设集团有限公司的资质中标该工程第八标段。2016年下半年,其与盛某某、赵某某吃饭时,盛某某、赵某某提到三亚红塘湾海云家园的房子不错,如果其过去,可以联系销售人员,并把销售人员的电话给了其。没多久,其就去三亚红塘湾购买了三套房。买房后,其给赵某某打电话说给自己、赵某某和盛某某在三亚红塘湾定了三套房,赵某某说好,也没再说什么。其从三亚回京后把房子的事情分别和盛某某、赵某某说了,问他们近期住不住,

---

[*] 凌巍,北京市高级人民法院刑事审判第二庭法官,中国政法大学法学硕士。

他们都说先不住。其便购买了家具,放在1206号房屋自住。1201号房屋和1202号房屋没有买家具,一直闲置。这三套房目前都在其名下,因为事前其征求过盛某某、赵某某的意见,他们说先写其名字,用他们的名字不方便。1201号房屋和1202号房屋是给盛某某和赵某某的,他们一直没去挑房,也没说哪套房给哪个人。

2. 证人董某某(北京城建兴顺房地产公司董事长)的证言:2016年下半年,赵某某说他要和盛某某去海南三亚参观北京城建在海南的房地产项目,其让北京城建海南公司的张某负责接待。后其和公司其他工作人员带盛某某、赵某某一起参观了三亚红塘湾海云家园项目楼盘。

3. 证人张某(北京城建海南公司总经理助理)的证言:2016年下半年,董某某安排盛某某和赵某某到三亚红塘湾考察,其带二人参观了售楼处,并把自己的名片给了赵某某,表示如果日后有购房意愿可以进一步联系。盛某某等人来三亚后,王某联系其全款购买了三套房。

4. 证人李某(时任某区管委会副主任)的证言:2015年年底,赵某某让重点办负责某区拆迁村环境整治工程,其是主管该部门的副主任。在招投标过程中,赵某某让其关照王某、刘某某等人,其便将王某、刘某某等人所在公司通过岳某某告知招标代理公司,后上述公司中标。

5. 证人岳某某(时任某区市政市容建设服务中心主任)的证言:某区拆迁村环境整治工程开标前,李某说有8家意向单位,让其和代理公司打招呼,其便把这8家单位的名字告诉了招投标代理公司的工作人员,8家单位中包括王某、刘某某的公司。

6. 某区拆迁村环境整治工程招投标情况书面报告、中标通知书(第八标段)、施工合同、建设工程招标代理合同、某区人民政府会议纪要、记账凭证、工商登记资料等书证证明:2015年,某区拆迁村环境整治工程由某区市政重点工程办公室委托北京隆宇达招标代理有限公司招标,北京城建亚泰建设公司为某区拆迁村环境整治工程施工(第八标段)中标人。

7. 银行票据、电子回单、收款收据、房屋登记卡、房地产权属登记信息查询结果、商品房预售合同等证明:2017年,王某分别以180.9454万元、159.1909万元、166.2847万元的价格购买三亚红塘湾旅游度假区E-09块地4号住宅楼1201号房屋、1202号房屋、1206号房屋。其中,王某为1202号房屋除缴纳房款159.1909万元外,另支付补差价款3488元、契税47 861.91元、公共财产维修费5071.2元、有线电视初装费350元,综上共计1 648 680.11元。

8. 干部任免审批表证明李某、岳某某的主体身份情况。

9. 被告人赵某某在调查阶段的供述:2015年,某区开展拆迁村环境整治工程,副区长盛某某说王某想干这个工程,让其照顾一下。其便安排李某、岳某某在招投标过程中关照王某。2016年下半年,盛某某带其到三亚游玩,北京城建兴顺房地产公司的董某某、张经理带其二人参观了红塘湾住宅项目。回京后,其与盛某某、王某等人一起吃饭,盛某某提到海南三亚红塘湾的房子不错,有投资价值和升值空间,还对王某、顾某某说:"你们这些老板还不每人置办一套。"其也说红塘湾的房子不错,交通很方便。王某便向其要了红塘湾项目经理的电话。几天后,王某打电话说在海南红塘湾买了三套房,自己留一套,另外两套给其和盛某某各一套。王某从海南返京后,又打电话让其挑一套房,其表示等退休有时间再去挑。王某第一次说的时候,其说不要,但是没有拒绝。王某第二次说已经定好了的时候,其内心起了贪念,心想王某在拆迁村整治工程中挣了不少钱,既然给其买了,以后退休过去住也不错。王某给其买的房,应该是80平方米左右,总价约160万元。这套房子在王某名下,钥匙在王某手里,其没有住过。

(二)法院裁判结果

一审法院经过审理认为,关于赵某某是否收受王某给予的房产的问题,在案王某、李某、岳某某等人的证言可以相互印证,2015年赵某某利用职务之便帮助王某承揽了某区拆迁村环境整治工程,王某因此获利。2016年下半年,盛某某暗示王某购买海南三亚红塘湾的房产,赵某某附和表示该房产不错,后王某购买三套房产,并多次给赵某某打电话询问其近期是否居住、房产证的权属如何登记等,赵某某并未明确拒绝,而是以现在不方便、退休以后去住等理由答复。据此,虽然赵某某并未实际控制该房产,但客观上实施了为请托人谋利的行为,并与请托人之间就收受财物的方式和时间达成了默契,可以认定其主观上具有收受财物的故意,该起受贿事实成立但并未既遂。鉴于赵某某所犯收受王某给予房产部分受贿犯罪系未遂,涉案赃款已全部追缴在案,对其予以从轻处罚。结合赵某某的其他受贿犯罪事实,一审判决被告人赵某某犯受贿罪,判处有期徒刑11年,并处罚金60万元。后赵某某提出上诉,二审裁定驳回其上诉,维持原判。

二、争鸣意见

房产作为不动产,在现代社会既有居住使用的价值,又有一定的金融属性。随着我国城市化进程的不断深入,房产价格不断升高,通过收受房产实现利益输送也逐渐成为贿赂犯罪的常见手段。为了躲避监管,以房产行贿的方式也变得越来越隐蔽。《最高人民法院、最高人民检察院关于办理受贿刑事案件适用法律若干问题的意见》已经关注到房产贿赂领域的多样性,在第1条第1款对于以交易形式出现的房产贿赂作出明确规定:"国家工作人员利用职务上的便利为请托人谋取利益,以下列交易形式收受请托人财物的,以受贿论处:(1)以明显低于市场的价格向请托人购买房屋、汽车等物品的;(2)以明显高于市场的价格向请托人出售房屋、汽车等物品的……"但该规定主要是针对买卖房屋过程中的利益输送,对于实践中更加复杂的房产贿赂形式并未有更多涉及。

　　一般情况下,房产贿赂的成立以受贿人能够直接或间接控制为前提,具体表现为以下几种情形:(1)直接收受房产。直接收受房产并不以房产办理过户手续为必要条件,只要受贿人或其指定的人实际占有该房产,根据刑法实质判断的标准,即构成受贿既遂。(2)代为支付购房款情形。受贿人拟购买房产,行贿人代为支付全部或部分购房款,这种情形下名义上的购房人是受贿人,而且受贿人可能确实支付了部分或大部分房款,但行贿人通过代为支付首付款、低于市场价交易、帮助支付按揭贷款等手段完成利益输送。(3)涉房受贿的其他情形。主要表现为利用房产谋利。例如,受贿人向请托人房地产开发商提出购买其开发建设的房产,但双方未签订购房合同,受贿人也未支付购房款或定金,开发商"帮助"受贿人以高价向他人出售,继而将获取的差价,即所谓"炒房获利"送予受贿人。这种行为表面上是投资经营行为,但受贿人不承担任何经营风险,只享受收益,本质上还是权钱交易。又如,有些地区购买房屋需要"房号",受贿人将自己非法获得的"房号"转售以谋利,这种行为也是涉房受贿的一种情形。

　　上述案例涉及的受贿情形直接指向房产本身,也就是说,在没有证据显示行为人是基于房产市场价值或其他衍生价值存在谋利意图的时候,一般推定其受贿的意思指向是房产本身,即房屋的居住使用价值。在一般行受贿案件中,受贿人收受房产的认定以"实际控制"为既遂标准,即受贿人本人直接或通过他人持有房屋的钥匙,能随意进出、居住、使用,或未曾使用,但已经对房屋进行了装修、改造等添附行为,为以后使用做准备。而上述案例的情形是,行为人既未实际居住、使用、控制涉案房屋,又并不明确知晓房产的具体位置(楼号、房号)等。因此,该案的情形能否构成房产受贿,存在一定争议。一种观点认为,对于涉案房产,赵某某不构成受贿罪。该观点认为,暗示王某购买海南三亚红塘湾房产的人是盛某某,赵某某只是在饭局上附和表示该房产不错,并未直接明示或暗示王某其也想要涉案房产。王某购买三套房产后,均登记在自己名下,并未明确哪套房产是给赵某某的,赵某某对房产的具体位置并不清楚,也从未去现场看房,更没有房屋的钥匙。因此,不能认定赵某某的行为是受贿。另一种观点认为,对于涉案房产,赵某某构成受贿未遂。主要理由是,虽然房屋未登记在赵某某名下,赵某某也尚未实际控制房屋,但王某购买房产后曾多次给赵某某打电话询问其近期是否居住、房产证的权属如何登记等,赵某某并未明确拒绝,而是以现在不方便、退休以后去住等理由答复,此外,王某通过赵某某的职务便利有获利,双方基于这种往来已经对收受房产达成了某种程度的默契,应当认定为受贿未遂。

三、笔者观点

笔者同意第二种观点,即赵某某对于涉案房产构成受贿未遂。主要理由如下。

首先,赵某某与王某已就涉案房产的收受达成约定。《最高人民法院关于国家工作人员利用职务上的便利为他人谋取利益离退休后收受财物行为如何处理问题的批复》明确:"国家工作人员利用职务上的便利为请托人谋取利益,并与请托人事先约定,在其离退休后收受请托人财物,构成犯罪的,以受贿罪定罪处罚。"在案王某、李某、岳某某等人的证言可以相互印证,2015年赵某某利用职务之便帮助王某承揽了某区拆迁村环境整治工程,王某因此获利。为了表达感谢和维持与赵某某的关系,王某购买海南三亚红塘湾的房产时,给赵某某也买了一套,并多次给赵某某打电话询问其近期是否居住、房产证的权属如何登记等,这就是在具体、明确地实施行贿行为,虽然赵某某并未具体回应,但也未明确拒绝,而是以现在不方便、退休以后去住等理由答复。据此,虽然赵某某并未实际控制该房产,但客观上实施了为请托人谋利的行为,并与请托人之间就收受财物的方式和时间达成了默契,可以认定其主观上具有收受财物的故意,符合上述司法解释规定的情形。由于双方约定的具体房号不明,基于有利于被告人的原则,按照王某所购三套房屋中价格最低的那套计算受贿金额。

其次,赵某某的行为构成受贿未遂。虽然赵某某与王某之间存在权钱交易,且就收受涉案房产达成默契,但涉案房产并未过户到赵某某名下,赵某某亦未实际居住,对涉案房屋尚未实际控制,因此该起受贿犯罪并未既遂。根据《刑法》第23条"已经着手实行犯罪,由于犯罪分子意志以外的原因而未得逞的,是犯罪未遂。对于未遂犯,可以比照既遂犯从轻或者减轻处罚"的规定,对于赵某某的该起犯罪在量刑时应当予以从轻或减轻。

(责任编辑:刘晓虹)

劳动者履职过程中被诈骗致用人单位财产受损时适用的法律规则

孙 青[*]　陈珊珊[**]

裁判要旨

劳动者履职过程中被诈骗致用人单位财产受损时，用人单位要求劳动者赔偿的争议，属于在履行劳动合同过程中发生的劳动争议，应属劳动争议的受案范围，用人单位依据一般侵权责任原则提起诉讼的，法院不应予以支持。

一、案情简介

2021年5月10日，孙某某入职北京某科技公司，岗位为财务经理，试用期3个月。骆某系北京某科技公司的法定代表人，陈某系该公司的股东、监事。2021年5月20日，北京某科技公司的人力资源主管刘某某在微信中向孙某某发送了QQ群号码及截图，并告知孙某某"加了麻烦告诉我一下"，截图内容为"你现在电话联系一下孙某某，让她添加公司工作QQ群，就说我跟陈总有工作安排"。随后，孙某某向刘某某发送了已添加该QQ群的截图。该QQ群中共有3人，除了孙某某外，另外两人自称是"骆某""陈某"。当天，自称是"骆某"与"陈某"的两人在QQ群中沟通合同签订事宜，后"骆某"在群中要求孙某某查询公司账上可用资金有多少，孙某某进行了查询和回复。在此期间，"骆某"与"陈某"在群中继续就合同事宜进行交流。稍后，孙某某在群中发送了公司账户金额截图。"骆某"告诉孙某某准备858 000元支付给罗总，"陈某"在群中发送了户名为罗××的账号及开户行信息。随后，孙某某在群中发送了转账截图，截图发送之后

---

[*] 孙青，北京市大兴区人民法院经济技术开发区人民法庭法官，中国政法大学硕士。
[**] 陈珊珊，北京市大兴区人民法院经济技术开发区人民法庭副庭长，中国政法大学硕士。

孙某某被移出了群聊。当日,孙某某发现自己被骗并到公安机关进行报案。公安机关对孙某某被诈骗立案侦查。截至本案二审庭审结束时该案尚未侦破,涉案 858 000 元款项仍未追回。庭审中,孙某某与北京某科技公司均确认QQ群中的"骆某""陈某"并非真正的骆某、陈某。北京某科技公司以财产损害赔偿纠纷为案由诉至法院,要求孙某某赔偿损失。

二、争鸣意见

劳动者履行职务过程中因被诈骗给用人单位造成经济损失,用人单位要求劳动者赔偿经济损失的,应按照何种纠纷处理,在司法实践中存在争议。笔者以"诈骗""过错"作为关键词,检索了某地区法院近 3 年的一审民事案件,从中筛选出了 31 件相关案例。从案由来看,包括劳动争议 21 件、侵权责任纠纷 8 件、损害公司利益责任纠纷 2 件。总结分析这些案件,可以提炼出司法实践中的三种主要观点,具体说明如下。

第一种观点认为,应当按照劳动争议纠纷处理,法律依据为《劳动争议调解仲裁法》第 2 条①和《最高人民法院关于审理劳动争议案件适用法律问题的解释(一)》第 1 条②第 1 项,此时需要经过劳动仲裁前置程序。

第二种观点认为,应当按照侵权责任纠纷处理,法律依据为《民法典》第 1165 条第 1 款③。

第三种观点认为,应当按照损害公司利益纠纷处理,法律依据为《公司法》第 147 条第 1 款④和第 149 条⑤,此时对自然人的身份要求为董事、监事、高级管理人员。

---

① 《劳动争议调解仲裁法》第 2 条规定:"中华人民共和国境内的用人单位与劳动者发生的下列劳动争议,适用本法:(一)因确认劳动关系发生的争议;(二)因订立、履行、变更、解除和终止劳动合同发生的争议;(三)因除名、辞退和辞职、离职发生的争议;(四)因工作时间、休息休假、社会保险、福利、培训以及劳动保护发生的争议;(五)因劳动报酬、工伤医疗费、经济补偿或者赔偿金等发生的争议;(六)法律、法规规定的其他劳动争议。"

② 《最高人民法院关于审理劳动争议案件适用法律问题的解释(一)》第 1 条规定:"劳动者与用人单位之间发生的下列纠纷,属于劳动争议,当事人不服劳动争议仲裁机构作出的裁决,依法提起诉讼的,人民法院应予受理:(一)劳动者与用人单位在履行劳动合同过程中发生的纠纷……"

③ 《民法典》第 1165 条第 1 款规定:"行为人因过错侵害他人民事权益造成损害的,应当承担侵权责任。"

④ 《公司法》(2018 年)第 147 条第 1 款规定:"董事、监事、高级管理人员应当遵守法律、行政法规和公司章程,对公司负有忠实义务和勤勉义务。"相关规定参见 2023 年修订的《公司法》第 179 条、第 180 条。

⑤ 《公司法》(2018 年)第 149 条规定:"董事、监事、高级管理人员执行公司职务时违反法律、行政法规或者公司章程的规定,给公司造成损失的,应当承担赔偿责任。"相关规定参见 2023 年修订的《公司法》第 188 条。

三、笔者观点

笔者认为，劳动者履职过程中被诈骗致用人单位财产受损时，用人单位要求劳动者赔偿的争议应属劳动争议纠纷，适用调整劳动关系的相关法律、法规处理为宜，主要理由如下。

第一，从调整主体的范围角度分析，《民法典》侵权责任编调整的是一般平等民事主体之间因侵害权益产生的纠纷。劳动关系相关法律、法规调整的是用人单位与劳动者就订立、履行、变更、解除或者终止劳动合同所产生的争议。考虑劳动关系的从属性特征，用人单位与劳动者在履行劳动合同过程中就劳动者履职行为是否存在过错以及赔偿责任的争议，并非平等主体之间因一般民事侵权行为引发的争议。

第二，从评价因素角度分析，认定劳动者是否存在故意或者过失离不开对劳动过程的评价，而劳动者提供劳动的过程与劳动法律关系的特征息息相关，包括但不限于：用人单位是否采取风险防范措施、是否就潜在风险对劳动者进行过操作指引或培训，劳动者的工作职责、工作本身的危险性等，上述特征的认定有别于平等民事主体之间的侵权责任法律关系。并且，在劳动者存在重大过失需承担损害赔偿责任的情况下，就其应承担的责任比例，仍需综合衡量劳动者的工资水平、支付能力、劳动者的工资水平与所承担的损害风险是否成比例等因素。上述衡量因素亦均与劳动法律关系密切相关。

第三，从风险防范角度分析，用人单位掌握生产资料，享有劳动成果，根据权责相统一的原则，用人单位应承担相应的经营风险，其中用工风险亦系用人单位可能会面临的经营风险之一。用人单位具有更强的抗风险能力，其可以通过制定和落实规章制度、加强用工管理，规避可能出现的用工风险，尽可能降低用工风险给用人单位带来的不利影响。相对而言，劳动者通过提供劳动获得基本生活来源，不享有劳动成果，享有的抗风险能力较弱，故我国劳动相关法律对劳动者进行倾斜保护。

第四，从主观过错角度分析，用人单位应承担一定的用工风险和经营风险。劳动者在履职过程中难免会出现工作失误，并给用人单位造成经济或名誉损失，但结合劳动关系的特殊性、保护劳动者权益的价值取向等，如果劳动者在履职过程中仅有轻微过失且造成的损失不大，其无须为此承担赔偿责任，仅在劳动者存在故意或重大过失给用人单位造成损失的情况下，用人单位才有权要求劳动者承担责任。而按照一般民事侵权责任纠纷处理，对自然人的主观过错要求较低，劳动者需承担的赔偿责任较大。

第五，从责任承担范围和方式分析，由于用人单位是劳动关系的主导方，法律对其给予更严格的要求。将用人单位管理不当的过失和劳动者的过失进行对比,劳动者仅应承担与其过错程度相当的赔偿责任,双方按照过错比例分担损失。劳动者损害赔偿责任的承担方式的依据为《工资支付暂行规定》第16条①之规定,用人单位可以在不影响劳动者基本生活需要的前提下,通过扣除劳动者工资的方式要求劳动者赔偿其损失。而按照一般民事侵权责任纠纷处理,则无上述责任承担方式。

综上所述,劳动关系具有较强的人身隶属性,诸如案例中认定劳动者是否应承担赔偿责任的衡量因素均与劳动关系密切相关,用人单位处于管理者和支配者的地位,劳动者享有获取劳动报酬的权利,也负有勤勉、忠诚的义务。而劳动报酬是维持劳动者基本生存的资本,承担损害赔偿责任对于劳动者而言是比较严厉的处罚,故在司法审查中应审慎处理,保护劳动者权益的同时兼顾用人单位的合法权益。用人单位要求劳动者赔偿提供劳动过程中造成的损失的,应属劳动争议,适用劳动关系相关的法律法规进行调整为宜。

(责任编辑:郭艳茹)

---

① 《工资支付暂行规定》第16条规定:"因劳动者本人原因给用人单位造成经济损失的,用人单位可按照劳动合同的约定要求其赔偿经济损失。经济损失的赔偿,可从劳动者本人的工资中扣除。但每月扣除的部分不得超过劳动者当月工资的20%。若扣除后的剩余工资部分低于当地月最低工资标准,则按最低工资标准支付。"

医疗损害鉴定不能时医疗损害赔偿责任的认定

马维洪[*]　　肖彦青[**]

裁判要旨

医疗机构因故意或重大过失违反病历义务导致医疗损害鉴定不能的,应当对患者的相关损害承担全部赔偿责任。医疗机构因一般过失违反病历义务导致医疗损害鉴定不能的,应当根据其具体过错情况对患者的相关损害承担相应的赔偿责任。医疗机构因违反病历义务导致医疗损害鉴定不能的,应当按照"不除外因果关系"原则认定其诊疗行为所造成的患者损害范围。

一、案情简介

段某某(时年79岁),主因"间断左下腹痛半月余"于2015年12月14日以"盆腔肿物"入北京某医院住院治疗。段某某住院病历记录的情况如下:彩超及CT显示,"左卵巢囊肿;盆腔实性肿物,来源于间质来源肿瘤可能性大等"。查体,"左中下腹可及一不规则肿物……2015年12月18日行结肠镜检查后诉腹胀、腹痛,行腹部CT等检查,考虑肠内积气可能,不除外肠梗阻或穿孔可能性。考虑合并症较多、无腹膜炎表现、生命体征平稳,给予保守治疗。2015年12月20日家属诉患者意识丧失……给予双鼻导管吸氧,持续心电监测……"心电图结果显示,"室性早搏、心动过速、ST-T改变……行床旁气管插管……将段某某转往外科监护继续治疗"。考虑段某某存在腹腔感染可能性,向家属交代病情后,急诊行开腹探查手术。术中探查,"……小肠可见憩室……降结肠近脾曲可见局部穿孔……于膀胱与子宫之间发现肿物……"术中诊断,"盆腔肿物、降结

---

[*] 马维洪,北京市西城区人民法院民事审判一庭法官,北京大学法律硕士。
[**] 肖彦青,北京市西城区人民法院民事审判一庭法官助理,外交学院法律(法学)硕士。

肠穿孔、小肠憩室。考虑腹腔污染较轻……行盆腔肿物切除、降结肠穿孔修补术、回肠造瘘、小肠部分切除、小肠憩室切除术。术后安返SICU病房……"术后病理,"……考虑孤立性纤维瘤……段某某高龄……术后带气管插管返回外科监护,转入后予以抗炎、补液、心电监护等治疗,2015年12月29日脱机拔管,继续强心扩冠治疗"。后段某某一般状况平稳,转回普通病房继续治疗,2016年1月14日出院。2016年3月22日至29日,段某某主因"纳差1周,加重4天"至北京市昌平区医院住院治疗,出院诊断:"(1)急性肾功能衰竭……回肠造瘘术后……(10)冠心病心功能Ⅳ级……"诉讼前,双方共同封存了患者住院病历。段某某提起本案诉讼后,北京某医院提交未在封存病历之内的肠镜检查报告作为鉴定材料。段某某认为该肠镜检查报告未予封存,故不认可其真实性。经法院释明,北京某医院未能合理解释未封存的原因,也未能进一步举证证明该肠镜检查报告的真实性,故法院认为该肠镜检查报告不能作为本案鉴定材料。此后,鉴定机构以缺少关键病历材料(肠镜检查报告)为由终止鉴定。经鉴定,段某某肠穿孔修补术后构成十级伤残,需要部分护理依赖。

　　一审法院经审理认为,病历材料是医疗纠纷案件中的主要、关键证据,也是医疗损害鉴定的主要依据,只有具备合法性和真实性的病历材料才能作为司法鉴定的依据。病历的制作及保管均由医方主导、负责,法律赋予患方封存病历的权利系对医患双方权利的平衡,有利于保障患方合法权利。封存病历系患方保全证据的主要手段,客观上可以确保病历的原始性、完整性,确保通过病历材料能够客观地还原全部诊疗过程。相关法律、法规及部门规章对病历的完成时间、保管及封存均有明确规定,医方应当严格按照相关规定封存病历,如果允许医方在封存病历之后随时补充封存前业已形成的病历材料且不用承担进一步的举证责任,那么病历封存制度将失去其存在价值。北京某医院未能依法保管、封存相关重要病历材料,在段某某不认可相关病历材料真实性的情况下未能举证证明该病历材料的真实性,故该病历材料不能作为鉴定材料,因此产生的医疗损害鉴定不能的责任在北京某医院,其应当承担相应不利后果,参照相关法律规定,应当推定北京某医院在对患者的诊疗过程中存在过错。关于在推定医方存在诊疗过错的情况下,医方应当承担何种程度的侵权责任,现行法律并无明确规定,故法院综合考虑以下因素,酌定北京某医院按照70%的比例赔偿段某某的相关合理损失:(1)本案无法进行医疗损害鉴定的责任在北京某医院。(2)封存病历中未见肠镜检查的知情同意书,无法了解术前告知情形。(3)段某某肠穿孔相关损害与北京某医院诊疗行为存在关联性。(4)段某某就诊时年龄较大且患有心脏疾病等多种基础疾病,救治具有一定难度。(5)段某某盆腔肿物等自身疾病经北京某医院治疗后有好转。(6)根据段某某自述,北京某医院确曾为其行肠镜检查，虽然现因病历封存问题无法确认肠镜检查报告的真实性，但是亦不能就此认定北京某医院确系隐匿、伪造、篡改相关肠镜检查报告，故在认定北京某医院责任时应当与隐匿、伪造、篡改病历材料的严重违法行为有所区别。关于段某某的损害范围，段某某在北京某医院住院治疗的内容既包括自身肿物切除相关治疗，又包括发生肠穿孔的相关治疗，故法院予以综合酌定。段某某在外院的治疗内容主要针对其肾功能不全尿毒症引起的纳差，难以确认该类自身疾病与段某某肠穿孔所致相关损害存在明显的因果关系，故不予认定为本案损害赔偿范围。最终法院作出一审判决，北京某医院赔偿段某某残疾赔偿金等 243 649.10 元。宣判后，段某某、北京某医院均不服，提出上诉，二审法院判决驳回上诉，维持原判。

二、争鸣意见

医疗损害责任纠纷案件涉及的医学专门问题具有高度专业性，通常需要通过医疗损害鉴定程序予以查明。病历材料真实、完整、充分是医疗损害鉴定的前提条件[1]，医疗机构违反病历制作、保管、封存及提供义务（本文统称为违反病历义务）[2]导致病历材料真实性存疑、完整性不足，将会造成鉴定人无法完成鉴定的后果。虽然法律及相关司法解释针对医疗机构违反病历义务规定了医疗机构承担推定过错责任[3]，但是就医疗机构对患者相关损害承担赔偿责任的具体范

---

[1] 《最高人民法院关于审理医疗损害责任纠纷案件适用法律若干问题的解释》第10条第1款规定："委托医疗损害鉴定的，当事人应当按照要求提交真实、完整、充分的鉴定材料……"
《司法鉴定程序通则》第12条第1款规定："委托人委托鉴定的，应当向司法鉴定机构提供真实、完整、充分的鉴定材料……"第15条规定："具有下列情形之一的鉴定委托，司法鉴定机构不得受理：……（二）发现鉴定材料不真实、不完整、不充分或者取得方式不合法的……"

[2] 《民法典》第1225条规定："医疗机构及其医务人员应当按照规定填写并妥善保管住院志、医嘱单、检验报告、手术及麻醉记录、病理资料、护理记录等病历资料。患者要求查阅、复制前款规定的病历资料的，医疗机构应当及时提供。"
《医疗纠纷预防和处理条例》第23条第1款规定："发生医疗纠纷，医疗机构应当告知患者或者其近亲属下列事项：……（二）有关病历资料、现场实物封存和启封的规定；（三）有关病历资料查阅、复制的规定……"第24条第1款规定："发生医疗纠纷需要封存、启封病历资料的，应当在医患双方在场的情况下进行……病历尚未完成需要封存的，对已完成病历先行封存；病历按照规定完成后，再对后续完成部分进行封存……"

[3] 《民法典》第1222条规定："患者在诊疗活动中受到损害，有下列情形之一的，推定医疗机构有过错：（一）违反法律、行政法规、规章以及其他有关诊疗规范的规定；（二）隐匿或者拒绝提供与纠纷有关的病历资料；（三）遗失、伪造、篡改或者违法销毁病历资料。"
《最高人民法院关于审理医疗损害责任纠纷案件适用法律若干问题的解释》第6条第2款规定："患者依法向人民法院申请医疗机构提交由其保管的与纠纷有关的病历资料等，医疗机构未在人民法院指定期限内提交的，人民法院可以依照民法典第一千二百二十二条第二项规定推定医疗机构有过错，但是因不可抗力等客观原因无法提交的除外。"

围及比例并无明确具体的规定,司法实践中的裁判尺度存在较大差异①,尚未形成相对统一的裁判规则,本案对此问题进行了一定探讨。

司法实践中,医疗机构违反病历义务导致鉴定不能而承担推定过错责任的情况下,关于医疗机构对患者主张的相关损害承担赔偿责任的具体程度及范围,主要有两种观点。

一种观点认为,医疗机构因其违法行为承担推定过错责任,即应当认定由医疗机构对患者主张的全部损失承担完全的赔偿责任,司法实践中患方多持此观点,本案段某某即主张北京某医院应当对其主张的全部损失承担完全赔偿责任。

另一种观点认为,医疗机构违反病历义务导致鉴定不能的情况下,不宜一律认定由医疗机构对患者主张的全部损失承担完全的赔偿责任,而应当区分医疗机构的具体过错情况科以医疗机构不同程度的赔偿责任,在认定损害赔偿范围时应当考虑患者主张的损害与诊疗行为的因果关系。

三、笔者观点

笔者认同后一种观点,其合理性在于:其一,民事侵权行为中主观过错系考量侵权人承担侵权责任的重要构成要件,医疗机构违反病历义务的具体情形具有多样性,区分医疗机构具体过错情况科以不同的法律后果和责任,更符合过错与责任相适应的原则。其二,依照法律规定,即便医疗机构存在推定过错责任的法定情形,患者主张的损害也必须是医疗机构的诊疗活动所导致②,也就是说,患者主张的损害必须与诊疗行为具有因果关系。其三,从证明责任角度而言,医疗机构违反病历义务导致鉴定不能在法理上构成证明妨碍,推定其过错责任不代表可以直接推定患者损害与诊疗行为的因果关系,正如有学者指出的,"违反病历记载(制作)和保存义务,减轻患方责任成立因果关系的证明责任,但是后续损害与重大医疗瑕疵之间责任范围的因果关系的证明责任仍然由患方承担,但是可以根据具体情形降低证明标准"③。其四,患者损害(疾病)发生的原因往

---

① 参见最高人民法院民事判决书,(2016)最高法民再285号。该案因医疗机构违反病历义务导致鉴定不能,一审法院认定医疗机构对患者的损害承担60%的赔偿责任,二审改判医疗机构对患者的损害承担100%的赔偿责任。地方高级人民法院再审认定医疗机构对患者的损害承担70%的赔偿责任。2019年9月4日,最高人民法院采纳最高人民检察院的抗诉意见,再审判决医疗机构对患者的损害承担100%的赔偿责任。

② 参见最高人民法院民法典贯彻实施工作领导小组主编:《中华人民共和国民法典侵权责任编理解与适用》,人民法院出版社2020年版,第458~459页。

③ 最高人民法院民法典贯彻实施工作领导小组主编:《中华人民共和国民法典侵权责任编理解与适用》,人民法院出版社2020年版,第458~459页。

往具有复杂性(一果多因)①,正如本案二审判决所指出的,同一诊疗行为在不同患者发生的损害后果中的原因力大小并不一定相同。其五,临床医学天然具有高风险性、实验性及探索性,如果认定赔偿责任时不区分医疗机构具体过错情况,可能导致医疗机构存在相对较小的过错却要承担较重的法律责任,而过重的法律责任有可能损伤医疗机构临床医学探索的积极性。医疗纠纷案件应当在依法给予患者个体权利救济的同时考虑医学进步的社会整体福祉。其六,如果鉴定不能时不区分案件具体情况,一律认定医疗机构对患者主张的全部损害承担完全的赔偿责任,实际上是另一种意义上的"以鉴代审",法官以鉴定不能为由放弃对现有证据可以还原事实的审查,放弃对具体过错、因果关系等侵权事实要件的判断,难以让裁判结果尽可能贴近客观事实和公正。

(一)以医疗机构违反病历义务的主观过错程度确定其赔偿责任程度

1.医疗机构因故意或重大过失违反病历义务导致鉴定不能的,应当对患者的损害承担完全赔偿责任

医疗机构存在"隐匿或者拒绝提供与纠纷有关的病历资料;遗失、伪造、篡改或者违法销毁病历资料"的情形时,法律直接推定其承担过错责任,且是"不可推翻的过错推定"②,法律科以医疗机构如此严厉的法律责任,概因其行为性质恶劣,主观过错显著,行为后果严重。从主观方面看,医疗机构相关行为或属于故意(隐匿或者拒绝提供与纠纷有关的病历资料,伪造、篡改或者违法销毁病历资料)或属于重大过失(遗失病历资料),主观上具有最高程度的可责性。从行为后果看,一方面,相关行为直接导致诊疗过程无法通过病历材料予以还原,造成法官及鉴定人无从审查判断诊疗过错、诊疗行为与患者损害的因果关系等医疗纠纷案件的核心问题。例如,有的医疗机构在住院病历中伪造手术医师签名,有的医疗机构在封存病历过程中加插病历材料,虽然此类行为的直接对象可能只是部分病历材料,但是其行为性质恶劣、过错显著,足以污染其他病历的纯洁性,导致全部病历整体上真伪难辨,造成医疗损害鉴定不能,医疗纠纷案件基本事实无法查明的严重后果。另一方面,相关行为严重扰乱了正常的病历管理秩序,破坏了医患互信的基础,极大地增加了医患纠纷发生的概率。

医疗机构因故意或重大过失违反病历义务导致鉴定不能时承担最严厉的民事责任,其合理性在于:其一,不存在医疗机构减责事由。通常情况下,患者自身

---

① 参见王旭、刘晓华:《基于理论梳理的"医疗过错"鉴定原则与思路》,载《法医学杂志》2022年第2期。

② 最高人民法院民法典贯彻实施工作领导小组主编:《中华人民共和国民法典侵权责任编理解与适用》,人民法院出版社2020年版,第458~459页。

疾病、身体条件等其他非医疗机构的因素对患者的损害发生是否有实质影响,是法官、鉴定人判断医疗机构责任程度时需要考虑的重要因素,如果相关事实存在,最终效果上属于减轻医疗机构赔偿责任的考量因素。在医疗机构存在显著过错导致医疗损害鉴定不能的极端情况下,上述非医疗机构因素在患者损害发生中的参与度"真伪不明",其不利后果理应由医疗机构承担,即在此情况下认定医疗机构赔偿责任时不应再考虑其他可能减轻医疗机构赔偿责任的因素。其二,有利于平衡医患双方的权利义务。在医疗机构存在显著过错而患者无明显过错的情况下,患者的合法权益应当得到最有力的司法保护。其三,有利于发挥司法裁判的指引功能。医疗机构承担全部赔偿责任的司法裁判可以促使相关医疗机构严格按照规范履行病历义务,充分保障患者的病历权利,为医患互信奠定基础,降低医患纠纷发生的概率,同时还可以避免医疗纠纷发生后因基本诊疗事实无法还原而纠纷难以及时化解的困境。其四,医疗机构因故意或重大过失违反病历义务时对患者相关损害承担全部赔偿责任,符合民事侵权法律制度预防和制裁侵权行为的立法目的。①

2. 医疗机构因一般过失违反病历义务导致鉴定不能的,应当结合其具体过错情况及其他案件事实综合确定其相应的损害赔偿比例

除上述故意或者重大过失违反病历义务的法定情形外,医疗机构还可能存在其他违反病历义务的情形,如未严格按照病历书写规范规定的时间制作病历、修改病历方式不符合病历书写规范要求、医护人员未按照规定在病历材料上签名、封存病历时遗漏部分业已完成的病历材料、病历材料记载内容前后不一致等。从主观方面看,此类行为反映的是医疗机构及其工作人员在日常工作中的粗心、疏漏以及不规范的工作习惯,虽然均可以认定为过错,但是在行为性质的定性上尚难以归入上述"隐匿或者拒绝提供与纠纷有关的病历资料;遗失、伪造、篡改或者违法销毁病历资料"的法定情形中,与此类法定情形相比,医疗机构违反病历义务的主观过错程度明显较低,因此上述情形可以归类为医疗机构因一般过失违反病历义务。从行为后果看,医疗机构因一般过失违反病历义务会导致部分病历存在瑕疵或者真实性存疑,在患者不认可相关病历真实性的情况下,应当允许医疗机构就此进行合理解释或者进一步举证证明相关瑕疵病历的真实性,如果医疗机构不能完成相应证明责任,则相对应的部分病历的真实性就无法得到确认,但是不足以在整体上对其他病历的纯洁性造成污染,其他病历

---

① 参见《侵权责任法》(已失效)第1条"为保护民事主体的合法权益,明确侵权责任,预防并制裁侵权行为,促进社会和谐稳定,制定本法"的规定。另见陈绍辉:《论医疗过错推定的司法认定》,载《医学与法学》2019年第2期。

材料的真实性和可靠性可以得到确认。

司法实践中,部分病历真实性存疑对医疗损害鉴定的负面影响从轻到重依次是:对医疗损害鉴定没有实质影响[①];鉴定人无法分析评价部分诊疗行为但不影响鉴定人对其他部分诊疗行为的分析评价;整个案件的医疗损害鉴定不能。前两种情形下,医疗损害鉴定程序可以开展,不属于医疗损害鉴定不能的范畴。关键病历真实性存疑导致整个案件医疗损害鉴定不能时,虽然鉴定人在整体上无法分析评价相关诊疗行为的医学专门问题,但是法官仍然有可能通过审查其他病历材料来认定医疗损害责任的相关要件事实,进而作出侵权责任裁判,本案即属于此类情形。因此,与上述因故意或重大过失违反病历义务的后果相比,医疗机构因一般过失违反病历义务导致的后果相对轻微。

本案中,诉讼前医患双方共同封存了患者住院病历,在封存病历时未封存肠镜检查报告,但北京某医院在诉讼中向法院提交了该检查报告。段某某不认可该检查报告的真实性,北京某医院不能就其未封存该检查报告的原因作出合理解释,也未能进一步举证证明该病历的真实性[②],因此该检查报告的真实性存疑,不能作为鉴定材料,最终导致医疗损害鉴定不能。段某某主张北京某医院故意隐匿相关肠镜检查报告,考虑以下情况,其该项事实主张依据并不充分,难以采纳:其一,段某某在起诉状中明确承认在该肠镜检查报告记载的时间医方确实曾为其进行过肠镜检查。其二,封存前相关病历完全由北京某医院控制,北京某医院故意隐匿肠镜检查报告的同时却在封存的其他病历内容中记载肠镜检查的事实,明显有违常识。其三,如果北京某医院有意隐匿肠镜检查报告,其在诉讼过程中向法院提交该检查报告有违常理。因此,虽然不能确定肠镜检查报告内容的真实性,但是也不足以就此认定北京某医院存在隐匿、伪造、篡改、拒绝提供或遗失病历的故意或重大过失,考虑患者封存病历的时间等因素,可以认定北京某医院在患者住院期间病历管理不规范、封存病历时存在工作疏漏的过失,相关过失不足以污染其他依法已封存的病历,应属于因一般过失违反病历义务的情形。

医疗机构因一般过失违反病历义务导致鉴定不能的,在认定其赔偿比例时

[①] 司法实践中不少医疗损害鉴定意见认定医疗机构存在病历书写不规范问题,但是同时认定相关问题不影响鉴定人对整体诊疗行为的分析评价及鉴定意见的作出。

[②] 本案中北京某医院曾经申请对其未封存的患者肠镜检查报告电子版形成及编辑时间进行司法鉴定,以确定其提交的未封存的肠镜检查报告系相关诊疗行为发生时所制作形成,但是后经咨询鉴定机构,北京某医院电子病历系统出于技术原因不具备相关鉴定条件。

可以参照相关司法解释关于认定医疗机构过错的相关规定①,还可以从以下方面进行综合考量:其一,根据有效病历可还原的诊疗过程有无明显过错②,如本案中双方认可的病历反映盆腔肿物切除具备手术指征,但是肠镜检查前无风险告知。其二,患者损害与诊疗行为之间的关联程度,如本案中北京某医院的诊疗行为与段某某肠穿孔及相关肠造口术可能存在较大的关联性。其三,患者自身条件及临床治疗难度,如本案段某某入院治疗时为高龄老人、存在心脏方面多种基础疾病,临床治疗具有一定风险和难度。其四,患者预后情况,如本案段某某盆腔肿物切除的相关预后较为良好,但是肠穿孔相关预后不良,其因此形成部分护理依赖。

(二)以诊疗行为原因力可能所及的范围划定损害赔偿范围

如上分析,医疗机构承担侵权赔偿责任无论是基于推定过错责任还是一般过错责任,其需要承担赔偿责任的患者损害均必须是其诊疗行为所导致,即医疗机构诊疗行为原因力所及的范围,决定了其对患者损害承担赔偿责任的范围。因此,判断患者主张的损害是否构成案件的损害后果,核心在于判断损害与诊疗行为的因果关系。

1. 因果关系判断的困难和辅助手段

诊疗行为与患者损害的因果关系判断涉及临床医学、法医学专门知识,即便在专门的医疗损害鉴定程序中,因果关系问题也属于疑难问题。医疗损害鉴定不能时,法官在判断相关因果关系问题时更会面临较高的医学专业门槛。司法实践中,法官可以尝试通过以下方式辅助形成心证:其一,将相关问题作为庭审焦点,让医患双方充分辩论、举证,必要时可由当事人申请专家证人出庭,就涉及的医学专门问题发表专业意见。其二,就病情及治疗具体问题咨询相关临床专家、法医,必要时邀请相关方面的专家进行专门研讨。其三,就相关医学问题查询临床指南、教科书、专家共识、专业学术论文等相关医学文献。

2. 以"不除外因果关系"作为损害范围的认定原则

然而,即便穷尽上述方式,期待非医学专业人士的法官在有效病历缺失的情况下能够精准认定相关因果关系问题也不符合普遍的认知规律,因此有必要明确医疗机构违反病历义务导致鉴定不能时审查认定诊疗行为与患者损害的因果关系的基本原则。笔者认为,医疗机构违反病历义务导致鉴定不能时,应当按照

---

① 《最高人民法院关于审理医疗损害责任纠纷案件适用法律若干问题的解释》第16条规定:"对医疗机构或者其医务人员的过错,应当依据法律、行政法规、规章以及其他有关诊疗规范进行认定,可以综合考虑患者病情的紧急程度、患者个体差异、当地的医疗水平、医疗机构与医务人员资质等因素。"

② 参见北京市第二中级人民法院民事判决书,(2021)京02民终7645号。

最低关联性原则确定因果关系,即借用临床医学中常用的"不除外因果关系"的概念,将诊疗行为原因力可能所及的范围皆纳入损害赔偿的范围,只将按照常识判断明显不可能与诊疗行为相关的患者原发疾病或者医疗机构确有充分证据证明其诊疗行为不可能导致的损害排除在损害赔偿范围之外。其合理性如下:其一,医疗机构违反病历义务的行为构成证明妨碍,因此可以视具体情况降低对损害与诊疗行为因果关系的证明标准。其二,医疗损害鉴定不能的原因在医疗机构一方,应当由其承担相应不利后果。其三,医疗机构在医学专业知识上具备天然优势,相对于患者而言更具备就相关医学专业问题进行举证的能力。其四,医疗机构在诊疗活动中具有较大主动性,患方具有较大的服从性;在封存前相关病历材料均由医疗机构实际控制。其五,可以更充分地保护患者的合法权益。

本案中,段某某肠穿孔相关损害与北京某医院相关诊疗行为可能相关,故应当确认肠穿孔的相关损害属于本案损害赔偿范围,而段某某从北京某医院出院后在外院进行了尿毒症相关疾病的诊治,从医学常识上判断,尿毒症应为患者自身原发疾病,不属于盆腔肿物切除、肠穿孔等诊疗行为可能导致的损害,故其主张的尿毒症相关损害不属于本案损害赔偿范围。

(责任编辑:王 凯)

【参阅案例】

北京某通信公司诉甲物业公司、乙物业公司房屋租赁合同纠纷案

关键词：债务加入　债务转移　由第三人履行债务

参阅要点

第三人与债权人、债务人通过签订三方协议的方式，约定第三人代债务人履行债务，且综合案件事实不能证明债权人同意免除债务人债务或作出相应意思表示的，债权人请求第三人在其自愿承担的债务范围内和债务人承担连带责任，人民法院应予支持。

相关法条

《中华人民共和国民法典》

第五百五十一条　债务人将债务的全部或者部分转移给第三人的，应当经债权人同意。

债务人或者第三人可以催告债权人在合理期限内予以同意，债权人未作表示的，视为不同意。

第五百五十二条　第三人与债务人约定加入债务并通知债权人，或者第三人向债权人表示愿意加入债务，债权人未在合理期限内明确拒绝的，债权人可以请求第三人在其愿意承担的债务范围内和债务人承担连带债务。

第五百二十三条　当事人约定由第三人向债权人履行债务，第三人不履行债务或者履行债务不符合约定的，债务人应当向债权人承担违约责任。

当事人

原告（被上诉人）：北京某通信公司

被告（上诉人）：甲物业公司

被告：乙物业公司

基本案情

2005年，乙物业公司与北京某通信公司签订协议，约定北京某通信公司租用乙物业公司的房屋用于建立通信基站。2015年3月15日，双方签订续租协议。2019年6月26日，乙物业公司、北京某通信公司和甲物业公司签署《终止协议》，约定：乙物业公司、北京某通信公司协商一致签订此终止协议，原协议于2016年10月31日终止，乙物业公司退还北京某通信公司2016年11月1日至2020年3月14日已支付但未履行的租金1 346 787.36元；本协议约定的退款由甲物业公司向北京某通信公司支付，甲物业公司同意代乙物业公司履行本协议约定的退款义务；甲物业公司须自本协议生效之日起15日内向北京某通信公司付清退款，北京某通信公司收到甲物业公司支付的款项，乙物业公司即履行完毕本协议约定的退款义务，北京某通信公司收款后需要向乙物业公司出具收款凭证。该协议签订后，乙物业公司、甲物业公司均未按照协议约定期限履行付款义务。

北京某通信公司诉至法院，请求甲物业公司、乙物业公司连带退还租金1 346 787.36元及逾期退还租金的利息损失。庭审中，乙物业公司对应退还租金金额无异议，但以无支付能力为由不同意履行退款义务。一审判决后，甲物业公司以其仅构成由第三人履行债务为由，不服一审判决，提出上诉。

审理结果

一审法院于2021年9月23日作出（2021）京0101民初6034号民事判决，判决甲物业公司、乙物业公司连带向北京某通信公司退还租金1 346 787.36元，并支付逾期退还租金的利息损失。二审法院于2021年12月27日作出（2021）京02民终16556号民事判决，判决驳回上诉，维持原判。

裁判理由

法院生效裁判认为：甲物业公司与北京某通信公司、乙物业公司签订的《终止协议》合法有效，各方均应依约履行。该《终止协议》没有约定乙物业公司脱离债权债务关系，北京某通信公司亦没有明确表示免除乙物业公司的退款义务，也没有其他证据表明北京某通信公司同意由甲物业公司独立承担债务，且乙物业公司对应退还租金金额无异议，故该约定不属于债务转移，乙物业公司依然负有退款义务。该协议明确约定甲物业公司对乙物业公司应退的租金1 346 787.36元向北京某通信公司承担给付义务，甲物业公司作为该协议当事人,明确向北京某通信公司作出了负担债务的意思表示,符合《民法典》第552条规定的债务加入制度,甲物业公司应当依约履行还款义务。关于甲物业公司提出的其系第三人代为履行债务的上诉意见,根据法律规定,由第三人履行债务系当事人约定由第三人向债权人履行债务,该约定系存在于债权人和债务人之间。本案中三方签订的《终止协议》约定的债务承担方式不符合由第三人履行债务的构成要件,甲物业公司据此不承担给付义务的抗辩理由不能成立。

解说

在司法实践中,法律关系的认定是确定各方主体权利义务的基础。《民法典》施行之前,并存的债务承担虽为实践中客观存在的债务承担方式,但债务加入制度未能纳入法律体系内,造成司法实践中涉及第三人履行的债务,在法律关系性质的认定上究竟为由第三人履行债务还是构成债务加入,常常成为案件争议的焦点和审理难点。《民法典》第552条在法律上规定了债务加入制度,弥补了原《合同法》规定的不足,也为司法实践中是否构成债务加入提供了认定标准。本案系债务加入、债务转移、由第三人履行债务辨别适用的典型案例。

(一)债务加入、债务转移、由第三人履行债务的概念厘清

债务加入,又称并存的债务承担,系第三人自愿加入到原债权债务关系中,与债务人共同承担债务,原债务人没有脱离原债之关系。

债务转移,是指债务人将债务全部或部分转移给第三人。第三人作为新债务人完全或部分取代原债务人的地位,原债务人则全部或部分脱离原债之关系。

由第三人履行债务,是涉他合同的一种,是指第三人根据债务人与债权人的约定辅助或代替债务人履行债务,第三人不履行或不完全履行债务,应由债务人向债权人履行承担违约责任。该第三人并不取代债务人的地位,亦未成为所涉债权债务关系的一方主体,与债权人之间并不存在直接的法律关系。

(二)债务加入、债务转移、由第三人履行债务的辨别适用

虽然债务加入、债务转移、由第三人履行债务均涉及原债权债务关系之外的第三人,但三者在适用上存在以下区别。

1.第三人是否直接向债权人作出负担债务的意思表示,是债务加入、债务转移与由第三人履行债务的本质区别。由第三人履行债务根据的是债务人与债权人之间的约定,第三人与债权人之间不存在直接的合同关系,第三人并未直接向债权人作出自愿负担债务的意思表示,债务人所承担的债务亦未发生债务转移。如第三人未履行,则履行义务及未履行的责任均仍由债务人承担。而债务加入、债务转移系第三人以明确的意思表示加入或继受承担债务,成为债务履行的承担主体,与债权人之间形成债权债务关系。

本案中,甲物业公司与北京某通信公司、乙物业公司签订三方协议,甲物业公司明确向北京某通信公司(债权人)表示同意承担退款义务,虽然三方协议字面表述为甲物业公司"同意代乙物业公司履行该协议约定的退款义务",但因甲物业公司已作出了承担债务的意思表示,其基于协议负有履行债务的义务,故该约定不构成由第三人履行债务。

2. 债务加入、债务转移与由第三人履行债务中债权人行权对象和法律责任承担主体不同。由第三人履行债务,因债权人和第三人之间不存在直接的法律关系,即债务人与债权人之间的约定并不约束第三人,故债权人无权直接向第三人请求履行,如第三人未履行或履行不当,债权人只能向债务人主张履行或要求债务人承担不当履行的法律责任。债务加入、债务转移,因第三人成为并存或独立的债务人,债权人有权直接向第三人请求履行,如第三人未履行或履行不当,债权人可以向该第三人主张履行或要求第三人承担不当履行的法律责任。

本案中,北京某通信公司(债权人)与甲物业公司(第三人)签订三方协议,就此直接成立法律关系,北京某通信公司(债权人)就协议所涉债务的行权对象包括第三人甲物业公司,故北京某通信公司有权依照约定直接向甲物业公司请求承担退还租金义务。

3. 债务加入、债务转移的法律责任承担方式不同。债务加入中原债务人不脱离原债权债务关系,第三人与原债务人在其自愿承担的范围内承担连带责任;债务转移需债权人同意,第三人以其意思表示成为新的债务人,第三人取代原债务人的地位,原债务人的债务按照约定全部或部分免除。债务加入与债务转移发生效力时,第三人均享有债务人对债权人所享有的抗辩权。

本案中,《终止协议》约定"北京某通信公司收到甲物业公司支付的款项,乙物业公司即履行完毕本协议约定的退款义务",即第三人甲物业公司清偿行为完成后,债务人乙物业公司的债务才消灭,而不是签订协议生效后发生债的转移,协议也没有明确约定乙物业公司不再承担租金退还义务,本案其他事实亦不能表明北京某通信公司免除乙物业公司债务,乙物业公司庭审中对应退还租金金额亦无异议,故本案相关约定不构成债务转移。按照合同约定,甲物业公司向北京某通信公司承诺承担租金退还的义务,其成为北京某通信公司与乙物业公司关于租金退还的债权债务关系的一方主体,系甲物业公司以其意思表示加入债务,其法律行为构成债务加入。

综上所述,甲物业公司"同意代乙物业公司履行该协议约定的退款义务"的意思表示构成债务加入,北京某通信公司作为债权人可以向甲物业公司、乙物业公司请求承担连带责任。

北京某旅游公司诉北京某村民委员会等合同纠纷案

关键词: 合同僵局　情势变更　终止合同权利义务关系

参阅要点

1. 当事人订立合同后,因政策发生变化对当事人履行合同产生影响,但该变化不属于订立合同时无法预见的重大变化,且当事人如果按照变化后的政策要求进行调整不影响合同继续履行,继续履行亦不会对当事人一方明显不公平的,当事人主张按照情势变更解除合同,法院不予支持。

2. 双方当事人签订长期性具有合作性质的合同,违约方在履行过程中请求终止合同权利义务关系,守约方不同意终止合同,双方当事人丧失合作可能性导致合同目的不能实现的,法院可以根据违约方的请求判决终止合同权利义务关系并由该方承担违约责任。

相关法条

《中华人民共和国民法典》

第五百三十三条第一款　合同成立后,合同的基础条件发生了当事人在订立合同时无法预见的、不属于商业风险的重大变化,继续履行合同对于当事人一方明显不公平的,受不利影响的当事人可以与对方重新协商;在合理期限内协商不成的,当事人可以请求人民法院或者仲裁机构变更或者解除合同。

第五百八十条　当事人一方不履行非金钱债务或者履行非金钱债务不符合约定的,对方可以请求履行,但是有下列情形之一的除外:

(一)法律上或者事实上不能履行;

(二)债务的标的不适于强制履行或者履行费用过高;

(三)债权人在合理期限内未请求履行。

有前款规定的除外情形之一,致使不能实现合同目的的,人民法院或者仲裁机构可以根据当事人的请求终止合同权利义务关系,但是不影响违约责任的承担。

当事人

原告(上诉人):北京某旅游公司
被告(被上诉人):北京某村民委员会
被告(被上诉人):北京某经济合作社
被告(被上诉人):北京某镇政府
第三人:某股份公司

基本案情

2019年2月26日,北京某村民委员会(甲方1)、北京某经济合作社(甲方2)、北京某旅游公司(乙方)就北京某村域范围内旅游资源开发建设签订经营协议,经营面积595.88公顷,经营范围内有河沟、山谷、民宅等旅游资源,经营期限50年。同日,各方与北京某镇政府签订补充协议一,约定镇政府对经营协议甲方承诺事项承担连带责任。为计算门票提成,第三人某股份公司与北京某经济合作社、北京某旅游公司签订补充协议二。北京某旅游公司交纳合作费用300万元,清理了河道,制定了景区设计方案。签订协议后,北京某村民委员会按照协议腾退相关土地及地上物,并向村民支付补偿款,对电力设施进行改造等。

2019年年底,涉案区水务局将涉案经营范围内河沟两侧划定为城市蓝线。《城市蓝线管理办法》(2006年3月1日起施行)第十条第一项规定,城市蓝线范围内禁止进行违反城市蓝线保护和控制要求的建设活动。2019年11月左右,北京某旅游公司得知河沟两侧被划定为城市蓝线。2020年5月11日,北京某旅游公司书面通知要求解除相关协议。5月底,北京某旅游公司撤场。

北京某旅游公司认为,经营范围部分区域位于城市蓝线内,各被告不予处理,导致无法经营开发,因各被告违约且构成情势变更,故要求判令解除经营协议及相应补充协议,退还合作费用并赔偿损失。北京某村民委员会、北京某经济合作社主张,城市蓝线范围仅占经营范围极小一部分,并且城市蓝线范围内并非禁止建设开发,蓝线划定不影响北京某旅游公司进行民宿及旅游建设开发。

诉讼中,涉案区水务局提供的城市蓝线图显示,城市蓝线沿着河沟两侧划定,大部分村民旧宅在城市蓝线范围外。就城市蓝线划定问题,区水务局陈述,城市蓝线是根据标准不同以及河道防洪等级不同划定的,开发建设必须保证不影响防洪,如果影响,需要对河道进行治理,治理验收合格后则能正常开发建设。按照《城市蓝线管理办法》的规定,北京某旅游公司如需对在城市蓝线范围内的部分地域进行开发建设,应当按照城市规划部门、水务部门等相关政府部门的要求报请相关审批手续。庭审中,北京某旅游公司未提交证据证明其对经营范围内区域进行旅游开发时,按照政策要求报请相关审批手续,也未提交证据证明因城市蓝线的划定相关政府部门向其出具禁止开展任何活动的通知。

审理结果

一审法院于 2021 年 8 月 26 日作出(2021)京 0109 民初 935 号民事判决,判决北京某旅游公司与北京某村民委员会、北京某经济合作社签订的《北京某村旧址改造及旅游经营协议》的权利义务于本判决生效之日终止,与北京某村民委员会、北京某经济合作社、北京某镇政府、某股份公司签订的《北京某村旧址改造及旅游经营协议补充协议书》《北京某村旧址改造及旅游经营协议补充协议二》的权利义务于本判决生效之日终止;北京某村民委员会、北京某经济合作社退还北京某旅游公司合作费 120 万元。二审法院于 2022 年 1 月 25 日作出(2021)京 01 民终 9024 号民事判决:驳回北京某旅游公司的上诉请求,维持原判。

裁判理由

法院生效裁判认为,本案争议焦点在于:(1)城市蓝线划定是否属于情势变更以及各被告是否构成根本违约;(2)双方合同是否陷入合同僵局,当事人能否请求终止合同权利义务关系。

(一)城市蓝线的划定是否属于情势变更以及各被告是否构成根本违约

其一,本案城市蓝线划定不属于无法预见的重大变化。《城市蓝线管理办法》自 2006 年开始实施,被划定蓝线的河道属于签订经营协议时已有的山区河道。城市蓝线主要根据江、河、湖、库、渠和湿地等城市地标水体进行区域界线划定,主要目的是水体保护和控制。城市蓝线划定前,涉及河道开发建设亦应依据当时相关政策提请行政部门审批。城市蓝线划定后,相应建设方案根据政策性文件的具体要求面临相应的调整,该调整变化属于可预见的合理范围。结合北京某旅游公司未实际提请行政审批等情形,城市蓝线划定对本案合同履行不构成情势变更。其二,城市蓝线划定不会导致一方当事人无法履约。首先,经营协议确定的绝大部分经营区域并不在城市蓝线范围内。其次,在城市蓝线范围内的经营区域,根据《城市蓝线管理办法》的规定,北京某旅游公司亦可在履行相应行政审批手续、符合政策文件的具体要求后继续进行开发活动,城市蓝线政策不必然导致其履约困难。综上,北京某村民委员会、北京某经济合作社并不存在违约行为,北京某旅游公司明确表示不再对经营范围进行民宿及旅游资源开发,属于违约一方,不享有合同的法定解除权。

(二)双方合同是否陷入僵局,当事人能否请求终止合同权利义务关系

本案中,北京某旅游公司已撤场,且明确表示不再对经营范围进行民宿及旅游资源开发,要求解除或终止合同,北京某村民委员会不同意解除或终止合同,要求北京某旅游公司继续履行合同。双方约定的经营期间长达50年,北京某村民委员会承担房屋腾退、电力维护等方面义务,北京某旅游公司承担支付合作费等方面义务,且协议就后期旅游收益进行了分成约定,系具有合作性质的长期性合同。根据协议内容,北京某旅游公司是否对民宿及旅游资源进行开发建设必将影响北京某村民委员会后期收益,北京某旅游公司的开发建设既属权利,也系义务,该不履行属"不履行非金钱债务"情形,且该债务不适合强制履行。同时,长期性合作合同须以双方自愿且相互信赖为前提,在涉案经营协议已丧失继续履行的现实可行性情形下,如不允许双方权利义务终止,既不利于充分发挥土地等资源的价值利用,又不利于双方利益的平衡保护,涉案经营协议履行已陷入僵局,故对当事人依据《民法典》第580条请求终止合同权利义务关系的主张,法院应予支持。本案中旅游开发建设未实际开展,合同权利义务关系终止后,产生恢复原状的法律后果,北京某村民委员会、北京某经济合作社应当退还北京某旅游公司支付的合作费用300万元。同时,根据《民法典》第580条第2款的相关规定,法院或者仲裁机构可以根据当事人的请求终止合同权利义务关系,但是不影响违约责任的承担。现北京某旅游公司作为违约一方,其应当向北京某村民委员会承担赔偿损失的违约责任。经审理,北京某村民委员会为履行经营协议就腾退土地支付了承包方以及村民相应的补偿,进行了电力改造,支付了税费,且就上述费用支出情况提交了充分的证据,同时,双方合同期限50年,现终止合同,影响北京某村民委员会预期利益,且其寻找新的合作方需要时间,故综合考虑北京某村民委员会前期费用支出情况、双方合同权利义务约定、北京某旅游公司的违约情形、合同实际履行期间等情况,一审、二审法院就北京某旅游公司违约责任承担、合作费用退还问题予以一并解决,酌定北京某村民委员会、北京某经济合作社退还北京某旅游公司部分合作费120万元。

解说

本案中,因城市蓝线划定这一客观变化导致双方对是否构成情势变更以及是否继续履行合同存在争议。就合同解除或者权利义务终止的判断主要涉及两个基本问题:其一,情势变更与合同僵局的区分;其二,合同僵局的认定规则及如何破解合同僵局。

(一)合同僵局与情势变更的区分

情势变更与合同僵局的适用情形有相似之处,但二者在产生原因、表现形式、合同可履行性、法律效果等方面均有不同。情势变更是指合同成立以后客观情况发生了当事人在订立合同时无法预见的且不属于商业风险的重大变化,继续履行合同对于一方当事人明显不公平,不能实现合同目的,当事人可以请求法院变更或者解除合同;合同僵局是合同履行过程中因主客观情况的变化,合同难以继续履行,一方当事人要求终止合同,而另一方当事人要求继续履行合同,不能实现合同目的,合同存续已无实际意义而陷入的一种僵局的状态。

情势变更、合同僵局可以从以下五个方面进行区分:(1)产生原因不同,情势变更要求合同基础条件发生重大变化,而合同僵局是广义的"履行不能"导致的;(2)表现形式不同,情势变更表现为不可预见、"不属于商业风险",而合同僵局经常由商业风险导致,表现为一方要求终止合同权利义务关系,另一方要求继续履行,双方就是否继续履行合同僵持不下;(3)对合同履行的影响不同,在情势变更情况下,条件的变化导致继续履行合同对于当事人一方明显不公平,而合同僵局只是合同难以继续履行;(4)是否具备前置程序不同,情势变更有重新协商的前置程序,合同僵局无此要求,且双方通常难以理性协商;(5)法律效果不同,情势变更情形下排除违约责任适用,合同僵局下的违约方仍需承担违约责任。具体到本案,城市蓝线划定不属于不可预见的重大变化,且北京某旅游公司未按照政策要求提请行政审批,故本案城市蓝线划定政策对合同履行不构成情势变更。

(二)合同僵局的认定规则及如何破解合同僵局

对于合同僵局的认定,首先,出现难以继续履行的客观情况,通常体现为双方当事人相互牵制、互不退让;其次,继续履行将对一方极其不利或可能产生社会资源的浪费;最后,在合同履行艰难的情况下,合同一方要求终止而另一方坚持继续履行。结合《民法典》第580条的规定,合同僵局的认定仅限于"非金钱债务",同时还应当包含存在"不能强制履行"的情形和不能实现合同目的两个前提。其中,"不能强制履行"有3种情形:(1)法律上或者事实上不能履行;(2)债务的标的不适于强制履行或者履行费用过高;(3)债权人在合理期限内未请求履行。前述3种情形系广义上的"履行不能",其中"债务的标的不适于强制履行"应当作严格解释,一般是指具有人身专属性或者显著个性化,必须由债务人亲自履行的债务。本案中,双方当事人长期合作开发旅游项目,合作的达成以相互信赖且自愿为前提,北京某旅游公司不同意继续开展旅游开发,该债务是不可替代且具有专属特性的,属于"债务的标的不适于强制履行"情形。此外,考虑到双方合同持续履行长达50年,如不允许双方权利义务终止,既不利于充分发挥土地等资源的价值利用,又不利于双方利益的平衡保护。因此,在北京某旅游公司不同意继续履行合同的情形下,涉案经营协议已丧失继续履行的现实可行性,法院应当根据当事人的请求判决合同权利义务关系终止。

此外,在已经认定构成合同僵局的情形下,法院应当秉持谨慎谦抑的原则,在破解合同僵局、避免守约方合同解除权被滥用的同时,还应当防范规则适用的不当扩大和违约方机会主义违约的发生,从而实现实质正义与损害救济的平衡。本案中,法院综合案情分析"合同僵局"成因,从诚实信用原则、公平原则、降低交易成本、资源最大化利用等目的考量,判决终止双方权利义务,同时结合北京某村民委员会就费用支出提交证据情况,考虑双方合同权利义务约定、合同实际履行期间等情形,认定北京某旅游公司应承担的违约损害赔偿责任进而确定合作费用退还数额。

刘某起与刘某海、刘某霞、刘某华遗嘱继承纠纷案

关键词：遗嘱继承　打印遗嘱　形式要件　举证证明责任

参阅要点

1. 打印遗嘱是以打印形式制作的遗嘱，无论是由遗嘱人本人打印还是他人代为打印，均应认定为打印遗嘱，而不能因为打印人不同认定为自书遗嘱或者代书遗嘱。

2. 打印遗嘱应当有两个以上见证人在场见证。其他继承人对打印遗嘱见证过程真实性提出异议时，主张打印遗嘱有效一方不能通过申请见证人出庭作证或提供其他有效证据证明两名以上见证人在场见证的，法院可以打印遗嘱不符合法律规定的形式要件，认定打印遗嘱无效。

相关法条

1.《中华人民共和国民法典》

第一千一百三十六条　打印遗嘱应当有两个以上见证人在场见证。遗嘱人和见证人应当在遗嘱每一页签名，注明年、月、日。

2.《最高人民法院关于适用〈中华人民共和国民法典〉时间效力的若干规定》

第十五条　民法典施行前，遗嘱人以打印方式立的遗嘱，当事人对该遗嘱效力发生争议的，适用民法典第一千一百三十六条的规定，但是遗产已经在民法典施行前处理完毕的除外。

3.《最高人民法院关于适用〈中华人民共和国民事诉讼法〉的解释》

第一百零八条　对负有举证证明责任的当事人提供的证据，人民法院经审查并结合相关事实，确信待证事实的存在具有高度可能性的，应当认定该事实存在。

对一方当事人为反驳负有举证证明责任的当事人所主张事实而提供的证据,人民法院经审查并结合相关事实,认为待证事实真伪不明的,应当认定该事实不存在。

法律对于待证事实所应达到的证明标准另有规定的,从其规定。

当事人

原告(上诉人):刘某起

被告(被上诉人):刘某海

被告(被上诉人):刘某霞

被告(被上诉人):刘某华

基本案情

刘某海、刘某霞、刘某华、刘某起为刘某与张某的四名子女。张某于2010年7月16日死亡,刘某于2018年2月10日死亡。

刘某起持有《遗嘱》一份,为打印件。内容为:"立遗嘱人:张某,女,1937年2月2日出生,我是北京市海淀区××号房屋所有权(产权)人之一,我年事已高,现于我头脑清醒之时,我自愿订立遗嘱如下:在我去世之后,将××房产全部属于我的份额留给儿子刘某起所有。以上所立遗嘱为我的真实意愿。"该遗嘱打印时间为:"2010年3月10日",加盖有立遗嘱人张某人名章并捺手印,另见证人处有祁某律师、陈某律师的署名文字。刘某起述称该《遗嘱》系见证人根据张某意思在外打印。刘某起还提供了视频录像对上述订立遗嘱的过程予以佐证,但录像内容显示张某仅在一名见证人宣读遗嘱内容后,在该见证人协助下加盖人名章并捺手印。依刘某起申请,一审法院分别向两位见证人邮寄相关出庭材料,一份被退回,一份虽被签收但见证人未出庭作证。

刘某海亦持有打印《遗嘱》一份,主张为刘某的见证遗嘱。《遗嘱》内容为:"遗嘱人:刘某,男,汉族,1931年11月4日出生。本人刘某,今年82岁,为保护我的子女在我去世后不发生矛盾纠纷,现,我自愿立以下遗嘱:××号的房屋属于我跟张某的夫妻共同财产,因我一直由长子刘某海赡养,在我去世后,上述房产中属于我个人的部分遗留给我的长子刘某海所有。"落款处签署有"刘某"姓名及日期"2013年12月11日"并捺印,另有见证律师李某、高某署名及日期。该份遗嘱由律师事务所出具了完整的《见证书》,其中除遗嘱外,另有遗嘱见证书、授权委托书、见证笔录、承诺书、见证委托人及继承人的身份关系证明、房屋产权证书、《诊断证明书》,及拍摄有刘某遗嘱见证过程的视频录像予以佐证。视频录像主要显示刘某在两名见证律师见证下签署了遗嘱。此外,作为见证人之一的律师高某出庭接受了质询,证明其与律师李某共同见证刘某遗嘱的主要过程事实。

审理结果

一审法院于 2021 年 2 月 20 日作出(2019)京 0108 民初 32261 号民事判决:××号房屋由刘某海与刘某起、刘某霞、刘某华分别依遗嘱及法定继承,其中刘某海享有 7/10 份额,刘某起、刘某霞、刘某华各享有 1/10 份额。刘某起不服原审判决,提起上诉。二审法院于 2021 年 9 月 27 日作出(2021)京 01 民终 7203 号民事判决:驳回上诉,维持原判。

裁判理由

法院生效裁判认为:刘某起提交的《遗嘱》为打印形成,应认定为打印遗嘱而非代书遗嘱。在其他继承人对该遗嘱真实性有异议的情况下,刘某起提交的相应录像视频形式上虽有两名见证人署名,但相应录像视频并未反映见证过程全貌,且录像视频仅显示一名见证人,经法院多次释明及向《遗嘱》记载的两位见证人邮寄出庭通知书,见证人均未出庭证实《遗嘱》真实性,一审法院据此对该份《遗嘱》的效力不予认定,二审法院予以确认。刘某海所提交的《遗嘱》符合打印遗嘱的形式要件,亦有证据证明见证人全程在场见证,应认定为有效。

解说

《民法典》第 1136 条规定:"打印遗嘱应当有两个以上见证人在场见证。遗嘱人和见证人应当在遗嘱每一页签名,注明年、月、日。"本条规定了打印遗嘱的形式要件,但对于打印遗嘱的本质要素仍需进一步明晰。

(一)打印遗嘱本质要素的把握

打印遗嘱是遗嘱的内容由打印机等机器设备打印而成的遗嘱。《民法典》第 1134 条至第 1139 条规定了口头遗嘱、自书遗嘱、代书遗嘱、打印遗嘱、录音录像遗嘱和公证遗嘱六种法定遗嘱形式,虽然是基于不同标准划分,但基于类型化的要求,以及不同的形式要件规定,六种法定遗嘱形式的本质特征不能是交叉重合的。打印遗嘱作为独立的遗嘱形式,是基于遗嘱制作方式而非制作人的分类。

从历史解释来看,《民法典》编撰过程中,立法者认为如果不将打印遗嘱作为独立的遗嘱形式,允许自书遗嘱、代书遗嘱采用打印的方式,就必须要对有关自书遗嘱、代书遗嘱的条文分别增加符合打印遗嘱特点的形式要件,这不仅会造成立法上的重复,还有可能对已经被社会公众所熟悉的有关自书遗嘱、代书遗嘱的形式要件造成冲击。《民法典》将打印遗嘱规定为独立的遗嘱形式，由此可知，《民法典》关于自书遗嘱、代书遗嘱规定中的"亲笔书写""代写"不应包括打印的形式。打印遗嘱既可以由遗嘱人自己编辑、打印，也可以由遗嘱人表述遗嘱内容，他人代为编辑、打印。因此，遗嘱人通过打印形式亲自制作的遗嘱，或者他人代为打印的遗嘱，均属于打印遗嘱而非自书遗嘱或代书遗嘱。

(二)打印遗嘱形式要件的证明责任

依据打印遗嘱主张权利的继承人，在起诉时除了提交打印遗嘱外，是否还需要提交见证人在场的证据？对此有不同观点。一种意见认为，打印遗嘱由于缺乏与遗嘱人个人特征的相关性，容易被篡改，故主张打印遗嘱有效的继承人除应提交打印遗嘱之外，还应当提供见证人全程在场的证据，包括申请见证人出庭作证或者提供制作打印遗嘱时的全程录音录像等。另一种意见认为，主张打印遗嘱有效的继承人在起诉时，提交的打印遗嘱上已有见证人在每一页的签名，即可认为提交了见证人全程在场见证的初步证据，如其他继承人提出异议或者反驳证据的，主张打印遗嘱有效一方应当通过申请见证人出庭作证或提供其他有效证据证明见证过程真实性。其他继承人无法提供，或者提交的证据不能证明两名以上见证人在场见证，致使无法证明打印遗嘱为遗嘱人真实意思表示或者是否为遗嘱人真实意思表示真伪不明的，则由主张遗嘱有效的继承人承担败诉的风险。

本案判决采纳了第二种观点。从《民法典》第1136条规定的打印遗嘱的形式要件来看，见证人全程在场见证在于保证遗嘱打印与见证人见证的时空一致性。因遗嘱是无相对人的高度自决性的单方法律行为，见证人的意思表示并不能影响遗嘱内容的认定，故见证人在遗嘱每一页签名的规定，主要基于证据法而非实体法上的考量，即每一页的签名为见证人全程在场见证的初步证据。其他继承人对于见证人是否全程在场有异议的，则主张打印遗嘱有效的一方应进一步举证，如申请见证人出庭、提供录像等。这也与见证人的诉讼地位相一致。理论上认为，见证人还身兼证人的身份，应当出庭接受当事人询问，全面、客观陈述打印遗嘱的订立过程。但如其他继承人对于见证人全程在场见证未提出异议，从诉讼效率和自认规则看，主张打印遗嘱有效的一方则无须再提供其他见证人在场的证据。

王某诉西某隐私权、个人信息保护纠纷案

关键词：隐私权　个人信息保护

参阅要点

当事人在个人住所附近安装图像采集、个人身份识别设备，应当为方便生活、维护安全所必需，不得侵害他人合法权益。出于个人利益，未经特定相邻方同意，安装将相邻方唯一日常通行使用的通道纳入摄录范围的监控设备，摄录留存他人个人行程信息，相邻方以侵犯个人信息、隐私权主张侵权的，法院应予支持。

相关法条

1.《中华人民共和国民法典》

第九百九十五条　人格权受到侵害的，受害人有权依照本法和其他法律的规定请求行为人承担民事责任。受害人的停止侵害、排除妨碍、消除危险、消除影响、恢复名誉、赔礼道歉请求权，不适用诉讼时效的规定。

第一千零三十二条　自然人享有隐私权。任何组织或者个人不得以刺探、侵扰、泄露、公开等方式侵害他人的隐私权。

隐私是自然人的私人生活安宁和不愿为他人知晓的私密空间、私密活动、私密信息。

第一千零三十四条　自然人的个人信息受法律保护。

个人信息是以电子或者其他方式记录的能够单独或者与其他信息结合识别特定自然人的各种信息，包括自然人的姓名、出生日期、身份证件号码、生物识别信息、住址、电话号码、电子邮箱、健康信息、行踪信息等。

个人信息中的私密信息，适用有关隐私权的规定；没有规定的，适用有关个人信息保护的规定。

2.《中华人民共和国个人信息保护法》

第十条　任何组织、个人不得非法收集、使用、加工、传输他人个人信息，不

得非法买卖、提供或者公开他人个人信息;不得从事危害国家安全、公共利益的个人信息处理活动。

第二十六条 在公共场所安装图像采集、个人身份识别设备,应当为维护公共安全所必需,遵守国家有关规定,并设置显著的提示标识。所收集的个人图像、身份识别信息只能用于维护公共安全的目的,不得用于其他目的;取得个人单独同意的除外。

当事人

原告(上诉人):王某

被告(被上诉人):西某

基本案情

王某、西某系邻居关系,王某居住在北京市通州区某村××号西院,西某居住在北京市通州区某村××号东院。西某房后有一条胡同,该胡同系王某家出入的唯一通道。后西某在其正房后墙、房顶瓦片下方安装了两个摄像头。经法院现场勘查,两个摄像头的摄录范围为西某房后的整个胡同(拍摄不到王某家大门),王某家院落大门朝北,北侧有一户邻居,与王某共同使用上述胡同。王某现诉至法院,请求判令西某停止侵权行为,拆除两台监控摄像头及线路并赔偿精神损害金1000元。

审理结果

一审法院于2021年7月26日作出(2021)京0112民初17084号民事判决,判决驳回王某的诉讼请求。判决后,王某不服提起上诉。二审法院于2021年12月1日作出(2021)京03民终14566号民事判决,改判:(1)撤销一审法院(2021)京0112民初17084号民事判决;(2)西某于判决生效后7日内拆除其安装于北京市通州区某村××号东院正房后墙、房顶瓦片下方的两个摄像头及线路;(3)驳回王某一审其他诉讼请求。

裁判理由

法院生效裁判认为:自然人享有隐私权。隐私是自然人的私人生活安宁和不愿为他人知晓的私密空间、私密活动、私密信息,其核心属性为被自然人隐藏或不欲为外人所知晓。自然人的个人信息受法律保护。个人信息是以电子或者其他方式记录的能够单独或者与其他信息结合识别特定自然人的各种信息,包括自然人生物识别信息、住址、健康信息、行踪信息等。本案中,西某安装的摄像头虽未直摄王某家的大门及院内,但摄录范围包括王某家门口在内的整条胡同,该胡同由王某一家与另一邻户共同使用,相对于社会公共空间,该胡同通行使用人员更为具体特定,王某及其家人或亲友出入胡同的相关信息,作为个人信息可能被西某摄录留存。西某出于个人利益,未经王某同意,摄录留存王某个人信息缺乏合法性、正当性及必要性依据,其行为已构成侵权。现王某上诉要求西某拆除摄像头之诉求法院应予支持。但其要求西某赔偿精神损失的上诉请求缺乏事实及法律依据,法院不予支持。

解说

近年来,随着智能监控设备的迅速发展以及公民自我防范意识的不断增强,越来越多的人选择在家门口或房屋周围安装摄像头。然而,实践中私装摄像头却极易产生隐私权侵权和个人信息侵权风险,由此引发的邻里纠纷也屡见不鲜。本案为一起由私装摄像头引发的隐私权、个人信息保护纠纷案件,生效判决认为,安装将特定人员通行使用的胡同纳入摄录范围的摄像头、摄录留存他人个人信息的行为已构成侵权。

(一)隐私、个人信息的范围界定

我国《民法典》在"人格权编"中设专章规定了"隐私权和个人信息保护"问题,其中明确规定,自然人享有隐私权。隐私是自然人的私人生活安宁和不愿为他人知晓的私密空间、私密活动、私密信息。个人信息是以电子或者其他方式记录的能够单独或者与其他信息结合识别特定自然人的各种信息,包括自然人的姓名、出生日期、身份证件号码、生物识别信息、住址、电话号码、电子邮箱、健康信息、行踪信息等。

隐私与个人信息有着密切联系,二者都具有人格法益,在内容上亦存在交叉重合。具体表现为:一方面,个人信息中的私密信息属于隐私的范畴。例如,个人财产、既往病史、行踪轨迹、生物基因等信息,都是自然人保密的不愿他人知悉的个人秘密,因而属于个人隐私。另一方面,个人隐私中的私密信息属于个人信息的范畴。《民法典》第1034条第3款明确规定,个人信息中的私密信息,适用有关隐私权的规定;没有规定的,适用有关个人信息保护的规定。

(二)具体特定人员通行使用的空间是否为私密空间

私密空间,通常以一定的物理空间作为个人秘密的范围,或以一定物质作为个人秘密的载体。私密空间保护着公民在空间内的活动和信息,也保护着公民身处其中的精神安宁。《民法典》规定,除法律另有规定或权利人明确同意外,任何组织和个人不得进入、拍摄、窥视他人的住宅、宾馆房间等私密空间。本案中法院认为,具体特定人员通行使用的空间已具备社会公共空间所不具有的私密性、安宁性特征,故可以根据实际情况将其作为私密空间加以保护。

(三)公民的出入行踪是否属于个人隐私

自然人的行踪信息属于个人信息的范畴,而个人信息中的私密信息亦包含在个人隐私的范围内。公民的出入行踪反映着个人的日常活动轨迹,个人住宅中的出行人员、访客来往等亦可反映个人活动及生活状况,与私人生活习惯以及家庭、财产安全等直接相联系,是自然人不愿为他人知晓的私密信息,承载着个人隐私等人格利益,因而属于个人隐私。

本案中,西某安装摄像头摄录胡同,该胡同由王某一家与另一邻户共同使用,相对于社会公共空间,其通行使用人员更为具体特定,故可以将其视为私密空间加以保护。西某出于个人利益,未经王某同意,摄录留存王某及其家人或亲友出入胡同的行踪信息,既侵犯了王某的隐私权,又违反了有关个人信息保护的法律规定。在《民法典》与《个人信息保护法》实施背景下,本案判决拆除涉案摄像头及线路,充分体现了法院在保障公民隐私权、个人信息方面所起的积极作用,对于增加人民群众的幸福感、获得感、安全感具有重要意义。倡导邻里之间团结互助、宽容和睦是我国社会的优良传统和善良风俗。本案裁判亦提醒社会公众尊重邻里隐私,注重保护个人隐私及个人信息,如确有必要安装监控设备,摄录范围若超出自家区域,应与有关相邻方积极沟通,构建友善团结的邻里关系,增进信任、理解,弘扬社会主义核心价值观,共同构建和谐美好社会。

【热点焦点】

关于改进和加强司法建议工作促进社会治理的调研报告

北京市高级人民法院研究室课题组[*]

党的二十大报告提出,要完善社会治理体系,提升社会治理效能,及时把矛盾纠纷化解在基层、化解在萌芽状态。最高人民法院高度重视司法建议促进完善社会治理的重要作用,要求各级法院在办好个案的基础上,针对个案、类案发生的原因,主动向有关部门提出司法建议,做深、做实综合性司法建议,以诉源治理促进社会治理。北京市高级人民法院党组长期以来高度重视司法建议工作,在2023年年初工作部署中对进一步加强司法建议促进诉源治理提出了工作要求。最高人民法院和北京市高级人民法院党组的相关要求充分体现做好司法建议工作对于实现司法审判事业现代化的重要意义,是法院"抓前端、治未病"、积极参与社会治理的有力抓手。

在此背景下,课题组将"改进和加强司法建议工作"作为主题教育专项调研课题,通过对全市法院近五年司法建议工作情况和近五年司法建议工作台账进行全面梳理、赴基层法院进行实地调研、组织开展全市法院2022年度优秀司法建议评比、征集全市法院对进一步完善司法建议工作的意见建议等方式,深入调研北京法院司法建议工作情况,总结经验做法、分析问题原因,以期进一步完善司法建议工作机制,促进完善社会治理。

一、全市法院近五年司法建议工作运行情况

长期以来,北京法院认真落实《最高人民法院关于加强司法建议工作的意

---

[*] 课题主持人:胡嘉荣;成员:王晨、李鲲、郭艳茹;执笔人:郭艳茹。

见》和《北京市高级人民法院关于加强和规范司法建议工作的意见》的相关规定，平稳有序推进司法建议工作。2022年，全市法院共发出司法建议800余份，回函率为52.1%。从建议类型来看，个案司法建议占比较大，达75%，类案和综合类司法建议占比为25%。从建议对象来看，向企业发送的司法建议数量最多，占发送数量53.8%，政府机关次之，占32.7%，向事业单位发送的司法建议数量占比为8.1%，向基层自治组织发送的司法建议数量占比为5.2%，反映出司法建议作用领域的广泛性，并主要集中在经济领域和行政管理领域。

2022年司法建议工作情况与近年来司法建议工作呈现的态势基本相符。五年来，全市法院共发出司法建议4100余份，回函率为56%。个案司法建议占比为75.9%，类案和综合类司法建议占比为24.1%。2022年司法建议的发送数量略高于五年平均发送数量，说明各法院越来越充分地运用司法建议参与国家和社会治理，司法建议工作对预防化解矛盾、促进依法行政、参与社会治理起到了积极的促进作用。

二、全市法院司法建议工作的主要做法及成效

全市法院在依法履行审判职责的同时，积极延伸审判职能，将司法建议工作作为新时代司法工作的重要抓手，着重从以下六个方面开展司法建议工作。

一是夯实制度基础，规范推进司法建议工作。2012年，《最高人民法院关于加强司法建议工作的意见》出台，北京市高级人民法院进一步细化工作要求，于2013年研究制定了《北京市高级人民法院关于加强和规范司法建议工作的意见》，要求全市法院高度重视司法建议工作，将司法建议工作与执法办案第一要务有机结合，积极采用司法建议的形式协助被建议单位预防法律风险、修补管理漏洞，推动解决经济社会发展中的深层次问题，并对司法建议的制发流程、管理考评、文书样式等进行了细化。落实归口管理制度，由研究室负责全市法院司法建议工作的管理考核、总结报告等工作，保障司法建议工作有序高效开展。研究制定《北京法院优秀司法建议评选规则》，持续开展全市法院优秀司法建议评选表彰工作，并将司法建议获奖情况纳入市高级法院机关和中基层法院目标责任制考核，促进全市法院积极推进司法建议工作。

各中基层法院严格落实最高人民法院和市高级法院关于司法建议工作的相关要求，均制定了本院司法建议工作实施办法，明确司法建议的问题发现、签发流程、制作规范等内容，实行归口管理，严把质量关，进一步提升司法建议工作的规范化水平。在司法建议的管理考核方面，各法院也将司法建议发送情况纳入本院目标责任制考核体系中，促进相关部门和法官积极开展司法建议工作。

二是拓展建议方式，创新推进司法建议工作。各法院在切实保证个案司法建议质量的基础上,积极探索"一案多建议"、关联案件"多案一建议",积极推动"个案分析"向"类案调研"转化,提升司法建议的辐射面。为探索司法建议工作与相关工作联动推进,北京市高级人民法院创新建立司法建议、审判白皮书协同参与北京市接诉即办"每月一题"工作机制,以司法建议、审判白皮书为切入点,积极推动深化社会治理工作;顺义区人民法院运用"示范诉讼+司法建议"模式妥善化解批量商品房预售合同纠纷。在跟踪问效方面,建立健全"发前主动沟通、发后及时跟踪"的沟通联络机制,通过召开座谈会、实地走访等形式督促司法建议落实,确保司法建议真正受重视、有反馈、收实效。

三是强化专项治理,精准发挥司法建议作用。将司法建议作为重点领域长效治理的重要抓手,在扫黑除恶专项斗争、打击整治养老诈骗专项行动中提升机制化、规范化水平,实现专项斗争与社会治理深度融合。北京市高级人民法院组织召开扫黑除恶司法建议工作座谈会,制定《关于建立扫黑除恶专项斗争长效机制加强司法建议工作的意见》《严格执行扫黑除恶专项斗争工作"一案一发"司法建议的要求》,进一步规范和强化扫黑除恶司法建议工作;北京市第一中级人民法院加大调研力度,完成全市法院扫黑除恶专项斗争重点课题"强化涉黑涉恶类司法建议的综治效能研究"。在打击整治养老诈骗专项行动中,全市法院依托司法建议促使各职能部门联动开展源头治理,推进主管部门、相关行业形成综合治理合力。

四是加强跟踪问效,努力提升司法建议实效性。各法院建立健全"发前主动沟通、发后及时跟踪"的沟通联络机制,积极探索"走出去、请进来"跟踪问效模式,通过召开座谈会、实地走访等形式督促司法建议落实。北京市第一中级人民法院建立"双报送"机制,在向被建议单位发送司法建议的同时,向其上级主管部门同步抄送司法建议,借助上级主管部门督促责任单位整改落实。石景山区人民法院向北京市卫健委发送关于规范指定医院医学鉴定的司法建议,主动邀请北京市卫健委召开"关于加强暂予监外执行案件医学鉴定工作座谈会",获北京市卫健委高度重视,要求全市相关医院严格落实《北京市暂予监外执行规定实施细则(试行)》,对各区卫健委、责任医院提出具体工作要求,落实不力的及时整改,切实促进了医学、鉴定规范化水平提升。密云区人民法院进一步提升司法建议工作实效,推动区委政法委制定出台《关于加强"两书一函"督促落实工作的措施》,由区委政法委督促相关单位对司法建议及时反馈回复,对整改落实不力的单位进行通报,严格跟踪问效。

五是推进联合整改,促进整改措施落地见效。各法院加强与相关行政主管部门的双向配合,完善信息共享、协作联动机制,促使各部门常态化开展联合摸排、联合执法、联合惩戒、联合攻坚,消除监管盲区,增强治理合力。北京市第一中级人民法院探索职能部门联动机制,在中关村电子交易市场强迫交易系列案件中,针对该案暴露的地域管理漏洞,向北京市公安局海淀分局发送司法建议,后会同海淀区相关职能部门联合开展专项整治,有效助推中关村电子市场产业升级转型。

六是强化宣传推广,提升司法建议工作影响力。北京市高级人民法院注重发挥优秀司法建议的示范引领作用,深入开展年度优秀司法建议评比工作,近五年评选出全市法院优秀司法建议167份。持续开展司法建议宣传推广工作,对参与治理作用突出、落实效果显著的优秀司法建议开展宣传,扩大司法建议工作的知晓度和影响力。北京市第三中级人民法院、朝阳区人民法院、房山区人民法院等法院就司法建议工作情况召开新闻通报会,北京市第一中级人民法院、西城区人民法院、通州区人民法院等法院在微信公众号平台对反馈效果好的司法建议进行普法宣传,在代表委员及群众中产生良好反响。

通过上述举措,近年来司法建议工作主要取得以下四个方面的工作成效。

(一)通过司法建议规范诉讼流程、提升审判质效,促进纠纷实质性化解

一是保障诉讼程序规范有序开展。各法院针对个案中当事人、相关单位等暴露出的参与诉讼程序不规范、证据意识不强,影响诉讼程序有序推进等问题发送司法建议,教育引导当事人依法依程序参加诉讼,保障诉讼程序规范有序。例如,北京市第一中级人民法院就诉讼中未依法按期举证、未充分举证分别向国家市场监督管理总局、住房和城乡建设部发送司法建议,两单位均回函表示将加强证据意识,重视证据留存,自觉接受法院监督指导。北京市第四中级人民法院针对仲裁送达程序不规范问题向中国国际经济贸易仲裁委员会发送司法建议,被建议单位对在办案件送达情况进行了自查自纠,研究制定《中国国际经济贸易仲裁委员会仲裁送达工作指引》,进一步完善送达规则、规范送达工作。海淀区人民法院向涉案当事人发送司法建议提示诉前调解及证据提交不充分问题。大兴区人民法院结合近三年审理的涉经济技术开发区管委会相关案件,梳理了开发区管委会在行政执法及应诉方面存在的疏漏和瑕疵,及时发出司法建议,得到开发区管委会的高度重视和积极回复落实。

二是促进纠纷实质性化解。对于案件审理完毕,但矛盾尚未解决的案件,各法院积极向相关单位发送司法建议,推动涉案问题依法依规解决,实现纠纷实质性化解。例如,延庆区人民法院依据《土地管理法》关于市、县人民政府有权代表国家组织实施征收,同时负有补偿安置的法定职责之规定,向延庆区大榆树镇人民政府发出司法建议书,建议向包括案件当事人在内的村民积极履行安置地上物补偿款的法定职责,实质性解决矛盾纠纷,维护村民合法权益。大兴区人民法院依据《最高人民法院、最高人民检察院、公安部、民政部关于妥善处理以冒

名顶替或者弄虚作假的方式办理婚姻登记问题的指导意见》的规定,向大兴区民政局发出司法建议书,建议撤销冒名顶替结婚登记,实质性解决行政纠纷。

(二)通过司法建议规范行政行为,促进依法行政,助力法治政府建设

全市法院积极向各级政府部门和行政机关发送司法建议,反映的主要问题包括行政行为不符合法定程序(行政执法主体不适格、行为不规范、程序有瑕疵、越权执法等)、行政主体不当履职、政府信息公开不规范等。近年来,北京市第四中级人民法院及各区法院针对审判中反映出的行政执法问题,积极向区党委政府报送年度行政案件司法审查报告及行政审判白皮书,就改进违法建设拆除等行政执法行为、提高行政案件应诉能力、完善行政争议源头预防化解、健全司法与行政良性互动等提出意见建议,均得到相关机关单位高度重视,有效促进依法行政。

一是推动提升行政行为规范化水平。北京市第三中级人民法院向市规划和自然资源委员会建议规范协查认定函,依法行使职权、注重保护相对人的信赖利益、规范细化设施农业用地管理,北京市规划和自然资源委员会就相关建议进行全面核查整改,完善"规划审批情况的函"模板,健全违法建设执法协作工作流程,进一步提升对设施农业用地的精细化管理能力。海淀区人民法院在总结调研涉违法停车行政案件的基础上,向海淀交通支队发送司法建议,提出6项风险防范建议,海淀交通支队将相关建议第一时间向局主管部门汇报,推动了相关执法流程和便民服务设施的完善。东城区人民法院针对治安行政处罚中证据提交及执法工作中存在的问题向北京市公安局西城分局提出建议,被建议单位针对3项司法建议通报了落实情况,就证据提交的完整性、准确性、处罚决定书制作及案件录入平台管理、处罚前告知程序的严谨性等,向全局办案单位进行通报提示,并将上述内容纳入考评范围,切实促进了规范执法。

二是推动行政主体依法正确履职。石景山、门头沟、房山、平谷、怀柔、密云、延庆等区人民法院就违法建设确认、撤销变更工商登记、婚姻登记、"疏整促"专项工作、社区矫正、生态环境保护、政府信息公开等工作中存在的问题,分别向相关行政机关发送司法建议,均得到了积极回应。北京市第四中级人民法院在审理55件涉公房租赁管理类案件后,向东城区政府提出增强履责意识和履职能力,健全直管公房管理制度,加强相关政策文件学习的建议,东城区政府及时将司法建议转发给区住建委及相关职能部门研究制定系列整改措施,切实提升依法行政能力和水平。

三是推动政府机关加强主动治理。注重司法与行政的良性互动,通过司法建议推动政府部门和行政机关主动加强监督管理、开展源头治理工作。昌平区人民法院发现相当数量的继承纠纷案件系因当事人须持法院生效的裁判文书到

不动产登记部门申请不动产变更登记而产生,从源头治理角度提出司法建议,北京市规划和自然资源委员会昌平分局回复将从持续开展不提交生效法律文书办理不动产继承登记业务、购买第三方专业服务、加强府院联动三方面加以完善。北京市高级人民法院就校园网未经许可传播他人享有著作权的影视作品引发的系列侵权纠纷问题,向教育部政策法规司发送司法建议,教育部政策法规司专门回电表示所提建议对于高校的法治化建设非常有意义,将转化成教育部相关通知,下发各高校。北京市第一中级人民法院就加强铁路运营食品安全管理问题向国家市场监督管理总局发送司法建议,国家市场监督管理总局高度重视,并致函交通运输部,提出商请两部门联合制定相关规章,进一步规范和加强铁路运营食品安全管理。

(三)通过司法建议填补制度漏洞,规范市场主体行为,服务保障高质量发展

一是关注金融领域风险防控,服务金融改革和发展。法院为防范化解金融风险和推进金融改革发展提供有力司法保障也突出体现在司法建议工作上。2022年,全市法院向银行、证券、担保公司等金融机构发送司法建议56份,五年来共计发送相关司法建议400余份,主要涉及金融机构风险防控、人员管理、改进服务等问题,助力防范化解重大金融风险。北京市第一中级人民法院就部分保险从业人员参与非法集资案件向原中国银保监会北京监管局提出司法建议,推动监管部门组织落实行业整改,强化行业禁入机制,规范市场销售行为。北京金融法院向广发银行股份有限公司发送司法建议,提示在强化贷款用途审查、严格贷中贷后管理、严格贷款需求审核、强化合同文件管理、妥善化解类似纠纷等方面加以完善,受到被建议单位的高度重视。东城区人民法院针对商业银行在小额账户管理费等方面的问题,向中国农业银行发送了司法建议,同时抄送中国人民银行、原中国银保监会,中国农业银行认真研究改进措施,在服务价格信息披露、尊重和保护金融消费者合法权益、全面落实减费让利政策3个方面采取具有实效性的措施,惠及数亿客户。

二是关注新兴产业风险防控,保障市场主体健康有序发展。对平台经济、科技创新等新兴产业领域加强司法服务保障,确保各类市场主体在法治轨道上实现良性发展。北京知识产权法院向国家版权局建议研究建立全国统一的著作权登记机制、登记作品查重机制及计算机软件著作权登记可选择登记内容机制,国家版权局表示将在《著作权法实施条例》等文件修订中着重考虑,进一步完善著作权登记制度。朝阳区人民法院对涉"饿了么"外卖平台骑手相关案件进行调研后,向平台经营主体拉扎斯网络科技(上海)有限公司发送司法建议,建议建立"类型化"用工管理制度、构建"等级化"配送商信用评估体系、设立"透明化"

保险投保模式,促进新经济形态和新兴职业健康长久发展。顺义区人民法院结合两年来审理的涉及北京赵全营兆丰工业区企业的案件,就中德产业拓展园的建设、管理问题,向北京赵全营兆丰工业区管委会发送司法建议,工业区管委会回函表示将加大政策宣传力度,优化项目审批流程,制定纠纷排查机制,加强与法院沟通合作,进一步规范入驻企业行为。北京市第四中级人民法院在"ofo小黄车退款"事件中,就企业在运营过程中存在的问题发送类案司法建议,涉案企业积极按照要求进行整改,取得良好效果。海淀区人民法院就网络音乐人的著作权保护问题,向北京晨钟科技公司、北京快手科技公司发送司法建议,推动两公司采取及时公示结算数据、建立后台数据定期核查机制等措施,有效避免了公司与音乐人之间产生矛盾纠纷。

三是关注行业监管机制完善,带动重点领域源头治理。部分司法建议穿透个案关注行业长远发展,有效减少类型化纠纷频发。北京互联网法院针对互联网平台会员协议条款问题发出司法建议,建议平台平衡好企业发展与消费者权益保护,调整用户注册协议内容,并加强数据处理能力,互联网平台听取建议及时整改,完善格式条款内容,避免了潜在纠纷发生,并针对其他在诉同类案件积极主动调解,一揽子化解纠纷。朝阳区人民法院在审结北京市首例认定虚拟货币"挖矿"合同无效案后,为助力整治虚拟货币生产交易活动,向涉案"矿场"所在地四川省的发展和改革委员会发送了禁止涉案公司继续从事"挖矿"活动并对相关存量项目进行清理整治的司法建议,得到了四川省发展和改革委员会的高度重视,联合成都市发展和改革委员会、凉山州发展和改革委员会,对涉案企业和重点地区前期存在的虚拟货币"挖矿"进行调查和"回头看",并成立专班实地督促整改进度。

(四)通过司法建议回应群众关切,加强民生保障,有效助力完善社会治理

各法院积极践行司法为民理念,始终关注民生问题,在办理涉民生案件时充分运用司法建议,积极参与基层社会治理,努力实现"办结一案、治理一片、惠及一方"的良好效果。

一是助力专项行动综合治理工作取得成效。在为期三年的扫黑除恶专项斗争中,全市法院充分发挥司法建议促进整改、加强综合治理作用,共发送司法建议220份,受函单位高度重视,全部予以回函并落实整改举措,有效净化了工程建设、交通运输、自然资源、信息网络等领域的秩序和环境,进一步提升了人民群众的安全感和幸福感。助力打击整治养老诈骗专项行动,在涉养老领域发送相关司法建议53份,有效提升涉养老领域社会综合治理水平。东城区人民法院针对以帮助高价拍卖收藏品为由,诱骗老年人缴纳各类费用的违法犯罪问题,向北京市商务局等单位发送司法建议,促进相关单位堵漏建制、综合施治,对辖区拍

卖企业开展年度核查、风险隐患排查,达到"办理一案、治理一片"的良好效果。

二是强化教育医疗等关键领域司法保障。在审理涉及医疗、教育等关键领域及妇女儿童等重点群体的案件时,及时发现并提示相关单位堵塞管理漏洞,有效避免社会影响恶劣的问题再次发生。北京市第一中级人民法院建议海淀医院在麻醉药品、精神药物的领取和保管方面加强管理,促进被建议单位及时处理相关责任人员,召开警示教育会等加强党风廉政及警示教育,严格药品相关制度流程执行管理。海淀区人民法院针对学生欺凌问题向海淀区卫生学校提出加强法治教育、建立法治副校长进校园常态化教育机制、提高教职工处置相关问题的能力、加强家校合作、健全学生欺凌预防制度建设等建议,被建议单位高度重视并积极整改,促进营造平安清朗的校园环境。房山区人民法院针对涉未成年女性性侵犯罪多发问题向北京市教委提出5项建议,市教委高度重视,通过研发一批预防性侵害教育精品课件,建立健全全市、区教育行政部门与学校三级保护工作组织体系,将性教育、生理卫生、冲突解决、择友婚恋等法治内容融入相关学科教学体系等举措,积极整改相关问题,共筑关爱保护未成年人防火墙。

三是推动基层民主和基层社会治理水平显著提升。基层治理水平和治理能力关涉群众切身利益,各基层法院均就基层治理问题向所在乡镇(街道)、村(居)委会发送司法建议。例如,昌平区人民法院建议沙河镇政府细化监督辖区村委会村务公开职责的具体要求和履职程序,在履行法定职责时注意留痕,争取实质化解纠纷矛盾,被建议单位回函表示将采取有效措施加以整改。丰台区人民法院针对村民自治章程的制定及修改系由村民代表会议决定而非村民会议决定等问题,分别向王佐镇政府和丰台区民政局发出司法建议,两单位均回函表示加强对村委会换届工作的指导、支持、帮助和监督,严格按照立法要求召开村民会议,指导各村完善村民会议及村民代表会议流程,完善村民自治章程。北京市第二中级人民法院、延庆区人民法院分别就村委会成员涉嫌黑恶势力违法犯罪等问题,向相关单位发送司法建议,努力促进夯实党的基层执政基础,维护基层社会安定有序。

四是促进群众急难愁盼问题得到有效解决。全市法院针对群众普遍关心、矛盾纠纷集中的物业服务合同纠纷、农村房屋建设纠纷、农村房屋买卖纠纷等问题加大治理力度,着力促进相关矛盾源头化解。北京市第二中级人民法院就多起老年人参加低价旅行团购买高价商品进行维权案件,向北京市文化和旅游局发送司法建议,市文化和旅游局高度重视,制定加大行业监管、强化综合监管、加强宣传引导、推进业务培训考核等多项整改措施。西城区人民法院在对2020年新冠肺炎疫情暴发以来审结的189件涉疫情房屋租赁合同纠纷案件深入调研后,向西城区房屋管理局通报了审理中发现的主要问题并提出针对性建议,得到西城区房屋管理局积极回应,双方加强日常沟通,健全了矛盾纠纷多元化解机制。北京市第一中级人民法院就案件中反映的社会保险登记前后衔接不畅影响职工工伤待遇赔偿责任承担问题,建议北京市人力资源和社会保障局优化"北京市社会保险网上服务平台",切实发挥工伤保险制度分散用工风险功能。

五是推动网络空间治理水平不断提高。北京互联网法院针对短视频平台连续、密集充值并为游戏主播打赏行为中存在的问题和管理漏洞,向北京快手科技有限公司提出完善注册充值打赏环节的身份认证、风险检测防御、平台主播监管培训惩戒、建立"青少年防沉迷模式"等司法建议,得到快手公司积极回应落实。北京知识产权法院针对用户实名认证流程问题建议北京搜狐互联网信息服务有限公司改进工作,促进进一步规范用户实名制,维护网络信息安全。北京市第三中级人民法院就打击帮助网络信息犯罪问题,向中国人民银行反洗钱局提出预防和遏制金融犯罪的司法建议,中国人民银行反洗钱局会同支付结算司、条法司等部门共同采取措施,提升反洗钱工作有效性。

三、司法建议工作中存在的问题和不足及原因分析

司法建议工作在持续发挥积极促进作用的同时,也存在一些问题和不足,总体可归纳为四个方面。

一是司法建议工作开展还不够均衡。表现为:发送数量不均衡,有的法院一年发送司法建议百余份,有的法院仅发送几份;发送层级不均衡,相较于中基层法院,高级人民法院发送司法建议的数量偏少;发送时间不均衡,有的法院存在年底扎堆发送司法建议的问题;考核标准不统一,有的法院将司法建议作为法官任务指标进行考核,有的法院则作为庭室任务指标进行考核,有的法院仅对发送数量进行考核;台账管理不统一,有的法院司法建议台账管理较为完善,登记要素齐全,有的则缺乏建议主题、建议类型等基本要素。

二是司法建议质量还不够齐整。全市法院司法建议仍以个案建议为主,反映社会治理、民生领域、行业治理问题的类案建议及反映经济社会发展普遍性、系统性问题的综合建议占比较少。有的司法建议趋易避难、就事论事,建议内容为原则性建议,如思想重视不够、管理不到位等,存在一定程度的程式化问题;有的指出问题多、提出建议少,参考效果不足,仅提出"高度重视、加强教育、加大宣传力度"等空泛内容,建议的科学性、前瞻性和可行性方面有待提高。基层法院司法建议的发送对象多局限于所属行政区域,向市属单位,甚至中央企事业单位发送司法建议少,深入挖掘体制机制问题并推动较高层级监管单位从根本上解决问题的意识和能力还有待提高。

三是司法建议工作整体效果还有待进一步提升。各法院发送司法建议的回

函比例不均衡,回函率有较大提升空间。从被建议单位反馈回复的情况来看,有的回复不及时或没有回复,有的回复存在形式化倾向,回复内容较为原则、笼统,流于表态,没有正视问题并提出具有可操作性的整改方案。从司法建议工作管理层面看,存在工作统筹不够的问题,出现同一单位多次收到多家法院司法建议的情况。

四是司法建议联动转化作用有待进一步发挥。一方面,作为法院参与社会治理的重要方式,司法建议工作同其他诉源治理方式衔接融合不够,在形成治理合力方面有待进一步拓展创新;另一方面,司法建议与调研信息、法治宣传、典型案例等其他工作的联动协同力度不强,相关工作成果高层次转化偏少。

经分析,出现上述问题的原因主要在于以下四个方面。

一是法律规范和制度规定供给尚有不足。目前,我国仅在《民事诉讼法》第117条①和《行政诉讼法》第94～96条②及其解释中规定了法院提出司法建议的情形。就条文内容而言,两处规定均将司法建议定位为执行过程中的保障措施,适用范围较窄。《人民法院组织法》中也未明确赋予法院司法建议权。在司法解释层面,最高人民法院于2023年11月制定出台《关于综合治理类司法建议工作若干问题的规定》,为发挥综合治理类司法建议推动国家和社会治理作用提供了依据。规范性文件层面,最高人民法院制定的《关于进一步加强司法建议工作为构建社会主义和谐社会提供司法服务的通知》(法发〔2007〕10号,以下简称《司法建议通知》)和《关于加强司法建议工作的意见》(法〔2012〕74号)依然

---

① 《民事诉讼法》第117条规定:"有义务协助调查、执行的单位有下列行为之一的,人民法院除责令其履行协助义务外,并可以予以罚款:(一)有关单位拒绝或者妨碍人民法院调查取证的;(二)有关单位接到人民法院协助执行通知书后,拒不协助查询、扣押、冻结、划拨、变价财产的;(三)有关单位接到人民法院协助执行通知书后,拒不协助扣留被执行人的收入、办理有关财产权证照转移手续、转交有关票证、证照或者其他财产的;(四)其他拒绝协助执行的。人民法院对有前款规定的行为之一的单位,可以对其主要负责人或者直接责任人员予以罚款;对仍不履行协助义务的,可以予以拘留;并可以向监察机关或者有关机关提出予以纪律处分的司法建议。"

② 《行政诉讼法》第94条规定:"当事人必须履行人民法院发生法律效力的判决、裁定、调解书。"

第95条规定:"公民、法人或者其他组织拒绝履行判决、裁定、调解书的,行政机关或者第三人可以向第一审人民法院申请强制执行,或者由行政机关依法强制执行。"

第96条规定:"行政机关拒绝履行判决、裁定、调解书的,第一审人民法院可以采取下列措施:(一)对应当归还的罚款或者应当给付的款额,通知银行从该行政机关的账户内划拨;(二)在规定期限内不履行的,从期满之日起,对该行政机关负责人按日处五十元至一百元的罚款;(三)将行政机关拒绝履行的情况予以公告;(四)向监察机关或者该行政机关的上一级行政机关提出司法建议。接受司法建议的机关,根据有关规定进行处理,并将处理情况告知人民法院;(五)拒不履行判决、裁定、调解书,社会影响恶劣的,可以对该行政机关直接负责的主管人员和其他直接责任人员予以拘留;情节严重,构成犯罪的,依法追究刑事责任。"

有效,但部分表述已不合时宜。总体来说,法律层面规定的狭窄和滞后不利于司法建议功能的进一步发挥,司法建议制度的刚性有待进一步提升。

二是认识及重视程度还有待进一步加强。从法院层面来看,因不同法院间存在审级职能定位、案件体量、案件类型不同等客观差异,对司法建议工作的认识及重视程度也不尽相同。有的法院的司法建议工作规范化管理水平有待提升;有的法院发送类案或综合性司法建议的敏锐性和整体规划不足,错失了发送高质量司法建议的机会;有的法院忽视事前沟通与跟踪回访工作,与被建议单位的沟通交流不足,督促落实不够,影响司法建议发送效果。从法官个人层面来看,有的法官发现相关案件背后潜藏问题的意识和能力尚有欠缺,尤其在案件数量高位运行的压力下,法官长期以结案为中心,深入调研制约诉源治理工作效能的问题与原因,推动纠纷源头预防化解的积极性、主动性不够。

三是司法建议的性质属性和建议质量一定程度影响工作效果。不同于具有强制执行力的裁判文书,司法建议本身是"建议"属性,不具有强制力,因此对发送主体及被建议单位的约束力不足。加之以参与社会治理为落脚点发送司法建议,法官不仅要提出案件所涉法律问题,还要提出涉经济社会发展、相关行业或行政管理存在的普遍性问题,涉劳动者、消费者权益保护等民生问题,这对法官的司法能力和相关领域知识水平都提出很高要求。工作实践中有的司法建议提出的问题和建议不够准确具体,导致被建议单位对司法建议重视不够,对司法建议的回复浮于表面,甚至置之不理,实践效果不佳。

四是相关认识差异影响司法建议的可接受度。司法建议基于法院在案件审理中掌握的信息而提出,与被建议单位掌握的信息之间可能存在一定信息误差。在此情况下,如果未经深入调研或与相关单位充分沟通,就难以提出符合被建议单位现实情况的问题及建议。对于行政机关来说,管理的有效性和经济性是决策者考虑的重要方面;对于企业等主体而言,经济效益往往是其考虑的重点。认知角度和立场观点的不同,导致司法建议提出的内容有时难以引起被建议单位的共鸣和重视。同时,建议对象和相关主体在进行行为选择时,有时并不是从基础规范的角度来看待法律,而是将其作为一个与其他因素(人情、经济等)并列甚至存在竞争矛盾的因素,这种极具功利性的考量直接影响了建议对象和相关主体对司法建议的接受和转化。

四、进一步完善司法建议工作的建议

为切实发挥司法建议推动诉源治理、完善社会治理的重要作用,建议从以下方面改进和加强司法建议工作,推动专项调研取得扎实成效。

一是进一步提高对司法建议工作的认识。充分认识到司法建议工作对于法院积极参与诉源治理、服务保障工作大局、回应人民群众需求、推进中国式现代化的重要意义和作用，认真贯彻落实最高人民法院和北京市高级人民法院党组关于司法建议工作的部署要求，将司法建议工作作为"一把手"工程抓紧抓实，更加积极主动地开展司法建议工作。广大法官要进一步提升对新时代司法工作重要意义的认识，将司法建议工作作为高水平审判的应有之义，作为为大局服务的自觉行动，不断提升司法建议工作的主动性和能力水平。

二是进一步推动明确司法建议的功能定位。在做实"抓前端、治未病"理念，进一步发挥司法建议推动国家和社会治理作用的部署要求下，建议推动在《民事诉讼法》或《人民法院组织法》等相关法律中明确司法建议的功能定位，扩大适用范围，为法院深化司法建议工作提供更加充分的法律依据，提升司法建议制度刚性。

三是进一步提升司法建议精准度和可行性。司法建议的提出不能只就现象谈问题，而是要在深入调查研究的基础上，挖掘案件背后的深层症结，从源头治理的角度、从切实回应被建议单位需求的角度提出务实管用的建议。进一步明确司法建议的撰写要求，提升司法建议质量，指导全市法院在重视个案问题的同时，充分运用司法大数据，深入分析类案问题，对具有普遍性、典型性、系统性的突出问题，还可以通过专业法官会议、重点课题调研、专家咨询等方式进行调研论证，精准提出具体问题、分析原因，提出可操作性建议，努力使司法建议更广泛、更深入、更有效地发挥堵塞漏洞、促进整改、防范风险、促进治理的积极作用。

四是进一步提升司法建议工作实效。以深度参与社会治理为出发点和落脚点，积极争取党委、人大和政府支持，结合区域重点工作，依托司法建议、白皮书、审判工作报告等形式，向属地党委、相关部门进行提示，共同建立长效综合治理机制，营造良好法治环境。建立健全司法建议跟踪督促机制，主动与被建议单位沟通联络、询问提醒或回访，跟踪、督促司法建议的落实和持续整改，对回访发现落实效果不佳的单位和机构，可以通过抄送、报告等方式向其上级主管部门和党委、人大反映，依靠各方力量形成工作合力，提升司法建议质效。畅通人民群众参与监督司法建议工作的渠道，运用好群众喜闻乐见的宣传方式，争取全社会对司法建议工作的理解、尊重和支持，提升司法建议公信力和影响力。

五是进一步加强司法建议的管理工作。根据最高人民法院出台的最新法律解释和北京法院司法建议工作实际，修订完善北京市高级人民法院《关于加强和规范司法建议工作的意见》，进一步明确、优化司法建议的制发流程、调研方式、考核标准、台账管理等要求，统一规范全市法院司法建议工作。各法院要认真总结工作经验，不断完善本院司法建议工作机制，加强司法建议的发送审核，科学合理设置任务指标，丰富司法建议台账要素，提高司法建议工作规范化水平。积极推动人大、党委政府出台相关文件,在平安建设考核中设置专项指标,通过建立健全司法建议回复制度,推动司法建议有效落实,助力实现共建共治共享的社会治理格局。

六是进一步发挥司法建议的协同治理作用。加强司法建议与其他工作的协同力度,将司法建议纳入诉源治理工作体系,强化司法建议深度应用,通过司法建议督促有关部门和企业主动承担出台政策、完善规则、风险评估、合规审查、安全生产等责任,切实实现"审理一案、治理一域"的良好效果。大力推动司法建议与北京市党建引领"接诉即办"工作机制"每月一题"、北京法院诉源治理"一号响应"机制相衔接,鼓励全市法院积极申报参与"每月一题",将司法建议与案件年度通报、司法数据分析报告、典型案例发布等工作机制相融合,促进成果多维度转化应用,积极为市级主责部门提供决策参考,努力开创服务保障"每月一题"工作新局面,打造深化诉源治理的"首都品牌"。

数字经济视阈下个人信息权益民事司法保护的调研报告

北京互联网法院课题组*

摘　要：数字经济不断发展，个人信息保护民事纠纷关乎私人领域的人格利益和财产利益，更牵涉公共领域内政治、经济、国家安全等众多方面，案件的裁判中要平衡和处理的利益复杂且重大。加之，个人信息处理活动的类型始终变动不居，法律要面临的适用场景和裁判需要解决的争议问题也层出不穷。在个人信息保护案件的裁判中，法院要进一步协调《个人信息保护法》与《民法典》的适用，明确个人信息的概念范围，细化认定个人信息侵权行为的裁判标准，在案件审理中合理分配举证责任，从人身、精神、财产损害赔偿方面，全面救济被侵权人。

一、全国法院个人信息民事案件的审理情况

从2012年《全国人民代表大会常务委员会关于加强网络信息保护的决定》确定保护公民电子信息，到《网络安全法》和《民法总则》（已失效）明确个人信息受法律保护，再到《民法典》明确将个人信息作为一项重要的人格权益，以及《个人信息保护法》对个人信息保护进行系统性规范，我国法律对个人信息保护的规则不断完善细化。相应地，法院在民事司法裁判中对个人信息保护的裁判规则也日益清晰。

课题组通过公开渠道查询2016年至2023年（8月）全国各级法院审理的有关个人信息的案件，将其作为分析样本研究涉个人信息民事案件司法审理情况。

（一）案件受理情况

课题组在北大法宝、中国裁判文书网以"民事案件""隐私权、个人信息保

---

* 课题主持人：姜颖；课题负责人：孙铭溪；课题执笔人：颜君、张亚光、高雅、侯荣昌、赵琪、毛春联。

护"等作为关键词进行检索,共获得 2016~2023 年(8月)涉个人信息民事案件 576 件(见图1)。

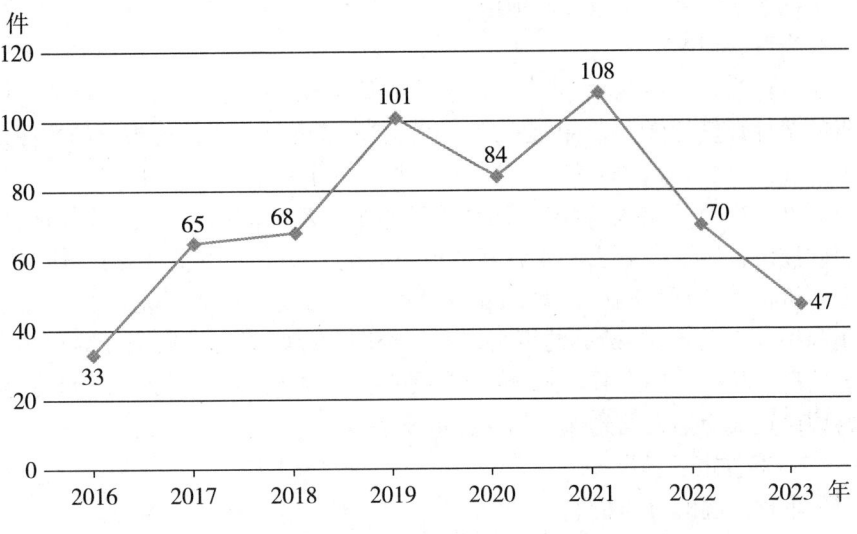

图 1　2016~2023 年(8月)涉个人信息民事案件数量情况

分析图1可以看出,近年来涉个人信息保护权益案件的数量呈现稳中有增的势头。究其原因,一是法律法规对个人信息权益保护规定的不断完善,二是数字经济发展进程中个人信息的利用与保护矛盾越发凸显,三是人民群众的个人信息保护意识不断增强。

(二)案件呈现特征

1. 案由分布情况

在原《民法总则》生效以前,"个人信息"概念散见于不同法律法规的相关条文之中,致使许多个人信息侵权案件被按照其他案由进行审理。本课题的576件样本案件主要涉及隐私权纠纷、一般人格权纠纷、网络服务合同纠纷、侵权责任纠纷、个人信息保护纠纷 5 类案由。其中,隐私权纠纷案由占比最大,达到78.4%以上。2020 年以前,自然人个人信息被公开、泄露,只能以隐私权纠纷、一般人格权纠纷、侵权纠纷等为案由立案追责。2020 年修改的《民事案件案由规定》将个人信息保护纠纷作为单独案由后,个人信息保护纠纷作为独立案由的案件量逐渐增多,公民个人信息受到侵害后可以直接以个人信息保护纠纷案由进行起诉。

2. 地域分布情况

从地域分布情况看,涉个人信息民事案件呈现地域集中的特点。如果将涉案案件所涉及的省份以东部、中部、西部地区进行划分,对三个地区法院审理的案件数量进行分析可知,不同地区间个人信息权益的司法救济发展不均衡,且集中在东部经济发展水平较高的地区。

3.当事人情况

从案件当事人情况看,涉个人信息民事案件的原告均为自然人;自然人作为被告的案件数量为214件,占比约为37%,法人或者其他组织为被告的案件数量为362件,占比约为63%。在自然人作为被告的案件中,诉讼事由多为在公共场所或者网络中公开个人身份证、居住地址等个人基本信息,公开生效裁判文书,安装监控设备等。而以法人或者其他组织为被告的案件中,被诉的主体主要包括金融机构、酒店服务业、各类App运营商、电信服务运营商等对公民个人信息收集利用较多的单位,被诉的事由多为未经同意以收集、提供、公开等方式处理个人信息。从诉讼形态看,除了传统的平等主体的自然人或者法人之间的诉讼,公益诉讼正成为个人信息保护的一种重要手段。

(三)案件审理情况

1.审理法院的分布情况

从案件审理级别看,基层法院、中级法院、高级法院审理案件数量分别为325件、234件、17件(见图2),由于案件涉及的标的额较小,一般由基层法院一审审理。其中,二审案件116件、申请再审案件16件,一定程度上反映了涉个人信息案件争议较大,法律适用方面尚未形成较为统一的裁判观点,上诉和再审的提起率较高。

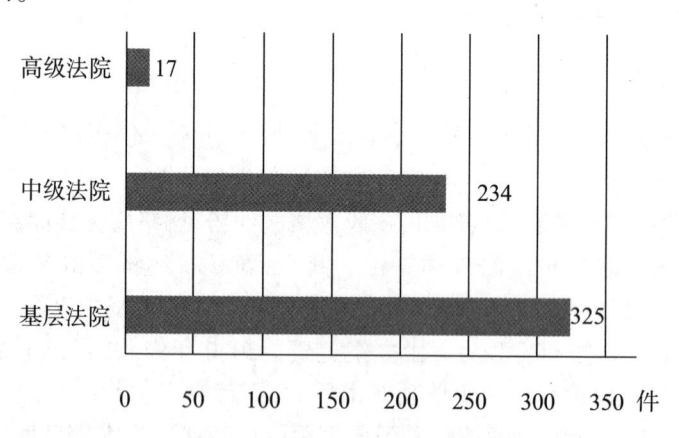

图2 各级法院审理涉个人信息民事案件数量情况

2.结案方式

从结案方式看,涉个人信息民事案件判决的有424件、裁定的有152件,案件的调解、撤诉率相对较低。

3. 责任承担

在涉个人信息民事案件中,法院支持的责任方式包括删除个人信息、赔礼道歉、赔偿经济损失、承担维权合理费用、支付精神损害抚慰金。由于个人信息蕴含的经济价值难以衡量,违法处理个人信息活动对个人信息权益人造成的财产损失和精神损害赔偿也难以准确评估,而维权合理费用通常只包括鉴定费用而不涵盖律师费用,精神损害抚慰金更是仅具象征意义。从裁判结果看,个人信息民事案件中经济损失赔偿数额普遍偏低,案件样本中只有极少数案件的赔偿金额超过了1万元。

(四)案件审理难点

1.《个人信息保护法》与《民法典》的适用有待进一步协调

首先,《民法典》确立了个人信息保护的基本框架、价值、理念,为个人信息保护确立了最基础的规则。但《个人信息保护法》与《民法典》的调整范围存在差异,如何正确理解这种差异是准确适用法律的前提。其次,个人信息权益与其他人格权利存在重合、交叉的关系,法律适用可能出现聚合、竞合等关系。例如,人脸信息属于个人信息,但同时也可能属于个人肖像权的范畴;个人征信信息录入错误既可能构成对个人信息的侵害,同时又可能构成对个人名誉权的侵害。

2. 个人信息范围和认定在司法实践中仍需进一步明确

我国《个人信息保护法》将个人信息界定为"已识别或者可识别的自然人有关"的信息,即通常所说的"识别说"+"关联说",而在司法实践中,可以直接认定为个人信息的,如公民身份证号码、手机号等几乎不会引发争议的个人信息类型较少,大多数情况下法官需要结合个案情况进行分析判断。

3. 个人信息案件举证责任分配仍存在争议

按照民事诉讼法"谁主张,谁举证"的原则,涉及侵犯个人信息的案件,受侵害方应当提供其个人信息受到加害方侵害的初步证据。然而,在个人信息案件中,存在一定的证据偏在困境,即大量能够证明要件事实的证据被集中控制于一方当事人,且往往是加害的当事人一方。① 证据偏在加剧了个人信息举证难题,个人信息收集者和处理者处于信息处理的优势地位,个人难以知晓其中是否采用了加密技术以及是否存在过错。

4. 个人信息侵权行为认定的裁判标准需进一步细化

虽然《个人信息保护法》进一步强化了处理个人信息"告知—同意"的合法

---

① 参见蒋丽华:《无过错归责原则:个人信息侵权损害赔偿的应然走向》,载《财经法学》2022年第1期。

性基础,并明确了告知、同意的标准,但从司法实践看,对有效告知、同意的标准和方式的认定仍需要进一步细化。此外,《个人信息保护法》还规定了无须同意即可处理个人信息的情形,对于该种情形如何把握还存在争议。

5. 个人信息侵权的损害赔偿有待进一步明确

实践中,除个人信息泄露导致直接财产损失外,个人信息泄露导致的财产损失、收益较难计算,规模化处理场景下,个体个人信息权益受到侵害的财产损失是否应得到支持,计算标准如何确定也存在争议。关于个人信息侵权是否可以适用精神损害赔偿,理论和实践中也存在争议,有的学者认为,个人信息权益损害赔偿规则侧重救济的是个人信息权益人因其权益被侵害而遭受的财产损失,是"个人对其个人信息"在"人身财产安全"方面利益的损害赔偿,因而不应适用精神损害赔偿[1];还有学者认为《个人信息保护法》第 69 条第 2 款规定的损害赔偿适用于所有的损害,既包括财产损失又包括精神损害。[2] 而在实践中,个人信息受到侵害更多表现为一种精神上的损害,如焦虑、不安等,对此种损害是否支持精神损害赔偿存在争议。

二、个人信息保护纠纷的法律适用

(一)《民法典》与《个人信息保护法》的关系

《民法典》与《个人信息保护法》均以保护个人信息权益,协调个人信息的保护与利用为目的。有学者从以下方面总结了二者的关系:第一,《个人信息保护法》对《民法典》的相关规定进行了丰富发展,作出了更具体、更详细的规定。第二,《个人信息保护法》对相关民事问题无须作出规定,而是通过转介条款或相关规范指向《民法典》。第三,《个人信息保护法》与《民法典》的某些规定虽然规范对象相同,但是由于规范目的的不同,二者适用的情形不同,并行不悖。第四,相对于《民法典》的一般性规定而言,《个人信息保护法》对相关问题的规定属于特别规定,故应当优先适用《个人信息保护法》的规定。[3]

在具体适用方面需要注意:第一,《个人信息保护法》丰富了个人信息处理的基本原则和告知同意原则,对合法、正当、必要原则进行了细化,新增了公开透明原则、诚信原则、目的限制原则、质量原则以及责任原则作为个人信息处理的

---

[1] 参见杨立新:《侵害个人信息权益损害赔偿的规则与适用——〈个人信息保护法〉第 69 条的关键词释评》,载《上海政法学院学报(法治论丛)》2022 年第 1 期。

[2] 参见程啸:《侵害个人信息权益的侵权责任》,载《中国法律评论》2021 年第 5 期。

[3] 参见程啸:《论〈民法典〉与〈个人信息保护法〉的关系》,载《法律科学(西北政法大学学报)》2022 年第 3 期。

基本原则,并且对告知同意原则的具体规则、标准进行了细化。第二,需要准确理解《民法典》与《个人信息保护法》对个人信息的定义。第三,《个人信息保护法》中关于处理个人信息合法依据的规范是对《民法典》的完善,二者共同构成个人信息处理的合法性基础。第四,涉及个人信息保护的权利实现、责任承担、共同处理和委托处理的责任承担、格式条款规制等,需要通过转介条款,适用《民法典》的相关规定。第五,涉及私密信息与敏感信息、死者个人信息处理,因两法的适用情景不同而分别适用。第六,涉及个人信息保护纠纷的归责原则、损害赔偿归责原则,因《个人信息保护法》有特别规定而适用该规定。

(二)行政规范在个人信息民事裁判中的意义

近年来,各相关职能部门也颁布了诸多个人信息保护相关的规章和规范性文件,涉及个人信息处理的具体领域。例如,《个人信息保护法》对个人信息收集范围提出了最小必要原则,但并未对"最小必要"进行解释说明,而国家互联网信息办公室等四部门联合印发的《常见类型移动互联网应用程序必要个人信息范围规定》明确了39类常见类型移动应用程序必要个人信息范围,正好与这类案件的争议焦点匹配,因此可以在司法裁判的说理部分进行参照。

三、个人信息的概念和范围

个人信息的概念与范围是个人信息法律保护的基础问题。明晰个人信息的概念和范围,可以说是促进数字要素市场发展的起点。从《民法典》到《个人信息保护法》对个人信息概念的规定来看,通说认为,我国法律、相关标准对个人信息定义经历了从"识别"到"识别+关联"的变化。[1]

(一)"识别"的理解

"识别"是个人信息的核心要素。《网络安全法》及《个人信息安全规范》均将"识别"的对象指向了"个人身份"或"特定自然人身份",有学者将其进一步归纳为"身份识别"说。在个人信息还未从传统隐私权概念体系中析出时,"身份识别"阶段的认定标准存在隐私与信息无法区分的难题。[2] 典型案件可见我国

---

[1] 《民法典》第1034条第2款规定:"个人信息是以电子或者其他方式记录的能够单独或者与其他信息结合识别特定自然人的各种信息,包括自然人的姓名、出生日期、身份证件号码、生物识别信息、住址、电话号码、电子邮箱、健康信息、行踪信息等。"

《个人信息保护法》第4条第1款规定:"个人信息是以电子或者其他方式记录的与已识别或者可识别的自然人有关的各种信息,不包括匿名化处理后的信息。"

[2] 参见赵精武:《个人信息"可识别"标准的适用困局与理论矫正——以二手车车况信息为例》,载《社会科学》2021年第12期。

"cookies侵害隐私权第一案",即朱某与北京百度网讯科技有限公司隐私权纠纷案①。该案中,原告朱某认为,百度公司利用cookies技术收集其信息,未经其知情和选择,记录和跟踪了其所搜索的关键词,将其兴趣爱好、工作特点等暴露在相关网站上,对其浏览的网页进行广告投放,侵害了其隐私权。二审法院经审理认为,百度公司在提供个性化推荐服务中运用网络技术收集、利用的是未能与网络用户个人身份对应识别的数据信息,在这一过程中没有且无必要将搜索关键词记录和朱某的个人身份信息联系起来,因此百度公司未侵犯朱某隐私权。虽然该案以隐私权纠纷为案由,当时法律尚无个人信息的定义,但该案判决中也围绕着"身份识别"与个人信息的关系进行了论述,该案对"身份识别"的理解即要求必须识别至现实社会中的"朱某"这一具有社会属性身份的具体个人。

课题组认为,如果仍以"现实身份"作为个人信息识别的对象,可能使大量应被规制的个人信息处理行为不能为法律所规制。个人信息权益诞生的重要背景是规模化、自动化个人信息处理行为广泛出现,在此情境下,实施自动化处理的"机器"或"系统"无须确认处理信息的主体在现实社会中的身份,依然可以达到大量个人信息处理的商业化目的,典型的如个性化推荐、商业广告,以及被广泛诟病的"大数据杀熟"等。系统仅依赖数字化标签、算法即可实现上述功能,进而可能出现侵害自然人知情、公平交易等权利的情况,完全无须知晓、也不关心是否与现实中的"朱某"或"张某"对应。如果无法识别至具体个人即不属于个人信息,上述行为将无法受到个人信息保护法律规制,这显然无法达到信息化、数字化时代保护个人信息的目的。

《民法典》将识别的对象确定为"特定自然人",《个人信息保护法》仅以"自然人"作为识别对象,实际上弱化了"身份识别"概念。课题组认为,个人信息识别性的最低标准,应明确识别对象为自然人,且区别于其他自然人存在即可。欧盟第29条工作组对此有类似观点:"一般来说,当一个自然人在一群人中被视为有别于该群体中的其他自然人时,便可以认为是'已识别'。"

(二)从"识别"到"识别+关联"

关于"识别说"和"关联说"的区分有无意义,主要在于对《民法典》和《个人信息保护法》中个人信息定义的理解。课题组认为,《民法典》和《个人信息保护法》在此问题上的立法精神和内在逻辑具有一致性,因此,从解释论的角度看,通过扩张解释"识别说"中的"与其他信息结合识别"的外延,可以实现二者之间的趋同。在民事审判中界定个人信息时,由于《个人信息保护法》中的私法规范

---

① 参见江苏省南京市中级人民法院民事判决书,(2014)宁民终字第5028号。

是《民法典》的特别法,且《个人信息保护法》第4条第1款对个人信息的规定相对明确,不需要通过法律解释方法进行扩张,如不考量溯及力等因素,可以优先适用该规定。①

司法实践中,在《个人信息保护法》出台前,已经有相关裁判进行了探索。例如,在黄某诉腾讯公司隐私权、个人信息保护纠纷案及凌某某诉抖音个人信息保护、隐私权纠纷案②中,涉及对用户的好友关系、阅读记录、通讯录等信息的收集使用,法院在两案中参考了《信息安全技术 个人信息安全规范》的判断方法,指出已经识别的自然人,如依据数字身份识别框架(OpenID)识别特定用户相关的信息,属于个人信息。《个人信息保护法》实施后,上述《信息安全技术 个人信息安全规范》的个人信息判断方法,事实上也可以作为依据《个人信息保护法》判断个人信息的方法。当然,《个人信息保护法》相对宽泛的个人信息概念,也导致了可能"包罗万象"的适用困境,理论界也提出了诸多关于个人信息"场景化""合理技术能力"的理论等,试图为个人信息的范围划定相对确定的界限,这仍需要实践不断积累。

(三)匿名化的认定

《个人信息保护法》通过将匿名化信息排除在外,为信息和数据的合理利用划定界限。匿名化的核心是消除信息的可识别性,最终达到"经过处理无法识别特定自然人且不能复原",不能"单独或者与其他信息结合识别自然人个人身份"这一理想效果,从而既能给个人信息的处理者以合理流转和利用个人信息的机会,又能防范不法分子利用可识别身份的个人信息侵犯公民的隐私和其他个人信息权益。③ 课题组认为,"匿名化处理"标准虽然具备强烈的技术性和专业性,但其本质仍是以信息处理者在客观上保护个人信息权益的措施效果为主,以信息处理者在主观上保护个人信息权益的意愿为辅,来判断信息处理者是否可以不适用对信息处理活动规范得更严格的《个人信息保护法》。由于特定个人信息在特定行业、特定处理场景下的匿名化可能涉及整个行业的数据处理标准,影响行业发展,法院在案件审理过程中要特别注意是否存在特定领域相对成熟的匿名化技术标准、行业标准等。

---

① 参见郭锋、陈龙业、贾玉慧:《〈个人信息保护法〉具体适用中的若干问题探讨——基于〈民法典〉与〈个人信息保护法〉关联的视角》,载《法律适用》2022年第1期。
② 参见北京互联网法院民事判决书,(2019)京0491民初16142号;北京互联网法院民事判决书,(2019)京0491民初6694号。
③ 参见沈伟伟:《个人信息匿名化的迷思——以〈个人信息保护法(草案)〉匿名化除外条款为例》,载《上海政法学院学报(法治论丛)》2021年第5期。

四、个人信息侵权责任的认定

(一)个人信息侵权责任的归责原则和构成要件

个人信息权益作为人格权的一种,当然适用人格权请求权的规范,即个人信息权益受到侵害,权利人有权依据人格权请求权主张权利。从民事侵权责任的角度,构成要件包括违法行为、损害后果、因果关系和主观过错。《民法典》以及《个人信息保护法》中的个人信息侵权责任适用均为过错归责原则,但是二者在过错的证明责任分配上存在不同,下文将详述。

(二)个人信息侵权纠纷的举证责任

1. 被告是否实施侵权行为的举证责任分配

个人信息侵权纠纷应由原告对侵权责任要件对应的要件事实承担证明责任。其中重要的环节是证明被告是否实施了被控侵权行为。在司法实践中,面对被告如何实施侵权行为、多主体泄露个人信息引发侵权等具体情形,原告的举证能力较为有限。例如,在庞某某诉北京某信息技术有限公司、某航空股份有限公司隐私权纠纷案[①]中,原告仅能证明被告存在收集个人信息的行为和个人信息被泄露的后果,对具体实施侵权行为的环节和主体均难以举证。因此,诉讼中更为缓和的要求是,原则上由原告对被告存在侵权行为承担结果意义上的举证责任,同时,法院结合具体案情,根据双方举证能力、证据距离等情况分配行为意义上的具体举证责任,由原告对被告存在收集个人信息行为、个人信息被侵害的结果进行举证,原告完成上述初步举证责任后,对不存在侵权事实的反驳责任转移至被告,由被告对其在处理原告个人信息过程中不存在侵权行为或有第三人侵权进行举证。

2. 被告是否存在过错的举证责任分配

不同于一般侵权纠纷,在个人信息侵权领域,对于过错要件适用举证责任倒置。由被告对其不存在过错承担举证责任,过错的判断往往采用是否违反注意义务的客观化标准。值得注意的是,在《民法典》的体系中,侵害人格权需要由权利人对侵权人的过错进行举证。而《民事案件案由规定》将隐私权、个人信息保护纠纷作为一项单独案由,当事人如以此作为案由起诉,将面临同一案由中两项权利(益)分别适用不同证明责任规则的局面。课题组认为,解决这一问题,应充分理解个人信息保护的立法目的、个人信息侵权的技术特点。个人信息保护立法的初衷在于解决信息时代个人信息处理者利用技术优势规模化处理个人

---

① 参见北京市第一中级人民法院民事判决书,(2017)京01民终509号。

信息可能造成的损害,如普遍存在的信息处理者与信息主体之间经济实力不对等、专业信息不对称的问题,适用过错推定,有利于减轻自然人一方的举证责任负担,保护受害者的权益。而具体到与其他人格权聚合的情形,特别是在当事人同时主张侵害隐私权和个人信息权益的情形下,多为信息处理者处理的信息同时涉及一般个人信息及私密信息,或处理行为包含了公开、泄露等可能侵害隐私的情形,本质上,处理方法、手段并无差别。因此,当针对同一信息处理行为当事人主张既侵害隐私权又侵害个人信息权益时,均可统一适用过错推定,法院只需要在处理的是不是私密信息上进行区分即可。

3. 是否存在损害结果及其因果关系的举证责任分配

被控侵权行为是否造成原告损失及其因果关系作为侵权责任构成的要件事实之一,应由原告进行举证。损害后果既是侵权责任成立的定性要件,又是确定损害赔偿标准的定量要件,前者关注损害后果的有无,后者还需对具体损害的范围进行确定。侵犯人身权益的损害后果一般包括人身损害、财产损失和精神损害。侵害个人信息的损害结果往往是无形的。比较有争议的是缺乏客观具体的物质性损害,又不构成严重精神痛苦或人身损害的情形。课题组认为,对于损害结果可根据《民法典》第1182条的规定,鼓励双方当事人对被侵权人因此受到的损失或者侵权人因此获得的利益进行举证,并根据证据距离合理分配相关举证责任。在双方均难以举证证明实际损失或因此获得的利益的情况下,可由法院酌情确定损害及赔偿数额。

(三)常见合法性抗辩的认定

近年来,个人信息侵权类案件日渐增多,司法实践中相关案件的被告在诉讼中所提出的抗辩事由基本囊括于《个人信息保护法》第13条规定的7种情形。现作如下分析。

1. 经过告知同意

关于"同意"的法律性质,在学理上亦有较大争议,目前《个人信息保护法》未对"同意"的法律性质作出明确解释,有待司法实践进一步阐明。① 个人对他人处理其个人信息作出同意的意思表示时,要确保个人的同意是在充分知情的前提下,自愿、明确地作出的,这对个人信息处理者的告知形式、内容、阶段等提出了相应的要求。否则,个人的同意难以被认为是真实、自愿和明确的,处理者

---

① 参见郭锋、陈龙业、贾玉慧:《〈个人信息保护法〉具体适用中的若干问题探讨——基于〈民法典〉与〈个人信息保护法〉关联的视角》,载《法律适用》2022年第1期。

对个人信息的处理也不可能是公开透明的。① 关于告知同意原则,实践中并非以一刀切的方式支持或驳回该抗辩事由,告知、同意并非两个简单的动作,是否提供事后救济方式充分保障用户的告知同意权利亦很重要。而基于欺诈、胁迫等情况被强制作出的同意并不产生相应效力。在罗某与某科技有限公司隐私权、个人信息保护纠纷案②中,法院认为,在首次登录页面设置相关个人信息收集界面,未提供跳过或拒绝选项,此种产品设计将导致不同意的用户为实现使用软件的目的,不得不勾选同意或提交相应的信息,属于强制收集,不产生获取有效授权同意的效力。

2. 为订立、履行合同或人力资源管理所必需

无论在《个人信息保护法》出台前还是出台后,法院均认可为订立、履行合同或人力资源管理所必需而处理个人信息的合法性,即"合同必需原则"。然而,这一原则具有宽泛性,影响信息主体的信息自决,应参考欧洲数据保护立法进行一定限缩,增加"应信息主体要求采取措施"作为限制。③ 如何认定订立、履行合同所必需,课题组认为,应限定在软件或网络运营者提供的基本服务功能,或用户在有选择的基础上自主选择增加的附加功能。例如,在罗某与某科技有限公司隐私权、个人信息保护纠纷案④中,法院即认为,被告不得以其仅提供个性化决策推送信息这一种业务模式为由,主张收集用户画像信息为其提供服务的前提。

3. 为履行法定职责或法定义务所必需

为履行法定职责或法定义务所必需处理之个人信息,系个人利益对公共利益的合法让渡。例如,法律规定,法院审理案件,除法律规定的特别情况外,一律公开进行,其中个人信息、案件事实等内容成为司法权运作的素材,相关个人信息同时也具有了公共信息的色彩。

4. 为应对突发公共卫生事件或紧急情况所必需

近年来,为应对突发公共卫生事件,利用大数据技术对个人信息进行收集、处理,妥善加强管理,降低公共安全风险已经被普遍接受。课题组在梳理案例时未发现相关生效判决。如果该类案件诉至法院,法院应当充分考虑个人权益和公共利益是否得到充分平衡,对个人信息的处理是否遵循了必要限度,包括必要

---

① 参见程啸:《论个人信息处理者的告知义务》,载《上海政法学院学报(法治论丛)》2021年第5期。

② 参见北京互联网法院民事判决书,(2021)京0491民初5094号。

③ 参见申卫星、杨旭:《论订立合同作为个人信息处理合法性基础的限缩适用》,载《南京社会科学》2022年第4期。

④ 参见北京互联网法院民事判决书,(2021)京0491民初5094号。

性原则、适当性原则和相称性原则等。

5. 个人自行公开或者其他已经合法公开的个人信息

实践中争议多产生于个人信息已被司法机关或其他国家权力部门依法公开,公司等商业主体再次公开的情形,这类案件中原告主张的侵权行为及被告的抗辩事由大多相同,裁判结果尚不统一。在梁某某与北京某科技有限公司网络侵权责任纠纷案①中,法院认为,该案系因网站转载法院制作并公开的裁判文书引起的纠纷,被告网站的利用形式并未违反社会公序良俗,也不违反立法关于个人信息保护的相关规定,不属于违法使用个人信息的行为。也有法院认为,转载和再次公开行为是否违反正当性和必要性原则,是否对所涉自然人值得保护的重大利益造成影响,应更多考量个人信息主体对其个人信息传播控制的权利及其对个人利益影响程度的评判,即应尊重信息主体对其已被合法公开的信息进行二次传播的个人意愿,赋予其应有的选择权利。② 对此,课题组认为,是否赋予个人对公开个人信息绝对的决定权或在什么情况下应对个人决定权予以适当限制或让渡,正是个人信息作为权益而非对世权的关键所在,其具体界限值得进一步探索。

五、个人信息侵权责任的具体承担

(一)关于停止侵权的具体认定

停止侵权是指侵权人停止自己的行为活动,通常指删除信息、停止个人信息的处理行为或者匿名化处理。关于删除信息,《民法典》生效前的案件,法院一般以被遗忘权缺乏法律依据、涉案人格权益缺乏被保护的正当性和必要性为由未予支持。《民法典》施行后,其第1037条第2款规定了自然人的删除权。《个人信息保护法》进一步细化了删除权的具体内容。课题组认为,对个人信息权益的侵害,无论是否发生实际的损害或损失,个人信息主体都有权要求删除其个人信息。尽管个人信息权益受到侵害时并未发生实际的损害或损失,而只是影响权利的行使或功能的实现,妨碍权利的圆满状态,但权利人基于基础性权利(法律赋予的删除权),可以直接要求停止侵害。

(二)关于消除影响、恢复名誉、赔礼道歉的具体认定

消除影响、恢复名誉、赔礼道歉可以抚慰受害方因侵权行为活动遭受的精神和经济损失,可以不断加强侵权方的道德观,使其获得受害方的原谅。应当注意,赔礼道歉的方式应当与侵权行为类型及产生的损害后果相适应,不能使赔礼

---

① 参见北京市第四中级人民法院民事判决书,(2021)京04民终71号。
② 参见江苏省苏州市中级人民法院民事判决书,(2019)苏05民终4745号。

道歉成为对信息主体的二次侵害。例如,在私密信息侵权的情形下,赔礼道歉不宜适用公开的方式。但是在公益诉讼等案件中,侵权行为具有一定的影响范围、给权利人造成较大影响时,公开赔礼道歉则有必要。同理,消除影响、恢复名誉也必须严格根据个人信息主体的选择进行,并以适当的方式、在适当的范围内进行。

(三)关于损害赔偿的具体认定

从法律规定来看,《民法典》第1182条和《个人信息保护法》第69条均对侵害个人信息权益应承担侵权损害赔偿责任作出了相关规定。上述法律规定为个人信息的人身损害赔偿、财产损害赔偿、精神损害赔偿提供了法律基础。

1. 人身损害赔偿

个人因其个人信息被非法处理受到人身损害的,可以依法向法院提起损害赔偿等诉讼,但目前并无相关案例显示原告有此主张,相关处理有待进一步讨论。

2. 精神损害赔偿

《民法典》第1183条对侵害人身权益的精神损害赔偿进行了规定。① 个人信息权益作为新型人格权,其人格利益远大于财产利益。② 实践中关于侵犯个人信息案件的损害认定、精神损害赔偿的数额计算存在困难。我国法院在审理个人信息无形损害案件时往往以原告未遭受实际损害为由驳回原告的赔偿请求。例如,在朱某与北京百度网讯科技有限公司隐私权纠纷案③中,二审法院认为原告所主张的感到恐惧,精神高度紧张,以至于影响了正常的工作和生活,仅为其主观感受,法院不能据此认定其存在实际损害。但在刘某与北京某速运有限公司、第三人严某个人信息保护纠纷案④中,法院将原告因个人信息失控产生的可能被用于违法事宜的焦虑不安情绪认定为损害,部分支持了其主张的精神损害抚慰金。尽管在该案中法院认可了内心焦虑成立损害,但总体而言,法院在审判实践中对内心焦虑的认定持谨慎态度。课题组认为,情绪状态异常情况能否被视为个人信息的无形损害,主要依赖于在被侵害个人信息的情况下,对未发生的损害风险程度的认定,若未发生的损害风险已达实质性损害风险的程度,应依据高度盖然性标准认可情感性损害的可救济性。关于精神损害赔偿确定的因

---

① 《民法典》第1183条规定:"侵害自然人人身权益造成严重精神损害的,被侵权人有权请求精神损害赔偿。因故意或者重大过失侵害自然人具有人身意义的特定物造成严重精神损害的,被侵权人有权请求精神损害赔偿。"
② 参见叶名怡:《论个人信息权的基本范畴》,载《清华法学》2018年第5期。
③ 参见江苏省南京市中级人民法院民事判决书,(2014)宁民终字第5028号。
④ 参见北京市顺义区人民法院民事判决书,(2020)京0113民初字第16062号。

素,可以根据《最高人民法院关于确定民事侵权精神损害赔偿责任若干问题的解释》第 5 条的规定予以认定。同时,考虑到个人信息可以分为敏感信息与一般信息,不同类别的个人信息与人格尊严的联系程度不同,相比于一般信息,敏感信息被侵犯时对受害人的精神损害更为严重。故课题组认为,个人信息权作为新型的人格权益,在认定精神损害赔偿时,在传统的参考因素,如时间、频次、手段、行为方式、主观过错之外,更应该注意被侵犯的信息是否属于敏感信息,针对被侵犯信息的不同种类,区分精神损害赔偿的数额高低,对那些敏感信息被侵犯的受害人给予更高的精神损害赔偿。值得注意的是,敏感信息的判断解决的是精神损害有无的问题,一旦被侵犯的信息属于个人敏感信息,即使传播度有限,也可推定信息权人遭受精神损害。

3. 财产损害赔偿

《民法典》第 1182 条对侵害他人人身权益的财产损害赔偿进行了规定。① 如何确定"根据实际情况确定赔偿数额"的具体标准,往往成为司法实践中需要明确的要点。《民法典》将个人信息置于人格权编中予以规定,但该编及侵权责任编并未就侵犯个人信息制定专门的损害赔偿规定。同时,《个人信息保护法》将传统民法的填补损失原则纳入其中,因此课题组认为,侵犯个人信息财产损害的认定因素可概括如下:第一,被侵权人的实际损失或侵权人的获利。被侵权人的损失是构成损害赔偿的基础,被侵权人应就其被侵害而遭受的财产损失进行举证,如银行卡被盗刷,因处理维权事宜造成的误工费、律师费、公证费、交通费等。就侵权人的获益,有观点认为,可以结合侵权行为的时间、空间维度以及侵权情节与方式进行确认,如消费操纵和关系控制,商家精准投放广告给特定受众,从而操纵购买者的消费冲动,② 并因此获得收益。课题组认为,被告未经授权收集个人信息可作为获利的考量,据此确定赔偿损失数额。第二,法院根据实际情况酌情确定的考量因素。个人信息无形损害因难以被计量,我国也有多位学者主张确立个人信息权益损害赔偿的最低标准。③ 在被侵权人不能就其蒙受损失的具体数额提供相关证据时,由法官依据自由裁量权对数额进行认定。司

---

① 《民法典》第 1182 条规定:"侵害他人人身权益造成财产损失的,按照被侵权人因此受到的损失或者侵权人因此获得的利益赔偿;被侵权人因此受到的损失以及侵权人因此获得的利益难以确定,被侵权人和侵权人就赔偿数额协商不一致,向人民法院提起诉讼的,由人民法院根据实际情况确定赔偿数额。"

② 参见朱晓峰、夏爽:《论个人信息侵权中的损害》,载《财经法学》2022 年第 4 期。

③ 参见杨立新:《私法保护个人信息存在的问题及对策》,载《社会科学战线》2021 年第 1 期;周汉华:《探索激励相容的个人数据治理之道——中国个人信息保护法的立法方向》,载《法学研究》2018 年第 2 期;崔聪聪:《个人信息损害赔偿问题研究》,载《北京邮电大学学报(社会科学版)》2014 年第 6 期。

法实践中,有法院根据过错程度、损失情况等因素对损害赔偿数额进行酌定。在贝尔塔公司与伊某一般人格权纠纷案①中,法院认为,鉴于贝尔塔公司侵权行为涉及的是原已合法公开的信息,且贝尔塔公司仅对后续阶段拒绝删除相关文书承担侵权责任,综合考虑贝尔塔公司过错程度和伊某维权成本等因素,最终法院酌定贝尔塔公司赔偿8000元。也有法院认为,可以对象征性的赔偿金予以支持。课题组认为,若个人信息遭受的损害难以确定,则需要法官在个案场景中,结合损害的类型,以及《民法典》第998条的规定,考虑行为人和受害人的职业、影响范围、过错程度,以及行为的目的、方式、后果等因素来确定个人信息损害的数额。

---

① 参见江苏省苏州市中级人民法院民事判决书,(2019)苏05民终4745号。

【裁判文书】

北京市丰台区人民法院
民事判决书

(2021)京0106民初20280号

原告:黎某有,男,1994年9月18日出生,汉族,住广西博白县。
委托诉讼代理人:许某,北京卓浩律师事务所律师。
委托诉讼代理人:张某,北京卓浩律师事务所律师。
被告:甄某松,男,1968年12月25日出生,汉族,住北京市丰台区。
被告:韦某荣,男,1972年1月11日出生,汉族,住江苏省苏州市吴江区。
委托诉讼代理人:贾某全,河北齐誉律师事务所律师。
委托诉讼代理人:寇某举,河北齐誉律师事务所律师。
被告:许某伟,男,1981年10月10日出生,汉族,住河北省黄骅市。
委托诉讼代理人:贾某全,河北齐誉律师事务所律师。
委托诉讼代理人:寇某举,河北齐誉律师事务所律师。
第三人:河北适朗环保科技发展有限公司,住所地河北省沧州市黄骅市中捷高新技术创业基地10号厂房。
法定代表人:黎某付,执行董事。

原告黎某有与被告甄某松、韦某荣、许某伟、第三人河北适朗环保科技发展有限公司(以下简称适朗公司)股东出资纠纷一案,本院立案后,依法适用普通程序,公开开庭进行了审理。原告黎某有的委托诉讼代理人许某、张某,被告许某伟及被告韦某荣、许某伟共同委托诉讼代理人寇某举、贾某全到庭参加诉讼,被告甄某松、第三人适朗公司经本院合法传唤,未到庭参加诉讼。本案现已审理终结。

原告黎某有向本院提出诉讼请求:(1)请求判令三被告对河北省沧州市中

级人民法院(以下简称沧州市中院)(2020)冀09民终1493号民事判决书中判定第三人适朗公司所承担的付款义务,即第三人于本判决生效之日起5日内偿还北京青松雪琼建材五金经营部(以下简称青松经营部)借款本金2 552 237.1元,以及以本金2 552 237.1元为基数,按照年利率10%计算自2019年2月3日起至本金全部偿还之日止的利息、一审案件受理费27 824元,在未缴出资范围内承担补充赔偿责任;(2)请求判令三被告对河北省黄骅市人民法院(以下简称黄骅市法院)(2019)冀0983民初3667号民事判决书中判定第三人适朗公司所承担的付款义务,即第三人给付黄骅市松青塑料厂(以下简称松青塑料厂)2018年度厂房使用费400 000元及2019年1月1日之后占用厂房使用费(按照租赁合同约定的租金标准,每年租赁费400 000元计算,自2019年1月1日起至判决书确定的履行之日止)、案件受理费11 133元,在未缴出资范围内承担补充赔偿责任;(3)请求判令三被告承担本案诉讼费。事实和理由:第三人适朗公司因经营需要向案外人青松经营部累计借款4 257 099.3元,并于2017年12月6日出具《借款协议书》,但适朗公司未依约按期还款,青松经营部向法院提起诉讼。黄骅市法院经审理作出(2019)冀0983民初3668号民事判决,青松经营部不服提起上诉,沧州市中院于2020年6月5日作出(2020)冀09民终1493号民事判决,判令适朗公司偿还青松经营部借款本金2 552 237.1元及以本金2 552 237.1元为基数,按照年利率10%计算自2019年2月3日起至本金全部偿还之日止的利息;一审案件受理费27 824元由适朗公司承担。上述判决生效后,适朗公司并未按照上述判决履行义务,青松经营部向黄骅市法院申请强制执行,但适朗公司没有可供执行的财产。2018年1月1日,适朗公司与松青塑料厂签订《租赁合同》,松青塑料厂将厂房交付给适朗公司使用,但适朗公司未依约支付租金。2019年9月11日,黄骅市法院作出(2019)冀0983民初3667号民事判决,判令适朗公司给付松青塑料厂2018年度厂房使用费400 000元及2019年1月1日之后占用厂房使用费(按照租赁合同约定的租金标准,每年租赁费400 000元计算,自2019年1月1日起至判决书确定的履行之日止);案件受理费11 133元由适朗公司承担。上述判决生效后,适朗公司并未按照上述判决履行义务,松青塑料厂向黄骅市法院申请强制执行,但适朗公司没有可供执行的财产。2021年3月29日,青松经营部、松青塑料厂分别与原告签订《债权转让协议》,将上述债权全部转让给原告,并及时通知适朗公司。经查询,适朗公司成立于2016年12月23日,原始注册资金10 000万元,三被告为适朗公司股东,其中被告韦某荣持有适朗公司35%的股权,被告甄某松持有适朗公司55%的股权,被告许某伟持有适朗公司10%的股权。2018年4月8日,注册资金变更为1000万元,三被告持股比例不变,其中被告韦某荣认缴出资350万元,被告甄某松认缴出资550

万元,被告许某伟认缴出资 100 万元,认缴出资日期为 2028 年 12 月 31 日。根据《最高人民法院关于适用〈中华人民共和国公司法〉若干问题的规定(二)》第二十二条第二款规定,公司财产不足以清偿债务时,债权人主张未缴出资股东,以及公司设立时的其他股东或者发起人在未缴出资范围内对公司债务承担连带清偿责任的,人民法院应依法予以支持。三被告至今尚未缴纳出资,应当在未缴出资范围内对前述债务承担连带责任。综上,第三人适朗公司至今不能履行前述判决书确定的还款义务,三被告也未对适朗公司所欠债务承担补充赔偿责任,故原告诉至法院。

被告甄某松未参加本院庭审,在本院组织的庭前会议中辩称,同意原告诉讼请求,公司没有钱还,股东应当按照股权比例进行责任承担。在向本院提交的书面意见中辩称,甄某松与韦某荣通过业务合作认识,与许某伟是老乡关系。2016年,融创地产设立建材供应商集采库,为了能与融创地产建立战略合作关系,甄某松与韦某荣决定成立适朗公司。公司成立时,许某伟称其有快速成立公司以及管理公司的资源,于是甄某松和韦某荣均同意许某伟占股 10%。许某伟派其表弟刘某麟出面全权代表三股东办理公司注册事宜,公司正式注册成立时间为 2016 年 12 月 23 日,注册资金 1 亿元,股权比例为甄某松占 55%、韦某荣占 35%、许某伟占 10%,后减资至 1000 万元。截至目前各股东实际出资金额为:甄某松出资 270 万元、韦某荣出资 210 万元、许某伟未出资。适朗公司成立后,因为融创地产与佑逸集团建立了集采关系,而适朗公司的名称不符合入库条件,因此三人决定成立河北佑逸环保科技发展有限公司(以下简称佑逸公司)。佑逸公司的成立,仍然是许某伟派其表弟刘某麟出面全权代表三股东办理公司注册事宜,公司正式注册成立时间为 2017 年 3 月 15 日,注册资金 400 万元,股权比例仍为甄某松占 55%、韦某荣占 35%、许某伟占 10%。为了扩大经营,2017 年 4 月 13 日佑逸公司增资至 1000 万元,股权比例为甄某松占 82%、韦某荣占 14%、许某伟占 4%。两个公司实际上是一套人马两套班子,两个公司对外经营以佑逸公司为主,适朗公司作为备选。在公司成立之初,各股东共同商定:根据公司经营过程中的实际需要,各股东按照股权比例向公司逐步出资。但在后续的经营过程中,佑逸公司对外签订了若干份经济合同并需要大量垫资投产,而韦某荣不想再经营并拒绝出资,导致公司已签合同面临违约并支付巨额违约金的局面,在此情况下,甄某松筹措资金以借款方式向公司垫资以解燃眉之急。所垫付资金,即为本案涉案的公司债务。自此公司各股东之间产生矛盾。在公司经营过程中,韦某荣转让至甄某松名下的款项是其向适朗公司的出资,转账至佑逸公司的款项与适朗公司及本案无关。

被告韦某荣、许某伟辩称:第一,第三人为涉案债务的债务人,现第三人仍正常存在,没有被解散、清算或注销,故原告诉请要求第三人所有股东承担责任没有事实和法律依据;第二,涉案基础债权以及所谓转让都不是真实的,均是虚假的,均是被告甄某松作为第三人原法定代表人和实际控制人、大股东,一手做局,自己起诉自己,属于典型的主体混同;第三,原告诉状中自称涉案的两项债权均已经在黄骅市法院申请强制执行,但现在执行进展及现状如何没有书面证据证明,如果本案成立,很有可能造成同一债权重复行使或多主体行使权利;第四,第三人所有工商登记与变更均为被告甄某松自己所为,被告韦某荣、许某伟根本不知情,且本案涉及的两个基础诉讼,韦某荣、许某伟作为股东根本不知情,在接到本案诉状后才得知相关事实,对此韦某荣、许某伟已经向黄骅市法院递交了第三人撤销之诉起诉书;第五,被告韦某荣按照股东之间的发起协议向被告甄某松转账 210 万元,已经全部出资到位。即使按照工商登记的出资额,上述金额加上韦某荣向适朗公司转账 58 万元,向佑逸公司转账 100 万元(因甄某松于 2018 年 4 月 8 日将韦某荣、许某伟持有佑逸公司的股权擅自转让,故其向佑逸公司的转账应转为向三人同为股东的适朗公司的出资),共计转账 368 万元,实际出资远远超过了工商登记的出资额。被告许某伟系持干股,均不存在出资不到位的情况,且许某伟在 2017 年已与其他股东协议退出第三人公司,故原告起诉许某伟属于主体错误。综上,第三人法定代表人黎某付系甄某松的岳父,原告亦与甄某松系亲属关系,本案系甄某松自己做局,属于虚假诉讼,故请求法院驳回原告的全部诉讼请求。

第三人适朗公司未到庭参加诉讼,向本院提交书面陈述意见称,本案中原告所述情况属实,第三人已收到青松经营部、松青塑料厂将涉案全部债权转让给原告的通知,但第三人没有可供执行的财产,无法履行判决内容,同意由三被告在未缴出资范围内对涉案债务承担连带责任。

当事人围绕诉讼请求依法提交了证据,本院组织当事人进行了证据交换和质证。对当事人对真实性无异议的以下证据予以确认并在卷佐证:黎某有提交的适朗公司工商信息网页、民事判决书、适朗公司工商档案资料、公司解散案起诉状、第三人撤销之诉案起诉状、证据目录及证据材料等,韦某荣、许某伟提交的韦某荣银行卡交易明细、录音、判决书、第三人撤销之诉起诉书等。对当事人有争议且与本案争议焦点有关的证据,本院认证如下:

1.黎某有提交了以下证据:(1)债权转让协议、债权转让通知,证明青松经营部、松青塑料厂已将对适朗公司的债权转让给原告,且已通知适朗公司;(2)(2021)冀 0983 执 441 号执行裁定书,证明适朗公司无履行能力,应由股东在认缴范围内承担补充责任。甄某松、适朗公司对上述证据无异议。韦某荣、许某伟对证据 1 的真实性不认可,认为黎某有系甄某松亲属,系虚假转让,对证据

2 的真实性申请由法院核实。本院经审查认为,上述证据的来源形式符合法律规定,故对证据的真实性予以确认,对证据的证明效力将结合本院查明的事实综合认定。

2. 韦某荣、许某伟提交了以下证据:(1)协议书,证明三被告与另一隐名股东就公司设立及经营签订协议,认可注册资金变更为 600 万元;(2)证人证言,证明许某伟已于 2017 年退出适朗公司,适朗公司设立和变更均由刘某麟受甄某松指派办理,本案涉及的基础诉讼中,所谓借款系甄某松向自己经营企业的投资,系其认缴的投资款的一部分,两个基础债权均为虚假债权。黎某有对上述证据的真实性及证明目的均不认可。甄某松、适朗公司对证据 1 的真实性认可,证明目的不认可;对证据 2 未予质证。本院经审查认为,上述证据的来源形式符合法律规定,故对证据的真实性予以确认,对证据的证明效力将结合本院查明的事实综合认定。

根据当事人陈述和经审查确认的证据,本院认定事实如下。

一、适朗公司、佑逸公司基本情况

(一)适朗公司基本情况

2016 年 12 月 28 日,甄某松、韦某荣、许某伟、黄某欣就共同出资设立河北适朗环境科技发展有限公司(名称暂定,具体以工商注册部门核准的名称为准)签订《公司设立发起人协议书》,约定:(1)订立协议各方当事人:甄某松、韦某荣、许某伟、黄某欣。(2)投资及经营内容:①公司注册资金投资总额人民币 600 万元(大写人民币陆佰万元整),不包含设备。②投资情况:a 甄某松出资人民币 270 万元整,持有公司 45%股份;b 韦某荣出资人民币 210 万元整,持有公司 35%股份;c 许某伟出资人民币 60 万元整,持有公司 10%股份;d 黄某欣出资人民币 60 万元整,持有公司 10%股份。③甄某松、韦某荣的投资资金在 2016 年 12 月 25 日前,到账总投资额资金的 25%,2017 年 1 月 25 日前到账 25%,2017 年 2 月 25 日前到账 25%,2017 年 3 月 25 日前到账 25%。不能缴纳投资资金时,按实际出资情况减持股份,所减持的股份比例由其他股东按出资比例认缴。④许某伟和黄某欣的投资资金在 2019 年 12 月 31 日前到账,在此期间每年用个人管理提成和业务提成的 70%来补交出资资金,如在 2019 年 12 月 31 日前个人管理提成或业务提成的 70%累计不够 60 万元,个人必须一次性补交余额,否则按实际出资情况减持股份,所减持的股份比例由其他股东按出资比例认缴(在工商登记中黄某欣的 10%股份暂时放在甄某松的名下,根据黄某欣的要求再做工商变更)。⑤许某伟和黄某欣在未缴清 60 万元出资资金前只能享受占股的 70%分红,另外的 30%部分由其他股东按股份比例分配。⑥当经营过程中需要再投资时采取:a 向股东内部融资月息按 1%;b 出让部分股份向社会融资,同时稀释目前的股份;c 向银行融资。⑦经营内容:生产和经营中央集成净水系统(管道和前置净水器)、塑料保鲜盒及其他塑料制品,资金不得作为他用。⑧经营初期的设备使用甄某松和韦某荣现有设备,设备按现值估算后,分 5 年折旧分摊,由公司分别按 10%、20%、20%、25%、25%返还给甄某松和韦某荣。(3)采用董事会决策,投资和经营分权:①股东享有充分的知情权、监督权和检查权。②公司的盈亏共同按照比例分担责任。③股东即为董事会成员,企业由各股东共同组成董事会,由甄某松担任董事长;董事长为企业负责人(任法定代表人),负责组织人员实施董事会的决定,由董事长聘任许某伟为常务副总经理、黄某欣为营销总监,其余职位向社会招聘。④公司不设监事会,由韦某荣担任公司监事,履行监事会职责。⑤原则上除董事长之外,其余股东不参与公司的日常管理。对经营提出意见时需通过股东会议表决。(4)股东的权利与义务:……义务:①足额缴纳出资的义务。②三年内不得抽回出资的义务。③遵守公司章程的义务。④以其所缴纳的出资为限承担公司责任的义务。(5)退股要求:声明退股,即自愿退股,要求是投资人在入股 3 年后如出现退股事由,应当提前 30 天通知其他股东,在客观上不会给公司经营事务执行造成不利影响,经全体股东同意后可以退股,退股后公司可作减资或由其他股东按比例认购等。

2016 年 12 月 23 日,适朗公司经核准成立,注册资本为 10 000 万元,法定代表人及执行董事为甄某松,股东及出资比例为:甄某松认缴出资额 5500 万元,持股比例 55%;韦某荣认缴出资额 3500 万元,持股比例 35%;许某伟认缴出资额 1000 万元,持股比例 10%;认缴出资时间均为 2026 年 12 月 31 日前。庭审中,经办人许某伟、刘某麟陈述其系按照甄某松指派前往工商行政管理部门办理工商手续,手续中的签字均为其代签。

在公司经营过程中,韦某荣分别于 2016 年 12 月 19 日、2017 年 2 月 4 日、2017 年 2 月 28 日、2017 年 4 月 5 日分别向甄某松转账 50 万元、50 万元、50 万元、35 万元、25 万元,共计 210 万元;于 2017 年 5 月 24 日、2017 年 7 月 5 日、2017 年 7 月 21 日分别向适朗公司转账 20 万元、18 万元、20 万元,共计 58 万元。

2018 年 4 月 8 日,适朗公司工商备案的注册资本变更为 1000 万元,股东及出资比例变更为:甄某松认缴出资额 550 万元,持股比例 55%;韦某荣认缴出资额 350 万元,持股比例 35%;许某伟认缴出资额 100 万元,持股比例 10%;认缴出资时间均为 2028 年 12 月 31 日前。庭审中,经办人刘某麟陈述其系按照甄某松指派前往工商行政管理部门办理工商变更手续,变更手续中的签字均为其代签。

2018 年 4 月 27 日,适朗公司的法定代表人由甄某松变更为黎某付。庭审中,经办人刘某麟陈述其系按照甄某松指派前往工商行政管理部门办理工商变更手续,变更手续中的签字均为其代签。

(二)佑逸公司基本情况

佑逸公司成立于 2017 年 3 月,法定代表人为甄某松,公司注册资本 1000 万元,甄某松出资 820 万元、韦某荣出资 140 万元、许某伟出资 40 万元。2018 年 4 月 8 日,公司注册资本变更为 100 万元,股东甄某松出资 99 万元、黎某石出资 1 万元。

在公司经营过程中,韦某荣分别于 2017 年 5 月 8 日、2017 年 6 月 13 日向佑逸公司转账 50 万元、50 万元,共计 100 万元。韦某荣主张上述款项系其对佑逸公司的出资款,因甄某松未经其同意将佑逸公司股东由甄某松、韦某荣、许某伟变更为甄某松、黎某石,故上述 100 万元应作为其对适朗公司的出资。

二、青松经营部与适朗公司基础债权及债权转让情况

2019 年,青松经营部(经营者甄某松)以民间借贷纠纷为由将适朗公司、佑逸公司(法定代表人甄某松)诉至黄骅市法院,请求判令适朗公司偿还青松经营部借款本金 2 552 237.1 元及利息(以 2 552 237.1 元为基数,按照年利率 10%标准计算自 2019 年 2 月 3 日起至全部偿还之日止的利息),佑逸公司对上述债务承担连带保证责任。适朗公司、佑逸公司辩称:对青松经营部的起诉认可,但是因为经营不善,现在无法偿还债务,其间陆续也还过钱,总借款是 4 257 099.3 元,现在还余下 2 552 237.1 元。法院经审理认为,青松经营部提供的银行汇款及收条等证据证明其已按照借款协议约定的借款数额交付适朗公司,故该借款协议已生效,对借款数额、还款数额双方无异议,该院确认。双方约定的借款利率不违反法律规定,该院予以确认。青松经营部没有提供证据证明其在保证期间内向佑逸公司主张权利,故佑逸公司不承担担保责任。后黄骅市法院作出(2019)冀 0983 民初 3668 号民事判决,判决:(1)适朗公司偿还青松经营部借款本息 2 628 095.3 元(包括本金 2 552 237.1 元及以年利率 10%计算,自 2019 年 2 月 3 日至 2019 年 5 月 21 日利息 75 858.16 元);(2)驳回青松经营部其他诉讼请求。判决后,青松经营部不服提起上诉,沧州市中院经审理认为,青松经营部经营类型为个体,经营者为甄某松个人,青松经营部作为民事主体在民事活动中系通过甄某松对外作出意思表示实施民事法律行为,相应法律后果最终归属于甄某松个人。甄某松作为青松经营部的经营者参加本案诉讼或者委托诉讼代理人参加诉讼,诉讼行为的相应法律后果亦最终由甄某松承担。甄某松同时又是被上诉人佑逸公司的法定代表人。甄某松既以债权人身份作为原审原告提起诉讼,又以原审被告即保证人佑逸公司法定代表人身份应诉和委托诉讼代理人参加诉讼,亦不主张抗辩理由,只是完全认可青松经营部的诉讼请求,应认定已构成原、被告实质上的混同。2020年6月5日,沧州市中院作出(2020)冀09民终1493号民事判决,判决:(1)撤销黄骅市法院(2019)冀0983民初3668号民事判决第二项;(2)变更(2019)冀0983民初3668号民事判决第一项为:适朗公司于本判决生效之日起5日内偿还青松经营部借款本金2 552 237.1元,以及以本金2 552 237.1元为基数,按照年利率10%计算自2019年2月3日起至本金全部偿还之日止的利息;(3)驳回青松经营部的其他诉讼请求。一审案件受理费27 824元,由适朗公司承担。

上述判决生效后,适朗公司未按照判决履行义务。2021年1月15日,青松经营部向黄骅市法院申请强制执行。黄骅市法院经审查认为,"经本院穷尽财产调查措施之后,暂未发现被执行人名下有可供执行财产,申请执行人亦书面认可本院的调查结果,并表示不能提供被执行人的其他财产线索"。2021年3月19日,黄骅市法院作出(2021)冀0983执441号执行裁定,裁定终结本次执行程序。

2021年3月29日,青松经营部与黎某有签订《债权转让协议》,将上述其基于(2020)冀09民终1493号民事判决对适朗公司享有的债权全部转让给黎某有,并于2021年3月30日将债权转让事宜通知适朗公司。审理中,黎某有、甄某松均认可双方及与适朗公司法定代表人黎某付系亲属关系,债权系无偿转让,未支付对价。

三、松青塑料厂与适朗公司基础债权及债权转让情况

2019年,松青塑料厂(经营者甄某松)以租赁合同纠纷为由将适朗公司、佑逸公司(法定代表人甄某松)诉至黄骅市法院,请求判令适朗公司偿还松青塑料厂租金80万元及违约金、支付律师费34 000元,佑逸公司对上述债务承担连带保证责任。适朗公司、佑逸公司辩称:对于松青塑料厂诉求的相关事实无异议,但是由于经营不善,现在没有能力偿还。2019年9月11日,黄骅市法院作出(2019)冀0983民初3667号民事判决,判决:(1)适朗公司给付松青塑料厂2018年度厂房使用费40万元及2019年1月1日之后占用厂房使用费(按照租赁合同约定的租金标准,每年租赁费40万元计算,自2019年1月1日起至判决书确定的履行之日止);(2)驳回松青塑料厂的其他诉讼请求。案件受理费11 133元,由适朗公司承担(限判决生效之日交纳)。

庭审中,黎某有称上述判决生效后,适朗公司未按照判决履行义务,松青塑料厂向黄骅市法院申请强制执行,因无财产可执行,松青塑料厂撤回申请,但对此未向本院提供相关证据材料。

2021年3月29日,松青塑料厂与黎某有签订《债权转让协议》,将上述其基于(2019)冀0983民初3667号民事判决对适朗公司享有的债权全部转让给黎某有,并于2021年将债权转让事宜通知适朗公司。审理中,黎某有、甄某松均认可双方及与适朗公司法定代表人黎某付系亲属关系,债权系无偿转让,未支付对价。

四、其他情况

2021年3月26日,甄某松与许某伟进行通话,双方在通话中有以下内容:甄某松:"他也告我,我也告他嘛是吧,其实我不想跟你有冲突,但是我会把你拉进来,你看看这事,我是不想怎么着的,就是判了我也不可能找你要钱,我就这个意思,我通知你一下,你看看这个事。"许某伟:"这个你们中间的事呢我也不想去牵扯的,我也不想那个嘛,这个因为你不管起诉谁,那是你个人的那个嘛,因为第一个吧来说,当时在没有嘛之前吧,我已经退出来了,是吧,这是说事实。"甄某松:"我知道是事实,所以不是,我是这样想,我呢,我要打官司我肯定在北京打,我不可能上苏州打去,知道吧,我肯定在北京告我嘛,对不对,我也担着责任呢嘛是不是,但是,告你不管你不出庭,就是说判我也不可能朝你要钱去就完事了,我就提前告诉你,我们哥俩就是没什么关系,因为我也承认你属于干股份,赔了没你的事,对不对,就完事了,但是我不把你拉进来我就跑到苏州去打官司去,懂不懂,就这么个情况。"

2021年6月24日,甄某松委托北京卓浩律师事务所律师许某以适朗公司为被告、韦某荣、许某伟为第三人向黄骅市法院提起诉讼,请求判令解散适朗公司。适朗公司书面答辩称,甄某松所述情况属实,同意解散。黄骅市法院经审理认为,适朗公司因经营过程中产生经济纠纷涉及诉讼案件,公司解散后会影响其他债权人对适朗公司主张权利,解散公司可能会影响到其他债权人的利益,故驳回甄某松的诉讼请求。各方均陈述,判决后甄某松不服提起上诉,目前该案二审尚未审结。

黎某有主张适朗公司至今未履行判决书确定的还款义务,甄某松、韦某荣、许某伟作为股东应在其未缴出资范围内向其承担补充赔偿责任,故来院起诉。

在本案审理过程中,韦某荣、许某伟于2021年10月26日向黄骅市法院提起第三人撤销之诉,请求撤销(2019)冀0983民初3667号民事判决书,目前该案尚未审结。

本院认为,根据庭审查明的事实,本案的争议焦点有三,一是黎某有是否为适朗公司债权人;二是股东出资是否可以加速到期;三是甄某松、韦某荣、许某伟是否应在未缴出资范围内对适朗公司的债务承担补充赔偿责任。对此本院分析如下。

(一)关于黎某有是否为适朗公司债权人

根据法院生效判决确认,青松经营部、松青塑料厂分别对适朗公司享有债权,后青松经营部、松青塑料厂将上述基于生效判决确认的债权转让给黎某有,该债权转让系双方真实意思表示,未违反法律、行政法规的强制性规定,应属有效。虽然黎某有与青松经营部、松青塑料厂的经营者甄某松均认可双方系亲属关系,且债权转让未支付对价,但上述情况不足以否认双方之间债权转让的效力,故黎某有可以视为适朗公司的债权人,有权提起本案诉讼。韦某荣、许某伟虽主张青松经营部、松青塑料厂对适朗公司的债权系虚假债权且债权转让亦为虚假转让,但对此并未提供充分证据予以证明,故对其该项辩称意见本院不予采纳。

(二)关于股东出资是否可以加速到期

本案的争议焦点之一为,在注册资本认缴制下,债权人能否要求股东出资加速到期。《中华人民共和国企业破产法》第三十五条规定:"人民法院受理破产申请后,债务人的出资人尚未完全履行出资义务的,管理人应当要求该出资人缴纳所认缴的出资,而不受出资期限的限制。"《最高人民法院关于适用〈中华人民共和国公司法〉若干问题的规定(二)》第二十二条规定:"公司解散时,股东尚未缴纳的出资均应作为清算财产。股东尚未缴纳的出资,包括到期应缴未缴的出资,以及依照公司法第二十六条和第八十条的规定分期缴纳尚未届满缴纳期限的出资。公司财产不足以清偿债务时,债权人主张未缴出资股东,以及公司设立时的其他股东或者发起人在未缴出资范围内对公司债务承担连带清偿责任的,人民法院应依法予以支持。"《最高人民法院关于适用〈中华人民共和国公司法〉若干问题的规定(三)》第十三条第二款规定:"公司债权人请求未履行或者未全面履行出资义务的股东在未出资本息范围内对公司债务不能清偿的部分承担补充赔偿责任的,人民法院应予支持;未履行或者未全面履行出资义务的股东已经承担上述责任,其他债权人提出相同请求的,人民法院不予支持。"根据上述规定,本案各方的争议实质上针对的是公司在非破产与解散情形下股东出资是否加速到期。对此本院认为,在注册资本认缴制下,股东依法享有期限利益。债权人以公司不能清偿到期债务为由,请求未届出资期限的股东在未出资范围内对公司不能清偿的债务承担补充赔偿责任的，不予支持，但是公司作为被执行人的案件，人民法院穷尽执行措施无财产可供执行，已具备破产原因，但不申请破产的情况除外。由上，在有生效判决，经公司债权人申请执行的情况下，如果穷尽执行措施公司还无财产可供执行，已具备破产原因，但不申请破产，其结果与《中华人民共和国企业破产法》第二条规定的公司资产不足以清偿全部债务或者明显缺乏清偿能力完全相同，故这种情况下比照《中华人民共和国企业破产法》第三十五条的规定，股东未届期限的认缴出资加速到期，但其对公司债务承担的责任应是以未缴出资额为限对公司债务不能清偿部分承担补充赔偿责任。

本案中，对于黎某有受让的青松经营部基于（2020）冀09民终1493号民事判决享有的债权，青松经营部作为债权人，在适朗公司未按照（2020）冀09民终1493号民事判决履行义务后向法院申请强制执行，经法院穷尽财产调查措施后未发现可供执行财产，已具备破产原因，但不申请破产，符合上述股东出资加速到期的情形，至于甄某松、韦某荣、许某伟是否应对适朗公司的该笔债务承担补充赔偿责任，本院将在下一部分进行分析。而对于黎某有受让的松青塑料厂基于（2019）冀0983民初3667号民事判决享有的债权，黎某有未能提供证据证明在该案中经法院穷尽财产调查措施未发现可供执行财产，故对于该笔债权，不符合上述股东出资加速到期的情形，黎某有据此请求判令甄某松、韦某荣、许某伟对（2019）冀0983民初3667号民事判决确认的适朗公司所承担的付款义务在未缴出资范围内承担补充赔偿责任的请求依据不足，本院不予支持。

（三）关于甄某松、韦某荣、许某伟是否应在未缴出资范围内对适朗公司的债务承担补充赔偿责任

首先，黎某有并非适朗公司普通债权人，涉案债权实质上系股东对公司的内部债权。黎某有受让青松经营部对适朗公司的债权，一方面，黎某有与甄某松系亲属关系，双方之间转让股权未支付对价；另一方面，甄某松同时为债权转让人青松经营部的经营者与债务人适朗公司的股东之一。鉴于各方上述特殊关系，结合本案查明的事实，本院有理由相信，黎某有受让青松经营部对适朗公司的债权后，其虽然形式上取得了债权人的地位，但实际上对该债权享有权利及最终受益的应为甄某松，故该笔债权不同于普通债权人对适朗公司的外部债权，实质上应当属于公司股东对公司的内部债权。

其次，在债权人实质上为公司股东的情况下，全体股东是否应对公司债务承担补充赔偿责任应结合实际情况综合判断。

一方面，由上分析，在黎某有对适朗公司的债权实质上应属股东甄某松对适

朗公司内部债权的情况下,甄某松作为适朗公司股东,尤其是控股股东,对适朗公司实际出资等情况应充分了解,其与适朗公司之间发生债权债务关系并非基于对适朗公司工商注册资本的信赖,故此时适朗公司各股东是否履行出资义务不应仅依据工商登记情况来判断,而应按照股东之间真实意思及履行情况综合认定,并在此基础上对各股东是否应对适朗公司的债务承担责任作出判断。其一,关于韦某荣是否应对适朗公司债务承担责任。根据各方在公司成立时签订的《公司设立发起人协议书》约定,公司投资总额600万元,其中韦某荣出资210万元、许某伟出资60万元,股东以其缴纳的出资额为限承担公司责任。现甄某松认可韦某荣向其转账的210万元系对适朗公司的出资,故应视为其认可就股东内部而言,韦某荣已实际足额履行出资义务。虽然根据公司章程约定,韦某荣、许某伟认缴出资额分别为350万元、100万元,但结合庭审查明的事实,该公司章程系由适朗公司员工代签后提交工商行政管理部门,在无其他证据证明该公司章程系各股东一致同意的意思表示的情况下,对于股东内部而言,出资额以各方均认可签订的《公司设立发起人协议书》中的约定为宜。其二,关于许某伟是否应对适朗公司债务承担责任。根据庭审查明的事实,甄某松、韦某荣作为公司股东,均认可许某伟无须实际出资,且已于2017年退出公司,甄某松更在双方通话中明确表明不要求许某伟对公司债务承担责任,故应视为甄某松作为该笔债权实际受益人,以自己的行为明确表示放弃要求许某伟对适朗公司债务承担责任的权利。其三,关于甄某松是否应对适朗公司债务承担责任。根据上述分析,甄某松既是案涉债权的实际最终受益人,又作为被告在本案中不主张抗辩理由,应认定已构成原、被告实质上的混同,现甄某松认可黎某有的诉讼请求,双方可自行履行,不存在诉的利益,故对于黎某有要求甄某松对适朗公司案涉债务承担补充赔偿责任的请求,本院亦不予支持。

另一方面,即使认定甄某松、韦某荣、许某伟应按照工商登记的认缴出资数额对黎某有基于(2020)冀09民终1493号民事判决享有的债权承担补充赔偿责任,在各方均未按照注册资本缴纳流程完成出资的情况下,甄某松作为大股东,亦应负有在其出资额550万元范围内对适朗公司债务承担补充赔偿责任的义务。鉴于各股东承担责任的方式均为补充赔偿责任,故对债权人而言,所有股东应连带承担全部责任,而非按照出资比例承担责任,在甄某松对适朗公司负有出资义务,且出资额足以清偿适朗公司对其实质债务的情况下,已构成债权债务以及权利义务的混同,为平等保护公司其他普通债权人的利益,该混同债务不应再由其他股东承担。

综上所述,黎某有要求甄某松、韦某荣、许某伟对适朗公司债务承担责任的请求依据不足,本院不予支持。依照《中华人民共和国公司法》第三条、第二十六条、第二十八条,《中华人民共和国民事诉讼法》第六十七条第一款之规定,判决如下:

驳回黎某有的全部诉讼请求。

案件受理费30 729.55元,由黎某有负担(已交纳)。

如不服本判决,可以在判决书送达之日起十五日内,向本院递交上诉状,并按照对方当事人或者代表人的人数提出副本,上诉于北京市第二中级人民法院。

审 判 长 苏 洁
二〇二二年四月七日
法官助理 陈碧玉
书 记 员 杜明婕

北京市第一中级人民法院
民事判决书

(2021)京01民初730号

原告：中财荃兴资本管理有限公司，住所地北京市海淀区首体南路22号国兴大厦。

法定代表人：宋某安，董事长。

委托诉讼代理人：牟某远，北京恒都（天津）律师事务所律师。

委托诉讼代理人：孙某杰，北京恒都律师事务所实习律师。

被告：睿康控股集团有限公司，住所地浙江省杭州市滨江区六和路368号一幢（北）三楼D3027室。

法定代表人：夏某统，执行董事兼总经理。

被告：夏某统，男，1974年10月26日出生，住浙江省衢州市柯城区。

第三人：深圳秦商集团有限公司，住所地广东省深圳市福田区福田街道岗厦社区彩田路2009号瀚森大厦13层03-08单元。

法定代表人：李某，总经理、执行董事。

原告中财荃兴资本管理有限公司（以下简称中财荃兴公司）与被告睿康控股集团有限公司（以下简称睿康公司）、杭州超任投资有限公司（以下简称杭州超任公司）、夏某统、洪某、余某星、第三人深圳秦商集团有限公司（以下简称深圳秦商公司）合同纠纷一案，本院于2021年8月3日立案后，依法组成合议庭。杭州超任公司在答辩期内提出管辖权异议，本院于2022年1月19日作出有管辖权民事裁定。中财荃兴公司分别于2021年11月26日、2022年4月19日向本院提出撤回对洪某、余某星和杭州超任公司起诉的申请，本院于2022年4月27日作出民事裁定书，准许中财荃兴公司撤回对洪某、余某星、杭州超任公司的起诉。本院于2022年4月27日、2022年10月27日就本案公开开庭进行了审理，原告中财荃兴公司的委托诉讼代理人牟某远，到庭参加诉讼。被告睿康公司、夏某统及第三人深圳秦商公司经本院公告送达开庭传票,未到庭参加诉讼。本案现已审理终结。

原告中财荃兴公司向本院提出诉讼请求:(1)睿康公司向中财荃兴公司返还投资款5000万元;(2)睿康公司向中财荃兴公司支付财务顾问费用37.5万元;(3)睿康公司向中财荃兴公司支付违约金1000万元;(4)睿康公司承担中财荃兴公司律师费9万元、财产保全担保费48 372元;(5)夏某统对第(1)项、第(2)项、第(3)项、第(4)项诉讼请求承担连带保证责任;(6)深圳秦商公司将其对睿康公司应付股权转让款中的5000万元直接支付给中财荃兴公司;(7)案件受理费、申请财产保全费5000元由睿康公司、夏某统负担。事实和理由:2017年11月23日,中财荃兴公司与睿康公司签订《投资合作协议》,约定中财荃兴公司与睿康公司指定的杭州超任公司拟共同申请设立浙江中财荃兴投资有限公司(以下简称浙江中财公司),浙江中财公司拟注册资本1亿元,中财荃兴公司、杭州超任公司各出资5000万元,应于2017年12月15日前将出资额存入双方共同指定的银行账户。《投资合作协议》第4.1条约定睿康公司或其指定方应按照中财荃兴公司投资额的年化10%支付基础财务顾问费用;第4.2条约定睿康公司或其指定方应按照中财荃兴公司投资额的年化1%向中财荃兴公司支付额外财务顾问费用。《投资合作协议》第4.3条约定,自浙江中财公司取得营业执照之日至2019年9月16日,中财荃兴公司有权要求睿康公司或其指定方受让中财荃兴公司持有的浙江中财公司的股权,受让金额为中财荃兴公司的出资额,睿康公司须在收到中财荃兴公司发出的受让通知之日起15个工作日内无条件开始(包括指令指定方)履行国有股权受让义务。若睿康公司违反上述义务,拖延、阻挠或者事实上拒绝履行受让义务,属睿康公司违约,睿康公司应承担违约金1000万元。若违约金不足以弥补睿康公司的违约行为给中财荃兴公司造成的损失,睿康公司应赔偿包括利息在内的全部损失。若因此产生纠纷,睿康公司还应承担律师费、取证费等合理费用。《投资合作协议》第4.6条约定,夏某统对第4.1条的财务顾问费用支付及第4.3条的股权转让行为承担个人无限连带责任保证。2017年12月15日,中财荃兴公司将5000万元出资额存入浙江中财公司银行账户。2019年7月16日,中财荃兴公司、睿康公司、浙江中财公司、夏某统签订《投资合作协议之补充协议》(以下简称《补充协议》),该协议第3条约定,睿康公司将其持有的杭州睿康体育文化有限公司100%股权转让给深圳秦商公司,深圳秦商公司欠睿康公司股权转让价款未付,睿康公司将该应收款作为回购中财荃兴公司5000万元股权的补充担保。2019年7月至9月,因投资款将届清偿期,中财荃兴公司多次致函睿康公司,要求其依约及时返还投资款及财务顾问费用,但睿康公司及杭州超任公司仍未返还投资款,尚欠37.5万元财务顾问费用未付。综上，睿康公司未按照《投资合作协议》约定，向中财荃兴公司履行返还投资款及支付财务顾问费用的义务，已构成违约，除应履行上述合同义务外，还应依约支付违约金并承担中财荃兴公司律师费。夏某统作为连带责任保证人应就睿康公司的上述义务承担连带担保责任。睿康公司已将其对深圳秦商公司应收账款作为回购中财荃兴公司出资款的补充担保，故中财荃兴公司亦有权直接要求深圳秦商公司支付5000万元款项。

被告睿康公司、夏某统未做答辩。

第三人深圳秦商公司未做陈述。

当事人围绕诉讼请求依法提交了证据，本院组织当事人进行了证据交换和质证。中财荃兴公司向本院提交如下证据材料：证据1. 2017年11月23日中财荃兴公司、睿康公司签署的《投资合作协议》，证明睿康公司应当依照《投资合作协议》约定向中财荃兴公司返还投资款、支付财务顾问费用，若违约还应支付违约金并赔偿中财荃兴公司追索债权的费用；夏某统作为连带保证人应就睿康公司的上述义务承担连带责任。证据2. 中国建设银行单位客户专用回单，证明2017年12月15日，中财荃兴公司依照《投资合作协议》约定履行完毕5000万元出资义务。证据3.《财务顾问协议》及支付凭证，证明睿康公司尚欠中财荃兴公司财务顾问费37.5万元。证据4. 2019年7月16日中财荃兴公司、睿康公司、浙江中财公司、夏某统签署的《补充协议》，证明睿康公司已将其对深圳秦商公司应收账款作为回购中财荃兴公司出资款的补充担保，故中财荃兴公司有权直接要求深圳秦商公司支付应收账款中的5000万元。证据5. 2019年7月18日《还款提醒通知函》及邮件底单、签收底单，证据6. 2019年8月12日《还款提醒通知函》及邮件底单、签收底单，证据7. 2019年9月6日《还款提醒通知函》及邮件底单、签收底单，证据8. 2020年9月21日《关于要求睿康控股集团有限公司回购股权的函》及电子邮件截图、邮件底单，以上证据共同证明经中财荃兴公司多次催告，睿康公司、夏某统未按照《投资合作协议》约定履行向中财荃兴公司回购股权及支付财务顾问费用的义务，构成违约。证据9. 中财荃兴公司与北京恒都律师事务所签订的《法律服务代理合同》，证据10. 中国建设银行网上银行电子回执，证明因睿康公司的违约行为，中财荃兴公司提起本案诉讼，支出律师代理费9万元。证据11. 本案诉讼财产保全保费发票，证明因睿康公司的违约行为，中财荃兴公司提起本案诉讼，支出财产保全担保费48 372元。证据12. 浙江中财公司企业信用信息档案资料，证明浙江中财公司于2022年6月28日变更名称为中财荃兴实业投资有限公司，现注册资本1亿元，股东为中财荃兴公司持股50%、国研智科(北京)咨询服务有限责任公司(原名称为北京华澳信通信息咨询有限公司，2022年7月27日变更为现名称)持股50%。经审查，中财荃兴公司提供了上述证据原件,本院对证据真实性予以确认。

根据当事人陈述和经审查确认的证据,本院认定事实如下:2017年11月23日,中财荃兴公司(甲方)与睿康公司(乙方)签署《投资合作协议》,第1条约定公司名称和注册地址,甲方与乙方指定公司杭州超任公司拟共同申请设立浙江中财公司。第2条约定公司设立目的,通过双方共同出资设立浙江中财公司,由其作为智慧城市PPP项目的投资平台,或作为智慧城市PPP项目基金的有限合伙人,参与智慧城市PPP项目的投资、运营。第3条约定注册资本、出资额和投资方式,浙江中财公司的注册资本为1亿元,其中甲方出资5000万元,乙方指定杭州超任公司出资5000万元,双方出资各占注册资本的50%。第4条约定双方的权利、义务,第4.1条约定,双方同意乙方或乙方的指定方应按照甲方出资额的年化10%向甲方或甲方的指定方支付基础财务顾问费用。双方指定的银行账户收到甲方支付的出资额后的5个工作日内,乙方或乙方的指定方应预先支付第一年的基础财务顾问费用,其后甲方出资每满一年,在该周年日后的5个工作日内,乙方或乙方的指定方应预先支付下一年度的基础财务顾问费用,相关财务顾问协议由各方另行签署。如浙江中财公司运营过程中甲方对其增资、减资或转让股权(合称为"股权变化")的,该年度股权变化前的基础财务顾问费用按照甲方原出资额×10%×(该年度变更前实际经过天数/365)计算;该年度股权变化后的基础财务顾问费用按照甲方变更后的出资额×10%×(该年度变更后经过的天数/365)计算。股权变化变更时间以甲方实际支出或收到相应款项的时间为准。根据上述标准计算出相应金额后,在下一个年度开始前由双方调整,甲方或甲方指定方多退少补。如甲方不再持有浙江中财公司增资股权的,在甲方不再持股后的10个工作日内按照上述计算方法计算,向乙方或乙方指定方退还多支付的基础财务顾问费用。第4.2条约定,双方同意:除上述基础财务顾问费用外,当甲方或甲方指定方协助浙江中财公司进行PPP项目的拓展等增值服务时,乙方或乙方指定方应支付额外财务顾问费。额外财务顾问费用具体的支付方式由各方另行签订财务顾问协议进行约定。自甲方将出资额存入双方共同指定的银行账户之日起,若每年乙方或乙方指定方向甲方或甲方指定方支付的额外财务顾问费用的金额不足出资额的1%,乙方或乙方指定方应在甲方出资每满一年的周年日后5个工作日内向甲方或甲方指定方支付一定的金额,使该年度额外财务顾问费的金额等于甲方出资额的1%。若发生股权变化的,额外财务顾问费的计算方法参照第4.1条的约定。第4.3条约定,自浙江中财公司取得营业执照之日至2019年9月16日,甲方有权要求乙方(或乙方指定方)受让甲方持有的浙江中财公司的股权,受让金额等于甲方的出资额,股权交易须按照国有产权交易法律法规进行。受让时间经双方协商一致可延长。乙方须在收到甲方发出的受让通知之日起 15 个工作日内无条件开始(包括指令指定方)履行国有股权受让的义务,履行受让方义务并配合甲方完成国有股权转让所需的审批、备案、审计、资产评估、公开挂牌、公告、信息披露等工作,以完成国有股权转让所需的全部内部手续,包括但不限于与甲方签订股权转让协议、取得各自上级机关的批准、召开临时股东会作出有效决议等,在北京产权交易所规定的时间内参与竞买,签订正式转让合同,并按照各方签订的资产转让合同进行相应的履行等,最终完成乙方(或乙方指定方)受让上述股权的产权交易。若乙方违反上述义务,拖延、阻挠或者事实上拒绝履行受让义务,属乙方违约,乙方应承担违约金,数额为甲方 5000 万元股权出资的 20% 即 1000 万元。若违约金不足以弥补乙方的违约行为给甲方造成的损失,乙方应赔偿包括利息在内的全部损失。若因此产生纠纷,乙方还应承担律师费、取证费用等合理费用。第 4.6 条约定,乙方法定代表人夏某统先生对本协议第 4.1 条的财务顾问费用支付及第 4.3 条的股权受让行为承担个人无限连带责任保证。第 5 条约定利润分配,双方同意浙江中财公司的损益不按双方的出资额占出资总额的比例分配,而由乙方指定公司杭州超任公司 100% 享有及承受。第 7 条约定浙江中财公司的组织机构。第 7.2 条约定,公司设立董事会,董事会每届任期 3 年,可以连选连任。董事会成员为 3 人,其中甲方推荐 1 名董事、乙方推荐 2 名董事,董事长由乙方推荐的董事担任。董事会对重大事项决策需全体董事一致通过。第 10 条约定其他。第 10.2 条约定,本协议未尽事宜由双方协商一致后,另行签订补充协议。第 10.3 条约定,补充协议与本协议具有同等法律效力。该协议落款处加盖中财荃兴公司、睿康公司印章,宋某安、夏某统作为法定代表人签字。

2017 年 12 月 15 日,中财荃兴公司通过中国建设银行账户向浙江中财公司支付 5000 万元,用途载明为投资款。

经询问,中财荃兴公司陈述向浙江中财公司派遣过一名董事,但对浙江中财公司是资金合伙人还是投资平台等均无法说明,并表示其没有具体参与公司经营,不清楚具体情况。

2017 年 12 月 12 日、2018 年 12 月 7 日,喀什睿康股权投资有限公司(以下简称喀什睿康公司)(甲方)与中财荃兴公司(乙方)签署《财务顾问协议》,约定甲方聘请乙方为财务顾问,乙方为甲方提供财务顾问服务,并就服务内容、服务方式、双方权利和义务、费用及支付、违约责任、争议解决等进行了约定。喀什睿康公司分别于 2017 年 12 月 15 日、2019 年 2 月 1 日按照上述《财务顾问协议》约定价格,向中财荃兴公司支付 500 万元、425 万元,摘要载明款项用途为"服务费"。中财荃兴公司称,喀什睿康公司是夏某统实际控股的公司,受睿康公司的指示与中财荃兴公司签署《财务顾问协议》,受睿康公司指定履行《投资合作协议》项下付款义务;本案中财荃兴公司支付5000万元投资款的时间是2017年12月15日,按照《投资合作协议》约定,计算到协议约定的截止日2019年9月16日,一共21个月,睿康公司应按照年利率10%支付基础财务顾问费、年利率1%支付额外财务顾问费,合计962.5万元(即5000万元×11%×21÷12),睿康公司通过喀什睿康公司支付了925万元,剩余37.5万元未付。经询问,中财荃兴公司称,其依据《财务顾问协议》口头提供咨询和建议,没有出具过书面的咨询文件。

2019年7月16日,中财荃兴公司(甲方)、睿康公司(乙方)、浙江中财公司(丙方)、夏某统(丁方)签署《补充协议》,约定四方经友好协商,就《投资合作协议》未尽事宜达成补充协议以兹共同遵守:(1)就《投资合作协议》第2条关于"公司设立目的"的相关内容,甲、乙双方在此作进一步补充解释说明;通过双方共同出资设立浙江中财公司,设立目的包括但不限于作为智慧城市PPP项目的投资平台,或作为智慧城市PPP项目基金的有限合伙人,参与智慧城市PPP项目的投资和运营。还可根据实际业务需求,开展其他投融资业务,包括但不限于供应链管理及融资业务。(2)就《投资合作协议》第3条关于"注册资本、出资额和投资方式"的相关内容,甲、乙双方在此作进一步补充解释说明:为优化股权结构,乙方指定方可受让杭州超任公司所持丙方股权并根据实际资金需求对丙方进行增资。(3)就《投资合作协议》第4条和《借款合同》第六条关于"保证条款"的相关内容,甲、乙、丙、丁四方在此作进一步补充解释说明:乙方与深圳市深利源投资集团有限公司(现更名为深圳秦商公司)签署了《关于杭州睿康体育文化有限公司之股权转让协议》。乙方将其持有的杭州睿康体育文化有限公司(现更名为杭州秦商体育文化有限公司)100%股权转让给深圳秦商公司,截至目前,乙方收到深圳秦商公司支付的部分股权转让款共计2.05亿元,剩余未支付款项为12.41亿元。乙方同意将此笔主债权项下的剩余尚未结清部分债权作为向丙方1亿元拆借的相关权益的补充担保,同时作为对回购甲方5000万元出资款持有的丙方股权的相关权益的补充担保。……(6)如本协议与《投资合作协议》《借款合同》有不一致之处,以本协议为准;本协议未约定的内容,以《投资合作协议》为准。该协议落款处加盖中财荃兴公司、睿康公司、浙江中财公司印章,王某、夏某统、洪某分别作为法定代表人或授权代表人签字,夏某统在丁方处签字。

2019年7月18日,中财荃兴公司向睿康公司发出《还款提醒通知函》,称出于资金统筹安排的考虑,根据《投资合作协议》有关约定,商洽睿康公司于2019年9月16日前支付中财荃兴公司合计5037.5万元,届时按照约定付款。中财荃兴公司提供的邮件底单显示,该邮件邮寄至"北京市朝阳区望京街道宏泰东街绿地中心中国锦2层232房间潘某奇",并于2019年7月23日被潘某奇签收。此后,中财荃兴公司分别于2019年8月12日、2019年9月6日向上述地址邮寄《还款提醒通知函》,均显示被签收。经询问,中财荃兴公司称上述地址是睿康公司曾使用过的办公场所,但约2020年6月后搬离,潘某奇是睿康公司委派与中财荃兴公司进行对接的工作人员。

2020年9月21日,中财荃兴公司向睿康公司发出《关于要求睿康控股集团有限公司回购股权的函》,2020年9月22日,中财荃兴公司通过电子邮件向赵某平发送上述函件,函件称按照《投资合作协议》第4.3条约定,中财荃兴公司有权要求睿康公司受让其持有的浙江中财公司的股权,受让金额等于中财荃兴公司出资额。现已满足约定的股权回购条件,要求睿康公司按照《投资合作协议》约定回购中财荃兴公司持有的浙江中财公司全部股权回购,价款为5000万元。中财荃兴公司提供的邮件底单显示,上述函件邮寄至睿康公司法定住所地、北京市朝阳区华贸商务楼4号楼801,以及夏某统户籍地,中财荃兴公司称未保留签收记录。中财荃兴公司称赵某平是睿康公司全资子公司北京睿康基金管理有限公司总经理,代表睿康公司与中财荃兴公司接洽具体合作事宜,北京市朝阳区华贸商务楼4号楼801曾为睿康公司短暂使用的办公场所,但2020年10月后已无人留守。

另查一,浙江中财公司于2017年11月29日注册成立,注册资金1亿元,原股东为中财荃兴公司持股50%、杭州超任公司持股50%。2022年6月28日,浙江中财公司变更名称为中财荃兴实业投资有限公司。目前,浙江中财公司登记股东情况为,中财荃兴公司持股50%,国研智科(北京)咨询服务有限责任公司(原名称为北京华澳信通信息咨询有限公司,2022年7月27日变更为现名称)持股50%。

另查二,2021年7月14日,中财荃兴公司(甲方)与北京恒都律师事务所(乙方)签署《法律服务代理合同》,约定甲方因与睿康公司关于投资纠纷诉讼案件,以及关联方浙江中财公司作为原告与睿康公司关于借款纠纷诉讼案件,决定聘请乙方作为代理方;服务内容包括指导调查取证,提供法律建议,起草法律文书,参加庭审及其他诉讼程序,代为签署、转递、接收本案所有相关法律文书和文件,代为处理涉及本案相关法律事务;代理权限为特别授权。诉讼案件基础律师费9万元,甲方自本合同签订之日起10个工作日内支付至乙方指定账户。若甲方撤诉、调解和解、拖延支付费用、无正当理由终止合同或其他自身原因造成本合同无须或不能继续履行,均应视为乙方已全面履行本合同约定义务,甲方应全额支付本合同项下的全部律师费。2021年7月26日，中财荃兴公司向北京恒都律师事务所支付9万元代理费用。经询问，中财荃兴公司陈述，浙江中财公司与睿康公司借款纠纷一案并没有进入诉讼程序，已经通过浙江中财公司引入新的投资人的方式解决，不再委托律师代理诉讼，并确认9万元是本案律师费。

另查三，中财荃兴公司在本案审理阶段向本院提出财产保全申请，对睿康公司、夏某统名下财产采取保全措施，保全限额为60 465 000元，并提供阳光财产保险股份有限公司出具的担保书作为担保，支出财产保全担保费48 372元、保全费5000元。

本案审理期间，本院询问中财荃兴公司，若本院经审理认定《投资合作协议》《补充协议》虽名为股权投资但本质是借款，是否调整诉讼请求。中财荃兴公司称，以法院认定的为准，即便按照借贷关系，睿康公司也应当依据《投资合作协议》《补充协议》约定履行返还款项并支付利息、违约金的义务。另，经本院询问，中财荃兴公司主张其要求深圳秦商公司直接向其支付5000万元的依据是《补充协议》第3条，该条款性质为债权转让。

本院认为，关于本案的法律适用问题。《最高人民法院关于适用〈中华人民共和国民法典〉时间效力的若干规定》第一条第二款规定："民法典施行前的法律事实引起的民事纠纷案件，适用当时的法律、司法解释的规定，但是法律、司法解释另有规定的除外。"本案中财荃兴公司依据《投资合作协议》《补充协议》提起本案诉讼，要求睿康公司按照上述协议约定支付财务顾问费用、返还投资款，并承担违约责任，夏某统作为连带保证人就睿康公司的债务承担连带责任，上述两份协议签署时间分别为2017年和2019年，属于《中华人民共和国民法典》施行前的法律事实，故本案应适用当时的法律、司法解释的规定。

《中华人民共和国民法总则》第一百四十六条规定："行为人与相对人以虚假的意思表示实施的民事法律行为无效。以虚假的意思表示隐藏的民事法律行为的效力，依照有关法律规定处理。"就本案而言，根据《投资合作协议》《补充协议》约定的各方权利义务内容以及中财荃兴公司陈述协议履行情况，本院认为，虽然上述协议名义上为股权投资协议，但实为借贷法律关系，相关股权本质上是为借贷提供的具有担保性质的财产，具体理由如下。

第一，《中华人民共和国公司法》第四条规定："公司股东依法享有资产收益、参与重大决策和选择管理者等权利。"股东投资设立公司属于经营行为，意在通过投资获得股东资格以及与股权相关的财产性权益；公司作为营利法人，以取得利润并分配给股东等出资人为目的。本案中，《投资合作协议》第5条"利润分配"约定,浙江中财公司损益不按照双方出资占出资总额的比例分配,而是由睿康公司指定公司100%享有和承受。该约定表明,中财荃兴公司虽然为浙江中财公司的股东,但不参与目标公司利润分配亦不承担亏损和经营失败的风险,不符合股权投资的法律特征。

第二,《投资合作协议》第4.1条、第4.2条约定,睿康公司或其指定方按照中财荃兴公司出资额的年化10%和1%向中财荃兴公司或者其指定方支付基础财务顾问费用和额外财务顾问费用,上述费用支付以中财荃兴公司出资额为计算基数,按天数收取,费用调整标准亦以出资额变化情况为依据,不考虑中财荃兴公司实际提供服务内容和质量,具有明显的固定资金回报属性。在实际履行过程中,中财荃兴公司亦未能提供证据证明其依据《投资合作协议》《财务顾问协议》为睿康公司或者喀什睿康公司具体提供了哪些咨询、建议或者服务。上述情形表明,财务顾问费用实际系中财荃兴公司向睿康公司收取的固定收益。

第三,《投资合作协议》第4.3条约定,中财荃兴公司有权自浙江中财公司取得营业执照之日至2019年9月16日,要求睿康公司或其指定的主体受让中财荃兴公司持有的浙江中财公司全部股权,受让金额为中财荃兴公司的出资额。根据该约定,中财荃兴公司系到期收回投资本金,作为受让人的睿康公司及其指定方回购股权价格不以浙江中财公司实际股权价值为依据,与浙江中财公司经营业绩和实际盈利情况不挂钩,而是按照中财荃兴公司投资金额予以返还,上述到期还本的内容亦符合民间借贷的法律特征。

第四,经本院询问,中财荃兴公司对浙江中财公司是资金合伙人还是投资平台等均无法说明,并表示其没有具体参与公司经营,不清楚具体情况,本案亦无证据显示中财荃兴公司实际参与了浙江中财公司《投资合作协议》《补充协议》所涉PPP项目及其他经营项目并从事管理等情况,上述事实反映出中财荃兴公司未实际参与浙江中财公司经营管理。

此外,虽然《投资合作协议》第4.3条约定中财荃兴公司须完成国有股权转让程序和手续,但该条款亦明确约定睿康公司及其指定方须无条件配合中财荃兴公司,包括在北京产权交易所参与竞买,最终完成受让协议约定的股权的交易等,且股权转让价款本身不因产权交易情况而发生实质性变化,该约定进一步佐证案涉股权投资和交易行为不具备股权投资的法律特征,实为各方之间的借贷行为。

综上,本院按照民间借贷法律关系的相关规定就案涉争议作出处理。

经释明,中财荃兴公司对于本院上述认定不持异议,并表示按照民间借贷法律关系,其诉讼请求具体内容亦不发生变化,睿康公司、夏某统仍负有返还投资款、按期支付财务顾问费用、承担违约责任等法律责任。对此本院认为,如前所述,中财荃兴公司与睿康公司实为借贷关系,睿康公司负有向中财荃兴公司返还5000万元并以财务顾问费形式支付固定收益的义务,本院对中财荃兴公司上述诉讼请求予以支持。

关于违约金问题。《投资合作协议》第4.3条约定,睿康公司未配合中财荃兴公司履行国有股权受让义务,拖延、阻挠或者事实上拒绝履行受让义务,属于违约,应向中财荃兴公司支付1000万元违约金。本院认为,睿康公司在上述违约金条款项下的义务是配合中财荃兴公司完成国有股权交割,如前所述,本案中财荃兴公司与睿康公司之间并非真实的股权投资行为,而是借贷合同关系,案涉股权实为履行借贷协议而提供的具有担保功能的财产,故参照股权让与担保相关法理,在睿康公司尚未履行还款义务的情况下,中财荃兴公司有权继续持有案涉股权,睿康公司未配合办理股权回购与交割,不构成违约。同时,因《投资合作协议》第4.3条关于睿康公司配合中财荃兴公司进行股权回购的约定本身属于双方私下约定,股权未经评估、审批,没有通过产权交易机构对外披露产权转让信息、公开征集受让人,实际是以公开挂牌交易的形式掩盖私下直接交易的目的,应属无效约定,中财荃兴公司依据该约定要求睿康公司承担违约责任,本院不予支持。

关于律师费、保全担保费、保全费等问题。《投资合作协议》第4.3条约定,睿康公司未履行协议约定的义务导致产生纠纷,应承担中财荃兴公司律师费、取证费等合理费用。《补充协议》第4条约定,违约方违反协议约定损害守约方利益的,应赔偿给守约方造成的损失。因睿康公司未履行还款义务,中财荃兴公司提起本案诉讼并申请财产保全,实际支出律师费9万元、财产保全担保费48 372元、保全费5000元,中财荃兴公司据此主张睿康公司承担违约责任,赔偿上述费用支出损失,具有事实和法律依据,本院予以支持。

关于夏某统责任认定问题。依据《投资合作协议》《补充协议》关于连带责任保证的约定,夏某统对中财荃兴公司案涉还款义务承担连带保证责任。根据《投资合作协议》约定,夏某统对睿康公司第4.1条财务顾问费用、第4.3条股权受让行为承担连带责任保证,第4.2条额外财务顾问费用不在夏某统提供担保范围之内,故本院仅就中财荃兴公司诉讼主张中返还5000万元、按照年利率10%支付财务顾问费用部分支持其向夏某统主张担保责任,对于超出担保范围部分的内容不予支持。

关于中财荃兴公司根据《补充协议》要求深圳秦商公司向其支付5000万元的问题。中财荃兴公司主张《补充协议》第3条系睿康公司将对深圳秦商公司的债权转让给中财荃兴公司。本院认为，首先，《补充协议》约定睿康公司同意将其对深圳秦商公司的债权作为向中财荃兴公司回购5000万元出资款的补充担保，该笔债权为12.41亿元，远超过诉争债权金额，应是睿康公司向中财荃兴公司提供以证明自身偿债能力和资信状况，具有增信功能，但并未明确约定将该笔债权转让给中财荃兴公司，亦未约定中财荃兴公司可以依据该条款直接向深圳秦商公司主张权利。其次，从约定内容及上下文意思来看，睿康公司系付款义务人，"补充担保"的相关约定是睿康公司无法依约履行付款义务时才触发适用的条款，该条款适用具有不确定性，显然不符合债权转让的法律特征。最后，法律对于担保的种类和内容有明确的界定，"补充担保"并不属于法律规定的担保类型，《补充协议》对于担保范围、期限、责任方式等均未予约定，双方亦未履行登记、交付等法律规定的担保公示程序，本院无法依据《补充协议》上述"补充担保"的约定确认中财荃兴公司享有直接向深圳秦商公司主张支付股权转让款的权利。综上，本院对中财荃兴公司该项诉讼请求不予支持。

另，睿康公司、夏某统经本院公告送达开庭传票，未到庭参加诉讼，视为放弃答辩和质证的权利，本院依法缺席审理并作出判决。

综上，依据《中华人民共和国民法总则》第一百四十六条，《中华人民共和国合同法》第六十条、第一百零七条、第一百九十六条、第二百零一条，《中华人民共和国担保法》第十八条、第二十一条、第三十一条，《最高人民法院关于适用〈中华人民共和国民法典〉时间效力的若干规定》第一条第二款，《中华人民共和国民事诉讼法》第六十七条第一款、第一百四十七条规定，判决如下：

一、被告睿康控股集团有限公司于本判决生效之日起10日内向原告中财荃兴资本管理有限公司返还5000万元；

二、被告睿康控股集团有限公司于本判决生效之日起10日内向原告中财荃兴资本管理有限公司支付财务顾问费37.5万元；

三、被告睿康控股集团有限公司于本判决生效之日起10日内向原告中财荃兴资本管理有限公司赔偿律师费9万元；

四、被告睿康控股集团有限公司于本判决生效之日起10日内向原告中财荃兴资本管理有限公司赔偿本案财产保全担保费48 372元、保全费5000元；

五、被告夏某统对被告睿康控股集团有限公司上述第一项、第三项、第四项，以及第二项中34.09万元债务承担连带还款责任，并在承担担保责任的范围内，有权向被告睿康控股集团有限公司追偿；

六、驳回原告中财荃兴资本管理有限公司其他诉讼请求。

如果睿康控股集团有限公司、夏某统未按本判决指定的期间履行给付金钱义务，应当依照《中华人民共和国民事诉讼法》第二百六十条之规定，加倍支付迟延履行期间的债务利息。

案件受理费 344 125 元，由原告中财荃兴资本管理有限公司负担 56 913 元，由被告睿康控股集团有限公司、夏某统共同负担 287 212 元。

如不服本判决，可在判决书送达之日起十五日内，向本院递交上诉状，并按对方当事人的人数提交副本，上诉于北京市高级人民法院。

审 判 长　陈　实
审 判 员　刘 海 云
人民陪审员　李 永 海
二〇二二年十一月十八日
法 官 助 理　王　焌
书 记 员　王　晋